生の現場の「語り」と動機の詩学

観測志向型理論に定位した現場研究＝動機づけマネジメントの方法論

増田 靖

ひつじ書房

まえがき

「時間とは生命体の変化である」

この命題に到達したのは 15 歳の時だった。ここで「生命体」とは、個々の生物のみを意味しない。ガイア仮説を敷衍して、他の惑星・恒星、太陽系、銀河系等々も含意し、さらにそれらすべてを包含した唯一の存在者であり、一個の全体である「宇宙」をも意味する。

同年代の者は皆同様に諸問題に対し思考を巡らし日々を過ごしていると思っていた。その諸問題とは、「人間はなぜ生きているのか？」「生命とは何だろう？」「時間とは何か？」等々の根源的な問いである。

少年は 70 年代までの哲学・科学の知識を、15 歳の知力で可能な限り動員して思考実験を繰り返し、この命題に辿りついた。そして、いつの日か、さらなる叡智を結集して書籍として出版でもするのだろうかと漠然と思いながら、諸問題に思い悩み、悶々とする日々に終止符を打った。正確には休止符か。

少年期に漠然と思い描いたものが本書なのか。それは解らない。本書は、『未来への動機、あるいは生の現場の「語り」』と題して、2008 年の春、埼玉大学大学院経済科学研究科博士後期課程修了にあたり提出した学位（博士）論文を基に加筆修正したものである。副題にあるように「観測志向型理論に定位した現場研究＝動機づけマネジメントの方法論」である。詳しい内容は本文に譲るとして、ここでは、話を少年時代へ戻そう。

人生の根本的な謎が解けた（と、本人は思っていた）わけだから、その後の人生は悩み事から解放されて生きられるはずであった。

ところが、現実の生活へ眼を向けた途端、未来から続々と人生における悩ましい現象が押し寄せてきた。日々を生きれば生きるほど、過酷な未来が現実となり現前した。家族、学校、人間関係、恋愛、受験、進学、病気等々、枚挙にいとまがない。

高校時代から家計を支援するためにアルバイトをはじめ、そのまま受験の機会を逸した。その後、自力で進学資金を蓄える勤労浪人のような生活を続けた。そのうち、ビルを建てたはいいが、テナントが入らず返済に窮した父

親に請われ、「ひまノート」という名の喫茶店を経営するはめになった。20歳の時だった。これはこれで、多くの友人もでき楽しかった。しかし2年も経たないうちに、父親は返済に行き詰まり、家業は破綻した。

　父親の事業の清算に併せ、喫茶店を廃業した。どうにか借金は2年ほどで返済できたが、もはや大学へ通う時間も資金もなかった。昼夜働きながら、慶應義塾大学通信教育課程に入学した。哲学を専攻した。生の哲学、特にニーチェの哲学に関心があった。

　通信教育の大学でドイツ語と、西ドイツ（当時ドイツは東西に分断されていた）留学経験者の井上美紀さん（ドイツ語翻訳家）に出会った。彼女から、西ドイツは外国人でも学費が無料で大学へ通えることを教えられる。

　西ドイツの大学への入学条件を満たす単位を取得し、3年程度は生活できる資金ができたので、思い切ってボン大学へ入学願書を送付した。捨てる神あれば拾う神あり。入学許可書が送られてきた。もちろんドイツ語試験の合格が条件である。そのため、まずは大学付属のドイツ語学校へ通うのである。

　ボン大学でドイツ語試験に合格すると、ベルリン自由大学へ移った。ドイツで哲学を研究するのも素敵な選択であったかもしれないが、その頃はもはや生きていることに思考を巡らすよりは、生きることを楽しみたいと思うようになっていた。そのため、コミュニケーション学部で"Publizistik"（日本語にすると「新聞学」が近いか）を主専攻（副専攻は、政治学と中国学）に選んだ。ここで、物語論やロシア・フォルマリズムの詩学に出会うことになる。また社会調査の方法論を学び、実習では実際に区長へインタビューも行なった。

　ベルリンも当時東西に分断されていた。西ベルリンは東ドイツの中ほどに位置し、陸の孤島と呼ばれていた。非常に刺激的な生活空間であった。西ベルリンに滞在中の1989年、ボンで出会った中国からの留学生と結婚した。

　1989年は、彼女の故郷である北京では天安門事件が起き、2人で暮らしていたベルリンではベルリンの壁が開放され崩壊した年である。ベルリンの壁と筆者は同い年であるが、この年、同い年をもう1人失うこととなる。高校時代からの友人・黒田洋君が8月中旬北海道釧路の防波堤で台風による高波に飲み込まれてしまった。彼はアイヌの船の復元作業にボランティアとして参加していた。友人の死を悼む間もなくベルリンの壁が開放され、生活環境は目まぐるしく変化した。翻訳や通訳・ガイドの仕事が急激に増え、学業以上にアルバイトに追われる日々が続いた。

西ドイツでの留学を終え、日本へ戻ってきたのは、バブル崩壊の前夜であった。しばらくドイツ語の翻訳を生業としていたが、家に籠って黙々と辞書とやり取りする生活にはどうしても馴染めなかった。

　翻訳の仕事を続けながら、中途採用試験を受け、サラリーマン生活へ移行した。印刷会社のコピーライターを経て、現在のエンジニアリング会社へ転職した。ここでは広告宣伝・広報を数年担当したが、その後新規事業の立ち上げに参画し、独自技術のライセンス事業を提案・推進し、同製品の全国供給体制も確立した。この間、労働組合の書記長、管理職への登用、部門長も経験した。

　紆余曲折あったが、戦後日本のサラリーマン社会の中で企業人として着実にキャリアを積んできた一方で、研究者への道へも歩みを進めていた。まず、産能大学(現産業能率大学)通信教育課程で経営学を学んだ。経営全般を学んでいるうちに、関心は経営管理から組織論へ移行していた。その後、西山賢一先生に師事したく、埼玉大学の社会人大学院経済科学研究科へ進学した。

　西山研究室とそれを引き継いだ現場研究サークル・インターフィールド、そして経営情報学会・組織ディスコース研究部会に議論の軸足を置き、社会人研究者として、ある意味本書の副題「観測志向型理論に定位した現場研究＝動機づけマネジメントの方法論」についてフィールドワークを行ってきたということになろうか。

　社会人研究者としての歩みの1つの成果として、本書の基底となる博士論文を埼玉大学へ提出し、博士号を取得できた。しかし得るものがあれば失うものもある。社会人大学院入学と同時に、2人の子供を連れ中国へ帰国していた元妻と、博士号を取得した年に正式に離婚した。逆説的になるが、家族と別居していたからこそ、博士号が取得できたのかもしれない。子供たちを連れ中国へ帰るという行動に出た元妻は、非協力の協力という逆理のもとで、筆者に時間を与えてくれたといえなくもない。

　現場研究＝動機づけマネジメントを実践しながら本書を書き上げるまでに、多くの人たちと出会い、様々なご支援・ご協力をいただきました。そのすべての人たちに感謝の辞を述べるには残念ながら紙幅が足りません。ここでは一部の人たちにしか謝辞を申し上げられないことをお許しください。

　まず最高の敬意とともに、博士前期課程より6年間に亘ってご指導くださり、またその後も勉強会でお世話になっている、西山賢一先生(現埼玉学園

大学特任教授、埼玉大学名誉教授)に心より御礼申し上げます。西山研究室では、バフチンの対話理論・カーニバル論、活動理論、関連性理論、フーコーの権力関係理論等々、様々な理論と格闘させられました。郡司先生の生命理論にもここで出会いました。本書でその理論を好き勝手に解釈し、活用させていただきました、郡司ペギオ-幸夫先生(神戸大学理学部教授)にも感謝申し上げます。

　次に、副指導の教官をお引き受けいただいた、上井喜彦先生(現埼玉大学長)と岩見良太郎先生(現埼玉大学名誉教授)、そして四人目の審査教官をお引き受けくださいました、薄井和夫先生(現埼玉大学経済学部長)に御礼申し上げます。お三方の厳しくも温かいコメントなくして、本書の基底となる博士論文は書き上げることはできなかったと思います。

　社会人として学ぶことの楽しさを教えてくださったのは、山下福夫先生(現産業能率大学情報マネジメント学部教授)でした。ありがとうございました。

　そして、経営情報学会・言語派組織情報研究部会(現「組織ディスコース研究部会」)の公開シンポジウム(於沖縄)で、博士論文提出後最初となる公開の場での報告とパネルディスカッションの機会を提供してくださった、同研究部会主宰の高橋正泰先生(明治大学経営学部教授)、そして本書刊行にあたり全編を通読いただき適切なご指摘・ご助言をくださった、同研究部会所属の福原康司先生(専修大学経営学部准教授)に御礼申し上げます。

　そのほか、現在でも「インターフィールド」という名の下で勉強会を続けている、西山研究室の皆さん、経営学・組織論研究会の中では、本書のアプローチを理解・受容してくれた、経営情報学会・組織ディスコース研究部会の先生方、お1人ずつお名前を挙げることはできませんが、心より感謝しております。皆さんとのディスカッションなくして、論文の完成、本書の刊行はありえません。

　職場の上司、先輩、同僚の皆さんにも御礼を申し上げます。特に、インタビューに協力してくれた3名の職場仲間には心より感謝しています。本書はある意味で、彼らとの共同作業の賜物と言えます。

　そして本書の刊行が実現したのは、学際的研究である本書の特性をご理解いただき、出版をお引き受けいただいた、株式会社ひつじ書房の松本功社長との出会いがあったからです。心より感謝申し上げます。また、書籍出版の経験の浅い筆者を、刊行までのプロセスの間ずっと支えてくれた、同社編集

担当の海老澤絵莉さんと渡邉あゆみさんにも御礼申し上げます。
　最後に、西ドイツ留学のきっかけをつくってくれた井上美紀さん、いつも心の中で励まし支えてくれていた、高校時代からの友人・黒田洋君、そしてわがままな私に、非協力の協力という逆理で以って時間をくれた、家族に感謝します。ありがとうございます。
　いつの日か伊颯里（息子）と伊麗海（娘）が本書を読んでくれることがあれば、この上ない幸せです。

　　　　　　　2013 年 3 月吉日　　東京都北区赤羽台にて　　増田　靖

目　次

まえがき　　　　　　　　　　　　　　　　　　　　　　iii
はじめに　　　　　　　　　　　　　　　　　　　　　　 1

序章　「いま・ここ」からの未来　　　　　　　　　　 3

第 1 部　物語への動機　　　　　　　　　　　　　　15
はじめに（第 1 部）　　　　　　　　　　　　　　　　 16

第 1 章　動機づけの物語　　　　　　　　　　　　　 19
第 1 節　機械論から有機論へ　　　　　　　　　　　20
動機をめぐる才能集積　　機械論的アプローチ　　有機論的アプローチ
状況論と物語論
第 2 節　有機論的アプローチ　　　　　　　　　　　25
モチベーションの期待モデル　　内発的動機づけ　　自己実現モデル
ERG 理論　　X 理論と Y 理論　　動機づけと衛生
第 3 節　動機づけ理論の実践　　　　　　　　　　　36
フロー理論　　選択理論とリード・マネジメント
モチベーションエンジニアリング

第 2 章　物語論への接近　　　　　　　　　　　　　 51
第 1 節　現代物語論の源流　　　　　　　　　　　　52
ロシア・フォルマリズム　　テーマの研究　　物語の記号論

　　　　物語の内容と言説　　物語の定義
　　第2節　物語のフィロソフィー　　　　　　　　　　　　　　　62
　　　　時間への挑戦　　時間問題のアポリア　　ミュトスとミメーシス
　　　　物語的自己同一性
　　第3節　日本の物語研究　　　　　　　　　　　　　　　　　71
　　　　物語の親　　正典としての源氏物語　　「代補」としての「書かれた平家物語」
　　　　自己言及テキスト

第3章　方法としての物語　　　　　　　　　　　　　　　　　81
　　第1節　物語論的アプローチ　　　　　　　　　　　　　　　82
　　　　ドミナント・ストーリー　　ナラティヴ・セラピー　　ライフストーリー
　　　　物語からの解放　　物語論的自己論
　　第2節　経営組織における物語　　　　　　　　　　　　　　94
　　　　組織へのナラティヴ・アプローチ　　センスメイキング　　コミュニケーション
　　　　ポリティクスとパワー　　学習と変革　　アイデンティティ
　　第3節　ポストからアンテへ　　　　　　　　　　　　　　　106
　　　　物語から語りへ　　物語以前の語り　　5つの横顔
　　　　もう1つのナラティヴ分析
　　むすび（第1部）　　　　　　　　　　　　　　　　　　　　119

第2部　物の語と物の理　　　　　　　　　　　　　　　　　123
　　はじめに（第2部）　　　　　　　　　　　　　　　　　　124

第4章　ものとかたりの温故学　　　　　　　　　　　　　　127
　　第1節　物語の脱構築　　　　　　　　　　　　　　　　　128
　　　　接続か分離か　　方法としての温故学　　物語解体準備　　「もの」の概念
　　　　「かたり」の概念　　「かたり」という言語行為
　　第2節　「ものかたり」の基本構造　　　　　　　　　　　　137
　　　　「かたり」の主体性・時間性　　「ものかたり」における三項関係
　　第3節　メタと日常における「語り」　　　　　　　　　　　146
　　　　「ものかたり」における支配関係　　「ものかたり」的「いま・ここ」

「いま・ここ」における「語り」

第5章　基底としての生命理論　159
第1節　生成・時間としての生命　160
　　内部観測者　　生成の3つの様相　　共立空間と順序時間
　　生成としての観測過程
第2節　局所的意味論　172
　　物質過程としての計算過程　　赤ん坊の視点
　　ほどほどの万能性とほどほどの効率性　　意識とは何か
第3節　媒介するマテリアル　180
　　生きていること　　観測志向型理論　　マテリアル概念

第6章　「語り」に潜在する動機　191
第1節　生命理論へのアクセス　192
　　物の理　　数式とかたり　　生成する「ものかたり」
第2節　道具概念としての「語り」　202
　　アクセス概念と道具概念　　「いま・ここ」
　　「変化のかたり」→「語り＝騙り」
　　「規範のかたり」と「起源のかたり」　　「語り」の分節
第3節　生命論的動機論　216
　　動機とは何か　　動機概念再考へのヒント　　動機の本質
　　二人称問題としての動機　　やってしまえる未来
むすび（第2部）　235

第3部　動機の詩学　239
はじめに（第3部）　240

第7章　現場研究＝動機づけの方法論　243
第1節　生命論的アプローチ　244
　　機械か生命か　　有機体から生命へ　　物語と「語り」
　　生命論的アプローチの特徴

第 2 節　方法としての内部観測　　　　　　　　　　　　　　250
　　内部観測という視座　　「代補」としての論述　　内部観測論的視座
第 3 節　生の現場へのアクセス(現場調査概要)　　　　　　　260
　　調査命題　　調査フィールド　　調査の背景　　調査対象　　X 氏の歩み
　　Y 氏の歩み　　Z 氏の歩み

第 8 章　生の現場の「語り」　　　　　　　　　　　　　　277

第 1 節　フィールドワーク(「語り」の分析)1　—「転機」　　278
　　トランスクリプト(1)「語り出し」(平成 18 年 3 月〜平成 19 年 4 月)
　　トランスクリプト(2)「語り」—1(平成 18 年 3 月)
　　トランスクリプト(3)「語り」—2.1(平成 18 年 6 月)
　　トランスクリプト(4)「語り」—2.2(平成 18 年 6 月)
　　トランスクリプト(5)「語り」—3(平成 18 年 9 月)
　　トランスクリプト(6)「語り」—4.1(平成 18 年 12 月)
　　トランスクリプト(7)「語り」—4.2(平成 18 年 12 月)
　　トランスクリプト(8)「語り」—4.3(平成 18 年 12 月)
　　トランスクリプト(9)「語り」—4.4(平成 18 年 12 月)
　　トランスクリプト(10)「語り」—5(平成 19 年 4 月)

第 2 節　フィールドワーク(「語り」の分析)2　—「自立」　　294
　　トランスクリプト(1)「語り」—1.1(平成 18 年 5 月)
　　トランスクリプト(2)「語り」—1.2(平成 18 年 5 月)
　　トランスクリプト(3)「語り」—2.1(平成 18 年 6 月)
　　トランスクリプト(4)「語り」—2.2(平成 18 年 6 月)
　　トランスクリプト(5)「語り」—2.3(平成 18 年 6 月)
　　トランスクリプト(6)「語り」—3.1(平成 18 年 9 月)
　　トランスクリプト(7)「語り」—3.2(平成 18 年 9 月)
　　トランスクリプト(8)「語り」—3.3(平成 18 年 9 月)
　　トランスクリプト(9)「語り」—4(平成 18 年 12 月)
　　トランスクリプト(10)「語り」—5(平成 19 年 4 月)

第 3 節　フィールドワーク(「語り」の分析)3　—「再生」　　310
　　トランスクリプト(1)「語り」—1(平成 18 年 3 月)
　　トランスクリプト(2)「語り」—2(平成 18 年 5 月)
　　トランスクリプト(3)「語り」—3(平成 18 年 9 月)

トランスクリプト(4)「語り」―4.1(平成18年12月)
　　　トランスクリプト(5)「語り」―4.2(平成18年12月)
　　　トランスクリプト(6)「語り」―5.1(平成19年4月)
　　　トランスクリプト(7)「語り」―5.2(平成19年4月)
　　　トランスクリプト(8)「語り」―5.3(平成19年4月)

第9章　生命論的「個と組織」論　　　　　　　　　　　　339
第1節　生命論的動機づけ論　　　　　　　　　　　　　340
　　調査の「語り」　分析の「語り」　動機づけマネジメントの「語り」
第2節　生命論的「私」論　　　　　　　　　　　　　　352
　　内部観測者としての「私」　「語り」に偏在する「私」
　　生成する個としての「私」
第3節　生命論的組織論　　　　　　　　　　　　　　　363
　　背景としての組織　組織とは何か　組織の意味論
むすび(第3部)　　　　　　　　　　　　　　　　　　379

終章　「いま・ここ」への回帰　　　　　　　　　　　　383
おわりに　　　　　　　　　　　　　　　　　　　　　　399

参考文献　　　　　　　　　　　　　　　　　　　　　　401
索引　　　　　　　　　　　　　　　　　　　　　　　　415

はじめに

「いま・ここ」をあなたは生きている。

「いま・ここ」において、あなたは「語り」の共犯者となった。単に1人の無関係・無関心の、いまだ特定されざる読者としてではなく、「いま・ここ」において「語り」の聞き手(読み手)として、語り手と語られる「もの」の媒介者の役割を担わされた。否、あなたの行為、内部観測者としてのあなたの観測行為があってはじめて、このゲームは成立する。その意味で、あなたはもはや共犯者ではなく、あなた自身の「語り(＝騙り)」の首謀者ですらあるのだ。

本書は、個々人が日々生きている現場(生の現場)において、いかに互いを動機づけ、未来を語り作りながら生きているのかを明らかにすることを目的とする。

本書は3つのキーワードにより駆動するよう仕掛けられている。それらは「未来」、「動機」、そして「語り」である。これらはメタファーである。「未来」は時間概念を代表して「生命」を象徴する。「動機」は「私」の意識として世界に潜在し、「語り」によって顕現する。「語り」は生きている我々を理解し表現するための「行為」として現象する。そして、これらはたった1つのメッセージを伝えるための概念装置として働く。

本書は3つの研究で構成される。それぞれが一部を形成する。第1部は文献研究である。ここでは、先行研究の概観が中心であるが、そこでの議論は本書の3つの主要概念の特徴を炙り出すための脇役として全編を通じて機能することになる。

第2部は理論研究である。ここでは、郡司ペギオ-幸夫の生命理論が中心に据えられるが、この郡司理論を解読し、日常の現場へ適用するための概念として、「語り」という言語行為が本書独自に定式化される。ここで、3つの主要概念の全容が明らかになるであろう。

第3部は現場研究である。それは本書の背景であり出発点である。また同

時に、本書が提示する仮説を論証する役割を担う。ここでは、生の現場の「語り」が再現前化され、そこに潜在する「未来への動機」が顕現することであろう。

　本書はさらにこれら3つの部を挟む形で序章と終章が配置される。序章は始動点を、終章は回帰点を含意し、それとともに本書は1つのメッセージを伝えるゲームとして完結する。しかしそのメッセージを内部観測者としてのあなたが行為として体験するとき、本書は永遠に未来を駆動させる装置として顕現するであろう。

　　「いま・ここ」をあなたは生きている。

　あなたが「いま・ここ」から「語り」はじめるとき、そこには未来への動機がある。生の現場における未来への動機である。

序章 「いま・ここ」からの未来

　未来とは何か。この問いが本書の動機である。日常の生活世界において我々はいかに未来を見出すのか。本書は日常的な「語り」の中から読み取ることを試みる。「語り」という言語行為は、過去を作り変えることもできれば、未来を作り出すこともできる。そして人は自らの「語り」によって未来へ動機づけられる。これが本書の主題である。
　本書はこの命題を擁護するため、郡司ペギオ-幸夫（2004）の提唱する観測志向型理論に定位しながら、「語り」の概念と手法が現場研究＝動機づけマネジメントの方法論となることを理論的かつ実践的に主張する。本書は大きく分けて3つのアプローチから構想された。まず文献研究であり、次に理論研究、そして最後に現場研究である。筆者は経営組織に属す社会人研究者である。一般に、社会人は現場を知っているがそれを分析し説明する言葉（理論）を知らず、一方研究者は分析する理論（言葉）は持っているが現場を知らない、と言われる。筆者は1人の社会人研究者として現場と理論の媒介者となることを試みる。その際、研究手法として「内部観測」[1]という視座を採用する。
　ここでは本書の理解を容易にするため、以下に研究の背景、問題意識、目的、仮説、主要概念、研究方法、そして全体構成について論じる。
　本書の出発点は、生の営みが行われる日常の生活世界である。個々人は苦悩に苛まれながら日々の生活の中にささやかな幸せを見出して生きている。古より苦難こそ人生のように言われるが、事実近代民主政治と経済的繁栄を実現しても現代日本社会で生活苦からの自殺者が絶えない。多くは経済的理由による中高年男性とのことだが、学校でのいじめによる自殺の低年齢化も進んでいる。昨今のグローバル化に伴う日本社会での中流層の崩壊と経済格差から生じた社会現象とも解釈できるが、高度に複雑化した現代社会ではこうした問題の原因は一義的に特定できない。しかしいずれにしろ犠牲になるのは弱い個人である。
　明治維新、第2次世界大戦と、日本は大きな犠牲を払ったあと、経済社会的に大きな成功を収めた。現在第3の黒船と呼ばれるグローバル化の波が押

し寄せているが、この巨大な津波が去ったあとに再び繁栄の世は訪れるのであろうか。バブル崩壊後の10年間は失われた10年と呼ばれたが、21世紀に突入しても相変わらず日本経済は低迷を続けている。IT産業も期待されたほどには景気回復に貢献できなかった。戦後50年間日本的経営を粛々と実践してきた企業は、これまでもオイルショックなどの幾多の危機を乗り越え、生き延びてきたが、今度ばかりはその知恵と経験と実績を保持していながら、なす術もなく時代の流れに翻弄されるだけなのであろうか。

　終身雇用、年功序列、企業別組合に代表される日本的経営システムの見直しはバブル崩壊後早い時期から指摘されてきた[2]が、経営破綻するまで抜本的な改革は打てないというのが日本企業の体質のようである。制度的な改革としては成果主義的人事制度が一時期もてはやされたが、導入の数だけ失敗事例があるかのような様相を呈している[3]。成果主義を擁護するわけではないが、制度としての成果主義の欠点よりも導入の仕方そのものに問題があるとの指摘もある。また実状は名ばかりの成果主義でしかなく、年功序列制度が延々と続いている職場で酷使されることから若年層が労働意欲を失っているのが現実である[4]。

　一方すべての大企業ではないがいち早くグローバル化に適応し、したたかに経営している企業もある。生産コストを低減するため、労働力の安い国へ生産拠点をシフトする。効率的な経営を標榜して巨大企業同士が合併し、重複部門・資産(設備)を整理する。あるいは不採算部門を売却する。または分社化することで黒字化を目指す。最近では、工場生産を一括して請負業者に委託し、正社員と同様の労働に対して低い賃金で働かせ、生産性を向上させる手法まで採られている。

　ゴーイング・コンサーンとして何が何でも生き延びねばならず、株主、従業員、住民、地域、国家など様々な利害関係者のためにも健全経営を実現しなければならない。これが企業、あるいは企業経営者の使命である。確かに黒字の安定経営を持続できれば、株主へは配当金、従業員へは賃金、地元住民へは安定雇用、地域・国家へは税金として還元される。逆に経営破綻してしまうと、証券は反古となり、雇用の創出どころか従業員まで失業し、税金は大幅に減少する。それゆえ企業は生き残るために死に物狂いになるのであろう。

　日本はこうした努力を続け、戦後一億総中流社会と呼ばれた繁栄を築いてきた。多くの企業が成長を続けられる経済環境のもとでは、市場競争の中で

敗退していく企業からの失業者の受け皿もあった。生命体の新陳代謝の如く日本社会は機能していた。しかしバブル崩壊後のリストラ施策は、企業を一生命体として捉えれば生き残り戦略に基づく苦肉の策と評価できるが、その企業に生活の命綱が繋がっていた人びとにとっては死活問題に発展する。企業が巨大になればなるほど、個々人は相対的に弱体化する。戦前自分たちの生活を守るために軍部の肥大化を許した文民が気づいたときにはなす術もなかったのと同じように現代のサラリーマンは自分たちの生活を守るために企業を巨大化していき、自らを生き辛くしているようにしか見えない。それゆえ、日本的経営システムを擁護する議論もみられるが、旧来システムに留まるも漸進的な改革も、若年層の希望とやる気を失わせることにしか効果を発揮しないのが現実なのである。

　企業と個人が従来の日本的経営システムとは異なる新しい関係を構築していくことの必要性は、多くの日本のビジネスマンが愛読する Peter F. Drucker (1993, 2002) が『ポスト資本主義社会』や『ネクスト・ソサエティ』などの著書で幾度となく発信している。彼によると、「組織とは、共通の目的のために働く専門家からなる人間集団である」[5]。ネクスト・ソサエティは知識が中核の資源となり、知識労働者が中核的働き手となる知識社会ということである[6]。しかし多くの日本企業は中途半端に従来型雇用慣行から抜け切れないでいる。

　雇用を守ることを錦の御旗に雇用調整をした結果、新入社員がもう何年間も入ってきていない会社や職場は多い。筆者の勤務先もそのうちの1つである。そうした職場は、30代後半になっても下働き的な業務をこなさなければならず、とても専門家や知識労働者と呼びうるプロフェッショナル・ビジネスパーソンへ成長できる環境にはない。太田肇 (1999, 2000) は、これからの組織は従来の「抱え込み型」から「インフラ型」へシフトして、個人を活かせる組織へ脱皮しなければならないと提言する[7]。また組織側の改革だけでなく、個人としてのサラリーマンの生き方・働き方も「内向き」から「外向き」へ変わらなければならないと主張する[8]。

　しかし職場で年功型システムの残滓を背負わされた若手層はある程度の年齢になると、単純には外へ飛び出せなくなる。彼らは、就職そのものを拒絶された仲間たちを目の当たりに見てきた世代でもある。若い時分からフリーターの道を選ぶのであれば可能であったかもしれないが、一度でもこの時代に正社員として職を得た者にとって、それを手放すことは恐怖そのものでし

かない。つまりそれは、生活の糧、生きる術を失うことを意味するのである。

巷間では、「勝ち組・負け組」にはじまり、「二極化」「下流社会」「希望格差」「ワーキングプア」など、一億総中流時代の終焉を告げるラベリングが盛んに行われている[9]。終いには彼らの世代を丸ごと敗者と刻印する「ロストゼネレーション」[10]という言葉まで生まれた。確かに予測される人口ピラミッドを見れば明らかなように、樵が巨木を切り倒すときのような逆三角形化が進んでいる。労働人口の減少だけなく、就職先も減っている。たとえあったとしても非正規社員としての道のみで、親世代が享受できた安定雇用と収入は夢のまた夢という状況なのである。

いわゆる雇用リストラが進んでいた頃、一般に35歳以上は転職市場から見向きもされず、会社に残るも地獄、出るも地獄と言われたが、いまや35歳以下の若年層であっても会社の内と外のいずれもが安住の地とは呼べないのである。こうした経済社会的環境のもとで、巨大化する組織に対して個人はあまりにも弱く小さい。鶏が先か卵が先かの議論ではないが、インフラとしての制度的な整備が進んでいない状況下で、Druckerや太田のいうような自立した個人は果たして育つのであろうか。しかし逆説的に言えば、そうした自立した個人が増えてこない限り個々人が構成する組織や制度は変わらないのであろう。ロストゼネレーションと言われる世代にはニートやフリーターばかりでなく、企業家や政治家を目指す若者も増えてきているという[11]。組織内では弱い存在でも、過酷な状況のもとでは、個々人も却って強くなっていくのであろうか。

TRONという日本発の世界的なコンピュータのOSを開発した坂村健(2007)は、経済社会の発展にとってのイノベーションの重要さを論じた著書の中で、日本人は3つのイノベーションのうち2つは得意とするが、残りの1つは不得手であると指摘する[12]。得意の2つは、プロダクト・イノベーションとプロセス・イノベーションである。前者はここまでの日本経済を築いてきた製品開発力を考慮すれば明らかであろう。後者もまた日本人の得意とするところである。例えば、トヨタ自動車のカンバン方式は「KAIZEN」という言葉とともに世界の経営現場で広く認知されている。

しかし3つ目のイノベーション、それを坂村はソーシャル・イノベーションと呼ぶ。これは多くの場合、インフラ・イノベーションであり、金融制度や高速道路などのシステムの構築に関わる。こうした面で日本は欧米諸国の後塵を踏むという。この指摘はまさに先に触れた制度面での整備の問題

である。国家レベルから零細組織のレベルに至るまで日本人は制度的な改革が苦手なようである。これまで日本は得意とする2つのイノベーションによって経済的成功を収めてきた。経済社会的に閉塞状態となった現在、制度的改革は苦手だからと手を拱いているのではなく、社会的にイノベーションを起こしていくという主張には賛成である。しかし本書の主題は制度的な改革ではない。

ソーシャル・イノベーションという概念を筆者なりに分節すると、社会制度的イノベーションと、社会現場的イノベーションとなる。前者が社会生活に必要な制度的基盤の改革であるのに対して、後者は個々人が社会生活を現実に営む現場で生きるために必要な意識的・思考的改革である。

日常の社会生活においては、既存のルールのもとでの行為が継起するなかで矛盾や齟齬が生じる。現実にそぐわない規則やルールは変更していけばよさそうなものだが、実際の現場では既定の規則・ルールの遵守が求められる。ルール遵守という意味で一見これは正当な行動様式のように見えるが、その規則・ルールは通常、組織の規模を問わず限定された組織内での決め事でしかない。しかし現場の個々人では矛盾の解決に対してどうすることもできないケースが多い。いずれその状態が日常となる。その結果、そうした社会現場は発覚すれば社会的な不祥事となる事態が潜在する、救いようのない病巣と化すのである。

本書は、こうした社会現場的イノベーションを必要とする現場に主眼を置く。しかし現場が一夜にして生まれ変わるような革命的な理論や道具を提示するものではない。そうではなく、もっと社会現場に根ざした実践的理論と方法論を提示し、1人1人としては弱い個々人の日常レベルでの実践的な意識変革に寄与することが企図されている。

本書はここまで論述してきたような閉塞した「生」の現場における動機づけの研究である。本書では、現場を形容するのに「職場」とか「組織」という単語ではなく、「生」という言葉を採用する。理由はこれまで述べてきたことで明らかであると思われるが、要約すると次のとおりとなる。

筆者を含めた現在の日本企業における個人を取り巻く労働環境は、終身雇用と年功序列制のもとでの従来型日本企業における個人のものとは大きく異なる。従来は人材の囲い込みを是としてきたが、現在は固定費の高い正社員は極力数を抑え、人材の非正規化が目論まれる。雇用は閉じたものではなく市場に開かれている。これは正社員にとっても同じである。倒産やリストラ

による失業、子会社への転籍、関係会社への出向、賃金カットなど、人生計画の抜本的な見直しに迫られる状況は日常茶飯事となっている。現代日本のビジネスパーソンにとって、もはや特定の会社や組織における動機づけでは用を足さないのである。

マネジメントも組織内の関係において機能しているだけではなく、ともに同時代の生を生きているものとして互いに動機づけ合い、やる気を喚起していかなければならない。動機づけはまさに個人が生きている現場そのものにまで波及しなければならない。動機づけは生きることに関わり、それは未来へと繋がるものでなければならない。この意味で本書では社会現場を「生」の現場と呼び、「生」の現場における「語り」と動機づけの関係に関する現場研究とマネジメント実践の方法論について論じる。これが本書の目的である。そして、人は自らの「語り」によって未来へ動機づけられる。これが本書の仮説であり、3つの研究を通してこの仮説を論証することが試みられる。

ここに本書の3つの主要概念が登場した。「未来」、「動機」、そして「語り」である。「未来」は時間概念の象徴である。これは、本書の最も重要な理論的背景を形成する郡司（2002, 2003, 2004, 2006a, 2006b）の「生命理論」のメタファーでもある。次に、「動機」は本書の主題である。それは研究対象でもあり、現場での実践目標でもある。3つ目の「語り」、この概念は本書においてある意味最も重要な役割を演じる。それは現場と理論の媒介者の役回りである。本書はこの3つの概念によって構成される理論と実践的方法論によってその独自性を主張する。

本書では、現場での動機づけを論じるにあたり、日常での「語り」という言語行為に注目する。この概念は、現在多くの研究領域で注目を集めるナラティヴ＝物語という概念とは異なる。この2つの概念の相違については、本論で十分に論じるため、ここでは詳しくは触れないが、本書において「語り」と括弧つきで記される主要概念に関しては、本論をよりよく理解してもらうために、次に手がかりを与えておく。

本書では、「語り」という概念は David M. Boje（2001）が *Narrative Methods for Organizational & Communication Research* の中で提唱する "Antenarrative" という概念とほぼ同義であると主張する。Boje によると、"Antenarrative" とは、伝統的なナラティヴがナラトロジーの理論に従い筋（プロット）を持ち、また登場人物を含め首尾一貫性を備えたものであるのに対して、断片的で、曲りくねり、矛盾し、寄せ集め的で、筋立てのない、物語を構成する以前

の賭けのような思惑のことである[13]。さらに生活の中で語られる話は、断片的にポリフォニック(多声的)に寄せ集め(集合)的に生み出されるという[14]。「語り」とは、理路整然として語られるスピーチ等とは根本的に異なり、もっと小さな、現場で生きる個々人の刹那刹那の生の声なのである。

ここで本書の見取り図を提供しよう。本書は3つの部で構成される。

第1部は文献研究である。ここでの主要目的は先行研究のレビューであるが、その役割は、本書の主要概念と生命論的アプローチと呼ばれる研究方法の独自性を炙り出すことである。またここで論じられる諸研究は単に本書の主張の引き立て役ではなく、時には理論的背景をも形成することになる。本書のおよそ3分の1の紙幅を占める議論は、絶えず本書の背景と同時に構成要素として遍在することとなる。第1部は、第1章から第3章までの3つの章で構成される。

第1章は、まずEdward L. Deci (1975)の分類に基づく動機づけ研究における機械論的アプローチと有機論的アプローチについて論じる。次に、今日の動機づけ研究における主要アプローチである有機論的アプローチに属す代表的な理論について議論する。最後に、近年注目されている動機づけ理論として、フロー理論と選択理論を取り上げる。また動機づけ(モチベーション)をビジネスにしている事例を紹介する。

第2章では、物語論的(ナラティヴ)アプローチの源流としての物語論(ナラトロジー)について考察する。まず、Jean-Michel Adam (1984 (1999))の『物語論』に従い、近代物語論の系譜を辿る。次に、フランスの哲学者Paul Ricoeur (1983, 1984, 1985)の『時間と物語』に関する考察について議論する。最後に、日本における物語研究について論じる。また同時代の日記文学の研究にまで言及する。

第3章では、物語論(ナラトロジー)を研究や実践の方法として採用した諸研究を概観する。まず、近年ナラティヴ・アプローチが脚光を浴びるきっかけとなったナラティヴ・セラピーを皮切りに、社会学の領域での研究について論及する。次に、経営組織の研究においてナラティヴ・アプローチを用いた諸研究を概観する。最後に、本書が物語論に留まるのではなく、その先の生命論へ踏み込んでいくことを擁護する新しい概念であり、Boje (2001)により提唱された"Antenarrative"について論述する。

第2部は理論研究である。この部の目的は主要概念の精緻化と独自理論(仮説)の定式化である。それゆえ、第2部は第3部の現場研究の理論的背景

と枠組みの役割を担う。ここでは主要概念である「かたり→語り」という言語行為が、本書の理論的基底をなす郡司の生命理論へアクセスするための概念であると同時に、日常の現場へ適用するための道具概念であることが論じられ、理論的な枠組みが提示される。また本書の中心に位置する第5章において郡司の生命理論が徹底的に議論される。そこでは、生命理論のほかに、郡司が提唱する新しい科学方法論としての観測志向型理論についても論じられる。それらの議論を通して、郡司理論における主要概念が本書の独自理論と方法論の骨格を形成することが明らかとなる。第2部は、第4章から第6章までの3つの章で構成される。

第4章では、折口信夫の古代研究を契機に、本書の最重要概念の1つである「かたり→語り」についての考察を行う。まず、分離された「もの」と「かたり」の概念を精緻化する。次に、哲学者・坂部恵(1990)の「かたり」という言語行為に関する考察を踏まえ、「もの」と「かたり」を再度接合した「ものかたり」という新しい概念とともに、その基本構造を明らかにする。最後に、「ものかたり」の基本構造における主体性の問題と、「ものかたり」的「いま・ここ」という時間概念について論じ、メタレベルでの「もの」と「かたり」と日常レベルでの「語り」という概念を提示する。

第5章では、郡司(2002, 2003, 2004, 2006a, 2006b)の「生命理論」が徹底的に議論される。まず、生命理論における主要概念である「内部観測(者)」および「生成の3つの様相を理解するための概念装置(原生理論、原生計算、原生実験)」について論じる。次に、3つの概念装置の中心となる「原生計算」およびその計算過程である「観測過程」、そして生命理論において意識とされる「局所的意味論」について詳論する。最後に、「観測志向型理論」を状態志向型理論との対比のもとで論じたあと、生命と意識の解読にとって核心的な役割を演じる「マテリアル」概念について論じる。

第6章では、まず、物理学に基づく機械論的世界を描像するメタファーとしての「物の理(ものことわり)」との対比のもと、「物の語」→「ものかたり」の諸概念により生命理論へアクセスし、生命理論の諸概念を読み替える。次に、生命理論を読み解くためのアクセス概念である「ものかたり」の諸概念を、日常の現場へ適用するための道具概念へと転換する。その際、「語り」概念は、生命理論における生成の3つの様相に応じて分節される。最後に、ここまでの議論が収斂され、生命理論を基底とする新しい「動機」概念が提示される。

第3部は現場研究である。第3部では、本書の主張(仮説)、第2部で定

序章　「いま・ここ」からの未来　11

式化された理論、さらに現場研究として掲げる命題の論証が試みられる。まず本書で提唱する生命論的アプローチが定式化される。次に生の現場の「語り」が再現前化される。最後に生命論的考察が行われる。そして第3部全体として、現場研究＝動機づけマネジメントの方法論を描像する。これがこの部の目的であり役割である。第3部は、第7章から第9章までの3つの章で構成される。

　第7章では、まず、これまでの伝統的な研究アプローチとの対比のもとで、動機づけ研究における生命論的アプローチの特徴を炙り出し、定式化を試みる。次に、現場調査の視座としての内部観測について論じ、その際内部観測の視座のもと調査時に発見＝構成された現象を再現前化するために採用された、Jacues Derrida (1967a, 1967b) の提唱する「代補」の概念についても論及する。最後に、現場調査の概要、つまり調査命題、調査フィールド、調査の背景、そして調査対象について述べる。

　第8章では、3つの実際の「語り」が再現前化される。1年間に亘って1人5回ずつのインタビューを実施した。まず、エンジニアリング会社A社の労働組合元幹部で、調査開始時は聞き手＝筆者(W)の直属の部下であったX氏の「語り」が、次に、聞き手＝筆者(W)の労組時代の同僚で直接の上下関係になっていないが聞き手＝筆者(W)がメンター的存在として日常的に相談相手となっているY氏の「語り」が、最後に、聞き手＝筆者(W)の部下として事業をともに推進してきたZ氏の「語り」が再現前化され、分析される。

　第9章では、「語り」という言語行為が現場研究＝動機づけマネジメントの方法論となることの論証を試みる。また現場研究で得られたキーワードについての考察も行われ、第3部「動機の詩学」における行為(動機づけ)、主体(「私」)、舞台(組織)が明らかとなる。まず、「語り」という言語行為が現場調査および分析の概念と手法となることが論じられ、それが同時に、生の現場で動機づけマネジメントの手法となることが論究される。次に、生命論的に「私」の概念について考察する。そこで、局所的意味論としての「私」がその都度の「語り」に偏在していることが議論される。最後に、経営組織について生命論的に考察する。そこでは、観測志向型理論に定位すると、組織は複数の「私」による共時的・通時的意味論として現象し生成することが論じられる。

　そして、第1部から第3部までの本論とは別に、本序章と対をなす終章

が締め括りとして置かれる。終章では、本書で議論された3つの研究の総括と結論が述べられる。そしてもう1つ重要な役割を担っている。序章が「いま・ここ」から未来を体験する「語り」の始動点として機能するのに対して、終章は、語り作られる未来が次の刹那には体験されている現在として永遠に「いま・ここ」に回帰することを認識する「語り」の回帰点として顕現することになるのである。

注

1 「内部観測」という概念は、松野(2000)によって提唱された(松野孝一郎(2000)『内部観測とは何か』青土社を参照)。『内部観測』(郡司ペギオ-幸夫・松野孝一郎・オットー=E=レスラー(1997)『内部観測』青土社)では、「内部観測」を複雑系の方法論として議論している。また経営組織論において「内部観測」の概念に言及したものとしては、牧野(2002)の『経営の自己組織化論 「装置」と「行為空間」』が挙げられる(牧野丹奈子(2002)『経営の自己組織化論 「装置」と「行為空間」』日本評論社、159頁を参照)。「内部観測」は、心理学の研究方法の1つである内観法とは異なる。内観法は、Wilhelm M. Wundt が心理学実験室を設立したことにより心理学が哲学から独立した科学となったといわれる当時(1879年頃)主流の研究方法である。それは、自分で自分の意識を観察するという方法論である(高野陽太郎・岡隆編(2004)『心理学研究法』有斐閣、172–173頁を参照)。

2 今田高俊(1993)「日本的経営の転機」『組織科学』VOL.27・1、(pp.4–14)を参照。

3 城繁幸(2004)『内側から見た富士通「成果主義」の崩壊』光文社を参照。

4 城繁幸(2006)『若者はなぜ3年で辞めるのか？ 年功序列が奪う日本の未来』光文社を参照。

5 Drucker, Peter F. (1993) *Post-capitalist Society*, Harper Business, A Division of Harper Collins Publishers, INc., New York, U.S.A., (上田惇生訳『ポスト資本主義社会』ダイヤモンド社、1993年)、97頁

6 Drucker, Peter F. (2002) *Managing in the Next Society* (上田惇生 訳『ネクスト・ソサエティ』ダイヤモンド社、2002年)、5頁を参照。

7 個人を活かすことをコンセプトとする研究書としては、他に、Bartlett, Christopher A. & Ghoshal, Sumantra (1997) *The Individualized Corporation*, HarperCollins Publishers, Inc. (グロービス・マネジメント・インスティテュート訳『個を活かす企業』ダイヤモンド社、1999年)、齊藤毅憲・野村千佳子・合谷美江・藤崎晴彦・宇田理(2002)『個を尊重するマネジメント』中央経済社などがある。

8 太田肇(2006)『「外向きサラリーマン」のすすめ』朝日新聞社を参照。

9 こうしたキーワードをテーマにした書籍は後を絶たずに出版される。宮本みち子

(2002)『若者が《社会的弱者》に転落する』洋泉社、山田昌弘(2004)『希望格差社会』筑摩書房、林信吾(2005)『しのびよるネオ階級社会』平凡社、三浦展(2005)『下流社会　新たな階層集団の出現』光文社、藤井厳喜(2007)『総下流時代』光文社など。

10　朝日新聞で2007年1月1日から1月12日まで(1月2日を除く)、「ロストジェネレーション」と題した特集が組まれた。ロストジェネレーションとは、「『第2の敗戦』と呼ばれたバブル崩壊を少年期に迎え、『失われた10年』に大人になった若者たち」の世代のことである(朝日新聞(2007)「ロストジェネレーション(特集)」2007年1月1日〜12日(2日を除く)『朝日新聞』朝日新聞社を参照)。

11　朝日新聞の特集後、ロストジェネレーションの若者たちが政治に立ち上がった姿をその取材班がまとめている(朝日新聞ロスジェネ取材班(2007)『ロストジェネレーションの逆襲』朝日新聞社を参照)。

12　坂村健(2007)『変われる国・日本へ』アスキー、61–62頁を参照。

13　Boje, David M. (2001) *Narrative Methods for Organizational & Communication Research*, Sage Publications, p.1 を参照。Ante には、語源的に「前」という意味があり、またポーカーの用語で「札を取らぬうちに自分の手を見て出す掛け金」の意味があり、Boje はこれに掛けて Bet (賭け) という意味を持たせて使用している。

14　Ibid., p.1 を参照

第1部　物語への動機

はじめに(第1部)

　第1部は、本書が構想する3つの研究のうちの一角を成す。3つの研究とは、文献研究、理論研究、現場研究である。第1部は第1の文献研究の役割を担う。本書における文献研究は主に主要キーワードをめぐる先行研究のレビューに充当する。しかし第1部を構成する3つの章は単に先行研究のレビューに留まるものではなく、第2部の理論研究、第3部の現場研究に対する背景であると同時に対話的な論拠をも形成することになる。

　本書は動機づけ研究における生命論的アプローチを提唱する。これまでの主要アプローチは、Deci(1975)によると、機械論的アプローチと有機論的アプローチの2つである。本書は第2部以降で、生命論的アプローチおよびその基底にある郡司(2002, 2003, 2004, 2006a, 2006b)の生命理論に関して論述するが、従来型アプローチから生命論的アプローチへ一足飛びに議論を進めることはしない。その前にもう1つのキーワードである「語り」についても論じなければならないからである。

　そのため本書は一旦、ナラティヴ＝物語へ接近する。ここに第1部のタイトルの含意がある。これには、有機論的アプローチから生命論的アプローチへ移行する際に物語論的アプローチを触媒とする狙いがある。機械論から有機論、そして生命論へと流れる本流に物語論の血流を注入することで、生命論的アプローチと「語り」という言語行為の親和性が明らかとなるであろう。その議論は第2部以降で行うことになるが、第1部ではそのための背景的な整備を行う必要がある。第1部で議論するキーワードは大きく分けて2つある。「動機づけ」と「ナラティヴ＝物語」である。

　前者の「動機づけ」に関しては、第1章で議論する。後者の「ナラティヴ＝物語」は、さらに2つに分節して論じることになる。1つ目は物語論的(ナラティヴ)アプローチを理論的に擁護する物語論(ナラトロジー)である。もう1つは物語論的(ナラティヴ)アプローチを採用した諸研究である。それぞれに1章ずつを割り当てて論述する。それゆえ第1部において、「ナラティヴ＝物語」をキーワードとした議論のほうに多くの紙幅が割かれることになる。

第1章「動機づけの物語」では、まず第1節で「内発的動機づけ」研究の第一人者といわれる Deci (1975) の分類に基づく動機づけ研究の2つのアプローチの議論からはじめる。機械論と有機論である。今日の動機づけ研究における主要理論はすべて、有機論的アプローチに属すため、第2節ではそれらの代表的な理論について論じる。最後に第3節で、昨今注目されている動機づけ理論として、フロー理論と選択理論を採り上げる。また動機づけ（モチベーション）をビジネスにしている事例を紹介する。第1章の議論は、第2部以降で本書が提唱する生命論的アプローチという独自の方法論について論じる際に比較対象として重要となる。

第2章「物語論への接近」では、物語論的（ナラティヴ）アプローチの源流としての物語論（ナラトロジー）について考察する。第1節では、フランスの言語学者である Adam (1984 (1999)) の『物語論』の導きに従い、近代物語論の系譜を辿る。ロシア・フォルマリズムの代表の一人である Vladimir Propp (1928a, 1928b (1969)) にはじまり、フランスの物語論の第一人者 Gerard Genette (1972, 1983) まで論じ、最後は Adam による物語の定義により締め括る。

第2節では、フランスの哲学者 Ricoeur (1983, 1984, 1985) の『時間と物語』に関する考察について議論する。時間と物語を戦わせた Ricoeur の発想は、「語り」という言語行為によって生命理論と対話しようとする本書の構想に対し大きな契機として屹立し、また第2部以降でも重要な論点を提供する。第3節では、日本の物語研究について論じる。源氏物語を筆頭に実は日本は物語大国であり、その研究にも一瞥を加えておく必要がある。またそれらと同時代の日記文学にも近代を先取りした議論が見出させるのである。

第3章「方法としての物語」では、第2章で論じた物語論（ナラトロジー）を研究や実践の方法論として用いた諸研究を概観する。第1節では、近年ナラティヴ・アプローチが脚光を浴びるきっかけとなったナラティヴ・セラピーを皮切りに、ライフストーリー研究、社会学における物語論的自己論などについて議論していく。第2節では、本書の主要舞台である経営組織の研究においてナラティヴ・アプローチを採用した諸研究について論じる。そして第3節で、本書が物語論に留まるのではなく、その先の生命論へ踏み込んでいくことを擁護する新しい概念について論述する。Boje (2001) が提唱する "Antenarrative" である。この概念は、本書の最重要概念である「語り」概念とほぼ同義であると位置づけられ、本書全編を通して重要な役割を演じることになる。

第1章　動機づけの物語

　本章では、動機づけ理論について論述する。本章は本書が経営組織における動機づけの研究であることを主張する役割を担う。先行研究のレビューを基底に構成される第1部は、本章に続く第2章、第3章で主題がナラティヴ＝物語へ移行する。それはナラティヴ＝物語も本書にとっては重要なキーワードであるからである。そして第2部の理論研究においても第6章に至るまで議論は、動機あるいは動機づけに接近することは殆どない。そのため読者が途中本書の重要な主題の1つを見失う恐れさえある。それゆえ本章の位置づけは重要になってくる。

　本書は動機づけ研究において生命論的アプローチを提唱する。その理論的枠組みと定式化の議論は第2部以降で行うが、その前に従来の主要なアプローチを確認しておく必要がある。本書が提唱する生命論的アプローチが従来のアプローチといかに異なる方法であるのかが明確にされなければならないからである。そのため本章では、動機づけ理論の代表的な諸理論を概観する際に、一般に教科書で採用されている「欲求説（内容説）」と「過程説（文脈説）」という二分類に沿って論じるのではなく、Deci (1975) の分類を手がかりとして議論を進める。Deci は『内発的動機づけ』の中で動機づけに関する研究のアプローチとして2つのアプローチを挙げている。1つは機械論的アプローチであり、もう1つは有機論的アプローチである。

　第1節では、現在のモチベーション論の基礎的な理論が次々に生み出された1950年代から70年代のアメリカについて論じ、続いて Deci (1975) の導きに従い、機械論的アプローチから有機論的アプローチへの流れとその相違点を確認する。

　第2節では、有機論的アプローチに属す代表的な諸理論を概観する。まず認知的視座に立つ研究から、モチベーションの期待モデルと Deci の内発的動機づけ論を、次にヒューマニスティック理論に基づく Abraham H. Maslow (1954, 1962) の自己実現モデル、その改良である Clayton P. Alderfer (1972) の ERG 理論、そして Douglas McGregor (1960) の X 理論と Y 理論、Frederick Herzberg (1966) の動機づけ−衛生理論について論じる。

第3節では、近年注目を集めている動機づけ理論として「フロー理論」と「選択理論」を採り上げ、さらにモチベーション・マネジメントをビジネスとしている事例も紹介する。

第1節　機械論から有機論へ

動機をめぐる才能集積

　古代ギリシアではソクラテス以前にも数多くの賢人を輩出し、西洋思想はソクラテス以前も含めたギリシア哲学を源流の1つとする。もっともソクラテス以前と以後では哲学史における位置づけは異なるが、デカルトにはじまるとされる近代哲学に対して古典的な存在であることは間違いない。別の分野では、例えばバッハやヘンデルに代表されるようなクラシック音楽も同様の現象である。ある一時期に特定の地域に集中して才能が輩出されるようである。こうした現象は1つ、西洋の歴史や社会でのみ見られる現象ではなく、東洋の世界でも変わらない。

　中国の春秋戦国時代の諸子百家がその例として挙げられよう。日本でも源氏物語を筆頭とする物語文学、あるいは現代日本での漫画文化が類似の現象と言えるであろう。このようにある時と場所に才能が集中する現象は学問や芸術の領域だけでなく、経済産業の分野でも多く見られる。漫画の例を取れば、電気街として既に産業集積の代表であった秋葉原が昨今ではオタク系の集いの場と化している。こうした例は枚挙に暇がないが、経済効率の面から考えて十分に納得のいくものである。古典的な諸文化現象に戻れば、そこでも同様の相乗効果が発揮されるために才能が集中すると考えられる。そしていつの時代でも東洋の故事でいえば「温故知新」と言われるように、古の知に戻ることで新しき知見が得られるのである。それはあらゆる学問における先行研究レビューの基本姿勢でもあろう。

　本章の主題である動機づけに立ち戻ってみると、才能集積の時代と地域としては1950年代から70年代のアメリカがそれに該当しそうである。古典と呼ぶにはまだ年数はそれほど積み重ねていないが、その内容と後世への影響という点では十分と言えるであろう。現在経営学でモチベーション論といえば、その基礎理論としてこの時代に輩出した先人たちの研究が殆ど例外なく紹介される[1]。しかしこの時代に動機づけの研究がはじまったというわけではない。Victor H. Vroom (1964) によると、当時の動機づけ研究の多くが

ヘドニズム(快楽主義)の原理に影響を受けているという。その原点はギリシアの哲学者まで遡ることができ、その中心思想は、「行動は快楽を志向し、苦痛を避けるというものである」[2]。動機づけ理論の黄金期よりも半世紀前のWilliam Jamesのような初期の心理学者の著作には明らかにヘドニズムの影響が見られるという。しかし、ヘドニズムの仮定は経験的な内容を持たず検証不可能であるため、Vroomは検証可能な心理学の領域での議論を目指したのである。

この黄金期における動機づけ理論は、一般の教科書的文献では大きく2つの説に分類されて解説される。それは動機づけの大きな2つの問いから出発している。その問いとは、1つは「人間は何に動機づけられるのか」であり、もう1つは「人間はどのように動機づけられるのか」である。前者に答えようとする姿勢を欲求説あるいは内容説、後者に取り組む態度を過程説あるいは文脈説、選択説と呼ぶ。黄金期の研究者の1人であるAlderfer (1972)は、*Existence, Relatedness, and Growth*の中でこの分類はJ. P. Campbell, M. D. Dunnette, E. E. Lawler & K. E. Weickによるもので、Alderfer自身の理論は内容説であると論じている[3]。しかし本書では、この分類に基づいては論じない。本書は研究アプローチの議論を行うため、先に触れたようにDeci (1975)の分類を手がかりに議論を進める。欲求・内容説も過程・文脈・選択説もDeciの分類では、有機論的アプローチに属す。

機械論的アプローチ

Deci (1975)は主著『内発的動機づけ』の中で、最初に人間の行動に対する当時の心理学者集団におけるアプローチを大きく2つに分けて議論を進める。1つが機械論的アプローチであり、もう1つが有機論的アプローチである。後者については次項で論じる。まず機械論的アプローチであるが、これは主に行動主義者によって採用された方法である。

行動主義者による機械論的な心理学理論では、人間は様々な動力によって動かされる機械のようなものだとみなされる。もちろん行動主義といっても一様な立場で括れるわけではないが、そのアプローチの主眼は、人間の行動の原因を刺激―反応の連合に帰属させることに置かれた。当時の動機づけに関する実験的な研究の殆どは行動主義の影響下にあった。この種の研究では客観的手法が尊ばれ、主観的なデータは排斥された[4]。刺激や反応、またはそれらの強化など客観的に観察が可能な行動を記述することに力が注がれ

のである。

　Deci は行動主義者を2つの立場に分けて議論する。その分岐点は、個体の内的過程に対する姿勢である。一方は無視する姿勢を示し、他方は関心を持っている。前者の代表として Burrhus F. Skinner を、後者の代表として Clark L. Hull を挙げている。これらの研究姿勢では、刺激─反応の連結が極端に強調され、動機づけという概念さえ認識されず、学習に関する研究の一環として理解されていたようである。簡単に2つの代表的な理論を見てみよう。

　Skinner 学派の主張は、「任意の時点における人の行動は、彼の強化の歴史と彼の現在環境内でのコンティンジェンシー(…)とによって全面的に決定される」[5]というものである。このことは、人間には自由意思[6]というものはなく、人間の行動は自身の選択によって生じるものではないことを意味する。Skinner 学派は、意思や思考、あるいは動機づけなどの個々人の内的な諸過程を一切考慮せず、観察可能な環境という観点から人間の行動を説明しようとした。さらに思考や感情あるいは情緒や認知などの内的状態は、行動に先行する原因ではなく、行動に付随するもの、あるいは行動の結果生じるものと考えられた。

　一方 Hull は、Skinner に比べると個々人の内的過程に関心を示した。しかし彼も認知や思考という内的過程を研究するのではなく、刺激と反応の内的な連合的連結に力点を置いていた。Hull の理論では、個体は任意の刺激に対して反応が強化されると習慣を身につけるとされた。その際、強化は動因刺激を低減する。それは強化が個体の細胞欲求を平衡に復すことを意味する。よって動因は生理的欲求の動機づけ的側面と捉えられ、動因が習慣(刺激─反応の連合)を活性化し、動因刺激の低減は習慣(刺激─反応の連合)を強固にするとされた。ここでは、この動因が動機づけ的要素であることは明らかである。

　Hull の理論では、この動因刺激のほかに個体の環境内にある外部刺激と個体の筋肉組織内にある固有刺激があり、反応はこの三種類の刺激のいずれかによって触発される。またそれは動機づけ的要素である動因が作用するとき、はじめて反応が生じるとされた。Deci によると、Hull の理論は動機づけに関する最初の精緻化された概念であり、動機づけ研究において多大な影響を及ぼしたということである[7]。

有機論的アプローチ

　前項で見たように機械論的アプローチでは、Hull の理論において僅かに動機づけ的要素を見出すことができたが、全体としては刺激—反応の連結をいかに強化するかという学習理論の域を出ない。これは学習理論が動機づけ理論よりも低位であるという意味ではない。このアプローチでは、学習に関する１つの方法論は定式化できても、動機づけに関する理論の定式化には十分ではないということである。Deci (1975) はもちろん有機論的アプローチの立場を採る。

　有機論的アプローチでは、まず人間を有機体とみなす点で、機械論的アプローチとは徹底的に異なる視座に立つ。機械論的アプローチでは、人間は受動的で環境の統制下にあると前提している。それに対し、有機論的アプローチでは、人間は環境に働きかけ、環境と絶えず相互作用を行い、環境を変化させるとともに環境へ順応していくよう行動するとされた。また行動の要因としての認知的・情緒的過程を重視するのも特徴である。

　Deci は有機論的アプローチを３つに分類している。１つ目は情緒喚起理論である。この説では、情緒 (affect) が動機づけの基盤とされ、情緒は行動に先行し、行動を活性化し方向づけるとされた。この説の代表的な研究者は、達成動機説で有名な David C. McClelland (1961) である。達成動機 (achievement motive) とは、難しいことを成し遂げよう、障害を克服し目標を達成しよう、あるいは他人との競争に勝ち抜こう、さらには自己を超克しようとする人間的な欲求のことである。彼はこの達成動機のほかに権力動機 (power motive) と親和動機 (affiliation motive) も人間の行動にとって重要な働きをすると考えた[8]。また彼は、達成動機の高い国家や社会では経済成長が速いとの仮説を立て、様々な時代や地域の国家・社会に彼の理論を適用し、その有効性を論証しようと試みるなどユニークな研究も行なっている[9]。

　しかし Deci (1975) によると、情緒喚起理論のアプローチは、行動の原因を情緒とする点では機械論的アプローチとは異なるが、行動の原因としての認知の役割を認識しておらず、他の有機論的アプローチに比べると行動主義の立場に近いとされた。

　有機論的アプローチの２つ目は認知的理論である。Deci 自身はこのグループに属す。このアプローチは、人間の思考過程に最大の注意を払い、「人間は、自らの行動上の選択肢から得られそうな結果に関する自己評価にもとづいて、なにをなすべきかを決定する」[10]との仮定に立つ。これは、人間は自

己の決定によって行動し、その行動の重要な決定要因として認知的処理過程があることを意味している。この認知論的視座に立つ研究者は、Deci のほかに期待説で知られる Vroom がいる。Vroom と Deci の理論については次節で論じる。

　3つの目の有機論的アプローチはヒューマニスティック理論である。Deci (1975) によると、この心理学の学派は当時、精神分析心理学、行動主義心理学に続く第3の勢力と言えるものであった[11]。この学派の心理学者も、人間は絶えず選択を行い能動的に行動する有機体であるとの信念は持っていたが、認知論学派ほどには思考過程に関心はなく、「人間の統一的全体」、人間の内面的力、あるいは現象学的経験に対してより多くの注意を向けた。このアプローチの代表的な研究者としては Maslow が挙げられる。次節で、Maslow を中心にこの流れを汲む研究についても概観する。

状況論と物語論

　有機論的アプローチを具体的に論じる前に、Deci (1975) の分類には存在しないが、本書が提唱する生命論的アプローチへの移行段階として、状況論的アプローチと物語論的アプローチと呼べるアプローチに少し触れておく。

　ここで動機づけ理論と関連の深い学習心理学の歴史と関連づけて論じてみよう。学習心理学は、行動主義、認知主義と歩み、現在状況主義が脚光を浴びている[12]。行動主義や認知主義が人間の知的機能や知識は人間のアタマの中に内在すると仮定して議論するのに対し、状況主義は人間の知的活動や学習はその人が置かれた環境や状況と切り離せないとする視座に立つ。また状況主義は与えられた環境の中でのふるまいや他者との社会的な相互作用、あるいは道具を用いる状況などに注目する。さらに状況主義にとっては、人が外部の状況に対応して変容して行くことが学習として捉えられ、アタマの中での知識習得のみを目指した議論はしない。

　この状況論的アプローチの代表として挙げられるのは、Jean Lave & Etienne Wenger (1991) であろう。彼らの主張は、人間は学校や研修などの正規の教育プログラムの中だけで学ぶのではなく、社会的現場において実務が行なわれている実践共同体[13]への参加のプロセスにおいて学習しているというものである。そこでは「学習のカリキュラムは本質的に状況に埋め込まれたものである」[14]とされる。

　動機づけ理論のアプローチは、ここまで見てきたように行動主義に基づく

機械論的アプローチ、そして認知主義に基づく有機論的アプローチと歩んできた。前者では外発的な刺激と個人の反応が研究され、後者では個人の認知面から動機づけが議論された。ここで学習心理学の流れから考えると、動機づけ理論も機械論、有機論から一歩先へ踏み出しそうである。それは、この状況論的アプローチなのであろうか。その可能性は否定できない。しかし本書は状況論的アプローチを包摂する概念として生命論的アプローチを提唱する。また本書では、生命論的アプローチに到達する前に、近年学習理論においても注目を集めているナラティヴ＝物語という概念に接近する。

　物語が学習理論で注目されているのには Jerome Bruner (1986) の貢献が大きい。彼によると、人間には 2 つの思考様式がある。1 つはパラディグマティックな様式であり、もう 1 つは物語様式である。前者の適用は「よい理論、簡潔な分析、論理的証明、妥当な議論、理路整然とした仮説に導かれた経験的発見などをもたら」[15]し、後者の適用は「みごとなストーリー、人の心をひきつけるドラマ、信ずるに足る (かならずしも「真実」ではないとしても) 歴史的説明などをもたらす」[16]とされた。また Lave & Wenger (1991) も「物語 (ストーリー) はアイデアを伝えるのにかくも効果的で、しばしばアイデアそのものをことばでいうよりも効果的ですらある」[17]と述べているように、学習理論と現場の双方において物語様式の実効性は認められつつある。

　物語論も状況論同様に行動主義や認知主義とは異なり社会的な相互作用に着目する。その意味で両者は非常に親和的である。本書では状況論は生命論に包摂されるものとして捉え、次章以降で物語論を触媒として生命論へ到達することを目指す。その前に再度、有機論的アプローチの諸理論をめぐる議論へいま一度戻ることとしよう。

第 2 節　有機論的アプローチ

モチベーションの期待モデル

　Campbell et al. の分類によると、Vroom (1964) の研究は過程説に属す。現在、モチベーションの期待モデルと呼ばれる動機づけモデルを最初に定式化したのが彼である[18]。彼は代表的著作『仕事とモティベーション』において、500 以上の調査研究を引用し、このモデルの有用性を検討している。その際 Vroom は、人間を打算的な功利主義的な合理人であるという仮定から

出発する。つまり組織の成員は、自らの努力によって様々な報酬がもたらされる可能性の認知（期待）とその報酬が望ましいものであるという認知（結果の誘意性）を通じて、モチベーションの強度を自律調整しているというのである。

モデルの構築にあたって Vroom (1964) は、まず使用する専門用語の統一を図っている。Vroomの期待理論では3つの主要概念が用いられる。1つ目は「誘意性(valence)」、2つ目は「期待(expectancy)」、そして3つ目は「力」である。「誘意性」とは心理学者が選好を表現する際に使用する用語の1つで、ほかには誘因、態度、期待効果などがあり、すべて結果への情動志向を意味する。「期待」とは主観確率とも呼ばれ、主観的確実性を意味する。「力」とは喚起されたモチベーション、主観的期待効用、あるいは行動ポテンシャルと近似の概念とされた。

これら3つの概念の関係を、「〈結果jの誘意性〉×〈行為iが結果jをもたらすとの期待の強度〉＝〈行為iを遂行するよう作用する力〉」という方程式でモデル化した。この際、力を誘意性と期待の積で表すことには大きな意味がある。もしも結果が獲得できるであろうという期待が全くない場合、正の誘意性が高い結果であったとしてもその行為を遂行しようという力は発生しないということである。逆に結果の誘意性がゼロ（全く結果に関心がない）の場合は、それが獲得できる期待の強度が高くても、行動に移そうとする力を発揮することには繋がらないのである。

Vroomはこのモデルを用いて職業選択における決定要因に関する調査を分析した。その結果、「職業選択は、職業間の選好によって決定されるだけでなく、職業獲得の主観確率および期待コストによっても決定されるとみなすことができる」[19]という結論が得られた。人は自分で選好の対象とした職業を必ずしも常に選択するとは限らないのである。能力不足を自覚している人は、あまり気乗りしないままその職業に就くというケースが多いようである。

Vroomにはじまる期待説はその後も実証的な検討が引き継がれ、またモデルの応用範囲も広いとの評価を得ている。さらにモデル自体にも様々な工夫が施され、実証的な妥当性という点では内容説（欲求説）よりも高いとされている[20]。その中でもVroomの説を修正しさらに精緻化を図ったEdward E. Lawlerのモデルが、応用可能性が大きい点で評価されている[21]。

内発的動機づけ

　Vroom の研究とともに自らの研究も認知論的アプローチであるとする Deci (1975) は、ここまで述べてきたように「内発的動機づけ」に関して同名の書を著した。その中で彼はまず内発的動機づけに関する定義を明確にすることからはじめる。そのためにそれまでの心理学者が行った内発的動機づけに関する概念化を広範にレビューする。動機づけ理論の最盛期と時を同じくするように、心理学者の内発的動機づけへの関心も第 2 次世界大戦後の 1940 年代後半以降に高まりはじめたようである[22]。

　初期の研究は動因命名的アプローチと呼ばれるが、動物実験の結果から動物の新奇な刺激作用に対する諸反応を説明するために用いられたアプローチである。代表的な動因としては、探索動因、操作動因、感性動因、視覚的探索動因などが挙げられる。しかしいずれも動物の刺激─反応の行動からの仮説であり、人間の内発的動機づけの基盤を理解する手助けとしては十分ではなかった。

　次に当時最大の注目を集めていた内発的動機づけの概念化は、不適合や食い違いなどを中心概念とするアプローチであった。Deci は「最適不適合」「最適覚醒」「不確かさの低減」と、3 つのグループに分類してレビューしているが、基底ではいずれも同類の視座に立つものと考えられる。このアプローチの中で今日でも多数引用されるのは、L. Festinger の認知的不協和理論であろう[23]。それによると、人間は 2 つの不協和な認知を感じると不快な状態となり、それを解消すべく、またその不協和が増大することを回避すべく行動するよう動機づけられるというのである。

　達成動機の McClelland (1961) も大きな括りではこのグループに入り、その概念化は「順応水準からのズレ」と言い表せる。つまり、「知覚と順応水準の間のズレは一次的な情緒反応を喚起する」[24]というもので、その喚起された情緒的状態を何らかの手がかりが復元するときに、人は内発的に動機づけられるとされた。

　このほかにも「最適不適合」「最適喚起ポテンシャル」「最適覚醒」「不確かさの解消・低減」などの概念化[25]についても考察しているが、Deci は人間の多くの行動が不確かさを低減しようとする欲求に動機づけられていることは認めつつも、すべての不確かさが嫌悪されるわけではない点と、むしろ不確かさを求める行動さえある点を指摘し、このアプローチによる内発的動機づけに関する概念化は十分ではないとした[26]。

最後に Deci は、「有能さ」と「自己決定」という概念を提唱する。彼は同様のアプローチとして、R. W. White の「イフェクタンス」や A. Angyal の「自己決定」、R. de Charms の「主体的因果律」などを引用するが、ここでは Deci の主張のみを整理しておこう。その基底にあるのは、人間には有能さと自己決定の感情を求めるようとする一般的欲求があるという信念である。ここから「内発的に動機づけられた行動とは、有能で自己決定的であると感知したいという人の欲求によって動機づけられた行動」[27]であるとされた。また認知論的視座から、その行動は、中枢神経系の要求と関連しており、非神経系の細胞には何ら影響を与えないものと考えられた。さらに内発的に動機づけられた行動には二種類あるという。1つは当人にとって最適のチャレンジを追求する行動であり、もう1つはそのチャレンジを征服する行動である。

　内発的動機づけに関して定義したあと、Deci は今日でも多く引用される実証的な実験を行っている[28]。その際、認知論的アプローチによるモデルを構築した。それは次のようなものである。

　〈刺激入力(環境・記憶・内的状態)〉→〈潜在的満足についての意識(動因・内発的動機づけ・情緒)〉→〈目標選択〉→〈目標志向的行動〉→〈報酬／満足〉[29]

　このモデルにはフィードバックの回路がある。1つは、「満足」から「潜在的満足についての意識(動因・内発的動機づけ・情緒)」→「目標選択」へとフィードバックされる。もう1つは「報酬」と「目的志向的行動」の連結によるフィードバックで、これは「潜在的満足についての意識」、特に「内発的動機づけ」へ影響するものと考えられた。このモデルを基にいくつかの実験および諸研究の分析が行われた。その結果、外的報酬が内発的動機づけに対して負の影響を与えるケースが多いことが明らかとなった[30]。外的報酬として用いられたものは、金銭、褒賞、言語的評価(フィードバック)などであった。さらに報酬が当人のパフォーマンスによって決まるようなケースではなお一層内発的動機づけを低減する傾向があったという。

　Deci の研究は、内発的動機づけ概念の明確化と、外的報酬の内発的動機づけへの影響を実証的に明らかにした点で、今日的に価値があると言える。本書はこれら先行する研究の成果を踏まえたうえで、後の章で生命論的アプローチを明らかにしたいと考える。ここでは次に自己実現モデルで有名な Maslow (1954, 1962, 1998) の理論を概観することとしよう。

自己実現モデル

　自己実現について、Maslow（1954）は『人間性の心理学』の中で詳細に論じている。当時一般には、人間は欠乏しているものを求めると考えられていた[31]。しかしMaslowは、人間は欠乏しているものがすべて満たされたとしても、新しい不満が生じ落ち着かなくなるものであり、人間は「自分がなりうるものにならなければならない」[32]ものであると考えた。そして、こうした欲求を自己実現欲求と呼び、この欲求を人間の持つ欲求のうちで最高次の欲求とした。また、「自己実現の欲求は人間だけのもの」[33]であり、「欲求は高次になるほど、より人間に特有のものとなる」[34]と述べている。

　自己実現という概念は、1939年ドイツの脳病理学者Kurt Goldsteinによって最初に提唱された。彼は脳に障害を受けた患者が残った能力を発揮しようとする姿から、人間には生来自分がなることができるものになろうとする傾向があることを読みとり、そのような欲求に対して「自己実現」という用語を使用した[35]。

　Maslowはそれをさらに限定し次のように用いた。自己実現の欲求は、「人の自己充足への願望、すなわちその人が潜在的にもっているものを実現しようとする傾向をさしている。この傾向は、よりいっそう自分自身であろうとし、自分がなりうるすべてのものになろうとする願望といえるであろう」[36]。

　この自己実現欲求は成長動機とも呼ばれるが、そこに至るまでの低次の欲求（欠乏動機）を4つに分類して展開されたのが、欲求五段階説である。Maslowは「普通の人の場合、たった一つだけ非常に重要な動機があるという場合は少なく、むしろ同時にあらゆる動機がさまざまにからみあって作用することの方が多い」[37]という考えから、5つの欲求階層を想定した。

　それは、①生理的欲求、②安全の欲求、③所属と愛の欲求、④承認の欲求、⑤自己実現の欲求である。そして低次の欲求が満たされると、次の願望が現れてくるのが人間の特徴であるとし、それまでの動機づけ理論が見落としていた点として、次の2つを挙げている。「第一に、人間というものは、相対的にあるいは一段階ずつ階段を踏んでしか満足しないものであり、第二にいろいろな欲求間には一種の優先序列の階層が存在するという事実である」[38]。

　しかしこの「基本的欲求階層の不動性」[39]は、Maslowによると、研究対象としてきた大部分の人たちには当てはまるが、不動なものではなく例外もある。また「相対的満足度」ということにも触れ、低次の欲求が100％満たされないと次の欲求が現れないというのではないことも強調している。「実

際には、我々の社会で正常な大部分の人々は、すべての基本的欲求にある程度満足しているが同時にある程度満たされていないのである」[40]。一方、欲求が100％満たされると、人間はその欲求を持たなくなると考えた。

　いずれにしろ、欲求の階層が存在することを前提としている。高次の欲求と低次の欲求の双方を充たした人は、通常高次の欲求に価値を見出し、高次の欲求の満足感は低次のそれよりも自己実現に近いという。そしてより高次の欲求を実現するためには、よりよい外的条件が必要であり、例えば、「互いに愛し合うようになるには、より良い環境条件（家族、経済、政治、教育など）が必要である。さらに自己実現を可能にするには、非常に良い条件が必要である」[41]ということになる。またMaslow（1954）は主著の中でこの自己実現は若者には生じないと論じている。

　現代の「失われた世代」[42]の恵まれない環境を考慮するまでもなく、一般に若い時期は外的条件に相対的に恵まれていないと言えるであろう。自己実現にはそうしたよりよい条件が必須というのであるのなら、Maslowのいうように、若者たちには自己実現は困難と言えなくもない。好条件を生み出すためには、年齢や社会での経験など時間を要するものもあるであろう。それでは、その若者たちには不可能であるという自己実現に達した人たちは、果たしてどのような特徴を備えているのであろうか。

　Maslowは、個人的な知人、友人あるいは有名人や歴史上の人物（成功者と呼べる人物を多く含む）を被験者としてデータを収集した。その中で自己実現者とみなせる人たちから得られた印象を全体論的立場から分析し、臨床的かつ実験的研究のために重要であり有用な自己実現的人間の特性をまとめた[43]。代表的な特性は次のとおりである[44]。

- 具体的個別的なことと抽象的なこととの識別能力にすぐれている。
- 所属する文化集団の固定観念を超えて、自然という現実の世界の中で生きられる。
- 自分自身やその性質を無念さや不平を感じずに、またその問題をも受容できる。
- 行動は自発的で、気取りや何らかの効果を狙ったそぶりはなく、単純で自然である。
- 自己中心的でなく課題中心的であり、人生における使命や任務を持っている。
- 平均的な人よりも孤独やプライバシーを好む。普通の意味での他者を

必要としない。
- 物理的、文化的、社会的環境から独立している。
- 認識が絶えず新鮮である。
- 多くの自己実現者（すべてではない）が、神秘的経験－至高経験[45] を体験している。
- 人類一般に対して同情や愛情を持っている（共同社会感情）。
- 非常に倫理的で、はっきりとした道徳規準を持っている。
- 哲学的で悪意のないユーモアのセンスがある。
- 人間が生来与えられている子どもの天真爛漫で普遍的な創造性を失っていない。
- 文化に組み込まれることに抵抗し、ある意味、文化を超越している。

　一般的には人格者の特性と呼びうるような性質のものであるが、これらの特質をすべて保有しているようであれば、「完全なる人間」に近い理想的な人物と言ってもよさそうである。しかしMaslow自身が述べているように、「被験者の中には一人として完全な人間はいなかった」[46] のである。そこでMaslowは、一度は主著の中でこの自己実現は若者には生じないものと断言しているが、8年後に著した『完全なる人間』の中で、彼は次のように自己実現の再定義を行った。

　「だれでもなんらかの至高経験においては、一時的に自己実現する個人に見られる特徴を多く示すのである。つまり、しばらくの間、かれは自己実現者になるのである。（…）このことは、われわれがその静的、類型学的欠陥を一掃し、極くわずかの人びとが六〇歳になって入ることのできる悉無律の神殿とはしないように、自己実現を再規定することを可能にする。（…）理論的にいって、少なくとも、自己実現の挿話としてどのような生活歴を研究してもよいのである。ことに芸術家、知識人その他のとくに創造的な人びと、深遠な思想をもった宗教人、精神療法あるいはその他の重要な成長経験において深い洞察を経験した人々について、生活歴を研究すればよいのである」[47]。

　この再定義により、若者でも自己実現できる可能性は出てきた。しかし、まだまだその敷居は高そうである。ある種の悟りのような、神秘的な精神的体験をすることが条件づけられているのである。それほど高いハードルにもかかわらず、我々は日常、自己実現という概念を安易に用いている嫌いがある。阿部真大（2006）は、『搾取される若者たち』の中で「好き」を仕事にすることの危険性を炙り出し、「無責任な自己実現を促す職業教育」の問題性

を指摘している[48]。

　しかし自己実現という概念が経営現場における個人に甘い誘惑として忍び寄ってきたのは最近のことではない。戦後一貫して日本の労働者が無我夢中に働いたのは、上からの命令に従っただけではなく、「労働による自己実現」という価値観が作用していたからであるという指摘もある[49]。しかし好きな仕事に没頭しても、仲間たちと欧米を追い越せとがむしゃらに働いても、残念ながら Maslow のいう自己実現には程遠いのである。

　この点に限らず Maslow の理論は、今日では実証的な妥当性に欠けることからも批判されることが多い[50]。しかし、同時代の研究者に留まらず今日でも多くの研究に多大な影響を及ぼしているのも事実であろう。次の項では、Maslow の理論を修正し、実用性を追求した Alderfer (1972) の研究を概観する。

ERG 理論

　Alderfer (1972) の研究は Maslow の理論の修正として知られ、その著書のタイトル *Existence, Relatedness, and Growth* から、ERG 理論と呼ばれている。Alderfer 自身が述べているように、その理論は一方で Maslow の理論を発展させたものであるが、もう一方では対案的な視点に立つものでもある。Alderfer は同書で ERG 理論を構築するとともに、7つの異なる集団に対してアンケート調査を実施し仮説の検証を試みている。

　ERG 理論は一般に Maslow の欲求の五段階説をシンプルに三段階説へ整理したものとして知られているが、その特徴は人間の欲求 (needs) が「満足 (satisfaction)」と「願望 (desire)」という2つの概念によって把握されるところにある。両者は人間の主観的状態ではあるが、主観性の程度ではない。満足は人と環境との関係における出来事の結果に関わり、探し求めていたものを獲得した人の内面的な状態である。その反対の状態は「欲求不満 (frustration)」である。願望は満足に比べると外的要素を必要とせず、より主観的なもので、選好や欲求の強さ、動機などと同義の人の内面的な状態である。

　存在欲求 (Existence) は、生理的平衡状態を維持するための物質的およびエネルギー的要求であり、あらゆる物質的および生理的願望を含んでいる。関係欲求 (Relatedness) は、自己充足し得ない、他者との関係を求める欲求である。成長欲求 (Growth) は、人を自身と外部環境に対して創造的かつ生産

的な活動へ駆り立てる欲求である。この3つの欲求は、Maslowの五段階の欲求とは次のような関係にある。存在欲求は生理的欲求と安全の欲求の物質面、関係欲求は安全の欲求の対人面と所属（と愛）の欲求、そして承認の欲求の対人面、成長欲求は承認の欲求の自己確立面と自己実現の欲求に相当する。

ERG理論とMaslowの理論との相違は階層の数だけでなく、Maslowの理論では原則低次の欲求が満たされてから高次の欲求が現れるとされたが、ERG理論ではそれらは同時に存在することも、または高次の欲求が満たされないときに低次の欲求が強くなることもあるとされた。また満足と願望という2つの概念を採用することで、3つの欲求のあり方が精緻化されたと言える。

例えば、次のような命題として表された[51]。「存在欲求の満足度が少なければ少ないほど、それらはより多く願望される」。「存在欲求の満足度が多ければ多いほど、関係欲求がより多く願望される」。あるいは「関係欲求と成長欲求の双方が比較的満足な状態であるとき、関係欲求の満足度が高ければ高いほど、成長欲求がより多く願望される」などである。

ERG理論は一般的にMaslowの理論ほど広く認知されていないが、Maslowの理論を現場により適用しやすいように組み替えた修正版として評価できる。欲求を5つから3つに整理して理解する例ではほかに、文化生態学を提唱している西山賢一（2002）もいる。またオープンソースのOSであるリナックスを開発したLinus Torvaldsは人生における3つの原動力として「生き延びること」「社会秩序を保つこと」「楽しむこと」を挙げている[52]。

X理論とY理論

Maslowの理論の改良版ではないが、欲求の五段階説を実際の産業界へ適用することに寄与し、さらに適用例の多い動機づけ理論としては、McGregor（1960）が提唱したX理論とY理論が挙げられる。この2つの理論は、人間の本質に関し全く正反対の視点に立つ。X理論は、いわば「性悪説」に立つ「命令系統に関する伝統的見解」である。

McGregorは、次のように整理している[53]。

①普通の人間は生来仕事がきらいで、なろうことなら仕事はしたくないと思っている

②この仕事はきらいだという人間の特性があるために、たいていの人間

は、強制されたり、統制されたり、命令されたり、処罰するぞとおどされたりしなければ、企業目標を達成するためにじゅうぶんな力を出さないものである

③普通の人間は命令されるほうが好きで、責任を回避したがり、あまり野心をもたず、なによりもまず安全を望んでいるものである

X理論に定位するマネジメントとして、McGregorは「アメとムチ」の管理法を挙げる。彼は、この手法では、Maslowの欲求の五段階説における生理的欲求と安全に対する欲求に関わるレベルではかなりの効果を上げられるが、それらよりも高次の欲求に関わってくると、全く効き目がなくなると指摘する。さらに、「X理論の考え方が経営戦略を動かしているかぎり、普通の人間の能力を活用することはおろか、発見することすらできないであろう」[54]と述べている。

これに対し、Y理論は「性善説」に立ち、「従業員個々人の目標と企業目標との統合」を原則とした理論である。McGregorによると、Y理論の考え方は次の通りである[55]。

①仕事で心身を使うのはごくあたりまえのことであり、遊びや休憩の場合と変わりはない

②外から統制したりおどかしたりすることだけが企業目標達成に努力させる手段ではない。人は自分が進んで身を委ねた目標のためには自ら自分にムチ打って働くものである

③献身的に目標達成につくすかどうかは、それを達成して得る報酬次第である

④普通の人間は、条件次第では責任を引き受けるばかりか、自らすすんで責任をとろうとする

⑤企業内の問題を解決しようと比較的高度の想像力を駆使し、手練をつくし、創意工夫をこらす能力は、たいていの人に備わっているものであり、一部の人だけのものではない

⑥現代の企業においては、日常、従業員の知的能力はほんの一部しか生かされていない

X理論では、権限行使による命令・統制中心の組織づくりが指向されるが、Y理論では、上記のような特徴を持つ「従業員が企業の繁栄のために努力することによって各自の目標を『最高に』成し遂げられるような条件をつく」[56]ることが経営者に求められる。つまり、「企業目標と従業員個々人の

欲求や目標とをはっきしした方法で調整できれば、企業はもっと能率的に目標を達成できる」[57] という考えに立脚しているのである。

しかし、McGregor自身、すべての企業がY理論を適用するべきであるという主張はしていない。また多くの研究から、あらゆる職場や現場にY理論が適用できるわけではなく、X理論で生産性や効率が向上するケースも多く確認されている。つまり、仕事内容や状況に応じて使い分けることが求められているのである。いずれにしろ、X理論とY理論は比較的多くの現場適用が試みられている動機づけ理論の1つであろう。

動機づけと衛生

Deci(1975)の研究では殆ど言及されていなかったが、同時代の研究者でこれまで紹介した学者同様、現在でも動機づけ理論の教科書で必ず居場所を確保する1人として、Herzberg(1966)が挙げられる。その理論は動機づけ―衛生理論と呼ばれる。これはある意味でDeciの理論でいう内発的動機づけと外発的動機づけに相通じるところがある。また他の理論で高次の欲求と低次の欲求という区分はされていたが、これらが実は人を仕事へ動機づける要因と、せいぜい不満の発生を防止する程度の役目しかしない要因という全く質的に異なる概念であることを実証的に明らかにした理論である。

Herzberg(1966)は、『仕事と人間性』の中でこの2つの人間の基本的欲求を、聖書に登場する2人の代表的な男性に託して議論を進める。それはアダムとアブラハムである。前者を人間の持つ基本的な動物的欲求の代表として、後者を有能で潜在能力が極めて高い、全知全能の神と契約を結ぶことができる人間の代表として描いた。そしてTaylorに代表される科学的管理法、ホーソン研究を嚆矢とする人間関係論を概観したうえで、「科学的思考が適用されうるすべての分野のうちでいちばん現実の把握がむずかしいのが、人間性の領域である」[58] と述べ、引き続き当時の心理学が本質的に生理学と軸を同じくした行動の心理学に偏り、心理学のもう一方の柱である哲学がテーマとしてきた人間の問題が捨て去られてしまったことを指摘している。

整理すると、Herzbergの理論では人間は基本的な二組の欲求を有する存在である。一組目は、アダムに代表される動物的な面である。生命喪失、飢え、痛み、性的欠乏などからの回避である。もう一組は、アブラハム的人間が保持する欲求で、継続的な精神的成長を遂げていこうと自らの潜在能力を実現化していく人間的衝動である。Herzbergによると、この精神的成長と

は、「より多く知ること、知っていることがらにより多くの関係づけをみること、創造的であること、あいまいな状況のもとで効果的であること、集団圧力に直面しながら個性を維持すること、および現実的な精神的成長を遂げることである」[59]。

　Herzbergはここまで述べてきた人間の2つの基本的欲求を動機づけ要因と衛生要因と名づけた。前者は満足要因とも呼ばれるが、成長あるいは自己実現に対する欲求であるため職務満足に繋がった。一方後者は不満要因とも呼ばれ、職務の内容とは直接関係のない職場環境や人間関係に関わるものであった。彼はこの2つの欲求を1つの直線上で表すのではなく、2つの並行した矢印で表現した。代表的な動機づけ要因は、達成、承認、仕事そのもの、責任、昇進であり、代表的な衛生要因は、会社の政策と経営、監督、対人関係、作業条件、給与である。彼の理論は『仕事と人間性』の執筆当時、彼のそれまでの研究のほかに、9つの研究で17の職種において適用性が確認されている。

　Herzbergは動機づけ-衛生理論とMaslowの欲求五段階説との対比も行っている。Maslowの理論の低次の3つの欲求は衛生要因に相当し、高次の3つの欲求は動機づけ要因に相当するとされた。その際、Maslowの欲求の五段階説の3つ目の欲求が、AlderferによるERG理論のMaslowの理論への適用の際のように高次と低次に分節されたと解釈できる。

　ここまで伝統的な動機づけ理論の主張を概観してきたが、次の第3節では近年注目を集め、研究をはじめ様々な分野で実践的に適用されている2つの理論について論じることとする。また動機づけマネジメントをビジネスとしている事例も挙げ、研究だけでなく先行事例として確認しておくこととしよう。

第3節　動機づけ理論の実践

フロー理論

　本節ではまず、Mihaly Csikszentimihalyi (1990)によって構築されたフロー理論を取り上げる。この理論は日常的な現象を対象とできるため、世界各国で組織的に研究が行われている。佐藤郁哉(1984)の『暴走族のエスノグラフィー』もその1つである。また今村浩明と浅川希洋志(2003)の編集による『フロー理論の展開』の中では様々な分野での適用事例が報告されてい

る。それは、武道、スポーツ、子供の自然遊びや登山、企業経営、日常生活、余暇、あるいは芸能に至るまでかなり広範に亘る。その点、Maslow の欲求段階説が人間の行動を説明するための手がかりとはなるが、経験的に支持する研究事例が少なく、実証的な妥当性に疑問がもたれているのとは対照的である。

　フロー理論の中核概念は、最適経験というものである。Csikszentimihalyi によると、「達成する能力を必要とする明確な課題に注意を集中している時、人は最高の気分を味わう」[60] という。比較的容易に想定できる例が、ゲーム、スポーツ、芸術活動、祭祀などへの注意の集中である。これが最適経験であり、「日常的な生活や仕事、交友が最適経験を生むために、対象への全体的な関わりをもつように秩序立てられる時、最良の結果が生じる」[61] のだという。

　言葉を換えると、この最適経験は内発的に動機づけられた活動による経験であり、つまりその活動の最終的な結果やそれによってもたらされる外発的な利益とは無縁で、それ自体が報酬となる自己目的的な活動による経験なのである[62]。そしてその最高の状態の時に感じたことを、調査対象者の多くが「フロー」と言い表したことから、そう呼ばれるようになったのである。

　Csikszentimihalyi (1990) は、日常生活で見られるこのような最適経験を分析し、現実の生活で活用できるように体系化を試みた。彼は人が幸福に感じる過程の検討から、喜びや悲しみなどの経験は心の中に情報として現れると理解した。この情報を統制できれば、人は自分の生活をどのようなものにするか決めることができるというのである。フロー理論の重要なポイントを次に見てみよう。

　最適経験とは、意識の状態が保たれている状態である。1つの課題に注意（心理的エネルギー）が向けられているときとか、自分の能力が挑戦している目標と適合しているとき、それは生じる。この心理的エネルギーを統制し、意識的に目標に向けることができた人は自己の構成を複雑にすることができる。つまり成長できるというのである。ゲームでもスポーツでも芸術でも、より高度な課題に挑戦できるということは、より高い能力を備えたということを意味する。こうした考え方を日常生活、さらに人生そのものへ適用していこうというのである。

　フロー体験が生じる条件も整理されている[63]。
　　①達成できる見通しのある課題に取り組んでいる。

②自分のしていることに集中できる。
③作業に明瞭な目標がある。
④直接的なフィードバックがある。
⑤深いけれども無理のない没入状態で行為している。
⑥自分の行為を統制しているという感覚を伴う。
⑦自己意識は消失するが、フロー体験後、自己感覚は強まる。
⑧時間の経過の感覚が変わる(短く感じたり、長く感じたりする)。

　また、この自己目的的な経験であるフロー体験をめぐる議論で重要な点は、Csikszentimihalyi が超越論的な「善」を属性としてあげていないことである[64]。彼はフロー体験に善悪の概念を持ち込まない。芸術活動でもスポーツでも、人はフロー体験を得られるが、暴力や犯罪行為でも、フローを感じる人たちがいるということである。暴走族の暴走行為が善いか悪いかの判断は置いておくとして、佐藤(2002)は『暴走族のエスノグラフィー』の中で、暴走がフロー体験をもたらす活動であることを指摘している。

　Csikszentimihalyi は次のように述べている。

　「他のすべての経験と同じく、フロー体験も絶対的な意味で『良い』わけではない。それは生活をより豊かにし、魅力と意味のあるものにする可能性がある時に限って良いのであり、自己の力と複雑さを増大させるから良いのである。しかし、ある特定のフローの結果が、より広い意味で良いものであるかどうかは、より包括的な社会的基準によって論議され評価されねばならない。しかし同じことは、科学であれ宗教であれ政治であれ、人間のすべての活動についていえることである」[65]。

　Csikszentimihalyi は彼なりの指針も示している。個々人が日々の活動の中に見いだす小さな目標を統合するような目標を見つけることは可能だという。それを彼は「ライフテーマ」と呼び、「個人が行うことすべてに意味を与える究極的目標と結びついた諸目標の一つのまとまり」[66]であると説明している。つまり、個々人の日常的なフロー体験を統合できるような、より高次の目標・目的を人生レベルで見いだしていけることを示唆している。そして最終的には進化の概念とともに宇宙レベルへと議論は進むのである[67]。

選択理論とリード・マネジメント

　選択理論は William Glasser (1998, 2000) により開発された。精神科医である Glasser はリアリティセラピー(現実療法)[68]と呼ばれる独自の手法を開発

した。その特徴は過去ではなく現在に焦点を合わせることである。クライアントとの面談で過去の話をやめて現在の話に方向を切り替えたところクライアントの回復が早かったことから、「リアリティセラピー」と名づけられた。このセラピーでは、クライアントの問題は現在の人間関係において人間の基本的な欲求が満たされていないのが原因であるとの考えに立脚している。

その後、心理学の1つの理論であるコントロール理論に出会い、それを発展させたものが選択理論である。選択理論はリアリティセラピーに適用させることで理論的に洗練させることができ、現在では心理療法のみでなく、教育現場や企業経営へも適用されている。選択理論をカウンセリングへ適用するとリアリティセラピーであり、教育に適用するとクオリティ・スクールと呼ばれ、経営に適用するとリード・マネジメントと呼ばれる。選択理論を採用している学校はアメリカとカナダで200校以上にのぼるという。Glasser (1998)はさらに選択理論のコミュニティ全体への適用も提唱している。

選択理論の基本的な思想は、人間はみじめな感情も含め、すべての行動を自らが選択しているというものである。この理論によると、我々は我々自身が認識している以上に自らをコントロールしているのだという。しかしこのコントロールは内的コントロールと呼ばれ、刺激反応理論に基づく外的コントロールと厳格に区別される。他人を変えることができると考える外的コントロールの心理学に対して、選択理論の内的コントロールでは、自分しか自分を変えられないとする。

厳密に言うと、コントロールできるのは自分の行動だけということになる。その行動は4つの要素から構成される。それは、行為、思考、感情、生理反応である。しかしこの中で直接コントロールできる要素は、行為と思考だけとされ、感情と生理反応に関しては行為と思考をどのように選択するかによって間接的にコントロールできると考えられている。そして長期に亘る心理的問題の原因のすべては現在の人間関係であり、それも過去や未来のものではなく、常に現在の人間関係であるという基本思想が根底にある。

また我々が与えること、あるいは他者から受け取ることのできるものは情報のみとされ、その情報をどのように処理するかが、それぞれの選択であるとされる。我々の選択行動はすべて自分の脳から生じるとし、あらゆる動物同様、人間は内側から動機づけられるとされる。以上のことより選択理論は、認知科学をベースとした有機論的アプローチに属する理論であり、内発的動機づけ理論の1つであると言える。

選択理論では、人間には基本的な欲求が5つあるとされる。それは、生存の欲求、愛と所属の欲求、力の欲求、自由の欲求、そして楽しみの欲求である。欲求を5つとしているところはMaslowの理論に類似しているが、特に階層を想定しているわけでもない。生存の欲求は大抵の欲求説に登場する。愛と所属の欲求も言葉は変われども、定番の欲求であろう。力の欲求と自由の欲求を基本的欲求に加えている点は、現実志向の理論の特徴であろうか。力を求めるのは動物にはない人間特有な性質であるとされる。自由の欲求は、自分の自由が必ずしも他人の自由に一致せず、それは強制という様相を呈する場合もある。もちろんその逆もある。そこで、この欲求ではバランスの大切さが説かれている。

　最後に楽しみの欲求であるが、これは学習と遊びという行為との関係で説明される。選択理論では、楽しみは学習に対する遺伝子の報酬であるとされる。人間とはよく学習した種の子孫であり、また一生涯遊び続ける唯一の動物であるとされ、遊びから学び、そこから楽しみは生まれると考えられているのである。

　選択理論では、我々が生きている世界を現実世界、または現実（リアリティ）と呼び、我々は1人1人の見方によって異なった現実を生きているとされる。しかしこれは第3章で論じる社会構成主義のように共同構成される社会的現実というのとも異なり、あくまでも個人的な世界に関わる。個々人はそれぞれ固有の上質世界（クオリティ・ワールド）を持っているという。「この小さな、個人的世界は、誕生後すぐに各自が創造し始め、生涯を通じて創造し続けるもので、私たちの欲求を最も満足させてくれる具体的なイメージ写真によって成り立っている」[69]のである。このイメージ写真は次の3つの領域で構成される[70]。

　①私たちがともにいたいと思う人
　②私たちが最も所有したい、経験したいと思う物
　③私の行動の多くを支配している考え、信条

　人はこの上質世界に他人を入れることを選択することもでき、またその人を上質世界から外す選択もできるというのである。この選択理論を経営現場へ適用したものが、リード・マネジメントと呼ばれる経営手法である。

　リード・マネジメントは、外的コントロールの手法を採用するボス・マネジメント[71]との対比で論じられる。ボス・マネジメントの特徴は次の4つである[72]。

①すべてのレベルで、ボスが仕事と、その仕事の基準を決定する。
②たいてい、ボスは、従業員に仕事のやり方を話すだけで、見せることをしない。
③ボス、もしくは、ボスが命じた人が、仕事を検査し、評価する。
④ボスに対する従業員の抵抗は、常に様々な方法で試みられ、これが品質を落とすことになる。

リード・マネジメントでは、従業員や部下に対する気配りが重要になる。従業員や部下の上質世界(クオリティ・ワールド)に入ることが、マネジャーにとっての最重要課題となる。従業員や部下が一緒にいたいと思うようなマネジャーでなければ、良好な人間関係の構築は難しいであろう。つまり選択理論においては、関係者は全員親しくなければならず、親しい関係を維持しなければならないという視点に立つ。これには、否定、反論する余地はない。可能であるならば、家庭、職場、学校、いずれにしろ、そうした理想的な人間関係に基づく環境が望ましいはずだからである。選択理論は当然そうした理想的な環境作りに貢献することを目指している。そうした選択理論に基づくリード・マネジメントもボス・マネジメントと同様、4つの基本的要素を持っている[73]。

①リーダーは、仕事の成果の基準と必要な時間について部下に話し合ってもらい、その意見を取り入れる。部下のスキルと欲求が適材適所であるかを常に確かめる。
②リーダーは仕事の手本を示し、期待する成果の基準を部下に正確に理解してもらう。そして、どうしたらもっと良くできるか、絶えず部下の意見を求める。
③部下自身に自分の仕事の質を確認し、評価してもらう。部下はリーダーが自分たちの知識を信頼し、言うことに耳を傾けてくれると確信している。
④リーダーは促進者である。部下に、仕事を成功させるための最高の道具と職場を与え、強制のない雰囲気を提供するために、可能なことをすべて実行していることを示す。

このリード・マネジメントを日本でビジネスとして展開している会社がある。経営コンサルタント会社のアチーブメント株式会社である。代表取締役の青木仁志(2001)は「企業経営者を始め、幹部社員が『リードマネジメント』を体得すれば、わが国が現在抱えている企業・家庭・社会的問題・課題

に対して、ほとんど対応することが可能である」[74]と述べている。このように選択理論は個人ベースでは心理療法のリアリティセラピーとして、教育現場ではクオリティ・スクールとして、そして経営組織においてはリード・マネジメントとして導入され、成果を上げているようである。

『企業と人材』(2002.12.20)が特集「モチベーションをどう高めるか」という特集を組み、その中で、リード・マネジメントの理論と実践事例が紹介されている。理論に関しては、当然ここまで見てきたGlasser(1998)の選択理論をベースとしたものである。企業における具体的な導入事例としては、コンサルタント会社の研修・指導事例とその成果が記されている[75]。認知科学的視座のもと個人の行動に焦点を当てているため、個々人の行動の変化を目的とした理論の学習とロールプレイングなどの研修が中心に置かれたプログラムとなっている。

さらに『企業と人材』(2002.12.20)では、リード・マネジメントのほかに2つのモチベーション・マネジメントを事業としている会社が紹介されている。1つは株式会社リンクアンドモチベーションであり、もう1つは株式会社JTBモチベーションズである。次にこれらの事例を見てみよう。

モチベーションエンジニアリング

　選択理論とそれに基づくリード・マネジメントは、本章でこれまで論じてきた動機づけ理論の範疇で分類すると、有機論的アプローチに属し内発的動機づけ理論である。Alderferが言及した内容説(欲求説)か過程説(文脈説)かの二分類ではどちらかというと内容説に属すと言える。それに対し、この項で紹介する2つの手法は、同じ有機論的アプローチであるが、過程説の代表である期待理論を基底としたモデルである。コンサルティングの手法も、リード・マネジメントが演繹的であるとすれば、あとの2つは帰納的なアプローチと呼べそうである。

　株式会社リンクアンドモチベーションは、組織を活性化するマネジメント手法を敢えて「技法」と呼び、「モチベーションエンジニアリング」と名づけている。同社代表取締役社長の小笹芳央(2002a, 2002b)によると、モチベーションエンジニアリングの基底にある動機づけ理論は期待理論である。ここで、期待理論におけるモチベーションのメカニズムは次のように説明される。「目標の魅力」×「達成可能性」＝「モチベーションの大きさ」。表現は違うが、本章第2節で論じたVroomの期待モデル「〈結果jの誘意性〉×〈行

為 i が結果 j をもたらすとの期待の強度〉＝〈行為 i を遂行するよう作用する力〉」と基本的には同じである。この「目標の魅力」×「達成可能性」＝「モチベーションの大きさ」という方程式を、企業組織へ適用するために、小笹は「目標の魅力」を「報酬の魅力」、「達成可能性」を「獲得可能性」へと置き換える。後者 2 つの掛け合わせが、『組織目標の達成』と『個人欲求の充足』を結びつける原動力となる」[76] という。

　この「組織目標の達成」と「個人欲求の充足」をつなぐ「新しい報酬」を生み出すマネジメント技法がモチベーションエンジニアリングなのである。太田（2007）は『お金より名誉のモチベーション論』の中で、金銭や地位などのインセンティブに代わる新しいインセンティブ手法について「承認」をキーワードに議論を進めるが、小笹は金銭報酬と地位報酬に代わる新しい報酬を「コミュニケーション報酬」と命名する。

　太田の主張と同様、小笹も人間の根源的欲求として「仕事を認めてもらいたい」「期待されたい」などの承認欲求を挙げているが、さらに「楽しく仕事がしたい」「意味の感じられる仕事がしたい」「尊敬できる人と仕事がしたい」など、コミュニケーション欲求も評価している。この欲求を充足するコミュニケーション報酬は、金銭報酬や地位報酬が誰かに与えられればその分なくなるというゼロサムゲームに陥るのとは異なり、ある意味無尽蔵に創出することができるものである。そしてこの新しい報酬を創り出す人をモチベーションクリエーターと呼び、コミュニケーションの結節点として捉えている。それに対してやる気を失わせるタイプの人をモチベーションブレーカーと呼んでいる。

　しかし期待理論に基づき構築され、さらにエンジニアリングという用語を使用しているマネジメント技法ということだけあって、そのコンサルティングは、報酬の魅力、つまり従業員のモチベーションファクターのマーケティングからはじまる。それは、報酬の魅力度合いは受け手である従業員側が決めるとの視点に立っているからである。マーケティングの技法としては、いわゆる「鳥の目（BIRD'S VIEW）」「虫の目（INSECT'S VIEW）」の分析観点が用いられる。

　前者では大きな視点から「会社基盤」「理念戦略」「事業内容」「仕事内容」「組織風土」「人的魅力」「施設環境」「制度待遇」の 8 つのファクターが分析される。後者では「虫の目」の小さな視点から大きく 2 つのカテゴリーに分類し、それぞれ 4 項目ずつが分析される。1 つ目のカテゴリーは「マネジメ

ント」で、ここには「情報提供」「情報収集」「判断行動」「動機形成」の4つのファクターが、もう1つのカテゴリーは「ワークステージ」で、ここには「顧客接続」「目標達成」「意欲相乗」「業務効果」の4つのファクターが属す。

　これら計16項目のファクターを従業員の「満足度」と経営や上司への「期待度」をそれぞれ数値化して、そこから「会社と従業員」「仕事と従業員」「上司と従業員」などの関係を明らかにするのである。「満足度」と「期待度」の関係から16項目のファクターはマトリックス上の4つの象限に分類される。それは、①「満足度」(高)×「期待度」(高)、②「満足度」(高)×「期待度」(低)、③「満足度」(低)×「期待度」(高)、④「満足度」(低)×「期待度」(低)である。

　①のグループは、会社と従業員が双方満足している項目であり、継続してその状態を維持する必要がある。②のグループは、従業員は満足しているがそれほど欲している項目ではない。ないがしろにしてよいということではないが、それ以上強化してもモチベーションの向上には繋がらない要素である。Herzbergのいう衛生要因的な意味合いを持っていると考えられる。③のグループは、従業員は欲しているが満たされていない項目であり、モチベーション向上のためには優先的に取り組まなければならない課題と言える。④のグループは、会社も従業員もあまり意識していない項目である。緊急度は低いものである。こうした分析に応じて、具体的な施策を立案し提案を行い、クライアント企業ではそれを実施していくことになるのである。

　もう1社の株式会社JTBモチベーションズのコンサルティング手法はモチベーション・マネジメントと呼ばれているが、基本的にはモチベーションエンジニアリングと同様の構成と言える[77]。コンサルティング指導の流れは「分析」「プラン」「実行」となっている。モチベーションの要素をこちらではモチベータと呼び、「適職」「プライベート」「自己表現」「環境適応」「環境整備」「人間関係」「業務遂行」「期待・評価」「職務管理」「報酬」「昇進昇級」の11項目に分類し、分析システムも独自に開発している。

　しかし大きな枠組みとしては、モチベーションエンジニアリングと同類のカテゴリーに属し、リード・マネジメントとは異なるアプローチと言えるであろう。前者は現場でのモチベーションファクターを分析しそれに基づき対策法を計画するという帰納的アプローチと言えるのに対して、後者は選択理論の原則に基づき経営トップやマネージャーの行動に変化を促すという演繹

的アプローチと言えるであろう。

　これらの事例はいずれも理論をベースに経営現場で動機づけのマネジメントを実践している例として参考になるが、導入事例として紹介されているものはいずれも経営トップが率先して社内改革に取り組んでいるものである[78]。しかし本書で追究しようとしているものは、同様に現場は混乱し問題が山積状態であるが、組織的に動機づけを意識した改革に進まない経営組織における個々人の動機づけである。上層部と部下の板挟みになっている中間管理職や、個々の従業員は、日常の生の現場において、どのように自己や他者を動機づけていけばよいのかが主題となる。

　本章では、ここまで動機づけ理論に関する先行研究をレビューしてきた。ここまでの議論は、本書が提唱する生命論的アプローチという独自の方法論を定式化する際に、比較対象として重要となる。しかし本書はその議論を行う前に、既に触れたようにもう1つのキーワードであるナラティヴ＝物語へ接近する。次の第2章では、物語論(ナラトロジー)について、そして第3章では物語論的(ナラティヴ)アプローチを採用した諸研究について論究する。

注

1　上田泰(1995)『組織の人間学』中央経済社、クレイア・コンサルティング(2003)『「やる気」の構造』同文館出版、桑田耕太郎・田尾雅夫(1998)『組織論』有斐閣、田尾雅夫(1998)『モチベーション入門』日本経済新聞社、田尾雅夫(1999)『組織の心理学』有斐閣を参照。

2　Vroom, Victor H. (1964) *Work and Motivation*, John Willy & Sons, Inc. (坂下昭宣・榊原清則・小松陽一・城戸康彰訳『仕事とモティベーション』千倉書房、1982年)、9頁

3　Alderfer, Clayton P. (1972) *Existence, Relatedness, and Growth*, The Free Press, New York, p.7 を参照。

4　ここでは、Wundtが心理学実験室を設立したことにより心理学が哲学から独立した科学となったといわれる当時(1879年頃)主流の研究方法である内観法によるデータが含意されている。内観法は、自分で自分の意識を観察するという方法論であるが、心理学が扱う対象には意識化できない心理事象があること、また内観の結果は言語によって報告されることが、限界として挙げられている(高野陽太郎・岡隆編(2004)『心理学研究法』有斐閣、172–174頁を参照)。そのため、行動主義者は、言語測度よりも行動測度を重視する研究方法を採用した。近年、日本

で開発された「内観療法」は精神療法として国際的にも評価されてきている。しかしこれは研究方法ではなく、療法である点で、「内観法」とは異なる（坂野雄二編(2005)『臨床心理学キーワード』[補訂版] 有斐閣、89頁を参照）。
5 Deci, Edward (1975) *Intrinsic Motivation*, Plenum Press, New York（安藤延男・石田梅訳『内発的動機づけ』誠信書房、1980年）、7頁
6 「意思」は法律用語であり、近年経営学系の研究では「意思決定」等、「意思」を使用する傾向にある。一方「意志」は伝統的に哲学・倫理学系の研究で使用されている。本書は学際的研究であるため、多様な学問領域に言及する。それゆれ、本書では、敢えて表記を統一せず、文脈に応じて「意思」と「意志」を使い分けることとする。
7 Deci (1975)（安藤・石田訳、1980年）、14頁を参照。
8 田尾(1998)、44-45頁を参照。
9 McClelland, David C. (1961) *The Achieving Society*, D. Van Nostrand Company, Inc. を参照。
10 Deci (1975)（安藤・石田訳、1980年）、17頁
11 Ibid.（邦訳）、19頁を参照。
12 中原淳編著(2006)『企業内人材育成入門』ダイヤモンド社、12-20頁を参照。
13 実践共同体については、Wenger は *Communities of Practice* でさらに精緻化された議論を行なっている (Wenger, Etienne (1998) *Communities of Practice*, Cambridge University Press を参照)。
14 Lave, Jean, & Wenger, Etienne (1991) *Situated Learning*, Cambridge University Press（佐伯胖訳『状況に埋め込まれた学習』産業図書、1993年）、80頁
15 Bruner, Jerome (1986) *Actual Minds, Possible Worlds*, Harvard University Press（田中一彦訳『可能世界の心理』みすず書房、1998年）、19頁
16 Ibid.（邦訳）、19-20頁
17 Lave & Wenger (1991)（佐伯訳、1993年）、8頁
18 桑田・田尾(1998)、219頁を参照。
19 Vroom (1964)（坂下・榊原・小松・城戸訳、1982年）、109頁
20 桑田・田尾(1998)、219頁を参照。
21 田尾(1998)、59-60頁を参照。
22 Deci (1975)（安藤・石田訳、1980年）、28頁、65頁を参照。
23 Deci (1975)によると、Festinger 自身は「彼の理論を内発的動機づけに関する『不適合』の観点からの解釈と関連づけることはしなった」(Ibid.（邦訳）、35頁)。
24 Ibid.（邦訳）、37頁
25 Deci (1975)は一覧表に整理している(Ibid.（邦訳）、65頁を参照)。
26 Ibid.（邦訳）、60頁を参照。
27 Ibid.（邦訳）、70頁
28 実験については、Ibid.（邦訳）、第5章(145-179頁)を参照。
29 Ibid.（邦訳）、109頁、139頁を参照。

第 1 章　動機づけの物語　47

30　Deci(1975)は、大学生を2つのチームに分けてパズルを解かせた。一方のチームのみにパズルを解く毎に1ドルずつ手渡した。すると、実験の間の自由時間で支払いを受けたチームの学生のほうが、報酬を受けていないチームの学生よりもパズルを解くことに熱心ではなくなったという(Ibid.(邦訳)、第5章(145–179頁)を参照)。

31　Maslow, Abraham H. (1954) *Motivation and Personality* (Second edition), Harper & Row, Publishers, Inc.(小口忠彦訳『人間性の心理学』産業能率大学出版部、1987年)、48頁を参照。

32　Ibid.(邦訳)、72頁

33　Ibid.(邦訳)、146頁

34　Ibid.(邦訳)、146頁

35　小林司(1989)『「生きがい」とは何か』日本放送出版協会、112–113頁を参照。

36　Maslow (1954) (小口訳、1987年)、72頁

37　Ibid.(邦訳)、3頁

38　Ibid.(邦訳)、40頁

39　Ibid.(邦訳)、80頁

40　Ibid.(邦訳)、83頁

41　Ibid.(邦訳)、148頁

42　朝日新聞で2007年1月1日から1月12日まで(1月2日を除く)、「ロストジェネレーション」と題した特集が組まれた(朝日新聞(2007)「ロストジェネレーション(特集)」2007年1月1日〜12日(2日を除く)『朝日新聞』朝日新聞社を参照)。ここでは、そのロストジェネレーションを「失われた世代」と著した。

43　調査方法については、Maslow(1954)(小口訳、1987年)、221–227頁を参照。被験者の選択基準に関して、「自己実現のはっきりとした証拠であるが、これは正確に表現するのはむずかしい症候群である。ここでは、この論議の目的を考慮して、自己実現を大まかに、才能や能力、潜在能力などを十分に用い、また開拓していることと説明しておこう」(Ibid.(邦訳)、223頁)と述べている。また「従来どおりの信頼性、妥当性、標本抽出法などを主張する人々には若干の言い訳も添えて以下の報告を提出したいと思う」(Ibid.(邦訳)、222頁)と、「自己実現的人間」の調査報告の章の「はじめに」で述べている。

44　自己実現者の特性については、Ibid.(邦訳)、228–264頁を参照。

45　Maslow(1954)は至高経験を次のように説明している。「それは地平線がはてしなく広がっている感じで、これまでよりも力強く、また同時に無力の感じ、偉大なる恍惚感と驚きと畏敬の感じ、時空間に身の置きどころのなさであり、つまるところ、とてつもなく重要で価値のある何かが起こったという確信であり、それ故そのような経験によって被験者は日常生活においてさえある程度変化し、力づけられるのである。／この経験は何千年もの間、神学的あるいは超自然的な体験と結びつけられてきたのだが、それらとの関係を断つことは非常に重要なことである。この経験は十分に科学の管轄内にある自然なものであるので、私はこれを至

48 第 1 部　物語への動機

高体験と呼ぶ」(Ibid.(邦訳)、246–247 頁)。
46　Ibid.(邦訳)、225 頁
47　Maslow, Abraham H. (1962) *Toward a Psychology of Being*, D. Van Nostrand Co. Inc., U.S.A., 1962(上田吉一訳『完全なる人間』誠信書房(1979 年)、137–138 頁
48　阿部真大(2006)『搾取される若者たち――バイク便ライダーは見た！』集英社、131 頁を参照。
49　「『仕事に一生懸命とり組む、そのことによって自己実現するとともに、会社の発展、ひいては自分の昇進ももたらす』、という信条が日本の大半の生産労働者に共通していた。日本の生産労働者が小集団活動、提案活動に熱心であったのは、会社による上からの強制が前提としてあったが、それだけで説明されるものではなく、『労働による自己実現』という労働者の心性もまた重要な役割をはたしのである。／『労働による自己実現』は、しかし、自己実現する場が労働の場、すなわち会社であったため、個人生活や家族生活を犠牲とすることにもなった。高度成長とともに物質的には生活水準は向上したが、生活の質は貧しいままにとどまった(野村正實(2001)「第一章」、戸塚秀夫・徳永重良編『現代日本の労働問題[増補版]』ミネルヴァ書房、46 頁)。
　　Maslow(1998)は「仕事を通じての自己実現」を次のように述べている。「こうした形での自己実現は、おのずと自己超越をもたらし、自己認識や自己意識をまったくともなわない精神状態に導いてくれるのだ。(…)仕事を通じての自己実現は、自己を追求しその充足を果たすことであると同時に、真の自我とも言うべき無我に達することでもある。(…)なぜなら、自己実現をもたらす仕事に取り組む場合、仕事の大儀名分は自己の一部として取り込まれており、もはや世界と自己との区別は存在しなくなるからである。内的世界と外的世界は融合し、一つになる」(Maslow, Abraham H. (1998) *Maslow on Management*, John Willy & Sons, Inc.(金井壽宏監訳・大川修二訳『完全なる経営』日本経済新聞社、2001 年)、14 頁)。
50　桑田・田尾(1998)、213 頁を参照。
51　Alderfer(1972)、p.13, pp.149–150 を参照。
52　Torvalds, Linus & Diamond, David (2001) *Just for Fun*, Waterside Productions, Inc., California(風見潤訳『それがぼくには楽しかった』小学館プロダクション、2001 年)、13 頁を参照。
53　McGregor, Douglas (1960) *The Human Side of Enterprise*, McGraw-hill Inc., New York(高橋達男訳『企業の人間的側面』(新版)産能大学出版部、1970 年、38–39 頁を参照。
54　Ibid.(邦訳)、51 頁
55　Ibid.(邦訳)、54–55 頁
56　Ibid.(邦訳)、56 頁
57　Ibid.(邦訳)、57 頁
58　Herzberg, Frederick (1966) *Work and the nature of man*(北野利信訳『仕事と人間性』東洋経済新報社、1968 年)、51 頁
59　Ibid.(邦訳)、82 頁

第 1 章　動機づけの物語　49

60　Csikszentimihalyi, Mihaly（1990）*Flow*（今村浩明訳『フロー体験　喜びの現象学』世界思想社、1996 年）、x 頁
61　Ibid.（邦訳）、x 頁
62　Csikszentimihalyi, Mihaly & Nakamura, Jeanne（2003）「1 章　フロー理論のこれまで」、今村浩明・淺川希洋志編『フロー理論の展開』世界思想社、2003 年、1 頁を参照。「自己目的的」は原語では "autotelic" であるが、「自己」を意味する "auto" と「目的」を意味する "telos" という 2 つのギリシア語の合成語である。
63　Csikszentimihalyi（1990）（今村訳、1996 年）、62–63 頁を参照。
64　西田幾多郎は、『善の研究』のなかで、「善」について次のように述べている。「善とは自己の内面的要求を満足する者をいうので、自己の最大なる要求とは意識の根本的統一力即ち人格の要求であるから、これを満足する事即ち人格の実現というのが我々に取りて絶対的善である」（西田幾多郎（1950（1979））『善の研究』岩波書店、189 頁）。「善とは一言にていえば人格の実現である。これを内より見れば、真摯なる要求の満足、即ち意識統一であって、その極は自他相忘れ、主客相没するという所に到らねばならぬ。外に現われたる事実として見れば、小は個人性の発展より、進んで人類一般の統一的発達に到ってその頂点に達するのである」（同上、202 頁）
65　Csikszentimihalyi（1990）（今村訳、1996 年）、89 頁
66　Ibid.（邦訳）、288 頁
67　Ibid.（邦訳）、298–300 頁を参照。
68　リアリティセラピー（現実療法）に関しては、Glasser, William（2000）*Reality Therapy in Action*, Harper Collins Publishers, Inc.（柿谷正期・柿谷寿美江訳『15 人が選んだ幸せの道　選択理論と現実療法の実際』アチーブメント出版、2000 年）を参照。
69　Glasser, William（1998）*Choice Theory*, Harper Collins Publishers, Inc.（柿谷正期訳『グラッサー博士の選択理論』アチーブメント出版、2000 年）、82 頁
70　Ibid.（邦訳）、82 頁を参照。
71　Ibid.（邦訳）、468 頁を参照。Glasser は職場で使う外的コントロール心理学をボス・マネジメントと表現している。
72　Ibid.（邦訳）、471–472 頁
73　田口誠弘（2002a）「営業社員の意欲を高めるリードマネジメント」『企業と人材』2002.12.20、（pp.19–25）、21 頁
74　青木仁志（2001）「『新リードマネジメント』による時代先取りの《人材育成》」『企業と人材』2001.6.20、（pp.4–18）、5 頁
75　田口誠弘（2002b）「リードマネジメントで社員の自立と経営管理力を高める」『企業と人材』2002.12.20、（pp.36–42）を参照。
76　小笹芳央（2002a）「新しい組織活性化技法　モチベーションエンジニアリング」『企業と人材』2002.12.20、（pp.5–10）、6 頁
77　菊入みゆき（2002a）「管理者のためのモチベーション・マネジメント」『企業と人材』2002.12.20、（pp.11–18）を参照。

78　阿部まさ子(2002)「ビジョンマネジメントで社員のモチベーションが向上」『企業と人材』2002.12.20、(pp.26–30)、菊入みゆき(2002b)「モチベーション・マネジメントで新事業領域への挑戦に拍車が」『企業と人材』2002.12.20、(pp.31–35)、田口(2002b)を参照。

第 2 章　物語論への接近

　現在ナラティヴ・アプローチは医療分野に留まらず社会科学分野においても研究および実践的手法として注目を集めているが、本章ではその源流である物語論(ナラトロジー)に関する諸研究を概観する。医療や経営組織の現場で用いられているナラティヴ・アプローチの理論的基盤を把捉しておくことは、実用面での有効性を議論するうえでも重要であろう。また学際的な生い立ちを持つ経営学だけに限らず、近年社会科学の諸領域で学際的なアプローチが採用されはじめている。しかし、その際これまでは、自然科学系の理論・方法論の導入が多かった。

　本書の主要舞台である経営組織における動機づけの研究は人の研究でもあるが、ここでも前章で触れたように機械論的アプローチ、そして有機論的アプローチと自然科学系の流れが主流であった。本書ではそこに人文科学系の血流を注入する。物語論的アプローチである。そのためにも源流である物語論の精査は肝要と言えるであろう。

　本章ではまず物語論を人文科学の視点から論じる。Adam (1984 (1999)) は『物語論』の中で言語学者の視点から物語に関する諸理論・研究を紹介する。その議論は、ロシア・フォルマリズムの代表の一人 Propp (1928a, 1928b (1969)) にはじまり、Umberto Eco (1979) まで展開する。しかしここでは Adam の議論のすべてを概観するのではなく、本研究の狙いである動機づけ研究における物語論的アプローチに通じる理論を中心に辿ることとする。またその際、主要理論に関しては原典から補完しながら議論を進める。

　次に、フランスの哲学者 Ricoeur (1983, 1984, 1985) による『時間と物語』に関する考察を概観する。Ricoeur の議論は現代の物語論あるいはナラティヴ・アプローチを採用する研究に多大な影響を与えているが、本書では特に時間の問題に対して物語という言語行為で戦いを挑み、その関係性に言及する点に注目する。

　最後に日本の物語研究についても論じる。日本は千年以上も前に『源氏物語』をはじめとする数多くの文学作品を産出した物語大国である。ナラティヴというと、欧米系の研究に目が行きがちであるが、「物語」という単語を

古くから使っている日本という国での物語研究に関する調査も日本語を母語とする研究者としては行ってみる価値はあるであろう。

第 1 節　現代物語論の源流

ロシア・フォルマリズム

　多くの西洋思想同様、物語論(ナラトロジー)[1]の議論においてもその源流は古代ギリシアまで遡る。アリストテレスの『詩学』である。しかしここではギリシア時代の哲学者の理論までは論及せず、現代の物語論に的を絞る。Adam(1984(1999))は『物語論』を、ロシア・フォルマリズムの代表の 1 人である Propp による Claude Lévi-Strauss の構造主義への影響から論じはじめる。

　第 2 次大戦中、アメリカへ亡命した Lévi-Strauss は同じく亡命中であった言語学者の Roman Jakobson に出会う。Lévi-Strauss は Jakobson から Ferdinand de Saussure と Jakobson 自身の言語学における方法論を学ぶ。そこから Lévi-Strauss は当時人類学で主流であった機能主義に対して構造主義という立場を打ち立てていくことになる[2]。しかし Adam によると、Jakobson は Lévi-Strauss に Propp の昔話の研究についても伝授したようである[3]。Adam は Propp(1928a, 1928b(1969))の『昔話の形態学』を現代物語論の嚆矢と位置づけている。Propp によると、民話の研究は自然科学における有機体の研究と比較することが可能である[4]。民俗学者は博物学者と同じように研究対象の種や属を扱っているのである。民話に関して言えば、その構成や構造といった観点から比較研究することが可能になるという。

　Propp はロシア昔話集の中から 100 の不思議な民話を選び出し調査を行った。その結果、不思議な民話の登場人物は、年齢、性別、出自、性格など属性や特徴が異なるが、話の筋の中で同じ役回りを演じることが見出された。ここから民話の中には不変数と変数との関係が存在するとされた。つまり登場人物の役割・機能が不変数であり、そのほかの要素、例えば王や継母あるいは行為の動機などはすべて変数である。そして不思議の民話には 31 の機能があることが発見された。Propp の研究はその後の構造主義に定位する諸研究に大きな影響を与えたという。

　しかし Adam は Propp 1 人のみを現代物語論の始祖とはしなかった。Tzvetan Todorov(1965a)がフランス語訳で編集した『文学の理論－ロシア・

フォルマリスト論集−』に寄せられた序文「詩学を求めて」の中でRoman Jakobson (1965) は、「グループの中でも最も明敏にして最も堅実な代表者の一人としてここに挙げたいのはB・トマシェフスキーである」[5]と述べているが、AdamもBoris Tomashevsky (1925) の名を挙げている。否、まずは彼の理論を第1に取り上げているのである。

　フォルマリズムはロシアで1915年から1916年頃立ち上がり、20年代に全盛期を迎え、30年頃まで続いた文学研究の学派である[6]。しかしそのフォルマリズムという名称は対抗勢力によって蔑む意味合いのもとで名づけられたものである。近年同時代でかつ同じロシアの言語学者であるMikhail M. Bakhtin (1963, 1965) の理論が注目を集めるなか、引き立て役のような役回りに甘んじているようである[7]が、ロシア・フォルマリズムの理論は構造主義言語学の源流[8]あるいは物語論の起源としてだけでなく、実践的な芸術・創作の手法としても評価されている[9]。次にTomashevskyの理論を見てみよう。

テーマの研究

　Tomashevsky (1925) は、「テーマの研究」の中で文学研究における4つの重要な概念について論じている[10]。それは、「テーマ」「モチーフ」「物語（ファーブラ）」「主題（シュジェート）」である。特に物語と主題の関係は後代の物語論においてもたびたび議論の対象となるが、Genette (1972, 1983) は、「フォルマリストのファーブラ／シュジェートの対立は物語論の前史に属するとも言えるもので、もはやわれわれにとっては何の役にも立たない」[11]と、Genette自身が提唱する概念の比較対象とする前に一蹴している。その意味でTomashevskyの概念は、現在の物語論、あるいは物語論的アプローチを採用する研究においてもはや実用性の低い概念となっていると言えるかもしれない。しかしこうした先賢たちの研究があってこそ、Genette自身の研究も成立しているわけである。本書でもその概要は把握しておこう。

　まずテーマである。テーマとはある種のまとまった統一を表すもので、作品の言語的な素材を統一する包括的な概念である。テーマは作品の全体を統一するものもあれば、部分部分の小さなテーマというものもある。そしてそのテーマそのものは、作品における個々の要素の持つ意味によって構成される。換言すれば、意味を持つ言葉によって書かれた作品は、例外なく1つのテーマを持っているのである。

　作品は全体として1つのテーマがあると同時に、小さなテーマ的要素から

構成されている。作品を分析するとは、こうした意味のある単位に分解していくことであり、その意味のある最小の単位がモチーフと呼ばれた。それは「朝食を抜いた」「神は死んだ」「バフチンは語った」など、テーマ的素材としての最小の命題のことである。

こうした最小要素の継起の仕方によって二種類の作品群に分類している。1つは、時間軸に沿った継起のほかに因果関係が要請されるもの、もう1つは時間軸に沿った継起のみで描かれるもので、前者は「主題のある」作品、つまり小説や叙事詩、後者は「主題のない」作品、つまり抒情詩や旅行記などである。単なる時系列に沿った記述ではまず物語にも主題のある小説にもならない。Tomashevskyの理論では、物語は時間的かつ因果的に結ばれた基礎的なモチーフの集合である。それに対して主題では、確かに物語と同じ事件を構成するが、モチーフの現れ方や順序が物語とは異なってくる。

物語と主題の違いをもう少し明確にするために、Tomashevskyはモチーフを二通りに分節して説明を試みる。まず、関連（参与的）モチーフと自由（非参与的）モチーフに分ける。前者は省略すると事件の因果関係が損なわれるモチーフである。後者はなくても事件の統一性は保たれるモチーフである。物語にとっては前者だけが重要であり、一方主題にとっては自由モチーフが重要な役割を演じる。これらは作品を芸術的に構成するために導入されるのである。2つ目の分節は、動的モチーフと静的モチーフである。前者は状況を変化させ、後者は変化させない。ここでも物語にとっては前者が大切であるが、主題はしばしば静的モチーフも必要とする。それらは、自然や作中人物の性格の描写であったりする。

作品はこれらのモチーフが導入され統一あるテーマを持ちうる。そのためには個々のモチーフやモチーフの総体の導入が正当化されていなければならない。Tomashevskyはそのための手法を動機づけ[12]と名づけた。それらは3つあるとされた。1つは、「構成的な動機づけ」である。これはモチーフ同士を筋として、あるいは伏線として関連づけるものである。2つ目は、「写実的な動機づけ」で、これは読者に筋が本当らしく感じられるようにモチーフを導入することである。そして3つ目は、「美的な動機づけ」と呼ばれ、現実から借用したものだけでは芸術的な作品とはならないため採られた手法である。

Genetteの指摘どおり、Tomashevskyの概念化は確かに曖昧さが拭えないものが多いが、物語論の嚆矢としての価値はあると言えそうである。またこ

こで紹介した概念は文学研究の概念としてだけでなく、日常の社会生活の現場でも応用の効く新鮮さも感じられる[13]。

物語の記号論

　物語論の始祖と呼ばれるPropp (1928a, 1928b (1969))の理論を精緻化し、記号論として確立したのは、Algirdas Julien Greimas (1970)である。彼はPropp の『昔話の形態学』の主要理論を、行動領域と諸機能の継起的な連鎖の2つの面で理論的に深化させ、最終的には意味作用の基本構造としての「記号論四辺形」へと到達する。

　Greimas は、物語における行為者の役割から3つの関係モデルを提示する。1つ目は、欲望の関係であり、ここでは望む主体が望まれる対象に結びつく。2つ目は、伝達の関係であり、ここでは主体と価値ある対象を通じて探索行為への送り手と受け手が結びつく。3つ目は、闘争の関係であり、ここでは欲望あるいは伝達の関係において主体を補助する者と妨害する者（敵対者）との対立が生じる。さらにこの3つの関係における行為者の役割に関して、「テーマ上の役割」と「資格付与」によって、抽象的な行為者のレベルから登場人物である言説レベル（演技者のレベル）が区別される。

　例えば、年老いた王が3人の息子たちに病状を回復する薬を探してくるよう命じる物語があるとする。昔話としてよくあることだが、3人の息子のうち2人の兄は意地悪で父親である王の回復など望んでいない。一方末の息子は心優しく、父親に対して忠実である。ここで、「王」の場合、演技者のレベルでは王であるが、行為者のレベルでは、探索行為への送り手と受け手という2つに分節される。このことは王に付与された「資格」と「テーマ上の役割」から理解される。王に付与された「資格」とは「病気と回復」であり、「テーマ上の役割」とは「王と裁き手」である。ここから薬（贈り物）の探索を命じる「王＝送り手」とその成果を「裁く者＝受け手」という構図が生まれる。

　一方「兄たち」の場合、演技者のレベルでは兄たちであるが、行為者のレベルでは、探索行為の主体と探索行為の妨害者とに分節される。兄たちに付与された「資格」は「意地悪」であり、テーマ上の役割は「年上・裏切り」である。ここで重要なことは、前者のケースから「同一の演技者でも複数の行為者になりうる」こと、後者のケースから「複数の演技者でも同一の行為者になりうる」ことが言えるということである。それゆえ、Greimas は物語

の登場人物については、行為者の役割（演技者）という言説のレベルと、テーマ上の役割や資格付与による意味論上のレベルでの考察が重要であると指摘する。

　Greimas は、物語の基本構造を要素の連続を表す 4 つの概念で論じる。それは「操作」「能力」「見事な運用」そして「裁可」である。不思議な民話では、「操作」の要素連続によって主人公が対象を探しに行く必要性が生じる。次に主人公にはその対象を獲得するための様々な「能力」を習得する必要があり、それらを「見事な運用」のもとで対象を獲得する。そして物語の結末に主人公は、送り手である対象（贈り物）の受け手（あるいは別の行為者）から英雄として認められる（代償を受ける）。

　ここで、Greimas はそれまでの物語分析が主人公の行動の経路（実践的側面）を中心としていたのに対して、登場人物の認知の面に注目する。実践的側面とは、つまり主人公が能力を獲得しかつ見事に運用し対象を入手する行為である。ここには物語における行為の構造を見出しうる。しかし Greimas は主人公をこの行為へ向かわせる契約の構造が物語全体の枠組みになっていると指摘する。それは操作の段階において、送り手は主体（主人公）に価値ある対象が何であるかを伝え、彼／彼女を探索行為へと意欲づける。その際、操作としての要素連続は「説得的な支配の特徴」を示す。これが契約の成立である。そして主人公によって対象が獲得されると、契約条件は実現されたこととなる。最後に契約の裁可である。ここには 2 つの運動が見出される。1 つは主人公（主体）から受け手へ向かう運動であり、価値ある対象としての贈り物として現れる。もう 1 つは、受け手から主人公（主体）へ向かう代償（お返し）である。その際、裁可の要素連続はもはや「説得的な」ものではなく「解釈的な支配の特徴」を示すのである。こうして物語の行為の構造において「実践的側面」が見出されるとともに、契約の構造において「認知的側面」が見出されるのである。

　そして物語は 3 つの変換の局面によって分節されるとされた。第 1 の局面は、主体の設置である。第 2 の局面は、能力の見事な運用による状態の変化である（実践的側面）。第 3 の局面は、変換された状態の評価である（認知的側面）。

　Greimas はさらに意味作用の基本構造まで議論を進める。先に関係モデルにおいて抽象的な行為者のレベルと言説に表出する演技者のレベルの分別について論じた。彼によると、前者は行為者の図式に従い行為者と物語のプロ

グラムが配置される物語の「表層構造」であり、後者が読者である我々が文字通りに読むことができる物語としての「表出レベル」である。そしてもう1つ、物語には無時間的レベルでの「深層構造」があるという。これを意味作用の基本構造と呼ぶ。

　物語は発端と結末(あるいは物語の前と後)では状態が変換あるいは逆転している。結末の状態を価値あるものとするとき、物語の語り手は物語の結末を価値ある対象として措定して語っていることになる。物語の発端(前)は倒置された内容であり、結末(後)は措定された内容となる。ここに「倒置された内容＝否定的な提示」対「措定された内容＝肯定的な提示」という図式が成立する。ここから意味編成のより深いレベルへと移行する。

　まず1つの意味内容が措定されるときには、必ずそれと同時に矛盾する意味内容が措定される。これは矛盾関係にある否定の操作である。次に肯定の操作を行うことにより相反的な意味素に到達する。「生」から「死」への経路を想定すると、まず否定の操作により矛盾的意味素へ行く。「非－生」である。次に肯定の操作により「死」へ辿り着く。対称的操作では、「死」から「非－死」そして「生」へと通じる。この4つの要素から有名な記号論四辺形が構成される。このモデルが強調するのは関係そのものではなく、関係の根拠となる操作である。こうして物語を内容の構造レベルだけでなく、深層構造としての意味論レベルで分析することが試みられたのである。

物語の内容と言説

　「物語(ファーブラ)」と「主題(シュジェート)」は、Tomashevskyにより区別された概念であった。これらの概念をさらに精緻化し、物語論(ナラトロジー)における主要概念に発展させたのは、Genette (1972, 1983)である。Genetteは、フォルマリストの提案する概念の「対」に対して2つの問題点を指摘する。1つは術語の意味に関するもので、「物語(ファーブラ)」と「主題(シュジェート)」という術語の選択がお粗末で、その意図する対立が伝わらないという。

　もう1つは、事象を説明する概念として「物語」と「主題」という二区分では物語事象の全体を的確には説明できないと主張する。つまり、術語を「物語」と「主題」でなく、「物語内容(histoire)」と「物語言説(recit)」との二区分とするだけでも十分ではないというのである。『文学の理論－ロシア・フォルマリスト論集－』の編者でもあるTodorovでさえ物語分析を「物

語内容 (histoire)」と「物語言説 (話) (discours)」の二項関係から試みている[14]。しかし Genette は、それまで言語学が分析の対象とすることに躊躇していた言表行為の分析へも踏み込んで行く。つまり「語り (narration)」という言表行為、狭い意味では「物語の言表行為」、広い意味では語り手・聞き手 (読み手) も含んだ言語行為を 3 つ目の概念として加えるのである。

　Genette (1972, 1983) が提案するのは、「物語内容 (histoire)」「物語言説 (recit)」、そして「語り (narration)」という 3 つの概念の組合せである[15]。これら 3 つの概念の関係は例えば次のようになる。ある歴史的な物語言説を想定すると、まずある出来事が生起する。これが「物語内容」である。そして歴史家が物語る行為を行う。これが「語り」である。そして物語行為の産物としての「物語言説」が産出される。この「物語言説」は往々にして書物や録音、あるいは記憶という形でもって物語行為が完了したのちも存在することになる。「物語言説」をこのような残存現象と捉える場合、「語り」という言表行為のあとに「物語言説」が生じるということは擁護されるが、Genette はそれ以外ではこうした考え方の存立には何ら保証はないという。

　Genette (1972, 1983) によると、「物語言説」の発生は、それが発話であれ記述であれ、「語り」という言表行為と完全に同時的に進行する現象である。これらは時間的な差異で区別されるものではなく、むしろアスペクト (相) の違いによって理解されるものである。「物語言説」は発話された「言説」そのものであり、統語論的・意味論的相を示す。一方「語り」は「物語言説」が生み出される状況のことであり、語用論的相を指す。さらに Genette は「語り」という言表行為 (物語行為) は、「物語言説」のみならず「物語内容」も同時に創出するのだと主張する。

　物語行為が「物語内容」と「物語言説」を同時に創り出すという発想は、フィクション (虚構) の場合には容易に受容されるであろうが、ノンフィクション (非虚構) の場合には抵抗があるかもしれない。しかし人間の認知構造から考えると、たとえ歴史的であれ日常的であれ事実とされる出来事でも、純粋に虚構的部分を排除した形式での非虚構の物語 (物語内容そのもの) を伝達も受領もできないであろう。その意味で Genette の主張は受容されうる。詰まるところ、純粋な物語の内容というものは把捉し得ないのであり、物語行為において存在するのは、様々な様式で語られる「物語言説」のもとで、理解され浮かび上がってくる出来事の連鎖だけである。それゆえ、Genette はそれまでの物語論が「物語内容」の分析を重視していたのに対して、「物

語言説」の分析に力点を置いたのである。

　Genette の物語論の精緻化に対する功績の１つとして、さらに「時間 (time)」「叙法 (mood)」「態 (voice)」の分別と分析概念としての確立が挙げられる。「時間」では「物語言説」の時間と「物語内容」の時間との関係が議論される。物語行為においては、必ずしも複数の出来事が生じた時間的順序のもとに物語が語られるわけではない。語る物語（物語言説）と語られる物語内容との間には多くの捩れや倒錯の現象が生じる。そして「時間」の下位の分析カテゴリーとして、「順序」「速度」「頻度」の３つを提示する。「順序」は「物語言説」における出来事の順番と、語られた物語内容における出来事の時系列的順番との捩れや歪みの問題に関わる。「速度」では、出来事の事象的な継続時間の長さと、出来事を物語る言説の時間的長さとの関係が問題で、物語のテンポの形式と関係する。３つ目の「頻度」は、出来事が生じた回数と物語言説の中で語られる回数との関係に関するカテゴリーである。

　「叙法」とは、物語の再現の諸様態、物語の情報を制御する一連の方法のことである。大きく「距離」と「パースペクティブ」の２つに区分できる。「距離」は、物語の情報がどのように提示されるのかという観点から「物語言説」と「物語内容」との距離が問題となる。「パースペクティブ」では、物語情報がどのように認知されるかという観点が重要となる。「パースペクティブ」は物語論における「視点 (point of view)」の問題と関係する。ここで Genette は、それまでの物語論で兎角混同されがちであった認知行為と言表行為とを明確に分離するため、「態」という概念を導入する。

　「視点」が「見るのは誰か」「誰が認識するのか」「誰が物語を支配しているのか」を問題にするのに対して、「態」は「語るのは誰か」「語りの審級はどうか」を問題にする。語りの審級とは、語りの状況とも言え、語りにおける語り手や聞き手を含む時間・空間的な文脈のことである[16]。それゆえ１つの物語の中に複数の語りの審級が含まれることもありうるのである。

　Genette の理論は多くの批判も受けたが、一方で文学・物語研究において多大な影響も与えている。特に「語り」と「態」の概念の導入によって物語言説を多面的に解明していくことを可能とし、それまで物語内容の分析が中心であった文学・物語研究の分野において確固たる地位を築いたと言える。またこの分析対象の物語内容から物語言説へのシフトおよび物語行為への注目は、物語論が１つ文学研究に留まる方法論でないことを示唆しているとも言えるであろう。

物語の定義

　Adam（1984（1999））は、『物語論』の中で前項までの議論を踏まえ、William Labov & Joshua Waletzky を紹介する。従来の物語論は伝統的に文学あるいは弁舌や文章の専門家（政治家や広告制作者）のテクストを研究対象としてきたが、Labov & Waletzky は書かれた物語ではなく口述の物語、つまり現実の状況下で言語上の相互作用に支配されるテクストを考察の対象とした。日常の口述での物語行為は、語り手による1人または複数の聞き手に対する働きかけおよび両者の相互作用に基づき成立するのが特徴である。1960 年代の終わり頃、Labov & Waletzky は、スラムの若者たちの語る物語を調査し、物語構造と物語のコミュニケーション上の機能を規定することを試みた。ナラティヴ・アプローチにより日常の語りを調査した研究で、その後の社会言語学の発展に大きく貢献した[17]。

　しかし Adam は物語論が書かれたテクストから口述のテクストまで可能性が開かれたことは強調するが、語り手と聞き手に関する議論へは進まず、物語における要素連続の仮説を明らかにした上で物語の定義を試みる。Adam の要素連続の仮説とは、物語は「方向付け」「紛糾」「行為（ないし評価）」「解決」「結果」という5つの巨大命題の束に整理されうるというものである。そしてこの仮説から物語の定義が導かれる。

　Adam によると、ある言説が物語だと言いうるためには6つの構成要素を包含していなければならないという。それは、①諸事件の契機、②テーマの単一性、③変換される述語、④事行、⑤物語の因果関係、⑥最後の評価（教訓）である。

　まず物語であるためには、ある時間 t で次いで t+n で事件が発生するというように諸事件が継起する必要がある。そこには時間性があり、この時間性が緊張を伴って物語を結末へと駆り立てるのである。次にテーマの単一性であるが、関連性のない複数のテーマが併存するようでは物語は成立しない。テーマの単一性を担保するためには、物語におけるいくつかの構成要素を結びつけることができる主体が必要である。それは人間に限らないが、人間的な興味を喚起することを考慮すると、個人であれ集団であれ人的な演技者の存在は単一性の重要な要因である。しかしこの演技者だけではテーマの単一性の保証とはならない。時間的な継起や主体を性格づける述語との関係を考慮しなければならない。

　3番目は、変換される述語である。これは Greimas の理論における内容倒

置の概念に対応する。つまり「倒置された内容」と「措定された内容」の関係である。より一般的に定式化すると、発端の状況（t 時）においては、主体 S は X であったが、結末の状況（t+n 時）では、主体 S は X' であった、となる。

4番目の事行とは、1つの全体を形成する行為（筋）のことである。アリストテレスはこの全体としての単一の行為（筋）を以って、物語を歴史や年代記から区別したという。また物語は、始まり・中間・終わりを備えて1つの全体を形成するとされた。Adam はこの1つの全体を形成する行為（筋＝始まり・中間・終わり）＝事項を、事項の始まり・事項の進行中・事項の終わりと整理し直し、かつその前後に事項前と事項後を配置することによって、先に提示した要素連続を構成する5つの巨大命題との類似性を主張する。

物語の必須要件の5番目は、物語の因果関係である。単なる年代記や日付順の配列では物語は誕生しない。要素連続の図式における2番目「紛糾」と4番目「解決」が関連性を持つことによって事象の継起の関係が明確となり、単なる年代記とは異なる物語となるのである。最後の構成要素は、最後の評価（教訓）であったが、Adam はこれを要素連続の五要素モデルに最終的評価の巨大命題「教訓」として加える必要があることを論じて、物語の定義に関する議論を終える[18]。

Adam の物語の定義は、彼の著書で論じられた構造主義的物語論の影響を色濃く反映している。この定義に限らず Adam の導きによって概観した物語をめぐる諸理論の主張は現在他分野で注目を集めるナラティヴ・アプローチを検討する際に大いに役立つと言える。しかし Adam は Eco（1979）や Ricoeur（1983, 1984, 1985）の研究には多くを触れていない[19]など、やや偏りも見られる。また Adam の議論では物語論における「語り手」と「聞き手」の役割に関して十分な検討がなされていない。本書の理論展開においては、「語り手」と「聞き手」は重要な役割を演じる。

ここで参考のため、『物語論辞典』を編纂した Gerald Prince（1987）による物語の定義を記しておこう。Prince（1987）がアリストテレスにはじまり、言語学者、心理学者、歴史学者、あるいは人工知能研究者による物語論を網羅しまとめた『物語論辞典』を参照しよう。当然ここでの「物語」は、narrative ということになる。

「物語とは、一・二名あるいは数名の（多少なりとも顕在的な）**語り手**（narrator）によって、一・二名あるいは数名の（多少なりとも顕在的な）**聞き手**（narratee）に伝えられる一ないしそれ以上の現実の、あるいは、虚構の

事象(event)の報告(所産と過程、物象と行為、構造と構造化としての)をいう」[20]

　少しわかり辛いが、ここで重要なことは、まず物語には語り手と聞き手が介在すること、つまり社会的事象であること、次にそれは事象の所産と過程であるということである。この「社会的事象の所産と過程」ということは、野家(2005)も『物語の哲学』の中で述べているが、「narrative＝物語」は「語られるものとしての物語」と「物語を語ること」という二義を内包しているということである。

　本節では、近代物語論の系譜を足早に概観した。次節では、Ricoeur(1983, 1984, 1985)の『時間と物語』で展開された物語に関する考察へ議論を進めよう。

第2節　物語のフィロソフィー

時間への挑戦

　本書はナラティヴ・アプローチあるいは物語論的アプローチの現場研究における有効性を支持するが、照準はさらにその先に定まっている。「語り」という言語行為に郡司(2002, 2003, 2004, 2006a, 2006b)の提唱する「生命理論」を適用し、生命論的アプローチを提唱することを目指している。第2部で論述するが、生命理論では時間は重要な概念としての役割を演じるとともに理論の主題でもある。郡司(2004)は「生命とは時間の別称である」[21]と主張する。時間を理解することは、生命を理解することでもあるのだ。郡司のいう「生命＝時間」に「語り」という言語行為を繋げるのが本書の狙いである。本書での考察に入る前に物語を時間へ接近させ哲学的考察を行ったRicoeur(1983, 1984, 1985)の研究を概観しておこう。物語論から生命論への展開を理解するのに役立つはずである。

　Ricoeur(1983, 1984, 1985)は『時間と物語』において我々の時間経験のアポリアに対して物語の詩学を対決させ、時間の経験と物語の言述[22]の間にある相互性を立証するとともに物語活動の限界をも提示する。Ricoeurは次の仮説から出発し、それを検証していく。「物語を語る活動と人間経験の時間的生活との間には相関関係が存在し、しかもその相関関係は単に偶然的ではなく、諸文化を超えた必然性という形を呈している(…)。時間は物語の様式で分節されるのに応じて人間の時間になるということ、そして物語は時間

的存在の条件となるときに、その完全な意味に到達する」[23]。

『時間と物語』は3巻・4部で構成される大部の作品である。まず第1部「物語と時間性の循環」では、アウグスティヌスの『告白』における時間論とアリストテレスの『詩学』における筋立て論が対決させられ、そこから物語と時間性の循環が導かれる。第2部「歴史と物語」と第3部「フィクション物語における時間の統合形象化」では、歴史とフィクションという物語の二大様式における時間の統合形象化について詳細に論じられる。

第4部「物語られる時間」は2つの篇から構成される。第1篇「時間性のアポリア論」では、アウグスティヌス対アリストテレス、フッサール対カント、そしてハイデガー対通俗的時間概念の支持者という三組の時間論の対立について論じ、最後に時間性のアポリアを浮き彫りにする。第2篇「物語の詩学」では、歴史学、物語論、現象学による鼎談を通して時間問題のアポリアに対し物語の詩学がどのように対応していくかが考察される。最後にRicoeur自身が一部から4部までを1年後に読み直してから結論が述べられる。ここで彼は「物語的自己同一性」という新しい概念を登場させる。ここでは大作の全編を解説するのではなく、物語論的アプローチの有効性を支持する論点と、特に本書が目指す生命論的アプローチへと繋がる時間の問題および時間と物語の関係性を押さえておくこととしよう。

時間問題のアポリア

時間とは何か。この根源的思弁的問いに答えようと努力することから思考は袋小路に辿り着く。アポリアとは一般には解決できない難問という意味であり、ある問題において同時に成立する2つの見解に直面する状態のことである。Ricoeur (1983, 1984, 1985) は時間経験のアポリア論をアウグスティヌスの『告白』からはじめる。『時間と物語』では時間問題のアポリアとして、まず時間の存在と非存在のアポリア、そして時間測定のアポリアが論じられる。

存在するもののみが測定でき、存在しないものは測定できない。懐疑論的な主張では、過去は既になく、未来は未だなく、現在は留まらない。つまり時間は存在しない。しかし一方で日常的には時間の長短を議論し、さらに観察し測定さえ行っている。この思弁的問題にアウグスティヌスは、記憶と期待という概念を用いて答えようとする。「過去と未来を現在の中に位置づけ、長い未来と長い過去という観念を期待と記憶に転移させる」[24]のであ

る。そこから過去（について）の現在、現在（について）の現在、未来（について）の現在という3つの現在という概念が把捉される。そしてこの3つの時間は魂の中に存在するとされた。過ぎ去ったことは記憶として存在する。そして未来は期待の中にあり、我々が予言できることであるとされ、未来とは前もって言うことと理解された。こうして時間の存在と非存在のアポリアは解決されたかに見えた。しかし時間測定の問題がある。

　日常的に我々は時間を測定している。時間に広がりがない限り、測定は不可能であろう。しかし魂の中にある時間は広がりをもたない。またしてもアポリアである。ここでアウグスティヌスは「精神の集中」と「精神の広がり」という概念を導入する。現在は直視力による精神の集中であるとされた。精神は期待し、直視し、記憶する。また未来を過去へと通過させるのは精神の集中であり、それゆえ精神が集中すればするほど、精神は広がりを見せることになる。そして測定の対象は未来や過去のことではなく、期待や記憶であるとされた。これで時間測定のアポリアも解決されたように見えるが、集中するほど広がる、つまり調和の中に不調和が絶えず生じているという時間に関する新たな問題が発生する。

　Ricoeur (1983, 1984, 1985)はこれに対して、アリストテレスの『詩学』における筋立て論から「筋（ミュトス）」と「どんでん返し」という概念を対峙させ、人間の時間経験に対する次の命題を導く。「時間が物語の仕方で分節されるに応じて、時間は人間的時間となる。逆に、物語が時間経験の諸特質を描きだすのに応じて、物語は意味をおびる」[25]。ここではアリストテレスとアウグスティヌスとの対決に入る前に『時間と物語』の中で考察された時間性のアポリアの全容を概観しておこう。

　先に述べたように、第4部第1篇「時間性のアポリア論」では、三組の時間論の対立が論述される。まず一組目はアウグスティヌスとアリストテレスである。これは現象学的パースペクティブと宇宙論的パースペクティブの対立である。Ricoeurは魂の時間と世界の時間と呼んでいる。前者は既に論じた。後者は『自然学』の中で論じられる時間論である。そこでは運動との関係で時間が論じられる。それは物理的時間であり、前と後における運動の数として理解された。そして2つの瞬間による時間の切れ目の間隔によって時間は測定することもでき、出来事の前後を区別できる。しかしこの「瞬間」の決定と「前」「後」の関係は、アウグスティヌスの「現在」「過去」「未来」の概念と単純には一致しない。また精神の集中と広がりの弁証法からは、任

意の瞬間は導かれず、逆に連続する任意の瞬間からは3つの現在は出てこない。この2つの異なるパースペクティブ間での移行は、ある種の飛躍によるか、「一方が他方を隠蔽せざるを得ないかのようにおこなわれる」[26]しかないのである。

　二組目は Edmund Husserl と Immanuel Kant の時間論である。これは前者の直観的(主観的)時間と後者の不可視の時間と呼ばれる客観的時間との対立である。Husserl は客観的時間を排除することで、内的時間意識を産出できるとし、その内的時間意識から時間そのものを現出させようと試みる。しかしその際、排除したはずの客観的時間の枠組みを援用せずには現象学的時間は構成できないのである。一方 Kant(1787) は『純粋理性批判』の中で空間概念と同様に「時間は一切の直観の根底に存する必然的表象である。(…)時間は、ア・プリオリに与えられているものである」[27]と述べている。つまり Kant の時間概念は物の存在や現象の継起の前提であり、時間そのものとしては現れてこないものである。つまり時間そのものは知覚できないのである。しかし Kant の時間論は「時間が単純な大きさから区別されるための規定は、暗黙の現象学によってのみ支持される」[28]のである。結局、現象学的時間論と超越論的時間論は、双方の時間を排除しあいながら、互いの方法論を借用しない限り成立しない。ここでも互いに隠蔽し合う形でしか姿を現せない対立が見出せるのである。

　3つ目の対立は、Martin Heidegger と通俗的時間概念である。Ricoeur(1983, 1984, 1985)によると、Heidegger の時間論に至り、前2つの対立が乗り越えられる。Heidegger(1927) の時間論は主著『存在と時間』で論じられる。世界内存在としての「現存在は、おのれの存在においてこの存在自身へとかかわりゆくことが問題である存在者」[29]のことである。この世界内部的存在者が世界内部で出会われる時間を世界時間と捉えると、この世界時間においてHusserl と Kant における主観と客観の対立およびアウグスティヌスの魂の時間とアリストテレスの世界の時間の対立も乗り越えられるという。

　しかしこれはパースペクティブの問題は乗り越えられるということであろう。なぜなら Ricoeur は、Heidegger の解釈学的現象学は通俗的時間の議論において新たなアポリアを生み出すと指摘しているからである。この通俗的時間とは、天文学的、物理学的、生物学的時間のことであり、こうした自然の時間を現象学的時間から生じさせることはできず、また自然の時間の中に現象学的時間を包含することもできないのである。結局、Heidegger におい

てもこの現象学的時間と宇宙論的（自然科学的）時間との思弁的なアポリアは解消しないということである。これを Ricoeur は時間性の第1のアポリアとする。

ミュトスとミメーシス

　ここまで議論してきた時間性のアポリアの解決に向けて、Ricoeur (1983, 1984, 1985) が採用した方法論が物語の詩学である。『時間と物語』第1部でアウグスティヌスの時間論のすぐあとにアリストテレスの筋立て論が論じられる。彼の狙いは2つある。1つは、アウグスティヌスの時間論で浮かび上がってきた時間経験における調和を引き裂く不調和という概念との対決において、不調和を律する調和を創出する詩的行為を登板させることである。精神の集中から広がりへ移行する、生きられた時間の経験に対し、ミュトス（筋立て）という言語的活動を割り当てたのである。そしてもう1つは、これもアリストテレスの『詩学』においては重要な概念であるミメーシス（模倣的活動）の活用である。Ricoeur はこの概念を精緻化することにより生きられた時間の経験の創造的模倣というテーマを考察する。

　Ricoeur (1983, 1984, 1985) の解釈によると、ミュトスとは「出来事の組立て」のことであるが、これは構造としてではなく操作として理解されるべきものである。ここから詩学は筋を組立てる技法と考えられる。またミメーシスも同様にその操作性に注目する。模倣的活動、模倣あるいは再現という意味であるが、より具体的には「行動」の模倣、再現ということである。ここで注意すべき点は、この行動のミメーシスは出来事の組立てとほぼ同義的であるということである。このことからミメーシスは単なる模写のようなものと明確に区別される。アリストテレスのミメーシスとは、何かを産出する活動であり、「まさに筋立てることによって出来事を組立てることなのである」[30]。

　アリストテレスは、この筋立て論を悲劇のモデルから構築した。出来事の組立てというミュトスの定義は調和の概念を導く。この調和は完全性、全体性、適度の大きさという3つの特徴を具備している。全体の概念は始まり・中間・終わりを持ち、時間性とは離れていく。時間概念においては始まりと終わりはなく、ただ継起するものとして中間が受容される。Ricoeur はアリストテレスが筋立て論においては時間概念を一切考慮していなかったと主張する[31]。Ricoeur はさらに「悲劇のモデルは純粋に調和のモデルではなく、

むしろ不調和な調和のモデルなのである」[32] という。不調和な調和は驚きの効果とともにあり、筋の特徴では逆転、つまり「どんでん返し」という形で現れる。Ricoeur はこの不調和な調和という悲劇のモデルをアウグスティヌスの精神の広がりに対応させる。

　アリストテレスにおいてミュトスは悲劇における筋立て論の概念として用いられたが、Ricoeur はミュトスとミーメーシスを同義的に用い、特に行動のミーメーシスを単なる模写ではなく創造的模倣であるといい、ミーメーシスの中心的働きを統合形象化の活動と捉えた。さらにこの詩的な統合形象化の活動の前後に 2 つの詩的制作の操作があることを主張する。Ricoeur は 3 つに分節したミーメーシスをミーメーシスⅠ、ミーメーシスⅡ、ミーメーシスⅢと名づける。ミーメーシスⅡは筋立てを作る統合形象化 (configuration) の操作によって、先形象化 (prefiguration) としてのミーメーシスⅠの操作と作品受容による再形象化 (refiguration) としてのミーメーシスⅢの操作を媒介する。つまり統合形象化の媒介操作により前過程を後続過程へと変容させるのである。

　前過程としてのミーメーシスⅠとは、筋の制作における行動の模倣に関する先行理解のことである。それは人間の行動に関する構造的、象徴的、時間的性格についての先行理解である。行動の領域を考えると物理的運動の領域が構造的に理解される。また行動は記号や規則などによって象徴的に媒介される。そして行動には時間性が見出される。詩人と読者に共通のこうした先行理解のもとで、筋立てが構成されるというのである。

　媒介機能を果たすミーメーシスⅡは具体的な筋立てを行う統合形象化の操作である。行動の先行理解としての前過程と後続過程を媒介する筋立ては、3 つの機能を発揮する。まず筋は個人的な出来事あるいは小さな事件と、1 つのまとまった話としての全体との媒介である。単なる出来事の継起・列挙ではなく主題と呼べるものを持つ理解可能な全体とし、行動主体、目的、手段等、異質な要素を 1 つの全体として組立てるのである。次に筋は、哀れみや恐れ、あるいはどんでん返し、受難などを包含する。つまり調和と不調和を媒介する。最後に筋立ての操作によって、年代順的時間と非年代順的時間の 2 つの時間次元を様々な割合で組み合わせることを可能にする。前者は物語のエピソード的次元であり、出来事からなる話の次元である。後者は統合形象化的次元であり、筋が出来事を話にする次元である。

　作品受容による再形象化であるミーメーシスⅢを、Ricoeur は「テクスト世界と、聴衆または読者の世界との交叉」[33] であるという。ミーメーシスの過程

が完了するのは、まさに聴衆、読者においてであり、「それは詩によって統合形象化された世界と、実際の行動が展開し、その独特の時間性を展開する世界との交叉である」[34]。テクストはその受容者との相互作用においてのみ作品となる。ここに至ってミメーシスの循環という概念が導かれる。現実からテクストが構成され、読書等の受容行為によって再度テクストは現実に戻る。人間の行動がテクスト化され、解釈されることで再現される。人間の行動における物語性と時間性の循環である。

Ricoeur はこのミメーシス論を基に歴史記述とフィクション物語という異なる特徴を具備する二大物語様式の言説に徹底した考察を加える。前者は歴史的事実を、後者は虚構世界を扱う。しかし両者には共通性があるという。それは筋による記述である。記述の対象が異なろうが、統合形象化のレベルでは同一であるという。歴史性は物語としてしか記述されないのである。人間の歴史的な時間は、物語としてしか理解されないのである。

物語的自己同一性

時間のアポリア論に対して物語の詩学を武器として挑んだ Ricoeur（1983, 1984, 1985）の戦いは、物語的自己同一性という概念を我々に提供してくれた。これは彼が四部を書き終えて1年後に全編を読み直してから得られた成果である。Ricoeur は歴史記述とフィクション物語に関する考察の後の第四部において現象学的時間と宇宙論的時間との架け橋となる第3の時間と呼びうる「物語られる時間」について詳細な議論を行う。時間の統合形象化の機能によって、歴史のフィクション化とフィクションの歴史化の交叉する過程から歴史とフィクションが相互に浸透することが確認された。この歴史と物語の一体化から導かれた概念が個人または共同体における物語的自己同一性である。

Ricoeur によると、個人または共同体の自己同一性とは「その行為をしたのは誰か」「行為者は誰か」の問いに答えることである。まずは名指しである。しかし固有名詞のみでは特定できない。どのようにして、その固有名詞で呼ばれる主体を誕生から死に至るまで一生涯同一人物であるとみなすことができるのか。「あなたは誰？」という問いに対して、人は人生物語を語ることでしか答えることはできないのではないか。物語ることによってしか個人も共同体もその歴史も伝えることはできない。つまり「誰？」の問いに答える自己同一性は、物語的自己同一性でしかありえないというのである。

この物語的自己同一性は物語行為においての同一性である以上、語られる人生物語はミメーシスの循環の過程で動的に再形象化が行われる。ここでは時間性と物語性が循環することで「同」と「異」の二律背反から逃れられる。これが実体的、形式的同一性と異なり、物語の統合形象化と再形象化を繰り返す物語的同一性なのである。こうして物語的自己同一性は時間性における生の変化、動性を包含できることになる。Ricoeur は自叙伝文学の分析から、「人生物語は、主体が自分自身について物語るあらゆる真実もしくは虚構の話(ストーリー)によってたえず再形象化され続ける」[35]と論じる。そして自己を物語る主体は、自身の人生の語り手(書き手)であると同時に聞き手(読み手)として構成されるという。

さらにこの物語的自己同一性は個人に対してのみでなく、共同体にも該当する。「個人も共同体も、そのいずれにとっても現実の歴史となるような物語を受容することによって、自己同一性を確立するのである」[36]。例えば「ユダヤ民族と名のる歴史共同体はその自己同一性を、その共同体がうみだしたテクストの受容そのものから引きだしたのである」[37]。つまり主体は自分自身に対して自分自身について語る物語において自己を認識するのである。ここで見出される三重のミメーシスは絶えずそれを繰り返し、前に形象化された物語は再形象化された物語によって延々と書き換えられることになる。それゆえ Ricoeur はこのミメーシスの循環における一連の再形象化によって生じる物語的自己同一性を、解釈学的循環の詩的解決と呼ぶのである。

確かに物語的自己同一性は、物語による時間の統合形象化によって第3の時間と呼びうる「物語られる時間」を構成することで、現象学的時間と宇宙論的時間という時間性の第1のアポリアを解決したかのように見える。しかし Ricoeur は物語的自己同一性における2つの問題点を指摘する。

1つ目は「物語的自己同一性は、安定した、首尾一貫した同一性ではないことである」[38]。同じ体験や出来事に対しても語り手はいくつもの筋を構成することができる。同じ人生において相克する筋でさえ創作が可能である。物語的自己同一性は、絶えず構築と再構築を繰り返す。つまり物語自己同一性は不安定性、不定さを内包しているのである。それゆえ、物語的自己同一性は解決であると同時に新たな問題でもあるのだ。

2つ目の問題点は、「物語的自己同一性は、主体が単独の個人であれ、個人の集まった共同体であれ、主体の自己性の問題を汲みつくすことはないことである」[39]。物語的自己同一性は聞き手(読み手)の読解行為を契機とす

る。語り手による説得は聞き手にある世界観を植えつけようとするが、それは必ずしも倫理的に中立ではない。さらに聞き手はその世界観に対する評価を行う。ここにも物語的自己同一性の限界があるのである。

　Ricoeur (1983, 1984, 1985) は、物語の時間に対する戦いにおける限界としてさらに2つの時間性のアポリアを挙げる。時間性の第2のアポリアは時間の全体性の問題である。これは過去、現在、未来という時間における3つの脱自態の分節から生じる。時間の概念は集合的な単数として理解されるが、アウグスティヌスの精神の集中と広がりにおいて確認したように時間は精神の集中から記憶、直視、期待へと分裂していく。時間性とは、Heidegger (1927) によると「根源的な『おのれの外へと抜け出ている脱自』それ自体なのである」[40]。Heideggerは既在性、現在、到来という用語を用いて脱自態を表現したが、本書ではRicoeurに従い一般的な過去、現在、未来という表現で議論を進めよう。

　Ricoeurによると、物語の詩学は、時間性の第1のアポリア同様、第2のアポリアである時間の全体性の問題に対しても十分には解答を提出できなかった。物語のミメーシスの過程において統合形象化されるのは、始まり・中間・終わりを備えた全体の概念を提出する。しかし惜しむらくはこれは部分的な全体でしかなく、決して時間の全体ではないのである。

　そしてRicoeurは『時間と物語』の最後で、時間性の第3のアポリアに到達することになる。そのアポリアは、時間の表象不可能性、つまり推量不可能性である。物語の詩学は、現象学的時間と宇宙論的時間との分裂を完全には克服できず、時間の全体性に対しても限界を突きつけられ、さらに最終的には時間そのものを考えることができないという地点に辿り着いたのである。時間と物語との戦いは物語が時間のアポリアに1つずつ答えを出していくたびに、次なるアポリアが生み出され、最後には時間の神秘性を認めざるを得ないこととなった。しかしRicoeurは、物語の限界を正確に把握し、その限界の範囲内で物語を用いることの有効性を認識することの大切さを主張する。そしてRicoeurは「時間の神秘は、言語を圧迫する禁止とは等しくない。時間の神秘はかえって、もっと考え、別様に言い表そうとする要求を触発する」[41]と述べている。

　本書ではこの最後の言葉に郡司 (2002, 2003, 2004, 2006a, 2006b) の生命理論への経路を見出す。郡司は「生命とは時間の別称である」[42]と言う。郡司の生命理論については第2部で論じるが、ここまで概観してきたRicoeurの

哲学的考察から、本研究は2つの大きな示唆を受容した。1つは、次章で論じるナラティヴ・アプローチあるいは物語論的アプローチの諸研究での有効性と限界について、もう1つは、物語という言語行為と時間という概念の関係についてである。後者は先に触れたように郡司理論に通じる。ここから本書が、動機づけ研究およびその実践的手法において物語論的アプローチに留まるのではなく、生命論的アプローチへと歩みを進めることが理解されよう。

生命理論について議論する前に、本章では次に日本における物語の研究へ目を転じることとしよう。

第3節　日本の物語研究

物語の親

　何を以って物語の起源とするかは諸説があるであろうが、キリスト教文化圏である西洋では聖書の存在が大きく、物語が文学として成熟するのに少し時間を要したようである。ボッカチオの『デカメロン』が記されたのが14世紀である[43]。それに対し日本の物語文学は平安時代に隆盛を極める。年代では10世紀から11世紀にかけてである。世界でも多くの読者がいる『源氏物語』の中で、「物語の出で来はじめの親」[44]と呼ばれるのが『竹取の翁』（竹取物語）である。この物語は平安中期10世紀頃までには広く巷間で知られていたという[45]。

　物語という文学のジャンルが他の国に比べても早い時期に熟成する文化的背景と社会的環境を備えた日本における物語について論じないというのは、物語論に関する考察の章としては片手落ちであろう。また物語という表現形式だけでなく、物語論としても登場は比較的早いと言えるのである。欧米の物語論の始祖は既にここまで述べてきたように、アリストテレスである。

　日本では、紫式部が「物語の親」を規定するだけでなく、『源氏物語』の蛍巻で登場人物である光源氏に物語論を語らせる。「日本紀などは、ただ、片そばぞかし。こちら（物語）にこそ、（世の中の）みちみちしく、くはしき事はあらめ」[46]と、歴史書（当時の権威ある学術書）よりも物語の方が現実社会の真実を伝えていると主張させるのである。物語の中の男と女の戯言と解釈すればそれまでであるが、次項で論じるように、『源氏物語』が12世紀には早くも貴族社会の典礼として扱われるようになったことを顧慮すれば、紫式

部の主張も正当性を持ちえなくもないであろう。

　さて本書にはここで長々と日本文学論について論述する意図はない。否、そうした試みは不可能であろう。本書が日本の物語研究を概観する狙いは次の2点である。まず先に触れたように日本は物語に関しては欧米に比較しても長い歴史を持っている。その日本の物語に関する研究に対して、日本語を母国語とする研究者が物語論を論じる章で一瞥も加えない手はない。他の学問領域の成果を積極的に取り入れることで学際的研究の発展に寄与できるのではないかということである。次に本書の主要概念である「語り」という言語行為について日本語での研究を加えておくことが、本書全体の理解も容易にするだろうと考えたからである。それゆえここでは、比較的新しい研究を数点論じることで次章以降の議論へ繋げたいと考える。それらは、やはり代表的な物語としての『源氏物語』と『平家物語』を扱った研究、そして自己言及テキストとしての「日記文学」に関する研究である。

正典としての源氏物語

　『更級日記』の著者の菅原孝標女が『源氏物語』を入手できたときの喜びようは有名な話であるが、当時の女房たちは物語や日記というものを書き記すことへ動機づけられる社会環境に置かれていたようである。彼女たちは一種の職業階層と呼びうるほどに、互いの存在を意識していたのである[47]。そのことは『枕草子』や『紫式部日記』の記述から明らかであろう。折口信夫（1996）によると、当時の女房たちは皇族の子女の教育係であった。彼女たちは物語を語り聞かせることで子女を教育する[48]。まさに物語の語部という職業集団を形成していたのである。現存する物語や日記だけでなく、当時女房たちは語り聞かす物語を自ら記していたという。そうして次々に華やかな王朝物語が生み出されていったのであろう。しかし「盛者必衰のことわり」[49]の現れのように、いつしか女房文学の時代は衰退していく。

　兵藤裕己（1985, 2002）は、物語の最大の作者であり読者であった女房が『源氏物語』の読者共同体から排除されていく背後に『源氏物語』の正典化とともに政治的な働きを読み取る。既に触れたが12世紀半ばには、『源氏物語』は「歌人必読の書とされ、王朝の盛時をつたえる典礼の書とみなされ」[50]ていた。一方、こうした正典化の動きと時を同じくして、紫式部の堕地獄説が広く流布していたのである。ある『源氏物語』の女性読者の夢の中に紫式部の亡霊が現れ、自らの罪深さを告げたという。そして禅定比丘尼に

よって紫式部とその読者たちの滅罪を願う供養会が執り行われた。こうして『源氏物語』は男女交会の道を説く悪書とされていったのである。

兵藤によると、この紫式部の堕地獄説は特に旧来からの物語読者層である女性へ向けて発せられた。そして『源氏物語』が正典化されるにつれて、「その読者共同体から女性が排除され、男性読者による物語テクストの収奪がはかられ」[51]たというのである。

兵藤（1985, 2002）は物語の定本化・テクスト化の背後にこうした政治の動きを見るが、もう1つ重要な指摘も行っている。それは語り物としての物語の本来的な流動性と定本化による固定化の問題である。物語は女房たちに語られ、それがまた書き写され、また別のところで語られ、その都度書き換えも語り換えもあったであろう。その意味で、『源氏物語』は女房たちに開かれており、「聞き手にたいして、『語る』行為のなかで、物語テクストは不断に流動的でありえただろう」[52]。女房たちも物語を容易に自分の延長線上へ位置づけることができたであろう。しかし定本化は流動的な「ものがたり」を固定的な「物語」へと移行させてしまうのである。

この「ものがたり」の固定化と政治的な利用の、さらに顕著な例として、兵藤は、平家物語を挙げる。平家物語は物語というよりは語り物と呼ぶ方が相応しい。もともと「平家物語という〈書かれた〉テクストがあったのではない」[53]。平家物語は琵琶法師によって語り継がれてきた。口承文芸としての語り物が女房間での物語のやり取りよりも流動的だったことは想像に難くない。

しかしそれがテクストとして読まれるようになっていく。その理由として、兵藤は「平家物語が、語りという不定形、本来的な流動状態を定着・凝固させうる強靭な主題性を、その原形成立の当初からもっていた」[54]ことを挙げるが、それだけではないという。その背後に、平家物語を正史とみなそうとする、室町時代以降の支配層によるテクスト享受の傾向を指摘する。平家物語はいわゆる覚一本が定本とされるが、それが足利義満に進上されたことによって政治的に使われるようになるという。平家物語は平家一門の鎮魂の物語であると同時に、源氏将軍家の草創・起源を伝承・正当化する物語でもあるのである。そしてこれは足利将軍家から徳川将軍家へと受け継がれていくことになる。

「代補」としての「書かれた平家物語」

　高木信（2001）は『平家物語・想像する語り』で語り物の共通語性に注目する。語り物などに「日本一の武将」などという表現があることから、いわゆる近代の国民国家誕生以前から「日本」という「神国」に対する意識があったことが想定されるという。語り物は琵琶法師などの芸能者という媒体を通して「共通語」を日本全国に流布していった。その際、特に覚一本は都言葉の絶対化に貢献した。結局、語り物は「日本」という想像上の共同体を捏造し、語り物の享受者を「教育」する機能を果たしたのである。

　高木によると、語り物の享受者は語り物を通して「共通語」を共有する多くの同朋が存在することを意識し、顔を合わせたこともない者同士が同一の価値観を共有していると意識することで、「国民」となるのだという。ここに高木は、物語内容の「教育」効果だけでなく、Michel Foucault（1975）のいう「規律・訓練」作用を認める。つまり語り物の享受者が語り物のテクストにより主体化され、「神国日本」というシステムに絡めとられる姿を見出しているのである。

　高木（2001）は前項の兵藤（2002）とは異なり、「語り」の流動性よりも、テクストに照射した議論を展開する。確かに琵琶法師の語りの詞章は演じるたびに異なる。しかし高木は Genete（1972）の概念を援用して、「そこには物語言説の差異はあるものの、その差異を無効にするように同一の物語内容が君臨しているのである」[55]と主張する。ここで高木が問うのは、言説の揺らぎや変動ではなく、「享受者の受けとりかた」[56]なのである。

　さらに語り物に対する流動性とテクストの問題を、「声」と「文字」という二項対立で説明する。口承文芸は、混乱を避けるために「文字」として残す必要がある。その限りでは「声」が優位で「文字」が劣位ということになる。しかし高木は、Derrida（1967a, 1967b）の「代補」という概念を用いて、「文字」の重要性を論証する。「代補」とは、あるものが存在するために必要ではないが、それがなくてはあるものが存在できない欠如の補充を行うものである。「つまり、『語られる平家物語』にとって、『書かれた平家物語』は必要ではない余剰なるものだが、しかし、『書かれた平家物語』なしでは、〈平家物語〉は存在しないのである」[57]。高木はここで「声」と「文字」の優劣の逆転を意図しているわけではない。彼は、「語られ、書かれた平家物語」の全体がエクリチュールであることを主張したいのである。

自己言及テキスト

　物語文学の隆盛を欧米よりも一足早く体験した日本の文学界であったが、自伝文学においても同様の様相を呈す。自伝テキストの嚆矢は、前節でRicoeur にアリストテレスとペアで論じられたアウグスティヌスの『告白』であろう。しかし本格的な展開を見せるのは、ルソーの『告白』を契機として 18 世紀の啓蒙主義以降である。どうして日本では、物語文学同様、10 世紀から 12 世紀にかけて、こうした自伝文学としての日記が盛んに記されたのか。深沢徹 (2002) はこの問いに対して、「自己言及テキストとしての『日記文学』の可能性を、言説の公共性という観点から新たに捉えなお」[58]そうと試みる。

　西洋の自伝テキストが権威あるラテン語で信仰告白として書かれたことにはじまるのに対して、日本のそれは俗語である仮名文字で書かれた。それらは、「対社会的には、まったく無価値なテキストとして捨て置かれていた」[59]。しかし俗語 (仮名文字) で書かれたことによって、却って日本文化のアイデンティティを根拠づけるテキストとして評価されるようになったというのである。

　ここで深沢 (2002) が論考したすべての作品について論じるわけにはいかない。深沢が Kant (1784) の啓蒙主義の「公」は個によって担われるという思想を先取りするテキストとして論評する『紫式部日記』に照準を当てよう。深沢によると、日記文学のテキストは単独で存立しているのではない。『紫式部日記』は清少納言の『枕草子』に対抗して著され、対照的な自画像が描かれた。そしてその自画像はさらに『更級日記』の作者に模倣されるというように互いが互いを照らし合う関係にあったという。

　啓蒙主義の個と対比される紫式部であったが、そこは人間である。日記からは、同僚の女房たちと変わらない後宮社会で暮らす生身の女性の姿が読み取れる。主家におもねる「召使根性」が露骨に現れ、ライバルを蔑む言動や清少納言に対する容赦ない悪口雑言からは、弱い者いじめの残忍さを持っていたことも窺い知れる[60]。近代人が辛うじて持ちえた公共性を当時の女房たちに求めるのは無理というものであろう。それは我々にとって理解不可能な「他者」として存立する。それはまた紫式部も同様に、そうした「他者」の一面を内面に保持していたということである。しかし深沢によると、紫式部は最低限の振る舞いを読者に求めていたという。

　まず我々は当時の女房の生活を理解しなければ、深沢 (2002) の論点を十

分には理解できないだろう。深沢は、女房たちにとって初出仕はトラウマとなる体験であったと論じる。現代で言えば11、12歳であるまだ13歳位の娘たちは、殆ど予備知識も持たずに、後宮社会という天皇との性愛行為により皇子をもうけることを第一義とする女性集団の中へ送り込まれる。そこでは嫉妬と羨望と相互不信が渦巻く。そこでの体験は一生涯深く心に刻まれるトラウマとなったのではないかというのである。深沢によると、女房による「日記文学」のテキストはそうした初出仕におけるトラウマ的体験を原点とし、それを克服し、「新しい環境に自己を主体的に順応させていった女房たちの苦闘の記録なのであ」[61]る。

　紫式部はこうした後宮社会で、自身も他の女房たちと同様、ライバル集団を徹底的に陥れる大人気ない姿を窺わせるが、一方でそうした集団から距離を置き、「個と個が素直に向き合える公共的な出会いの場を求めてやまない」[62]一面を持っていたというのである。それを深沢は消息文というスタイルに見出す。深沢は消息文での発言内容よりもその形式に注目する。それは「特定の相手に対する『呼びかけ』」[63]である。日記文学の場合、言遂行的行為としての「呼びかけ」は消息文という形式のもとで、「時空を超えた未知の読者との出会いが期待されている。そのテキストの『呼びかけ』に応じて、党派的対立のうずまく後宮社会の狭く閉ざされた現実を抜け出して、公共の場が開かれてくる」[64]というのである。

　『更級日記』はその「呼びかけ」に応えた1つの例である。スタイルは消息文ではないが、読者への「呼びかけ」という点では共通しているという。閉塞した後宮社会においてテキストの向こう側に想定された幻想の読者たちへ、疎外された者同士が互いに「呼びかけ」合っていたというのである。「日記文学」のテキストは、互いに孤立して存在していたのではない。「互いの体験を情報として受け渡し合いながら、テキスト相互の響き合いのなかで、絶えずコミュニケーションをはかっていく、公共の場へと開かれた言説空間として、互いに向き合う関係にあった。そうした幻想の公共空間を共に生きることで、社会階層としての女房という自覚が芽生え、それらのテキストを基盤として倫理観の共有もおこってこよう」[65]。

　深沢(2002)は、日記文学のこうした特質にKant(1784)が『啓蒙とは何か』において主張する「公」の可能性を見出そうとする。深沢はKantの主張を次のようにまとめる。国家の命令に従った職務や軍務は私的活動に過ぎない。公的な活動とは、個人が自由に理性を使用して行う行為である。公衆や

自由な読者に対する個人の立場からの発言は理性により行われなければならない。それを通じてはじめて公的な場は開かれる。「個人の理性的な発言にこそ『公』は宿る」[66]のである。

　近代という時代を経験していない後宮社会でのみ生きる女房に「個」と「公」の概念を見出す議論に幾分飛躍を感じるかもしれない。しかし欧米社会そのものが近代の超克を目指し、ポストモダニズム思想が次々に輩出される現代を生きる我々は、日本の近代化以降に貼られたレッテルを引き剥がして、過去の「語り」や「テキスト」と向き合うことも必要であろう。その意味において、深沢の論点にはしばし投錨する価値があるはずである。

注

1　物語論（ナラトロジー）という用語は、Tzvetan Todorov によって提案された（Prince, Gerald (1987) *A Dictionary of Narratology*, University of Nebraska Press（遠藤健一訳『物語論辞典』松柏社、1991 年）、129 頁および Genette, Gerard (1983) *Nouveau discours du recit*, Seuil a Paris（和泉涼一・青柳悦子訳『物語の詩学』水声社、1985 年）、9 頁を参照）。

2　橋爪大三郎(1988)『はじめての構造主義』講談社、39–41 頁を参照。

3　Adam, Jean-Michel (1984 (1999)) *Le recit*,（末松壽・佐藤正年訳『物語論』白水社、2004 年）、10–11 頁を参照。

4　Propp, Vladimir (1928a) In Todorov, Tzvetan (ed.), *Theorie de la litterature*, Seuil, 1965（野村英夫訳「不思議な民話の変形」『文学の理論』理想社、1971 年）、229 頁および Propp, Vladimir (1928b (1969))（北岡誠司・福田美智代訳『昔話の形態学』水声社、1987 年）、3–4 頁を参照。

5　Jakobson, Roman (1965) In Todorov, Tzvetan (ed.), *Theorie de la litterature*, Seuil, 1965（野村英夫訳「詩学を求めて」『文学の理論』理想社、1971 年）、9 頁

6　Erlich, Victor (1955) *Russian Formalism*, Mouton & Co, 's-Gravenhage (Lohner, Marlene, *Russischer Formalismus*, Fischer Taschenbuch Verlag GmbH, Frankfurt am Main, 1987), p.13 を参照。

7　桑野隆(2002)『バフチン──〈対話〉そして〈解放の笑い〉』岩波書店、18–19 頁を参照。また、Clark & Holquist (1984) は、「フォルマリズムはバフチーンにとって、彼が当時向かい合っていた『対話者』すなわちフロイト主義やマルクス主義より、はるかに重大な相手であった。というのも、自分と対立する思想との闘争を通じて自分の思想を劇的なものにしていくという彼の戦略にとって、フォルマリズムはまさにうってつけの相手だったのである」(Clark, Katerina & Holquist, Michael (1984) *Mikhail Bakhtin*, Harverd University Press, Cambridge（川端香男里・

鈴木晶訳『ミハイール・バフチーンの世界』1990年)、239頁)と述べている。
8 Todorov, Tzvetan (1965b) In Todorov, Tzvetan (eds.), *Theorie de la litterature*, Seuil, 1965(野村英夫訳「解題」『文学の理論』理想社、1971年)、13頁を参照.
9 小説の分野では、ノーベル賞作家である大江健三郎(1988)がロシア・フォルマリズムの手法を積極的に作品作りに活用している(大江健三郎(1988)『新しい文学のために』岩波書店を参照)。また、映画の分野でも、その理論と実践において適用されている(Beilenhoff, Wolfgang (1974) Filmtheorie und –praxis der russischen Formalisten, In Beilenhoff, Wolfgang, Hrsg., *Poetik der Films*, Wilhelm Fink Verlag Muenchen, 1974、Thompson, Kristin (1988) *Breaking the Glass Armor: Neoformalist film analysis*, Princeton University Press, Prnceton, New Jersey を参照)。
10 Tomashevsky, Boris (1925) In Todorov, Tzvetan (eds.), *Theorie de la litterature*, Seuil, 1965(野村英夫訳「テーマの研究」『文学の理論』理想社、1971年)を参照.
11 Genette, Gerard (1983) *Nouveau discours du recit*, Seuil a Paris(和泉涼一・青柳悦子訳『物語の詩学』水声社、1985年)、17頁
12 ロシア・フォルマリズムの代表的理論家の1人である Victor Sklovskij は、動機づけの概念を理論家としてだけでなく、作家として活用して作品を作成している(佐藤千登勢(1996)「ヴィクトル・シクロフスキーの芸術理論と実践」『ロシア文化研究』3号、(pp.35-48)、早稲田大学ロシア文学会を参照)。
13 増田(2004)は、Tomashevsky の概念ではないが、ロシア・フォルマリズムを代表する1人である Sklovskij (1925) の提唱する「異化」の概念を日常生活に適用する研究を行った(増田靖(2004)『ささやかな自己実現』埼玉大学大学院経済科学研究科修士論文)。Sklovskij は異化について次のように述べている。「生の感覚をとりもどし、事物を感じとるために、石を石らしくするために、芸術と呼ばれるものは存在しているのである。芸術の目的とは、認め知ることではなく見ることとして事物を感じとらせることである。芸術の手法とは、事物を〈異化〉する手法であり、知覚をいっそう困難にし長びかせる難渋な形式の手法である。なぜなら、芸術における知覚の過程はそれ自体が目的であって、長びかされるべきであるからである」(桑野隆『未完のポリフォニー』未来社、1990年、244頁から引用、Sklovskij (1925) (水野訳、1971年)、15-16頁および大江(1988)、31-32頁も参照)。原著『散文の理論』の訳である水野の訳は、オストラニエーニエを「異化」ではなく「非日常化」と訳しているため、ここでは、桑野の訳を引用した。
14 和泉涼一(1985)「ジェラール・ジュネットとその物語論について」Genette, Gerard (1983) *Nouveau discours du recit*, Seuil a Paris(和泉涼一・青柳悦子訳『物語の詩学』水声社、1985年)、243頁を参照.
15 Genette, Gerard (1972) *Discours du recit in figures* III, Seuil a Paris(花輪光・和泉涼一訳『物語のディスクール』水声社、1985年)、15-17頁を参照.
16 Prince (1987) (遠藤訳、1991年)、116頁を参照.
17 Martinez, Mtias & Scheffel, Michael (1999) *Einführung in der Erzähltheorie*, Verlag C. H. Beck oHG, Muenchen(林捷・末永豊訳『物語の森へ 物語理論入門』法政大

学出版、2006年)212–213頁を参照。
18　訳者も訳注において6番目の構成要素の説明は少し大雑把で強引過ぎることを指摘している(Adam(1984(1999))末松、佐藤訳、2004年)、134頁を参照)。
19　Adam(1984(1999))は「結び」で、Eco(1979)とRicoeur(1983, 1984, 1985)の、それぞれの物語研究における代表的著作『物語における読者』(Eco)と『時間と物語』(Ricoeur)について簡潔に論じている。
20　Prince(1987)(遠藤訳、1991年)、117頁
21　郡司ペギオ-幸夫(2004)『原生計算と存在論的観測』東京大学出版会、9頁
22　ここの「言述」は原書では、"discours"である。社会学ではディスクールは「言説」と訳されることが多く、本書も「言説」という訳語を用いる文献を多く参照しているが、ここでは訳書に従い、「言述」とした(Ricoeur, Paul(1983) *Temps et reci*, Tome I, Editions du Seuil(久米博訳『時間と物語 I』新曜社、1987年)、Ricoeur, Paul(1984) *Temps et reci*, Tome II, Editions du Seuil(久米博訳『時間と物語 II』新曜社、1988年)、Ricoeur, Paul(1985) *Temps et reci*, Tome III, Editions du Seuil(久米博訳『時間と物語 III』新曜社、1990年)を参照)。
23　Ricoeur(1983)(久米訳、1987年)、99頁
24　Ibid.(邦訳)、12頁
25　Ibid.(邦訳)、3頁
26　Ricoeur(1985)(久米訳、1990年)、30頁
27　Kant, Immanuel(1787) *Kritik der reinen Vernunft*(篠田英雄訳『純粋理性批判』岩波書店、(上)1961年、(中)1961年、(下)1962年)、(上)、97頁
28　Ricoeur(1985)(久米訳、1990年)、89頁
29　Heidegger, Martin(1927) *Sein und Zeit*(原佑訳「存在と時間」『ハイデガー』中央公論社、1980年)、330頁
30　Ricoeur(1983)(久米訳、1987年)、62頁
31　Ibid.(邦訳)、70頁を参照。
32　Ibid.(邦訳)、74頁
33　Ibid.(邦訳)、127頁
34　Ibid.(邦訳)、127頁
35　Ricoeur(1985)(久米訳、1990年)、449頁
36　Ibid.(邦訳)、450頁
37　Ibid.(邦訳)、451頁
38　Ibid.(邦訳)、452頁
39　Ibid.(邦訳)、452頁
40　Heidegger(1927)(原訳、1980年)、519頁
41　Ricoeur(1985)(久米訳、1990年)、489頁
42　郡司(2004)、9頁
43　キリスト教文化圏における物語文学については、河合隼雄(2002)『物語を生きる』小学館、29–30頁を参照。

44 紫式部(山岸徳平校注)(1965)『源氏物語(二)』岩波書店、183 頁
45 阪倉篤義校注(1970)『竹取物語』岩波書店、76 頁を参照。
46 紫式部(山岸徳平校注)(1965)『源氏物語(三)』岩波書店、49 頁。
47 深沢徹は『自己言及テキストの系譜学』の中で Max Weber (1919a, 1919b) の著書『職業としての政治』と『職業としての学問』を捩って「職業としての女房」という表現を使っている(深沢徹(2002)『自己言及テキストの系譜学』森話社、128 頁、132 頁)。
48 折口信夫(1996)「歌及び歌物語」、折口信夫(1996)『折口信夫全集 15　伊勢物語私記・反省の文学源氏物語(後期王朝文学論)』中央公論社を参照。
49 梶原正昭・山下宏明校注(1999)『平家物語(一)』岩波書店、14 頁
50 兵藤裕己(2002)『物語・オーラリティ・共同体』ひつじ書房、4 頁
51 同上、5 頁
52 同上、30 頁
53 同上、21 頁
54 同上、37 頁
55 高木信(2001)『平家物語・想像する語り』森話社、17 頁
56 同上、17 頁
57 同上、99 頁
58 深沢(2002)、34 頁
59 同上、10 頁
60 同上、110 頁参照。
61 同上、124 頁
62 同上、116 頁
63 同上、126 頁
64 同上、126 頁
65 同上、127–128 頁。現代社会のウェブ上のブログも同様の現象と言えるかもしれない。
66 同上、117–118 頁

第3章　方法としての物語

　前章では現在様々な研究領域で導入されている物語論的（ナラティヴ）アプローチの背景として存立する物語論（ナラトロジー）の諸理論・諸研究を概観した。本章では、このナラティヴ＝物語を研究手法あるいは主要概念として文学・言語学の領域外で採用した諸研究を探訪する。近年ナラティヴ＝物語という言葉は、人文科学、社会科学の領域を超え、心理療法、さらには臨床医療など、さまざまな領域で、重要なキーワードとなってきている。この傾向が自然科学系の全領域にまで波及するかどうかは疑問ではあるが、確かにその価値は着実に承認されてきているようである。

　しかし一方で受容の過程に多様性が見出される。古代から文化や文明の伝播でも陸路あり海路ありで、経路や順番、影響度の違いが人類社会の発展に多様性をもたらしたように、現代はさらに空路やインターネットもあり、知の形成が急速に重層化・複雑化することは想像に難くない。それゆえ、一口にナラティヴ＝物語といっても、その出現の仕方は、アプローチや適用する領域で異なる様相を呈している。

　前章で見てきたように、物語論の起源は古くかつその歴史の中で多くの人文科学系の研究者によって概念と理論は相当頑健に形成されてきている。本章では先行研究の先行研究としての物語をめぐる諸研究に関する考察（第2章）を踏まえ、物語論的（ナラティヴ）アプローチを研究および実践的手法として導入している諸研究を概観する。

　まず社会構成主義の台頭とともにナラティヴ＝物語が浸透した諸領域を探索する。その際、やはりナラティヴ・セラピーの実践は見落とすことができない。そしてライフストーリー研究、あるいは物語論的自己論などについて論じる。次に本研究の主要現場である経営組織の研究においてナラティヴ・メソードが導入された諸研究を概観する。

　最後に従来のナラティヴ・メソードにポストモダニズムの視点からメスを入れ直し、"Antenarrative" という新しい概念を提案する Boje (2001) の理論について論じる。この "Antenarrative" という概念は、本研究が物語論的アプローチから生命論的アプローチへ一段昇華する際の1つの契機であり動機

でもある。と同時に、第2部で論じる「物語」でない「語り」という概念とともに、生命論を物語論同様、諸研究および現場での実践的手法として使用可能ならしめるための道具にもなるのである。

第1節 物語論的アプローチ

ドミナント・ストーリー

　ドミナント・ストーリーとは、ナラティヴ・セラピーで用いられる用語で、セラピーを受ける患者が人生や日常生活において思考や行動面で心理的に支配されている一種の信念体系のことである。父親から虐待を受けている子供の場合、日常的に父親によって「おまえが悪いから」と言われ続けることで、虐待されるのは自分が悪いからであると考えるようになる。1つの固定した筋立てに基づき考え行動するようになるのである。

　しかし社会に出て家族とは異なる人間関係に触れ、これまで自分が置かれていた環境に違和感を覚える。そこでセラピーを受け、これまでの筋立てとは異なるストーリーを構成することで心理的障害から回復できるという。ここで新しく構成されたストーリーをオルタナティヴ・ストーリーという。この療法を書きかえ療法と呼ぶ。こうしたナラティヴ・セラピーに関しては次項で論じるとして、ここではまず、ナラティヴ＝物語という概念が注目を集める契機となった社会構成主義そのものが1つのオルタナティヴ・ストーリーであることを論じることからはじめる。

　社会構成主義がオルタナティヴ・ストーリーであるとしたら、ドミナント・ストーリーは何であるか。これは大きな物語としてのモダニズムである。近代市民社会の発展とともに、思想、経済システム、法制度、科学技術が大きく進展した。欧米では、あたかも Georg W. F. Hegel(1837)が『歴史哲学』で「世界史とは自由の意識の進歩を意味する」[1]と述べたように、近代市民社会とともに個々人が自由となり、ユートピアが建設できるかのように考えられた。しかし2回の世界大戦によってモダニズムは幻想でしかないことが突きつけられた。そして誕生するのが、ポストモダニズムである[2]。

　モダニズムに対するポストモダニズムという大きなオルタナティヴの動きのほかに、社会構成主義誕生までの代案提出の過程を振り返ってみると、1つは構造主義に対するポスト構造主義が挙げられ、もう1つは社会システム論に対する現象学的社会学にはじまり、シンボリック相互作用論、エスノメ

ソドロジーへと続く一連の流れが挙げられよう。

　構造主義は前章で少し触れたように、de Saussure の言語学、Jakobson の音韻論、そして Propp の昔話の形態学に影響を受けた Lévi-Strauss に代表される。ポストモダニズム、ポスト構造主義の思想家とされる Foucault も構造主義を継承しているといわれる。Vivien Burr (1995) がポストモダニズムとポスト構造主義を互換的に用いているが、全くの同義とすることはできないであろう。しかし Burr の指摘どおりモダニズムも構造主義もともに深層部分にメタナラティヴとかグランド・セオリー(ナラティヴ)とかを構成する傾向にある点では類似している。それらの脱構築を試みる Derrida はポスト構造主義者の代表の１人であろう。

　ポストをキーワードに大きな物語に対抗するオルタナティヴの旗を揚げたのはフランスの思想家たちであったが、アメリカでももう１つの筋の書き換えが行われた。戦前から戦後にかけて大きな影響を持っていた社会理論は、Talcott Parsons に代表されるシステム論的社会学であった。一方、Husserl の現象学を継承する Alfred Schutz が第２次世界大戦中にアメリカに亡命することで、アメリカの社会学に現象学の血流が流れ込むこととなった。

　Schutz の影響のもと、アメリカの社会学者たちはオルタナティヴの旗を次々に揚げていった。Peter L. Berger & Thomas Luckmann (1967) の知識社会学[3] が研究対象をそれまでの思想から日常の常識へと転換し、現実がいかに社会的に構成されるかに目を向けていくようになった。George H. Mead、Herbert G. Blumer へと受け継がれるシンボリック相互作用論もこの流れの中に位置づけられる。その主張は、社会的意味はシンボルを用いた相互作用によって構成されるというものである。また Harold Garfinkel のエスノメソドロジーもオルタナティヴ・ストーリーとして欠かせられない[4]。そして社会学の領域で、Malcon Spector & John Kitsuse (1977) が『社会問題の構築』の中で社会問題はア・プリオリに存在するのではなく、それに対してクレームを申し立てる個人やグループの活動によって社会的に構成されるという主張とともに、社会構成主義が誕生するのである[5]。

　そして心理学の領域では、Kenennth J. Gergen が社会構成主義の理論的な骨格を築き上げる。1980 年代後半から 1990 年代にかけて、家族療法に大きな変化が見られはじめ、キーワードとなったのが社会構成主義であり、その旗印のもとでナラティヴ・メソッドが臨床現場に次々と導入されていった。次項で臨床実践におけるナラティヴについて見てみることにしよう。

ナラティヴ・セラピー

　Sheila McNamee & Kenennth J. Gergen（1992）の編集による *Therapy as social construction*（日本語版タイトル『ナラティヴ・セラピー』）は 1992 年に出版されて以来、毎年増刷を重ねている。日本語版は抄訳であるが、「ナラティヴ・モデル」の David Epston & Michael White（1992）あるいは「リフレクティング手法」の Tom Andersen（1992）の論文を含むナラティヴ・セラピーの実践的手法に関する 5 つの論文と、Kenennth J. Gergen & John Kaye（1992）による総評的な論文を収めている。その多くが実際のセラピストによる実践的手法に関する議論であるため、家族療法を主題とするものが中心である。

　リフレクティング手法は、それまでのシステム論的家族療法の一手法であるワンウェイ・ミラー越しの観察に対するオルタナティヴ的手法であるとも言える。ワンウェイ・ミラー法とは、観察室側からしか見ることができないミラーの壁面で仕切られた面接室と観察室に別々のセラピストが入り、面接室のセラピストが家族と直接面接を行い、観察室のセラピスト・チームは観察室から面接室の様子を観察し適宜アドバイスを与えたりする療法である。この手法は、家族の問題を客観的に観察し分析するうえで有効な構造と言われている[6]。

　しかし観察室のセラピストの間で意見の対立が起こるケースが生じた。そこで、Andersen（1992）は、面接室と観察室の関係を逆転させたのである。はじめ家族間の会話をセラピストが観察していて、次に家族がセラピストたちの会話を観察する。するとワンウェイ・ミラーの部屋越しに対話がはじまり、「それぞれの『語り』が新しい『語り』を生み出していく」[7]ことになったのである。そしていくつかの変化が見られた。セラピスト同士の会話の中で家族に対する失礼な表現が減った。また家族の話をよく聞くようになり、セラピスト同士でも断定的な表現は避けるようになった。さらにセラピストらは専門用語ではなく日常的表現を使用するようになったという。

　Andersen（1992）は、『ナラティヴ・セラピー』の第 3 章「『リフレクティング手法』をふりかえって」の中で、面接室の家族に観察室のセラピストたちとの意見交換を提案する際にセラピストたちの会話を聞くことが、「あなたたちの助けになる」[8]のではなく、「あなたたちの会話の助けになる」[9]という表現を使ったことを強調している。この家族間の日常的な会話を促進するということから、彼は臨床家が使う言語について考えるようになった。そしてリフレクティング手法では、専門家の言葉から日常の言葉へ移行するよう

になった。彼は「言葉のレベルだけの変更というもの以上の深い意味があった」[10]と評価している。

　Andersen（1992）はリフレクティング手法実践の振り返りの中で、言葉と自己の形成に関して、人が自分を的確に表現できる言葉を探すこと、またその一瞬一瞬に最も意味のある言葉を選択しようとすることを指摘している。「自分や他者との『対話』が自分を知って行く道筋である。われわれが使う言葉が、その時その場でのわれわれの自己を形作っていく」[11]。「『聞き手』は、単に相手の物語の受け手であるばかりか、そこに一緒に〈居る〉ことによって、その物語の作成を後押しする。そしてこの語るという行為が、自己を築いていく」[12]と述べている。

　リフレクティング手法の導入によって、システム論的家族療法のもとでの客観的な観察手法とは異なり、セラピストがクライアントや家族の自己物語の形成に関わることでその治療は奏功した。それだけでなく、セラピスト・サイドのほうも大きく変わったようである。この背景にはGergenを中心とする研究者による社会的現実は共同構成されるという社会構成主義の理論的裏づけがあるからであろうが、一方、ナラティヴ＝物語という言語行為の持つ心理療法の臨床での実践的効果も認めざるを得ない。もう1つ『ナラティヴ・セラピー』から実践的手法を紹介しよう。

　「ナラティヴ・モデル」で有名なEpston & White（1992）は同書の中で「書きかえ療法」について論じている。彼らは同書では、ナラティヴではなく「ストーリー」という用語を使用しているので、ここでもそれに従う。彼らはまずストーリーを「自分の経験を枠づける意味のまとまり」[13]と定義する。そしてそのストーリーの役割を4つに整理している。①ある経験と自分の様々な経験とがどのような関係のもとでいかなる意味を持つかは自分のストーリーが決定する。②自分の経験の中からどの側面を切り出して表現するかはこれらのストーリーが決定する。③経験がどのように表現されるかもこれらのストーリーが決定する。④人の生き方や人間関係はこれらのストーリーに大きく影響され、方向づけられる。

　そして彼らは「人生は経験をストーリー化することとそのストーリーを演じることによってその人自身の人生として定着する」[14]とし、「自分をないがしろにするストーリーを他者から無理に与えられ、その中に生活することを強いられてきた」[15]クライアントが自分のストーリーを書き直す手助けをするために書きかえ療法を実践している。これが本節冒頭で触れたドミナン

ト・ストーリーからオルタナティヴ・ストーリーへの書きかえである。

　こうしてクライアントの悩みの解決に貢献する書きかえ療法のポイントとして、Epston & White (1992) は次の三点を挙げている。①クライアントの人生や人間関係を惨めで苦しいものにしている物語や知識から、クライアントが「離れられるよう」手助けをする。②クライアントが服従を余儀なくされている自己像や人間関係に「対抗できるよう」援助する。そして③クライアントにとって望ましい結果を導くオルタナティヴな考え方やストーリーに沿って自分の人生を「書きかえられるよう」励ます。

　こうしたナラティヴ・セラピーは日本でも受容されており、野口裕二 (2002) は『物語としてのケア』の中で、ナラティヴ・セラピーを中心にナラティヴ・アプローチの実践を分かり易くまとめている。そこで「ナラティヴ・コミュニティ」と呼べるグループの活動を紹介している。3つのグループが紹介されているが、いずれも「語りの共同体」であると同時に「物語の共同体」であると言える点が指摘されている。この違いについては、本書の重要な主張の1つでもあり、本章第3節にて論じるBoje (2001) の"Antenarrative"にも通じる議論なので再度そちらで論じることにする。

　ここでは日本の臨床分野での「ナラティヴ」という用語の受容と、「語り」と「物語」という用語の使用について少し触れておく。北山修・黒木俊秀編著 (2004) の『語り・物語・精神療法』の中で、「ナラティヴ」という用語が流行しだすと違和感を覚えたことが述べられている。それは日本の臨床現場では「語り」や「物語」という言語行為が既に日常的に営まれていたということが一因のようである。しかし用語の問題はあるとしても、臨床の現場で、ナラティヴ・アプローチが近年急速に注目を集めていることは確かであろう。

　臨床といってもこれまで述べてきたのは、心理療法や精神療法の臨床が中心であったが、最近では一般医療の臨床現場でもナラティヴ＝物語の重要性が評価されはじめている。これまで医療の分野では、"Evidence based Medicine (EBM)"（根拠に基づく医療）が強く意識されてきた。EBMとは、「医療実践を科学的根拠のある体系として構築しよういう試みである」[16]。こういう面を強調しすぎたことに対する反省から、補完する意味において、"Narrative based Medicine (NBM)"（物語に基づく医療）の実践が浸透しはじめたのである。このNBMという用語は、Trisha Greenhalgh & Brian Hurwitz (eds.) (1998) の編集による同名の書のタイトル（日本語タイトル『ナ

ラティブ・ベイスト・メディスン』)に由来する。こうした一般医療分野でのナラティヴ・アプローチの採用は、心理療法における物語の書き直し的な効果だけではないナラティヴ(＝物語)・メソッドのさらなる可能性を示すものであろう。

ライフストーリー

　前項で論じた心理療法におけるナラティヴ・アプローチでは、人生における局面局面での比較的小さな物語の書き換えが中心となっているようであるが、ナラティヴ＝物語の概念を人生＝ライフストーリーという大きな枠組みに対応させて取り組む研究もある。1998年に京都大学大学院教育学研究科にてはじまった「ライフストーリー研究会」は、心理学、教育学、人間学、社会学、文化人類学、医療人類学など多岐に亘る分野から研究者が集い、学際的な研究活動を行っている。そこでの諸研究をまとめた第1巻が『人生を物語る　生成のライフストーリー』というタイトルで出版された。

　この書の編著者のやまだようこ(2000a)は、ライフストーリー研究の意義に言及する第1章で、物語の定義について論じる。その際、アリストテレスの『詩学』あるいはロシア・フォルマリストの理論にまで立ち返って議論をはじめている。その点、本書が第2章で物語論の系譜を辿った姿勢と同じである。物語論の主要概念をあやふやに用いたまま議論を進めることを回避したいと考えた研究者の真摯な姿勢の現れであろう。同書では、7つの研究が報告されているが、確かにこれらの研究は前項で紹介した心理療法におけるナラティヴ・アプローチとは異なる。ここでは特に2つの研究を紹介することにする。

　1つは1人のクライアントが語る多様多彩なストーリーに対応する臨床研究で、江口重幸(2000)によって臨床民族誌的アプローチと呼ばれている。もう1つは複数の人びとが語るライフストーリーから共同性を見出す、石井宏典(2000)の研究である。

　江口(2000)は、ナラティヴ・アプローチの導入が進む精神療法の領域であまり対象とされることが少なかった慢性分裂病の患者に対して、臨床民族誌的アプローチという手法を採用する。それは、次のような特徴を持つ。①患者が病いという未知の経験をどう理解し、どのような意味を与えたのかということに注目し、それらを治療場面以外での会話も取り入れ、ローカルで個別的な生活という文脈に沿って「語り―聴き取る」ことを中心に置くこ

と、②病いの経験は患者の個人的で確かな「歴史的真実」ではなく、文脈や感情、聞き手との関係によって多様に変化する「ストーリー」であると考えること、③あらかじめ心理学的治療ゴールを設定せずに、様々な場面で語られる偶発的・多声的言葉を敏感に感受し治療者が関心を持ち続け共鳴することで患者をよりよく理解する手がかりとすること、の3つである。こうして「多様な理解へ向けた限りない迂回の路を切り開くことになる」[17] という。事例では、慢性分裂病の患者が少しずつ回復していく経過が報告されている。この研究でのアプローチは、ナラティヴ＝物語が一貫したプロットを持つという従来のナラトロジー的視点とは異なり、第3節で論じる"Antenarrative"に通じるものである。

　石井(2000)は、沖縄県のある集落の出身者たちから丹念な聴き取りを行った。その成果を石井は、「『同志会』という共同の物語」という論文で報告している。石井は同志会に集う人たちが語るライフストーリーから1人1人の個別の物語だけではなく、同郷という共同性と彼らがともに働いてきたメッキ工場における生活での共同性から生まれる「共同の物語」と呼べるものを見出せると主張する。

　石井の研究のように、複数のライフストーリーから社会学的知見を導き出す研究としては、Daniel Bertaux & Isabelle Bertaux-Wiame (1981) によるフランスのパン屋の研究[18] が卓越している。

　産業化が進んだヨーロッパの大半の国ではパンは大きなパン工場で生産され国中に配送されるのが普通となり、すでに職人的パン屋はその姿を消してしまっているが、フランスではなぜかいまだに90%以上のパンが小さなパン屋で焼かれているという。こうした社会構造的関係の解明のような研究は、これまで社会学ではあまり見られず、多くは経済学の分野で統計的データを基に行われてきた。しかしBertaux & Bertaux-Wiame は、「ライフストーリー」をベースに研究を行う。彼らは100近いライフストーリーを集めたという。そのライフストーリーの分析の結果、彼らはいまだフランスに45,000もの職人的パン屋が存続する社会構造的関係のパターンを明らかにした。また彼らの研究は統計データだけに頼るものとは異なるため、単に1つの生産セクターの研究に留まらず、そこで働き生きている人びとに関する研究でもあるのである。

　Daniel Bertaux (1997) はこの研究に関する方法論を『ライフストーリー』という書にまとめた。「エスノ社会学的パースペクティブ」という副題が付

けられたこの本では、丁寧にその手法が論じられる。ここでそのすべてを論じることは本書の主旨ではない。1つだけ重要なキーワードを挙げておく。それは「繰り返し」である。この点について Bertaux は同書の中で繰り返し論じている。同業種とはいえ多様な個々人によって語られるライフストーリーである。そこには多様な様相を呈するライフコースが見出される。

しかし「ライフコースの比較によって、おなじ状況、類似の行為の論理の『繰り返し (recurrences)』があらわれることがわかり、その結果、おなじ社会的メカニズムあるいはおなじプロセスさえみいだされる」[19] のであり、「複数のライフコースのあいだで〈繰り返し〉おこることを観察するならば、個人のレベルでは認知が困難な現象をあらかにできるが、この点はまさに類似のライフコースの研究によって付け加えられる価値の一つなのである」[20]。ここからフランスのパン屋業界における社会構造的関係のパターンが明らかになったのである。

物語からの解放

前項で論じたライフストーリー＝人生という概念ではなく、自己という概念に物語論の視座からアプローチする研究もある。前項で2つの論文を紹介した『人生を物語る　生成のライフストーリー』の中の1つの章で、矢野智司 (2000) は物語る自己の変容過程について論じる。矢野は自己物語の代表的テキストとして「自伝」を選択する。矢野によると、近代市民社会の成立とともに「語る自己」と「語られる自己」が出現し、自伝というジャンルは誕生したということである[21]。前近代では個人は共同体から供給される神話や物語を受容していればよかったが、近代の市民社会になって個人は自己について語る必要に迫られるようになったという。

そこで個人はドミナント・ストーリーからの自己の語り直しを経験することになる。矢野は、自己変容を学習と捉え、3つに分類している。自己変容Ⅰは、物語の構造は変わらず内容のみが変容する学習である。自己変容Ⅱは、自己変容Ⅰよりも上位の学習とされるが、物語の構造そのものが変容する学習とのことである。しかし矢野が最も主張したいのは、自己変容Ⅲと呼ばれる、ポストモダンの時代における語り直しに見出される現象である。そこでは、物語るという行為そのものが変容され、「物語からの解放」が学習されるという。それは「溶解体験」という概念で説明される。「溶解体験とは自己と世界とを隔てる境界が溶けてしまう脱自我の体験」[22] のことであ

る。それゆえ、自己による体験そのものは対象化されず、物語の構造そのものが破綻し、自己の一貫性は消滅する。

　これは一種の神秘体験と言われてきたものであるが、矢野は Georges Bataille の言葉を借りて、「非-知」の体験と言い表している。それは「いかなる既存の解釈（物語）をも拒否する体験なので」[23] ある。これまで小説の分野では、一方で Johann W. Göthe に代表されるような「教養小説」は自己物語のプロトタイプを提供してきたが、他方で Franz Kafka に代表される不条理を主題とした作品群は、語るべき自己の物語の崩壊を体験する、まさに「非-知」の体験を創出する装置としての役割を果たしてきたのである。

　自己変容Ⅲを経験することで、「非-知」の体験から新しい自己物語が構成され、そこからまた「非-知」の体験へ移行する。ここでは新しい物語は目的ではなく、生成のプロセスの一契機に過ぎないのだという。矢野のいう「物語からの解放」あるいは自己変容Ⅲには Boje（2001）の提案する"Antenarrative" に通じるものがあるが、「生成する自己はどのように物語るのか」[24] における論述からだけでは、両者は同義であると断言することはできない。しかし矢野の指摘は、物語論の限界とともに「物語」という概念そのものの限界をも浮き彫りにしている。

物語論的自己論

　自己物語あるいは自己の語りに対して社会学の領域から接近した研究として、片桐雅隆（2000）と浅野智彦（2001）が挙げられる。片桐は『自己と「語り」の社会学』において本章で先に少し触れたシンボリック相互作用論を基底にしつつ、構築主義（本書では「社会構成主義」と表記している）的な自己論を展開する。しかし片桐の構築主義的自己論は、「語り」という現象に着目してはいるが、浅野（2001）の主張における「関係論的自己論」に近い考え方であろうか。浅野は『自己への物語論的接近』の中で、物語論と構成主義（片桐のいう「構築主義」）とを区別する議論を展開している。

　本書の狙いは、物語論的アプローチの有効性を確認しつつ、さらに生命論的アプローチへと移行することである。その点、物語論的アプローチについて丹念に論述する浅野の議論は本書により親和的である。また浅野が物語論のパラドクスとして指摘している自己物語が持つ自己言及の問題は、浅野は指摘していないが同時に発生しているフレーム問題とともに、本研究の理論的基盤となる郡司（2002、2003、2004、2006a、2006b）の生命理論を論じる

第2部において再び俎上に上げられることになるであろう。ここでは、浅野の研究を概観しておくこととしよう。

浅野（2001）によると、社会学の分野で「物語」という概念が理論的に活用されるようになるのは、1990年代後半以降ということである。その上で、物語論の諸潮流として4つの隣接分野において、物語論がいかに受容され有効性を発揮してきたかを論じる。4つの分野とは、歴史哲学、心理学、イデオロギー批判、そして臨床心理学である。4つの議論を踏まえ、浅野は物語の持つ形態上の特徴と効果を整理する。

物語の形態上の特徴は3つである。まず、「物語は時間軸にそった出来事の選択的構造化である」、次に「物語は二重の視点を生み出す」、最後に「物語は他者とのやり取りの中で生み出される」である。物語の効果としては2つ挙げられている。1つ目は「物語を通して現実が構成される」、2つ目は「物語を通して可能性や矛盾が隠蔽される」[25]である。後者の2つは、浅野が同書を通じて主張する論点であり、次のように言い換えることもできる。「自己は、自分自身について物語ることを通して産み出されるということ」、そして「自己物語はいつでも『語り得ないもの』を前提にし、かつそれを隠蔽しているということである」[26]。

この2つの論点を用いて、浅野は従来の社会学的自我論（浅野は比較のため「関係論的自己論」と呼ぶ）と物語論的自己論との対比を行う。これまで社会学では、自己や自我とは、他者との社会的関係、相互作用の中で形成されてくるものと考えられてきた。この点では、物語論的アプローチの第1の論点と相似的と言える。しかし第2の論点において、物語論的自己論は関係論的自己論とは異なる。浅野によると、関係論においては他者との関係こそが自己を根底から規定する。そこでは関係が変われば、自己も変われるという発想になる。それゆえ自己は変わり易いものだと考えられがちになる。しかし現実にはなかなか変われない自分に悩む人は多い。物語論的アプローチで、「自己が変わるために必要なのは、関係を変えることそれ自体というよりは、語り得なさの隠蔽を解除しうるように関係を変えることなのである」[27]。つまり物語論的自己論では、自己がなぜそれほどまでに変わりにくいのかという点に焦点を当てるのである。

浅野（2001）は物語論を社会学的自己論へ活用するにあたり、物語論的アプローチが有効に働いている領域として家族療法を参考にする。家族療法に関しては本章で既にナラティヴ・セラピーとして紹介しているため詳細は省

くが、社会学が学ぶべき点として2つ挙げられている。1つは、「自己物語が自己を構成する」会話的アプローチ、もう1つは「自己物語は語り得ないものを含みかつ隠蔽する」脱構築的アプローチである。しかし浅野は有効性のみを論じるのではなく、物語療法の限界も指摘する。自己物語を語るという行為が自己を語りたい人々の欲望を満たすことで、ある種商品化の現象が起きているという。またこの物語への欲望は「語り得ないもの」を見ずに済ませたいという欲望でもあり、「語り得ないもの」が隠蔽されたままとなることに通じるというのである。

次に浅野は物語療法を参考に社会学的自己論を書き換える提案を行う。まず、対他関係に関しては、従来の「自己とは他者との関係である」という命題を、「対他関係（他者との関係）は物語を通して自己を生み出す」[28]というものへ書き換える。次に対自関係に関しては、「自己とは自分自身との関係（対自関係）である」というものを「対自関係はパラドクスであり、自己物語はそれを前提にすると同時に隠蔽する」[29]という認識に書き換えるというものである。またその隠蔽のために他者が必要な点を強調している。

最後に浅野は構成主義と物語論の対比を行う。構成主義の自己論において2つの奇妙さが指摘される。1つ目は、語る自己の存在である。語られることで自己という現実が構成されるのであれば、語る自己も語りによって構成されなければならないはずである。すると奇妙な循環が見出される。語られることで構成されるはずの自己が語ることで自己を構成するという循環である。語る自己の出発点はどこか。主体は誰か。浅野は、構成主義では「語りに先立つ『自己』があまりにも当然なものとして前提されている」[30]と指摘する。2つ目は、語りの時間の奇妙さである。それは、語り手は語る段階において「既に」語られることで構成される自己を知っているということである。時間の逆転である。ここでも「既に自己構成した語り手の存在」は無批判に前提されていることになる。これら2つの奇妙さは結局、自己構成が自己言及でしかないことに由来する。構成主義は自己言及の問題には無頓着であるということになる。

浅野（2001）は、物語論と構成主義との相違点を次のように論じる。それは「語り得ないもの」に関わり、2つの問いに整理される。1つは「『語り得ないもの』は、自己の成り立ちに対してどのような関係にあるのか」[31]であり、もう1つは「物語論的アプローチは『語り得ないもの』をどのように問題化するのか」[32]である。1つ目の問いに対して物語論はこう答える。自己

物語が自己言及である以上「語り得ないもの」を必ず内包せざるを得ない。同時に「語り得ないもの」は忘れ去られている。浅野は Niklas Luhmann にならって「語り得ないもの」を「パラドクス」と、その忘却を「脱パラドクス化」と呼ぶ。つまり「『語り得ないもの』は自己物語の中に潜在し続け、いつでも物語にひびを入れかねない脅威であり続ける」[33] ものなのである[34]。

　２つ目の問いにはどのように答えるのか。ここで浅野は物語の持つ３つの特徴から論じる。その３つの特徴とは、①視点の二重性、②出来事の時間的構造化、③他者への志向である。前者２つからは物語論も構成主義同様に自己物語のパラドクスに陥る。語る自己と語られる自己という構造が必然である以上、ここでも「語る自己→語られる自己→語る自己→…」という自己準拠的循環が生じるのである。物語論ではここで第３の特徴が機能する。「物語は他者へ向けられる」という特徴が脱パラドクス化を起こすという。

　浅野(2001)は物語論的アプローチにおける他者の役割を３つ挙げている。１つ目は、語り手の視点の提供である。つまり他者の視点を自己の視点であると偽装することで、「語る自己」と「語られる自己」との分離が可能になる。２つ目は、自己の同一性への他者の応答(承認)である。すなわち「現在の自己」と「過去の自己」が異なっていながらも同一の自己であることを他者が承認する。３つ目は、前者２つの役割の隠蔽である。他者は自己物語の聞き手として承認あるいは修正の編集作業に参加するが、編集の前提となる自己物語はテクストとして既にそこにあると認めることで、他者の関与は見えなくなっているという。

　浅野による物語論的アプローチの解釈では、以上の他者との関係性において構成主義と異なるということである。構成主義では他者との共同構成が強調される。一方、物語論的アプローチでは、他者の存在により「語り得ないもの」が自己物語に吸収され、暫定的に回避されるだけでなく、その他者の役割は忘却されるということである。浅野は「語り得ないもの」としてトラウマを挙げているが、そこでは幼児期の虐待による精神的障害などだけでなく、「そもそもこの世に生まれてきたこと、見知らぬ他者に出会うこと、言葉を語ること、そういったほとんど誰にとっても避けられないこと」[35] などがトラウマとして捉えられている。なぜなら、「それらはすべての生の『意味』の前提でありながら、それ自体ではけっして意味を付与され得ないものであるから」[36] である。浅野によると、「自己言及のパラドクスとは、このような意味の欠如の基底的な形であり、したがってそれは忘却されるべきト

ラウマ的な体験なのである」[37] とされる。

浅野の議論はややもすると見落としがちな論点を執拗に炙り出し、その「語り得ないもの」という概念を基底に社会学的自己論の書き換えを試みた。非常に精緻化された議論であり、物語論的アプローチの有効性と限界を示す格好の研究であると言える。しかし浅野は物語の構造を2つの二項関係として捉えている。1つは「語る自己」と「語られる自己」の関係、もう1つは語り手と聞き手としての他者の関係である。これらの関係から、自己言及のパラドクスと「語り得ないもの」に関する議論が展開された。

この点に関する浅野と本書の視座の違いを明確にしておく。詳細な議論は第2部で行うことになるが、本書では、物語（第2部で「ものかたり」と書き換えられる）の基本構造を二項関係ではなく、「語り手」と「聞き手」と（語られる）「もの」との三項関係、さらにこれを二項関係＋媒介項として捉える。また「語る自己」と「語られる自己」の関係には、自己言及のパラドクスだけでなく、「語るのは誰か＝語る環境条件」というフレーム問題も隠されていることを指摘しておく。浅野もその点は認識していたようだが明言してはいない[38]。この2つの問題には、郡司の生命理論によって対応することとする。物語の基本構造に関しては第4章で、生命理論に関して第5章で詳述する。ここではナラティヴ・メソッドの有効性に関する議論を続けることとしよう。

第2節　経営組織における物語

組織へのナラティヴ・アプローチ

経営組織の研究におけるナラティヴ・アプローチの歴史は比較的短く、1970年代頃から[39]とも1980年代になってからはじまった[40]とも言われる。しかしこれは一時的なブームではなく、研究手法に留まらず、「ストーリーテリングは、ますます企業経営における価値あるツールになってきている」[41]。著名なハリウッドの脚本家養成者であるRobert McKee（2003）は人を動かすための手法として経営幹部が優れた物語の語り手になることを推奨しているが、事実彼は映画関係者に限らず、民間企業の幹部にもストーリーテリングの技法を教授している[42]。McKee（1997）の著書、その名もまさに*Story*は映画の脚本家ばかりでなく一般人にとっても一読の価値があると言われる[43]。

先行研究の探索から、ナラティヴ・アプローチが経営組織の研究領域において本格的に採用されはじめたのは、1990年代、それも社会学の領域同様90年代の後半に入ってからと言えるであろう[44]。Carl Rhodes & Andrew Brown (2005) は、経営組織研究の分野で近年急速に成長しているナラティヴ・アプローチに関して、発展史的な論文を著している。その中で、組織研究においてナラティヴが用いられる主題を大きく5つに分類している。それらは、①センスメイキング、②コミュニケーション、③ポリティクスとパワー、④学習と変革、⑤アイデンティティである。

　これらのテーマはそれぞれ単独で存立しているわけではなく、多くの場合1つの研究の中で密接に絡み合いながら共存している。例えば「知識時代の組織において、いかにストーリーテリングが行動を呼び起こすか」という副題がつけられている、Stephen Denning (2001) の *The springboard* は5つの主題すべてを包含している作品といえる。

　世界銀行のナレッジ・マネジメントを担当するディレクターであったDenningは、1990年代後半、世界銀行内に新しい経営手法としてナレッジ・マネジメントを導入しようとしていたが、進捗は芳しくなかった。論理的な説得では人はなかなか動かない。認知科学者のDonald A. Norman (1993) は、「論理は物事を一般論化する傾向にあり、意思決定を特定の文脈から引き離し、また主観的な感情からも遠ざけようとする。それに対し物語は文脈を導き、感情を捉える」[45]と述べている[46]。Denningのケースも同様であった。ある日、彼は同僚からザンビアの首都ルサカから600キロも離れたところにあるカマナという小さな町の一人のヘルスワーカーの話を聞いた。1995年、このヘルスワーカーはアメリカのアトランタにある疾病コントロールセンターのホームページにアクセスし、マラリア治療に関する疑問点を解消することができたという。Denningは、この小さな話を世界銀行の仲間へ伝えることによって、世界銀行内でナレッジ・マネジメントが実現すればどれほど世界に貢献できるかを理解してもらえたというのである。

　この報告の事例では、いかにナラティヴ (Denningの表現では「ストーリーテリング」) が組織マネジメントにおいて有効に機能するかが示されている[47]。先に挙げた5つの主題に照らして、その機能を確認してみよう。まずコミュニケーションのツールとして使われた。次にナレッジ・マネジメント導入の意味を明確にできた (センスメイキング)。また行員たちのナレッジ・マネジメントに関する学習に役立ち、同時に自分たちの役割を認識させるこ

とができた(アイデンティティの形成)。さらに世界銀行という大組織において新しい経営手法の導入のために用いられたという意味では、それは組織的な施策であったといえる(ポリティクスとパワー)。

　幾分強引に5つの主題を当てはめた感はあるが、既に述べたようにこれらの主題は相互に密接な関係を形成している。本節では次項より、経営組織の研究においてナラティヴ・アプローチあるいはナラティヴ・メソッドを用いた諸研究を概観する。その際、この領野では先進的な欧米の研究のみを採り上げる。いずれも日本語訳のある論文ではないため、それぞれの著者が使用する用語をそのままナラティヴ、ストーリー、ストーリーテリングとカタカナに置き換えて論じる。しかしそれらはいずれも社会科学の質的な研究方法としてのナラティヴ・アプローチあるいはナラティヴ・メソッドとして認知されているものに通底している基本的な概念として議論を進める。

　ここでの先行研究のレビューは先に紹介した Rhodes & Brown (2005) が提示した5つの主題に準拠することとする。既に Denning (2001) の報告で確認したように、1つの研究が1つの主題にのみ関わっているわけではない。しかしレビューの手引きとはなるであろう。この節を締め括る頃には明らかとなることだが、一口にナラティヴ・アプローチ(あるいはメソッド)といっても、その様相は様々である。経営手法としてのストーリーテリングもあれば、調査手法としてのナラティヴもある。また物語論における理論、例えば筋立て論を重視するスタイル、あるいは社会構成主義の視座から社会的現実を共同構成する日常的言説に主眼を置く研究もある。この多様性そのものがナラティヴ・アプローチの特徴の1つでもある。

センスメイキング

　「センスメイキングに必要なのは、優れた物語である」[48]。これは、ナラティヴ・アプローチの研究ではないが、組織におけるセンスメイキングに関する研究[49]を行った社会心理学者 Karl E. Weick (1995) の言葉である。Rhodes & Brown (2005) も筆頭に挙げたほど、この主題は、ナラティヴ・アプローチとは親和性が高いのであろう。

　この主題に関わる研究としては、Stuart Hannabuss (2000b) の "Telling tales at work"、Ann L. Cunliffe (2001) の "Everyday conversations"、Michel Y. Abolafia (2010) の "Narrative construction as sensemaking" がある。

　Hannabuss (2000b) は、これまでの組織の質的研究において、エスノグラ

フィックな手法では十分調査しえないとし、ナラティヴ手法を採用する。マネジャーに職場の話を語らせることによって、参与観察法では見出せなかった彼らの行動の意味や意思決定などが明らかになるという。この研究は、ナラティヴは職場での意味形成（センスメイキング）の手段となり、ナラティヴを通してはじめて、マネジャーたちが職場の過去・現在・未来をどう考えているか、あるいは組織内の暗黙知や明示（形式）知が明らかになってくると主張する。

　Cunliffe(2001)は、経営組織における日常会話に注目する。一般に経営組織においては客観的で理論的な言説に基づき合理的にマネジメントが実施されていると考えられているが、Cunliffeは創発的な現象が生じる複雑な日常の活動の中においては、合理的なマネジメントの言説が往々にして意味の形成（センスメイキング）に失敗することを示す。マネジメントは理論的な話法を習得することよりも、日常会話の中での相互作用にもっと注目すべきであり、日常の言説を経営理論へ組み込む必要性があることを、彼女は主張する。

　また、従来の経営理論がモノローグ的であると批判する、この研究の理論的な基盤は社会構成主義と対話理論であり、日常的な内言や日常会話など社会的詩学と呼びうるものによる意味の形成（センスメイキング）を重視した対話型マネジメントの重要性が論じられる。

　Abolafia(2010)は、中央銀行の政策決定者たちにおけるセンスメイキングのプロセスを調査する。会議の口述記録の分析を行い、共通のナラティヴが構成されていく過程で意味形成が生じることを明らかにする。その手続きは、プロットを組み立てるように進行し、3つの段階を経るという。まず、アブダクションである。ここでは、複雑な状況において生じている事象に対し承認済みのモデルが適用される。次に、プロッティング（筋立て）である。ここでは、モデルによる解釈に基づき、事象を再整理し、妥当なナラティヴが構築される。最後に、選択保持に進む。つまり対応する政策が選択されるのである。これは、Ricoeurが主唱する「筋立て」における統合効果を検証した研究といえる。

　純粋にセンスメイキングを主題としている研究ではないが、Sue Llewellyn(1999)の "Narrative in Account and Management Research" もここで論じておく価値があろう。なぜなら、この研究はセンスメイキングのプロセスに通じる推論・学習・説得の方法について論じているからである。

　Llewellyn(1999)は、人間は2つの推論・学習・説得の方法を持ち、1つ

は数字(計算行為)で、もう1つはストーリー(物語行為)であるという視点から出発する[50]。自然科学、社会科学を問わず研究の世界では、推論、学習、説得、いずれに関しても計算行為が物語行為を凌駕するが、日常生活においては、物語行為が計算行為よりも優位に立つと主張する。我々は、まず他者を納得させるために自分自身に経験を語り、次に彼らを説得するために彼らに経験を語りながら、ナラティヴを通して自分自身の人生を理解するというのである。

　Llewellyn はこれまで社会科学においてナラティヴがインプット(インタビュー等)としては受容されているが、研究のアウトプットとしては十分に考慮されていないことを指摘する。また物語行為は計算行為と同様に正当な思考と説得の方法であるが、思考の方法としては社会科学において十分に活用されていないという。それを踏まえ彼女は、ナラティヴ研究が、現場での論理形成の調査であると同時に、ナラティヴを調査することを通して論理を形成する実践でもあることを示したのである。

　Llewellyn の研究の要点は、次の2つであろう。1つは、物語行為と計算行為を、人間における2つの思考方式として対峙させたこと、もう1つは、ナラティヴを調査手法と同時に実践手法として提示することを試みたことである。

コミュニケーション

　コミュニケーションを主題とするナラティヴ・アプローチの研究では、ナラティヴやストーリーテリングをコミュニケーション手段として用いる組織を研究対象とすることが多い。Stuart Hannabuss (2000a) の "Narrative Knowledge: Eliciting Organisational Knowledge from Storytelling"、Charlotte Linde (2001) の "Narrative and Social Tacit Knowledge"、N. A. D. Connell, Jonathan H. Klein & Edgar Meyer (2004) の "Narrative Approaches to the Transfer of Organisational Knowledge" は、いずれも組織における、いわゆる暗黙知を引き出し、それを伝達するのに、ナラティヴあるいはストーリーテリングの手法が有効であることを論じている。ナラティヴ・モードが暗黙知の移転に効果的であるということは、学習心理学における行動主義や認知主義とは異なる状況主義の理論に通じるところがあり、かつそれに支持されるであろう[51]。

　Faye L. Smith & Joann Keyton (2001) の研究は、主題としては、次の項の

「ポリティクスとパワー」にも該当するが、ストーリーテリングというコミュニケーション手法を用いて多義的なコミュニケーションを実施している事象を、ナラティヴ分析により顕在化させた研究である。

　Smith & Keytonは、テレビ・プログラムにおけるストーリーテリングが秘めている役割と効果について、ナラティヴ分析、参与観察、歴史分析の手法を用いて調査した。"Designing Women"というシチュエーション・コメディの1つのエピソードの制作現場で参与観察が行われた。またそのエピソードに関してナラティヴ分析が実施された。さらにこの番組の一連のシリーズも分析の対象とされた。

　その結果明らかとなったことは、この番組のプロデューサーでありライターでもあるLinda Bloodworthが番組のストーリーテリングを、当然視聴者を楽しませるために使っているが、同時に番組の製作スタッフをコントロールするためのコミュニケーション手段として用いていることであった。

ポリティクスとパワー

　ポリティクスとパワーは日本語に訳し辛い単語である。「政治と権力」と日本語にしてしまうと、そのニュアンスが損なわれる[52]。本書ではそのままカタカナ表記とする。この主題に関する研究としては、次の4つを挙げておく。まず、Sandra Morgan & Robert F. Dennehy (1997) の "The Power of Organizational Storytelling: a Management Development Perspective"、Stephanie J. Coopman & Katherine Burnet Meidlinger (2000) の Power, Hierarchy, and Change: The Stories of Catholic parish Staff、Stewart W. Herman (2002) の "How Work Gain Meaning in Contractual Time: A Narrative Model for Reconstructing the Work Ethic"、そして、Dana L. Cloud (2005) の "Fighting Words: Labor and Limits of Communication at Staley, 1993 to 1996" である。

　Morgan & Dennehy (1997) の研究は、タイトルにそのものずばり「パワー」が登場する。これも「権力」と訳すよりは、「効力」あるいは単に「力」とするほうが適していそうであるが、論旨からすると、まさに組織の「パワー」という表現が最適かもしれない。

　この研究はマネジャー教育（あるいは訓練）における組織的なストーリーテリングの適用と効果を理論的に展開している。これはマネジメント層を対象としたビジネスクラスでのプログラムとしても有効であるとされる。その理論的根拠は、まさに第2章で論じた物語論に求められる。よきストーリー

は、神話や英雄物語、あるいは民族物語に描かれるように普遍的なステップを備えているという。その普遍的・伝統的フレームワークは、次の五段階から構成される。

①設定（時間、場所、役者、文脈）
②進展（問題発生）：聞き手に警告を発する出来事の流れ
③危機、山場あるいは頂点
④学習：中心人物が学んだこと
⑤新しい態度（行動）または気づき

　これは、まさに第2章第1節で論じたナラトロジー（物語論）の論理そのものである。Adam（1984（1999））によると、物語は「方向付け」「紛争」「行為（ないし評価）」「解決」「結果」の5つの命題に整理される。用語は微妙に違うが、筋立てとしては同じである。文学研究の理論である物語論が見事に経営現場で活用されている好例である。

　ここで喚起しておく必要があることは、ナラティヴあるいは物語は、ポストモダニズムを起源とする諸思想、例えば社会構成主義だけでなく、モダニズムの申し子である近代組織論とも親和的であるということである。むしろこれは当然である。伝統的なナラトロジー（物語論）は、モダニズムと同様グランド・ナラティヴと目される構造主義の源流であるからである。

　Coopman & Meidlinger（2000）は、1つのローマ・カトリック教区のスタッフがインフォーマルな状況で語るストーリーを調査する。その結果明らかになったことは、こうしたストーリーやそのストーリーテリングは、組織内のパワー構造を強化するのにも、その変革にも寄与していることであった。ストーリーテリングには聞き手が積極的に参加して、その共同作業的なプロセスはグループ内での平等主義的な雰囲気を醸していたが、語られるストーリーの多くは教会内のヒエラルキーを強化するものであった。なかには組織体制の守旧派と革新派との間の緊張関係を示すものもあったという。この研究は、同一の物語共同体の中で、ドミナント・ストーリーとオルタナティヴ・ストーリーが鬩ぎ合う状況を炙り出し、さらにストーリーテリングが組織の管理強化にも変革にも有効な手法であることを示している。

　さて、Herman（2002）によると、労働倫理は労働格差と雇用継続の崩壊という2つの潮流によって危機的状況に陥っているという。彼はこの労働倫理の再構築にナラティヴ・モデルが有効であると論じる。このモデルの効果は、アメリカの労働関係の改善に貢献した4つの経営思想において確認され

た。それらは、科学的管理法、人間関係論、人間性理論、そして近年の経営管理思想である。この Herman の研究がポリティクスとパワーを主題とするグループに属することは明らかであろう。この研究は職場内での小さなコミュニケーションや情報交換をテーマとはしていない。もっと大きく抽象的な労働に関する倫理の問題である。先に論じた Llewellyn(1999) の研究におけるナラティヴとは対照的に比較的大きな物語が問われている。これもナラティヴ・アプローチの1つの特徴であろう。

Cloud (2005) は、ナラティヴ研究、批判的コミュニケーション研究、社会運動研究の文脈において、労働争議をめぐる研究を行った。紛争が続いた2年間、ロックアウトが実施された。その間に、閉め出された労働者らが発行したニュースレターのナラティヴ分析を行った。分析の結果、労働者らは自分たちを当初正義の闘いにおけるヒーロー的な戦士として表現していたが、紛争が敗北に向かうと、犠牲者、難民、殉教者という役割に移行していることが明らかとなった。この研究は、「変革と学習」のカテゴリーにも該当するであろうが、Cloud 自身述べているように、批判的コミュニケーション研究の視座にも立脚していることから、この一連の事象の背後にあるパワーの存在を浮き彫りにした研究といえるであろう。

学習と変革

前項ではナラティヴの教育・訓練における「効力」に関する研究を紹介した。ここでは、学習あるいは変革というキーワードを主題とするナラティヴ・アプローチの組織研究の諸論文を概観する。Rhodes & Brown (2005) が "learning/change" と表記したように、この「学習」と「変革」はある意味、表裏関係にある概念である。さらに前項で論じた「教育」という概念との比較において考えると、そこには人間が学び成長する過程における互い違いに描かれるベクトルを見出せる。

「教育」のベクトルは、教師が学生や生徒を指導する形式から理解されるよう、既存体制からの導きであり、体制を維持する構成員の育成が主題である。対して「学習」は個的なレベルでの学びの現象であり行動である。学習行為はしばしば状況の変化に対して主体的に行動することにより習得された変化に焦点が当てられる。この項ではこの相違点を押さえて諸研究を概観することとしよう。

Melanie Bryant & Julie Wolfram Cox (2004) は、企業の合併や公企業の民

営化、あるいはダウンサイジングやリストラなどによる組織が大きく変革する時に従業員によって語られるナラティヴを、宗教における転向物語と対比して議論する。この研究はこのような組織変革を経験した22人に対するインタビューをベースに行われた。研究のアプローチは本書でこれまでたびたび採り上げてきた社会構成主義（social constructionism）ではなく、構築主義（constructivism）[53]に軸足を置く。それは個人的な現実の主観的な特性に焦点を当て、組織変革の経験は「調査結果」として研究者と被験者により構成（constructed）されるとする。調査は変革の前後に実施された。

変革前のナラティヴでは、旧組織における経営層と従業員の関係があまり良くは描かれない。それに対して、変革後のナラティヴでは、ポジティヴな面が強調される傾向にある。これが宗教上の転向物語に通じるものであり、変革が古い生き方から新しいそれへのターニングポイントとして捉えられる。その際ネガティヴなものは隠蔽され、変革後のマネジメントの価値観を受容するポジティヴな観点から語られる。

組織変革後のマネジメントの価値観を受容することは、当事者にとってそれまでとは別の観点への移行を意味する。しかしそこで語らえる転向のナラティヴは、組織変革に関するマネジメント層の説明同様、モノローグ的なものにならざるを得ない。またそれは変革に関する1つの解釈でしかなく、他者により経験された社会的現実の再現ではないのである。Bryant & Coxはネガティヴな面が沈黙されることに注目する。そこに明らかに矛盾が見出される。そこには変革前にはなかった個人的成長とキャリア形成に対する機会が関係しているという。また彼らは、この沈黙のストーリーが組織変革をポジティヴに伝える転向物語を複雑なものにすると指摘するのである。

Bryant & Coxのアプローチは構築主義に基づくもので、前章で論じた浅野（2001）の物語論的アプローチの視座とは異なるが、彼らが指摘する矛盾と沈黙は浅野の主張する「語り得ないもの」に通じる現象であろう。またBryant & Cox（2004）は、人々の話は往々にして、断片的で曲りくねり、非合理的な様式で行われるというBoje（2001）の主張に与しるが、こうした点で伝統的な物語論の理論では読み取れない現象へ挑戦している姿勢が窺える。

Bryant & Cox（2004）の研究のように、ナラティヴを経営組織の調査手法として用いている研究をStefanie C. Reissner（2005）も行っている。Reissnerは経営トップから末端従業員まで全ての階層でデプス・インタビューを実施

した。収集されたデータは、グラウンディッドセオリー[54]に基づき分析された。Reissner の研究の狙いは、組織変革と学習と文化が密接に絡み合っていることを検証することである。Sandra Morgan & Robert F. Dennehy (1997) の研究ではストーリーテリングがマネジャー教育にとって強力なツールになることが主張されたが、この研究ではナラティヴはマネジャーが企業内の文化的状況を調査するための強力なツールとなることが論じられる。

Bryant & Cox は構築主義に、Morgan & Dennehy は物語論に理論的な軸足を下ろしていたが、Reissner は社会構成主義の立場から研究する。その理論的主張は、物語を語ることによって意味を構成し、かつ社会的現実を構成することがナラティヴを、日常の生活のコミュニケーションにとっての重要な手段とするとともに、変革現場の研究における有効的な調査方法にもするというものである。

組織変革のマネジメントにおけるナラティヴ・アプローチとしては、Muayyad Jabri & James S. Pounder (2001) の研究もその 1 つである。しかし彼らの狙いは、Bryant & Cox (2004) のそれとは異なり、彼らはナラティヴを経営改善のツールとして用いることを提唱する。経営改善における従来型の考え方は、経営組織における問題は、本質的に理論や原則など普遍性を備えた客観的手法の適用によって解決するというものである。一方ナラティヴは普遍性を求めず、観点と解釈の複数性による現実性を反映する。他者との繋がりにおける労働は、単に知的な訓練としてだけでなく、マネジメントの実務と経営改善のプロセスにとっても重要である。ナラティヴは、特定の個人の発言、あるいは経営改善の当事者自身によって修正され、確認され、変更される「主観性」を内包している。こうした議論の上で Jabri & Pounder は、ナラティヴが経営改善に取り組む実務者が経営現場の現実を把握するのに役立つツールであると推奨するのである。

前項で論じた Morgan & Dennehy (1997) の研究は、ストーリーテリングをマネージャー教育に適用したものであった。その意味では、Jeff Gold & David Holman (2001) の研究も同様にストーリーテリングをマネジャー教育に適用したものである。しかしそれらは照準の合わせ方が少し異なる。前者の銃身はナラティヴの「効力」に向けられていたが、後者は経験学習におけるその「効果」が狙いである。さらに前者は伝統的な物語論の理論を基底に据えていたが、後者は社会構成主義の視座に立つ。視座が異なることでストーリーテリングの持つ特性はまた違った様相を提示する。Gold & Holman

は、ストーリーテリングが複数のパースペクティブを生み出すことで交渉が促進され、マネジャー同士の共同行動における知的解決の創造を拓くと主張する。

　学習と変革を主題とする研究としてもう１つ、Anders W. Johansson (2004)の研究を採り上げよう。Johansson は、"Consulting as Story-making" の中で、ストーリーテリングに対してストーリーメイキングという概念を提唱する。彼はストーリーテリングが経営改善に関わるマネジャーの教育にとって有効であることを認める。しかしコンサルタントとクライアントとの関係において、ストーリーテリングは強いストーリーを語るコンサルティングのメタファーであるという。そこでは既存のプロットに沿うようストーリーが想定された。

　それに対して、ストーリーメイキングでは、コンサルタントとクライアントはプロットの共同構成者であり、両者による反省的行為に焦点が当てられる。そこでは、プロットが開かれており、閉じることも可能である。またプロットだけでなく、キャラクターまでが設定されたり、構成されたりするという。Johansson の研究は、物語論における主要概念を社会構成主義的視座から再構成したところに特徴があると言える。

アイデンティティ

　Rhodes & Brown (2005) が挙げた組織研究におけるナラティヴ・アプローチの５つの主題の最後は、アイデンティティである。この範疇に入る研究としては、まず、Muayyad Jabri (2004) の "Change as Shifting Identities: a Dialogic Perspective" が挙げられる。この研究は、変革マネジメントにおけるアイデンティティの問題を取り扱う。その際、物語 (ナラティヴ) モードと対話モードの比較を行う。

　Jabri によると、Ricoeur を中心とする物語的アイデンティティ (自己同一性) は同一性と一貫性へ向かう傾向にある。物語 (ナラティヴ) は過去の出来事と現在の経験を繋ぐ。現在の出来事は人を過去の出来事へ関係づける助けをし、逆に過去の出来事は人を現在の出来事へ関係づける働きをする。物語的アイデンティティ (自己同一性) はこのような意味形成の解釈学的循環の賜物である。

　それに対し Bakhtin の対話理論に基づく対話モードは、意識の複数性や他者性との関係が深く、例えば、人は他者の言葉の世界の中で生きており、人

の全人生とは他者の言葉の世界に方向づけられ、他者の言葉への反応として現れるとされる。Jabri によると、Bakhtin にとってのアイデンティティは、常に対話に組み込まれており、人は自分自身の意識であり、他者を通して、他者の助けを借りて他者に対して自分自身が開示されたときのみ自分自身になるという。そしてそれは永遠に未完成であると考えられる。Jabri (2004) の狙いは、変革マネジメントにおけるアイデンティティの変遷の問題に対して、物語モードではなく対話モードでアプローチすることを提言することである。

Erica Schoenberger (2001) は、3人の大企業経営者の自叙伝のナラティヴ分析を行った。語られているストーリーは自己の変革についてではなく企業の変革である。しかし、分析から明らかとなったことは、企業の変革の触媒となった自分自身の情熱的な自己実現のナラティヴを構成しているということであった。まさに語られるストーリーが語る人物のアイデンティティを構成することを物語る事例である。

Sierk Ybema (2010) は、アイデンティティ形成過程における非連続性に着目する。一般に集団のアイデンティティの確立には時間的連続性が必要とされる。Ybema は、オランダの新聞社の編集者における組織アイデンティティについて、エスノグラフィー調査を実施する。その結果、アイデンティティを再構築するにあたり、安易に既存のナラティヴやストーリーに収束していくのではなく、過去の遺産に固執する旧世代と将来の計画に想いを馳せる新旧世代との間でディスコースの応酬が行われながら、時間的な非連続な語りにおいて、新聞社のアイデンティティが形成されることを見出した。この研究は、ナラティヴの統合作用によるアイデンティティの形成ではなく、ナラティヴになる以前の言語行為に着目している点、次節で論じる Boje の"Antenarrative"および本書の論点にも通じるところがある。

以上、近年に発表された、経営組織の研究においてナラティヴ・アプローチを採用した諸研究を概観した。第2章および本章第1節で論述した諸研究と絡み合いながら発展してきていることが窺える。次の節では、ここまでも時折顔を出していたポストモダニズム時代のナラティヴ・アプローチについて見てみることにしよう。

第3節 ポストからアンテへ

物語から語りへ

　本章は、強大な力を誇示し関係者を知らず知らずのうちに支配するドミナント・ストーリー(グランド・ナラティヴ)に対抗して、抑圧された人たちに生きることへの希望を与えうるオルタナティヴ・ストーリーの誕生についての論述からはじまった。この支配ともう1つの選択という構図は、ナラティヴ・セラピーの世界だけでなく、それを支える思想、理論においても同様であることも論じた。モダニズムに対するポストモダニズム、構造主義に対するポスト構造主義という構図が描かれる。

　ここで注目したいことは、いずれも「後(の)」という意味の接頭辞 "post" が付着することである。誕生の時系列的・系譜的な流れから考慮すると、いずれも前者の「後」に出現するわけであるから、その命名は理に適っている。1つの支配的なシステムや制度、考え方に対して新たにもう1つの選択を提示する際に、その「後」に来るものとして、接頭辞 "post" を冠するのである。しかし、そのもう1つの選択は、いつまでも弱者の立場にいるわけではなく、先行するドミナント・ストーリー(グランド・ナラティヴ)を駆逐するオルタナティヴ・ストーリーとして、駆逐されるドミナント・ストーリーよりも強大なストーリー(ナラティヴ=物語)を形成するという指摘もある[55]。ポスト構造主義、ポストモダニズムなどは研究分野においてはまさにその傾向を示している。

　本節では、この接頭辞 "post" とは反対に位置する接頭辞 "ante" を接続した「もう1つの概念」について論じる。それは、Boje(2001)が提唱する "Antenarrative" である。"ante" とは語源的にまさに "post" と対を成す接頭辞で「前(の)」を意味する。Boje は、新しい概念を提示する際に "post" ではなく、"ante" を選択した。"Antenarrative" については項を改めて詳述するが、これは奇を衒ったからではなく、造語の含意どおり「物語以前のもの」を表現したかったからである。

　この項で論じたいのは、Boje(2001)が "post" ではなく "ante" を付けて伝えたかった概念を日本語ではどのように表記することが可能か、ということである。ここではその手がりを、野口(2002)が『物語としてのケア』の中で報告しているナラティヴ・コミュニティに関する論述に求めることとする。

野口(2002)は、ナラティヴ・コミュニティとして、「セルフヘルプ・グループ」「フェミニスト・セラピー」、そして精神障害者のコミュニティである「べてるの家」の3つを紹介している。これら3つの取り組みには、ナラティヴ・アプローチとしての共通点はいくつもあるが、野口が最も重要なものとして挙げているのが、「語りの共同体」であると同時に「物語の共同体」であるという点である。

「語りの共同体」とは何か。いずれのグループも同様の問題や悩みを抱えた人たちが集まり、「自由な語り」を生み出すための場を形成している。互いに語り手の話に好奇心をもって聞き入り、新たな語りを引き出そうとする。まずこの意味で、これら3つのグループは「新たな語りを生み出す共同体」と呼びうるのである。次にこのグループは参加者の「語りによって維持される共同体」という性質を持つ。つまり「語りの共同体」とは、「新たな語りを生み出すことで維持される共同体ということである」[56]。

では「物語の共同体」とはどういうことか。野口によると、どのグループも独自の物語を共有している。セルフヘルプ・グループは「回復」、フェミニスト・セラピーは「女性解放」、「べてるの家」は「社会復帰と社会参加」という物語をそれぞれの参加者は共有している。そして、この共有されている「物語が参加者それぞれの個別的な語りにゆるやかな共同性を与えている」[57]のである。またそれぞれのグループの誕生からの歴史が仲間内で語り継がれ、1つの物語を形成する。「物語の共同体」とは、参加者に共同性を与える物語と、グループの生い立ちと存在意義を主張する物語を備えた共同体のことなのである。

そして「語りの共同体」と「物語の共同体」は互いに相手の存在を必要とする。「語り」が「物語」を確固たるものとしていき、「物語」が「語り」を促進するというのである。

野口(2002)が「ナラティヴ・コミュニティ」に見出した、この2つの共同体の特性に関する記述から、野口が使い分ける「語り」と「物語」という概念が類似しているが異なる意味を形成することは明らかである。本書もこの2つの概念を明確に区別し論述する[58]。それは日本語的には野口の使い分けに近いものである。

そして本書では、この日本語の特性を、Boje(2001)の"Antenarrative"に訳語を与える際に提供したいと考える。"Antenarrative"を日本語にどのように訳出するかという問題に対して、結論からいうと、本書は「語り」という

単語を充当することを主張する。次項以降で、"Antenarrative" について論じる。その際はそのまま "Antenarrative" と表記するが、本書第 2 部以降では、「語り」という単語が Boje の "Antenarrative" の特性をも包含した概念として使用されることになる。

物語以前の語り

　第 2 章で論じたように、伝統的な物語論におけるナラティヴ＝物語は、筋（プロット）や首尾一貫性を持つことが求められた。しかし本章での先行研究を振り返るだけでも、伝統的な物語論の論理を、人びとが生きている現場（の研究）に単純に適用できるものではないことは明らかであろう。Boje (2001) は、ナラティヴとストーリーの概念を明確に使い分け、ストーリーの特徴をより明確に現すために、"Antenarrative" という概念を提案する。

　ここで "Antenarrative" に関して詳述する前に、Boje 理論における主要用語の特異性について少し触れておく。彼は、ストーリーとナラティヴを明確に区別して使用するが、特に「ストーリー」の定義に関して、ナラティヴ・メソッドを採用する他の組織研究者と異なることが指摘されている[59]。Boje (2008) は、2008 年に *Storytelling Organizations* を上梓するが、そこでは、*Narrative Methods for Organizational & Communication Research* で提示した「ストーリー」の概念の独自性をさらに深化した議論が行われる。当然理論としての精緻化は図れているが、"Antenarrative" の概念も大きく見直されている。

　本書では、主要概念の使用において混乱を避けるために、本書における理論構築の際に参照した *Narrative Methods for Organizational & Communication Research* における "Antenarrative" の概念を基底に議論を進めることとする。

　さて、Boje (2001) によると、"Antenarrative" とは、伝統的なナラティヴがナラトロジーの理論に従い筋（プロット）を持ち、また登場人物を含め首尾一貫性を備えたものであるのに対して、断片的で、曲りくねり、矛盾し、寄せ集め的で、筋立てのない、物語を構成する以前の賭けのような思惑のことである[60]。近代的なナラティヴ・メソッドの危機は、こうした断片的にポリフォニック（多声的）に寄せ集め（集合）的に生み出される生活の中での語り（ストーリーテリング）に対応しなければならないということなのである[61]。

　Boje (2001) は、"Antenarrative" に 2 つの意味づけをしている。「前(ante)」と「賭け(bet)」である。「前(ante)」とは、"ante-post"（前・後）に由来する。彼によると、ストーリーは出来事の説明であり、ナラティヴはその後、ス

トーリーに筋と首尾一貫性を付与して現れるものである。それゆえナラティヴは、"post-story"であるという。

　もう1つの意味づけは「賭け（bet）」である。これはまさにギャンブルと投機・思惑に関わる。"ante"は、接頭辞としては「前」という意味であるが、名詞としては「ポーカーで札を取らぬうちに自分の手を見て出す掛け金」という意味がある。また競馬の用語で、出走馬掲示前の賭けであることを示す"ante-post"にも掛けている。

　Boje（2001）の考えでは、組織内の人たちは筋や合理化された物語の世界の外側に生きている。そこでの"Antenarrative"は決して終わることがなく、正当化されない。まさにこれはBakhtinの発話・対話理論に通じる。また、それらは非構成的で断片的であるため、通常のナラティヴ・メソッドによる回顧的なセンスメイキング（意味の形成）では捕捉できないとされる。認知症の患者が語る話を"anti-narrative"とするなら、それとは異なるが従来の物語論の枠組みから外れている点では共通しているという[62]。次項でBoje（2001）による"Antenarrative"の定義を見てみよう。

5つの横顔

　Boje（2001）は、"Antenarrative"の定義として5つの特徴を挙げる。1つ目の特徴として、Boje（2001）は、前項で述べた"ante"の2つの意味を備えていることを強調する。2つの"ante-post"から導かれる「前（ante）」と「賭け（bet）」である。いずれも決定・確定前である「物語以前」という特性を示している。

　2つ目としてBojeは、"Antenarrative"が、経験の流れの中で起きていることに対する意味づけの不定さ（投機性）と曖昧さ（多義性）への注意を促すことを挙げる。どういうことか。つまり、ナラティヴが生きられた経験を回顧的に説明するものであるに対して、"Antenarrative"は生きられた経験の流れの外側にあるもので、「いま・ここ」で何が起きているのかという問いに対する答えである、ということなのである。生きられた経験は回顧的に想起される際に「筋」を持ちうるが、その外側にある「いま・ここ」で起きていることは不定さと曖昧さを包含した現象として我々に現前している。"Antenarrative"はそれに対する発話なのである。

　3つ目は、物語論的解釈が入る以前の生きられた経験に対する意味づけとしての語り（ストーリーテリング）の流れの分析への方向づけである。従来の

ナラティヴ・アプローチでは、生きられた経験は第 2 章で論じた物語論の諸理論により分析され解釈される傾向にあった。前節で概観した経営組織の諸研究でも物語論に準拠した論述は容易に見出しうる。しかし Boje は、生きられた経験に対する語りを物語論的ではなく解釈する必要性を強調する。"Antenarrative" は、物語論的でない分析と解釈への方向も示しているのである。

4 つ目の特徴を説明するのに、Boje (2001) はロサンジェルスでロングラン講演を行っていた「タマラ (Tamara)」という劇を例として挙げる。この喩えは第 2 部で論述する郡司 (2002、2003、2004、2006a、2006b) の「生命理論」、あるいは「語り」の概念に通じるところがあるため、少し紙幅を割いて論じよう。

この劇では、12 人の登場人物がフロアや部屋が異なったそれぞれの舞台でそれぞれのストーリーを演じる。観客は 1 つの舞台にじっと留まっているのではなく、舞台から舞台へ、台所から寝室へ、時には走りながら移動して、何が起きているのか追跡し、興味のあるストーリーを一緒に創りあげていくという。12 の舞台に 12 のストーリーである。1 人の観客が追うことができる話の数は 12 の階乗になるという[63]。観客にとって、これだけの数のストーリーが存在 (あるいは潜在) しているのである。

芝居という特性から、日を改めて幾度も観劇することは可能であるが、とうてい全容を把握することは不可能であろう。しかし我々は日常の生活世界ではそれ以上に複雑な世界を生きている。しかも観劇の世界とは異なり、日を改めて再度体験することなど全くできない。また A 氏が体験し解釈する世界と、B 氏が体験し解釈する世界とは全く違った様相を呈すのである。我々は「いま・ここ」において、その利那利那を生きている。そして振り返ることはできるが、利那利那に未来へ押し出されているのである。

Boje (2001) は、この「タマラ」は複雑な組織の中で "Antenarrative" としての語り (ストーリーテリング) がいかに描出されるかをよく体現しているという。組織的なストーリーは複数の解釈と説明を生み出す。つまり、出来事の意味は、揺れ動く言説における局所性、ストーリーの優先的な辻褄 (筋道) 合せ、あるいは登場人物の変容などによって、その都度形成され、かつ絶えず生成するということである。それゆえ「タマラ」は、組織を語ること (ストーリーテリング) に関する "Antenarrative" 理論の基本であるというのだ。組織を語ること (ストーリーテリング) は、寄せ集め的ストーリーを語ること

であり、寄せ集め的ストーリーの外側を生きることであり、絶えざる衝突の中にいることなのである。"Antenarrative"における意味づけは、常に生成しており、終わることはなく結論も出ないということである。

"Antenarrative"の5つ目の特徴としては、ストーリーまたは合意の得られたナラティヴに形象化される前の寄せ集め（集合）的記憶である点が挙げられる。それは筋に合意が得られる前の、流れている状態である。寄せ集め的な記憶は、常に修正され、排除され、決して完成しないものである。

複雑な現代の組織において、伝統的なナラティヴ・アプローチでの回顧的な意味づけでさえ、ストーリー全体（完全なストーリー）を語ることはできない。日常を生きている人たちは、「タマラ」における複数の劇が同時に進行する状況の中、揺れ動きながら筋道を探し求める。これは回顧的な意味づけに対して、寄せ集め的な意味づけと呼べる。人々は、部分部分を集め、断片と断片を貼り合わせることしかできず、決してすべての舞台を訪れ、劇の全容を見ることはできないのである。

ポストモダニズムの"Antenarrative"の観点から見ると、組織人は相互作用しているというよりも、衝突し合っているように見える。同時多発的に進行する劇においては、人はすべての舞台に立ち会うことはできない。そこには筋などといえるものではない断片や談話しか見出せない。そこでは完全なストーリーを誰も知らず、否、そんなものはどこにも存在しないのである。この状況は、まさに第5章で論じる世界内存在者である内部観測者の置かれた状況である。内部観測者は局所局所で意味論を形成するのである。このような「タマラ」的状況下で全体を語ろうとすると、長い沈黙の世界へ入り込まざるを得なくなるであろう。この長い沈黙は、浅野（2001）のいう「語り得ないもの」に通じるとも言えるが、郡司の生命理論とも親和的である。この論点については第2部に譲るとして、次項でもう少し"Antenarrative"について論じることとしよう。

もう1つのナラティヴ分析

さて、Boje（2001）が具体的にどのような方法を提唱しているのか概観しておこう。彼は次の8つのアプローチを挙げている。これらのすべてが本書第2部で展開する「語り」の概念分析と親和的というわけではない。Bojeは *Narrative Methods for Organizational & Communication Research* を入門書として著した。それゆえ我々はそこから様々なヒントが得られる。同書で紹介

される8つの方法すべてを本書で採用するわけではないが、一部は応用的に用いられる。ここで詳細を論じる必要はないが、要点だけは押さえておくのが肝要であろう。8つの方法とは次のとおりである。

　①脱構築分析
　②グランド・ナラティヴ分析
　③ミクロストーリア分析
　④ストーリー・ネットワーク分析
　⑤インターテクスチュアリティ分析
　⑥因果関係分析
　⑦筋(プロット)分析
　⑧テーマ分析

　これらの手法の名称は目新しいものではない。いずれも既に用いられており、いくつかは物語論の主要概念でもある。しかし名称のみで判断すべきではない。例えば、これらのうちのいくつかは、ハーバード・ビジネススクールのケーススタディでも用いられる。しかしBojeによると、それは名称だけで考え方は大きく異なる。ハーバード・ビジネススクールのケーススタディでは、背後に隠れた全知の語り手のもと、1つの見方から同一の論調で語られる。そのナラティヴは、首尾一貫した構造と因果的な筋立てを持つ。ケーススタディは、学生を明確な結論へ導くよう構成される。結局、こうしたケーススタディでは表層的な部分しか把捉できないであろうというのである。

　まず、"Antenarrative"アプローチにおける脱構築分析とはどのようなものか。ここで、ナラティヴは固定したものとは捉えられていない。生成する意味のネットワークとともに揺れ動くものである。その動的な流れの中でナラティヴはまさに語りの進行中にナラティヴ自身から脱構築を起こすというのである。これは分析家が関与しない脱構築である。分析家の役割はここでは部分的なものでしかないのである。

　グランド・ナラティヴという概念とともに問われることは、いかに先行して語られ支配的となっているストーリーを別のストーリーで消し去ることができるかということである。ここでは特に過去に関わるモノローグ的なグランド・ナラティヴを開かれた多声的な小さなストーリーで置き換えることが主題となる。

　ミクロストーリアは、グランド・ナラティヴやマクロヒストリー、あるい

は普遍性との対照に座する概念である。一般にこの概念を主張する研究者は、脱構築などポストモダンの思想に反対する立場に立つ。しかし Boje は、この概念がドミナント・ナラティヴに抵抗する小さな行動である点において、"Antenarrative" として扱っている。ここでは、局所的な知識や弱者の歴史などに関心が向けられる。

ストーリー・ネットワークは、ミクロストーリアの研究者らによって名づけられた。そこでは、ナラティヴ・ネットワークの分析においてストーリーはノードやリンクと捉えられる。しかし "Antenarrative" 分析では、組織的状況における行動についての語り（ストーリーテリング）を追うことに力点が置かれる。ここで組織は、ストーリーが交換の媒介物となる語り（ストーリーテリング）のシステムとして捉えられているのである。

インターテクスチュアリティは、"Antenarrative" のネットワークであり、テクストの著者と読者との間の対話である。それは、ナラティヴ間またはナラティヴ内で進行しているすべての対話のことを意味する。インターテクスチュアリティ分析においては、ダイナミックなテクストの生産・分配・消費に関わる作者・行為者・読者の集団が探索される。ここでは、複数性や多声性が主要な問題となる。

因果関係分析は一般的には「なぜ」に対する回答であり、何が原因で一連の出来事が生じたかの説明に使われる。しかし "Antenarrative" 分析では、因果関係は出来事を筋立てするための1つの方法であると捉えられる。ここでは、因果関係を構成し、かつ再構成する語り（ストーリーテリング）の行為、"Antenarrative" な因果関係に注目する。

筋（プロット）分析は、本書第2章で既に論じた Ricoeur の筋立て論に準拠する。組織研究においては、複雑な組織の筋立てにおけるナラティヴを伝達することは可能なのか、ということが主要課題となる。

テーマへの "Antenarrative" 的アプローチは、分類という概念に対峙するものである。分類という概念は、ストーリーをナラティヴの小さな単位へ押し込もうとする。しかし、"Antenarrative" は分類されるのを拒絶する。テーマ分析は、ストーリーから時間、場所、複数性、連結性を剥ぎ取るが、"Antenarrative" 分析ではそれらを取り戻すことになる。さらにここでのテーマ分析は、ナラティヴの断片化や脱構築化、あるいはその修復過程に結びつくのである。

以上、第3章の最後に、本書第2部、第3部での議論において主要な役

割を演じる「語り」という概念に親和的な Boje の提唱する "Antenarrative" について論じた。これは本書の構成上大きな意味を持つ。それは第 1 部が本書において単に先行研究のレビューの役割を担っているのだけではなく、第 2 部、第 3 部で論じられることの背景および論拠をも形成しているからである。

注

1. Hegel, Georg. W. F. (1837) *Vorlesungen über die Philosophie der Geschichte*（武市健人訳『歴史哲学』（上）岩波書店、1971 年）、79 頁
2. ポストモダニズムそのものも幻想であるという主張もある (Eagleton, Terry (1996) *The Illusions of Postmodernism*, Blackwell Publishers Limited（森田典正訳『ポストモダニズムの幻想』大月書店、1998 年）を参照)。
3. Berger & Luckmann の『日常世界の構成』の原題は *The Social Construction of Reality – Treatise in the Sociology of Knowledge* である (Berger, Peter L. & Luckmann, Thomas (1967) *The social construction of reality – Treatise in the sociology of knowledge*, New York（山口節郎　訳『日常世界の構成　アイデンティティと社会の弁証法』新曜社、1977))。
4. 山田 (2000) は「浜日出男は、ガーフィンケルの主張とは裏腹にエスノメソドロジーがパーソンズと同じ科学的方法論を研究方針中に持ち込んでいると主張する」(山田富秋 (2000)『日常性批判――シュッツ・ガーフィンケル・フーコー』せりか書房、71 頁) と指摘している。
5. 社会学では "constructionism" に「社会構成主義」ではなく、「社会構築主義」あるいは「構築主義」という訳語を当てる (平英美、中河伸俊　編 (2000)『構築主義の社会学』世界思想社を参照)。西條 (2005) は、「構造構成主義」という新しいメタ理論（原理）を提唱している (西條剛央 (2005)『構造構成主義と何か　次世代人間科学の原理』北大路書房を参照)。
6. リフレクティング手法およびワンウェイ・ミラー法については、野口裕二 (2002)『物語としてのケア』医学書院、108–124 頁を参照。
7. 野口 (2002)、113 頁
8. Andersen, Tom (1992)「『リフレクティング手法』をふりかえって」、McNamee, Sheila, & Gergen, Kenennth J., (ed.), *Therapy as Social Construction*, Sage Publication Ltd.（野口裕二・野村直樹訳『ナラティヴ・セラピー　社会構成主義の実践』金剛出版、1997 年）、97 頁
9. Ibid.（邦訳）、97 頁
10. Ibid.（邦訳）、98 頁

11　Ibid.（邦訳）、110 頁
12　Ibid.（邦訳）、114 頁
13　Epston, David & White, Michael（1992）「書きかえ療法 ── 人生というストーリーの再著述」、McNamee, Sheila, & Gergen, Kenennth J., (ed.), *Therapy as social construction*, Sage Publication Ltd.（野口裕二・野村直樹訳『ナラティヴ・セラピー　社会構成主義の実践』金剛出版、1997 年）、142 頁
14　Ibid.（邦訳）、145 頁
15　Ibid.（邦訳）、149 頁
16　熊倉伸宏（2004）「なぜ、今、再び『語り』なのか？」、北山修・黒木俊秀編著『語り・物語・精神療法』日本評論社、105 頁
17　江口重幸（2000）「病いの語りと人生の変容」、やまだようこ編著『人生を物語る ── 生成のライフストーリー』ミネルヴァ書房、44 頁
18　Bertaux（1997）の『ライフストーリー』の付録として掲載されている（Bertaux, Daniel & Bertaux-Wiame, Isabelle（1981）Life Stories in the Backers' Trade, In Daniel Bertaux ed. *Biography and Society: The Life History Approach in the Social Sciences*, SAGE, 1981, pp.169–189（小林多寿子訳「付録　パン屋のライフストーリー」Bertaux, Daniel（1997）*Les recits de vie*, Editions Nathan, Paris（小林多寿子訳『ライフストーリー』ミネルヴァ書房、2003 年）））。
19　Bertaux（1997）（小林訳、2003 年）、139 頁
20　Ibid.（邦訳）、112 頁
21　前章の深沢（2002）の見解と異なる。
22　矢野智司（2000）「生成する自己はどのように物語るのか」、やまだようこ編著『人生を物語る ── 生成のライフストーリー』ミネルヴァ書房、271 頁
23　同上、272 頁
24　矢野論文のタイトル（同上）。
25　物語の形態上の特徴 3 つと物語の効果 2 つは、浅野智彦（2001）『自己への物語論的接近』勁草書房、62–63 頁。
26　浅野の 2 つの主張は、同上、4 頁。
27　同上、29 頁
28　同上、164 頁
29　同上、168 頁
30　同上、197 頁
31　同上、204 頁
32　同上、207 頁
33　同上、206 頁
34　Luhmann（1990）は、『自己言及について』の中で、オートポイエーシスを鍵概念にして「自己言及」に関し、社会システムから宗教、国家、世界社会に至るまで広範な議論を行っている（Luhmann, Niklas,（1990）*Essay on Self-reference*, Columbia University Press, New York（土方徹・大澤善信訳『自己言及について』国文社、

1996 年)を参照)。
35　浅野(2001)、215–216 頁
36　同上、216 頁
37　同上、216 頁
38　同上、195–196 頁を参照。
39　Rhodes, Carl & Brown, Andrew D. (2005) Narrative, Organizations and Research, *International Journal of Management*, Reviews Volume 7 Issue 3 : 167–188, p.169 を参照。
40　Jabri, Muayyad & Pounder, James S. (2001) The Management of Change: a Narrative Perspective on Management Development, *Journal of Management Development*, Vol. 20 No. 8 : 682–690, p.682 を参照。
41　Human Resource Management (2005) Telling Stories of Success, *Human Resource Management* Vol. 13 No. 1 : 30–32, p.30
42　McKee, Robert (2003) Storytelling That Moves People, *Harvard Business Review*, June (木下徹郎訳「ストーリーテリングが人を動かす」DIAMOND ハーバード・ビジネス・レビュー 4 月号、(pp.84–91)、2004 年)を参照。
43　Pink, Daniel H. (2005) *A Whole New Mind*, Penguin Group (USA) Inc.(大前研一訳『ハイ・コンセプト』三笠書房、2006 年)、200 頁を参照。
44　ナラティヴ・アプローチも包括する形で、経営組織研究分野におけるディスコース研究がハンドブックとしてまとめられたのは、2004 年である(Grant, David, Hardy, Cynthia, Oswick, Cliff and Putman, Linda (eds.) (2004) *The SAGE Handbook of Organizational Discourse*, SAGE Publications Ltd.,(高橋正泰・清宮徹監訳『ハンドブック　組織ディスコース研究』同文館出版、2012 年))。
45　Norman, Donald A. (1993) *Things That Make up Smart*, A William Patrick Book, p.130
46　認知科学者の Turner (1996)も「物語は思考の基本的な道具である」(Turner, Mark (1996) *The Literary Mind*, Oxford University Press, p.4)ことを論じている。
47　組織マネジメントにおけるストーリーテリングの有効性について論じている書籍としては、このほかに、Storytelling in Organizations がある。これは 2001 年に開催されたストーリーテリングをテーマにしたシンポジウムの報告がまとめられたものである(Brown, John Seely, Denning, Stephen, Groh, Katalina & Prusak, Laurence (2005) *Storytelling in Organizations*, Elsevier を参照)。
48　Weick, Karl E. (1995) *Sensemaking in Organization*, Sage Publications, Inc.(遠藤雄志・西本直人訳『センスメイキング　イン　オーガニゼーションズ』文眞堂、2001 年)、83 頁
49　Weick (1979) は社会心理学者として、「組織化」というコンセプトとともに「組織化の進化モデル」を提示し、ポスト・モダニズムの経営組織研究分野において大きな影響を与えた (Weick, Karl E. (1979) *The Social pPsychology of Organizing*, McGraw-Hill, Inc.(遠藤雄志訳『組織化の社会心理学』文眞堂、1997 年))。
50　これは Bruner (1986)のいう「パラディグマティック・モード(論理・科学的様式)」

と「ナラティヴ・モード（物語様式）」の2つの思考様式に通じる。彼は、自然科学には前者が優勢であるが、日常的な認識には後者が重要であることを指摘している（Bruner, Jerome (1986) *Actual Minds, Possible World*, Haverd University Press（田中一彦訳『可能世界の心理』みすず書房、1998年）を参照）。

51 状況主義については、Lave, Jean, & Wenger Etienne (1991) *Situated Learning*, Cambridge University Press（佐伯胖訳『状況に埋め込まれた学習』産業図書、1993年）を参照。

52 寺本ら（1999）は、『パワーイノベーション』の中で、「これからの知識ネットワーク社会においては、人や組織の間に存在するパワー概念そのものの根本的な転換が求められる（…）。／それこそが、旧来の硬直で、関係拘束的なパワー概念から、柔軟で、関係開放的な新たなパワー概念への転換である」と述べている（寺本義也・小松陽一・福田順子・原田保・水尾順一・清家彰敏・山下正幸『パワーイノベーション』新評論、1999年、1–2頁）。

53 本書では、"constructivism"に「構築主義」を、"social constructionism"に「社会構成主義」を訳語として当て嵌めているが、"constructivism"も"constructionism"も、いずれもが「構成主義」と「構築主義」のいずれにも訳されている。Gergen (1994)によると、"constructivism"の理論は、個人の頭の中の知識が現実を構成するというアイデアに立脚する。"constructivism"と"social constructionism"は、次のような類似点も持つ。まず知識は構成されるという点、次に個人の心は外界を反映する装置であるという伝統的な考え方に異議を申し立てる点である。しかし"social constructionism"は、心と外界である世界のどちらにもその存在の自明性を認めない点で、"costructivism"と異なるという。"costructivism"の他に"social conuctivism"と呼ばれる研究視座もある。"social constructionism"に対して、"costructivism"よりも共通点は多いが、"social conuctivism"も、心を実在すると考える点で、"social constructionism"と異なる（以上、Gergen, Kenneth J. (1994) *Realities and Relationships: Soundings in Social Construction*（永田素彦・深田誠訳『社会構成主義の理論と実践　関係性が現実をつくる』ナカニシヤ出版、2004年）を参照）。

54 グラウンディッドセオリーを定式化した研究書としては、『データ対話型理論の発見』が有名である（Glaser, Barney G.& Strauss, Anselm L. (1967) *The Discovery of Grounded Theory*,（後藤隆・大出春江・水野節夫訳『データ対話型理論の発見』新曜社、1996年）を参照）。

55 ドミナント・ストーリーではなく「メタナラティヴ」という表現を用いているが、Terry Eagletonは、メタナラティヴを葬るナラティヴは葬られるメタナラティヴよりも大きなメタナラティヴになると指摘した、ピーター・オズボーンの言葉を紹介している（Eagleton (1996)（森田訳、1998年）、54頁を参照）。

56 「語りの共同体」については、野口（2002）、178–179頁を参照。

57 同上、179頁

58 ナラティヴ＝物語が注目を集めるなか、物語ではなく、〈語り〉、特に〈騙り〉を

含意する〈語り〉に照射した諸研究を集めた論文集として『語りと騙りの間　羅生門的現実と人間のレスポンシビリティー』が挙げられる（金井壽宏・森岡正芳・高井俊次・中西眞知子編（2009）『語りと騙りの間　羅生門的現実と人間のレスポンシビリティー』ナカニシヤ出版を参照）。この本の出版は2009年であるが、本書の基底となる博士論文はその前年に提出されている。今回の加筆にあたり参照したが、本論構成上本文で論じることはできなかった。

59　Gabriel, Yiannis (2004) Chapter 2 Narratives, Stories and Texts（増田靖訳「第2章　ナラティヴ、ストーリー、テクスト」、2012年）, In Grant, David, Hardy, Cynthia, Oswick, Cliff and Putman, Linda (eds.), *The SAGE Handbook of Organizational Discourse*, SAGE Publications Ltd., 2004（高橋正泰・清宮徹監訳『ハンドブック組織ディスコース研究』同文館出版、2012年）を参照。

60　Boje, David M. (2001) *Narrative Methods for Organizational & Communication research*, Sage Publications, p.1 を参照。

61　Ibid., p.1 を参照。

62　第1節で紹介した江口論文が "anti-narrative" を扱っている。

63　Boje (2001), p.4 を参照。12の階乗は、479,001,600。

むすび(第1部)

　第1部は本書で構想された3つの研究のうち、第1のポジションを占める。その主眼は文献研究である。ここでは、本書の研究テーマの先行研究を、大きく2つのキーワードに分けて概観した。1つは「動機づけ」である。もう1つは「ナラティヴ＝物語」である。前者については第1章で論じ、後者については第2章と第3章の2つの章を設けた。それは「物語」を基礎と応用に分節して議論するためである。第2章で我々は近代物語論の源流を辿り、第3章では物語論的アプローチに定位する近年の研究を概観した。

　動機づけ研究に関する先行研究のレヴューは、Deci (1975) の導きに従うところから出発した。そこで、本書が動機づけ研究において生命論的アプローチを採用するための道筋が明らかとなった。Deci の分類によると、動機づけ研究は、機械論的アプローチから有機論的アプローチへと進展した。人間を機械と捉える視点から、有機体と捉える視点へ移行したということである。現代の動機づけ研究および実践の理論的基底をなすのは有機論的アプローチに基づく諸理論である。いくつかの基礎的な理論はビジネスの現場で実践的に活用されていることも確認した。

　また動機づけ研究は心理学の歩みとともに発展してきた。学習心理学では、行動主義に続いて、認知主義が、そして近年は状況主義が台頭しはじめた。その意味で、有機論的アプローチの次には、状況論的アプローチが構想されてもおかしくはない。しかし本書はその状況論的アプローチをも包摂する方法論として生命論的アプローチを提唱する。ここに、これまでの諸研究と定位する視座が異なることが明確にされた。

　さらに本書は、有機論的アプローチから生命論的アプローチへ踏み込むための触媒として物語論的アプローチを用いることを企図した。そのため、まず Adam (1984 (1999)) のガイドのもと、物語論の主要理論がその源流から議論された。それらの理論は、文学、言語学の領域から出発するが、現在様々な分野への影響が確認されている。物語をめぐる基礎的研究としては、ほかに時間問題のアポリアに対して物語論を基底に哲学的な考察を試みた Ricoeur (1983, 1984, 1985) の研究が議論された。また物語大国としての日本

における物語研究についても比較的新しい成果をレヴューした。これらの先行研究は第2部以降での議論において適宜、主題、副題として顕現することになる。

　次に視線は物語をめぐる応用研究へ向けられた。つまり物語論的（ナラティヴ）アプローチを採用した諸研究である。ここでは近年注目を集めているナラティヴ・セラピーにはじまり、教育学、心理学、社会学等の分野での適用例が紹介された。特に本書の主要舞台である経営組織における物語論的アプローチの諸研究に関しては、欧米の比較的新しい文献が精査された。ここで、物語論的アプローチの有効性は十分に主張されたであろう。

　確かに物語論は、人間を機械や有機体と捉える方法論とは異なる。それゆえ、機械論から有機論へと続く系譜には直接接続しないが、物語論は社会的相互作用に留意する点で状況論とは親和的であり、近年学習心理学においても注目されている。また物語論は、Recoeur により提唱された「物語的自己同一性」という概念が示すとおり、人間を機械や有機体というような空間内での運動主体と把捉する観点とは異なり、人間を時間とともに生成する主体として理解する観点を我々に提供した。この点において、物語論が有機論から生命論への道筋における触媒作用を発揮する可能性が示された。

　そして本書は物語論に留まらない。第1部第3章の最終節で、第2部以降において生命論的アプローチへ辿り着くために、物語論の主要概念である「ナラティヴ＝物語」以前の「語り」という言語行為を照射した。この「語り」の概念は、Boje (2001) の提唱する"Antenarrative"とほぼ同義であるとされ、Boje の提案は本書の主要概念の先行研究としての役割と同時に、第1部と第2部の接合点の役割も担っている。第2部以降で「語り」は"Antenarrative"の主意を包含した概念として議論される。この点において、本書が物語論的アプローチを採用する諸研究とも異なる位相にあることが担保される。

　しかしながら、第1部の3つの章で概観された諸研究は、単に本書の主張の独自性を引き立てるためだけに存立するのではない。あらゆる研究が先行研究のうえに成立するのと同様、本書もまたここまで論じてきた諸研究を基盤として形成される。第1部で俎上に上がった諸研究は本書より先行しているゆえに、「過去」を含意する。しかしそれは単に過ぎ去った存在ではなく、本書の主張の根拠として存立する。

　また、3つの章で議論された先賢たちによる理論や方法論は、第2部以降で、幾度となく想起され、その都度、本書の先行者、同行者、対話者、そし

て媒介者として執拗に登場する。そしてそこでは意味の再構成が行われるであろう。それゆえ、第1部での議論は単なる先行研究のレヴューに留まるものではない。第1部は、第2部と第3部の議論を活性化し、昇華させるための装置の役割をも担っている。まさにこれから行われる議論の背景であると同時に対話的な論拠をも形成しているのである。そしてこのむすびは、単にまとめとして存在するのではなく、第2部への接合が含意されている。

第2部　物の語(ものかたり)と物の理(ものことわり)

はじめに（第2部）

　第2部は、本書を構成する3つの研究の2つ目に位置する。その役割は理論研究である。本書は動機づけ研究における生命論的アプローチを主唱する。それゆえここでは、そのための理論的基盤について議論する。理論的枠組みの中心となるのは、郡司 (2002, 2003, 2004, 2006a, 2006b) の生命理論である。これは郡司が提唱する新しい科学方法論としての観測志向型理論に定位して構築された理論である。

　郡司によると、従来の科学方法論は、観測対象を研究者の観測行為から切り離して状態として確定できるとの立場に立つ状態志向型理論である。ここでの研究者は観測対象の外側に立つ外部観測者である。それに対して観測志向型理論では、観測対象は観測行為から切り離せないと主張する。そこでの観測行為は内部観測と呼ばれる。内部観測は生成する存在としての世界内に徹底して内在した視点である。

　状態志向型理論では時間は測度とされ、現象は空間内での運動・変化として理解される。しかし観測志向型理論において時間は生成する生命そのものとして把捉される。そして生命としての世界の中に存在する内部観測者は決して現象を外部から観測することはできない。外部観測者が実は対象の外部に立つ観照者・記述者であるのに対して、内部観測者は対象と不可分の行為者である。まさにこの観測過程が生成＝時間なのである。

　この郡司の生命理論を基底とする研究方法を、本書では生命論的アプローチと呼ぶ。そして本書の狙いは、この生命論的アプローチを動機づけ研究へ適用することである。その際、本書では「語り」という概念に注目する。これは第1部で議論された「ナラティヴ＝物語」とは異なる。第2部では、まずこの点についての議論から出発する。第1部で議論の中心に座していた「物語」は、ここでは「物（もの）」と「語（かたり）」に分解され、概念としての精緻化が図られる。またそれらは生命理論へアクセスすると同時に現場へ適用するための概念装置として定式化される。そして生命理論の諸概念は、「生」の現場で適用されるために、「語り」という言語行為を基底とした道具概念へ転換される。こうした議論を踏まえ、最後に生命論的アプローチ

における「動機」の概念が明らかにされる。

第4章「ものとかたりの温故学」では、折口信夫の古代研究を契機に「物語」とは一線を画す、本書における最重要概念の1つである「かたり→語り」についての考察を展開する。まず第1節では、分解された「もの」と「かたり」の概念を精緻化する。第2節では、哲学者・坂部恵(1989、1990)の「かたり」という言語行為に関する考察を踏まえ、「もの」と「かたり」を再度接合した「ものかたり」という新しい概念のもとで、その基本構造を明らかにする。第3節では、「ものかたり」の基本構造における主体性の問題について、Michel Foucault (1972, 1975, 1976)の権力関係理論を援用して論じ、また「ものかたり」的「いま・ここ」という時間概念に言及する。最後にメタレベルでの「もの」と「かたり」と日常レベルでの「語り」という概念が顕現する。

第5章「基底としての生命理論」では、第1節から第3節まで、郡司(2002, 2003, 2004, 2006a, 2006b)の生命理論が徹底的に議論される。第1節では、『生命理論』第1部「生成する生命」について論述する。ここでは主に生命理論における主要概念である「内部観測(者)」および「生成の3つの様相を理解するための概念装置(原生理論、原生計算、原生実験)」について論じる。第2節では、『生命理論』第2部「私の意識とは何か」の解読を試みる。特に3つの概念装置の中心となる「原生計算」およびその計算過程である「観測過程」、そして生命理論において意識とされる「局所的意味論」について述べる。第3節では、「観測志向型理論」を状態志向型理論との対比のもとで論じ、最後に生命と意識の解読にとって核心的な役割を演じると郡司が主張する「マテリアル」概念について論じる。

第6章「『語り』に潜在する動機」では、第2部で最も重要な議論が行なわれる。ここでの議論においてはじめて第2部のタイトル「物の語と物の理」の含意が明らかとなる。前者は生命理論に基づく生命論的世界を、後者は物理学に基づく機械論的世界を描像するメタファーとして用いられる。第1節ではまさにこの「物の理」との対比のもと「ものかたり」の諸概念で生命理論へアクセスし、生命理論の諸概念を読み替える作業が行われる。

第2節では、第1節で生命理論を読み解くためにアクセス概念として用いられた「ものかたり」の諸概念を、今度は日常の現場へ適用するための道具概念へと転換していく。その際、「語り」概念は、生命理論における生成の3つの様相に応じて分節される。第3節では、第1部からの議論が収斂され、

生命理論を基底とする新しい「動機」概念が提示される。その際、この動機概念は従来の動機概念とは異なる、新しい概念として顕現しているであろう。

第4章　ものとかたりの温故学

本章では、現場理論構築のためのメタ理論（概念装置）の定式化を試みる。まずは本書の基底に一貫して鍵概念の1つとして屹立している「ナラティヴ＝物語」概念の再考からはじめる。その際、物語を「物→もの」と「語り→かたり」に分解して議論を進める。なぜ「もの」と「かたり」の2つの概念に分けるのか。それは「物語」の類義語が多いことも一因である。「ナラティヴ」「ストーリー」「ストーリーテリング」等がその例である。それは専門用語としては問題であり、その点を整理する意図もあるが、それ以上に本書で構築を目指す理論における用語の区分に関わる。

第3章で述べたように、本書では"Narrative"のほかに"Antenarrative"という概念を用いる。前者はこれまでどおり慣例に従い本書でも「物語」を訳語として充てる。後者には敢えて"ante"の部分を訳出することなく、「語り」と鍵括弧つきの語りという訳語を充てることとする。用語を明確に使い分けることで、本書では概念の混同を回避する。

まず第1節で、概念装置の定式化の方法について論じる。その方法論を温故学と名づける。Friedrich W. Nietzsche (1887) の系譜学を参考に古典文学研究、古代研究にまで遡って議論を行う。まず、「もの」と「かたり」の概念に関して、折口信夫 (1995a, 1995b, 1995c, 1995d, 1995e, 1996, 1998, 1999) の諸研究を手がかりに原初的な意味を訪ねる。「もの」については、和辻哲郎の考察を、「かたり」については坂部恵の論考を援用しながら、概念の精緻化を図る。

第2節では、坂部恵 (1989, 1990) の研究をベースに「かたり」をめぐる主体性と時間性に関する議論からはじめる。それを踏まえ、再度折口の研究を基に「ものかたり」（物語ではない）の基本的な構造を明らかにする。その際、語り手が「もの」について語るだけでなく、語り手が「もの」によって語らされる構造を炙り出す。

第3節では、まず「ものかたり」の基本構造における主体性の関係を、Foucaultの「規律・訓練」の概念を用いて論じる。次に時間性の問題としての「ものかたり」的「いま・ここ」の概念について、Ricoeurの考察を手が

かりに議論する。最後に、Bakhtin の対話理論を援用しながら、ナラティヴ＝物語と Boje (2001) が提唱する "Antenarrative" との違いを明確にするとともに、メタレベルでの「もの」と「かたり」と、日常レベルでの「語り」という概念の区分について提唱する。

第 1 節　物語の脱構築

接続か分離か

　新しい概念を生み出したり外国語から輸入したりする際、しばしば 2 つ以上の既存の単語を接続したり接頭辞を付けたりすることで新たな意味づけを実現してきた。日本では明治以降、西洋の文化・文明を輸入する際に漢語を組み合せることで、それまでの漢字文化圏では把捉されていなかった概念を受容してきた。哲学、経済、社会など和製漢語がその例である。これは日本だけでなく、欧米でも同様である[1]。特に接頭辞をつけるケースが多いようである。本書でもすでに幾度か登場した「構造主義」に対する「ポスト構造主義」や「モダニズム」に対する「ポストモダニズム」などがその例であろう。

　Boje (2001) の "Antenarrative" も同様に接頭辞をつけての造語である。意味的に "post" とは反対になる "ante" を持ってきている。"ante" は語源的に「前」という意味であるが、Boje の狙いはもう 1 つあった。"ante" は、ポーカーの用語で「札を取らぬうちに自分の手を見て出す賭け金」の意味があり、彼はこれに掛けて "bet (賭け)" という意味を持たせて使用する。これに対して、「ポスト」構造主義のように「アンテ」あるいは「前」を「物語」の前につけて「アンテ物語」や「前物語」と訳出して、または「アンテナラティヴ」とカタカナ表記にすることで、Boje の意図が十分に伝わるであろうか。

　"Antenarrative" に関しては既に第 3 章で論じたように、それは伝統的なナラティヴがナラトロジーの理論に従い筋 (プロット) を持ち、また登場人物を含め首尾一貫性を備えたものであるのに対して、断片的で、曲りくねり、矛盾し、寄せ集め的で、筋立てのない、物語を構成する以前の賭けのような思惑のことである[2]。Boje は "Narrative" が含意するものとは異なる新しい (実は古くからある) 概念を表現するためにこの造語を提案した。ところが、日本語の「物語」の場合、明治以降に作られた和製漢語ではない。"Narrative" の訳語として作られた単語ではないのである。

この点に注意を払うと、違った様相が浮かび上がる。「物語」とは、元来2つの異なった単語から構成されている。いずれも漢語ではなく和語である。ここで我々は安易に接続による意味付与を行うのではなく、分離による意味の再発見・再構成というプロセスを歩んでみよう。「物語」を2つに分解すると、「物（もの）」と「語（かたり）」になる。詳しい議論はのちに行うとして、結論を先に述べると、Boje の提唱する"Antenarrative"は日本語では「語り」である、というのが本書の主張である。物語以前の、物語を構成する以前の「語り」。まさに Boje の意図する概念である。

本章では、「物語」を分解して得られた「物（もの）」と「語（かたり）」という2つの概念について論じる。これらを明確に把握することで、次章で論じる郡司の生命理論の理解が容易になるはずである。

方法としての温故学

この章では、研究方法としてフランスの哲学者 Foucault が独自の歴史研究の手法を切り拓くきっかけとなった Nietzsche (1887) の系譜学および Nietzsche が若くして研究者となった古典文献学の方法論に依拠する。Nietzsche (1872) の処女作『悲劇の誕生』は、ワーグナーの楽劇をギリシア悲劇の系譜において論じ、古代ギリシア劇の価値を復活させたことで、「温故知新（古い物事を究めて、新しい見解をひらくこと）の典型的な実例」[3]として評価されている。

Foucault (1966) は自らの方法を「人文科学の考古学」[4]と名づけた。本書では「物語」に関して古典文学研究、古代研究まで遡る。まさに「古きを温め新しきを知る」の姿勢である。それゆえここでは、敢えて「温故学」と呼ぶこととした。

勿論、筆者が直接古典文献を分析するわけではない。ここでは国文学者・折口信夫の諸研究の成果を辿ることとする。折口の研究は国文学や古代研究が中心で一般的には社会科学系の研究とは縁が薄い。しかしここまで本書で論じてきたように、現在、科学の領域を問わず人文科学系の物語論の諸理論が再評価されてきている。日本では欧米の研究者が神話を研究すると盲目的に追従する傾向があるのに対し、日本人による研究には顔を顰める研究者が多くみうけられるが、それはおそらく明治以降日本の伝統的なものは西洋の文明に比べ劣っているとするコンプレックスの名残であろう。研究はその内容で正当に評価すべきである。

「かたり」[5]という言語行為[6]を哲学的に考察する哲学者の坂部恵(1989, 1990)は、折口の研究方法を次のように評価している。

「たんに伝説の原始様式を、今日のことばでいえば〈構造主義〉的に理解敷衍するだけでなく、──むしろ、ガダマーが復権したプロテスタント古解釈学の理解(intellectio)─説明・敷衍(explicatio)─適用(applicatio)の三段階の最後の〈適用〉に相当する手つづきとして──その本来の形においては半ば見失われた伝統の、〈かたり〉直しによる再活性化をはかった。ここには、そのようにいったほうがわかりやすいひとのためにいえば、〈構造主義〉を超えてそのもうひとつ先を志向する、〈ポスト構造主義〉的な解釈学の構想力に通じる姿勢があきらかに見てとれるのである」[7]。

また坂部は折口の方法論と、西洋哲学の源流の1人でありかつ物語論の始祖とも呼べるアリストテレスの理論との類似性も指摘している[8]。Ricoeurがアリストテレスの詩学とアウグスティヌスの時間論をベースに独自の時間論・物語論を展開することは受容できても、折口の古代研究を参照することに抵抗があるとすれば、それは単なる食わず嫌いであろう。以下本章では折口と坂部(1989, 1990)の研究を基底に議論することとする。その際、彼らの研究成果に対する疑義が生じたとすれば、それはすべて筆者の責任である。

物語解体準備

「物語」を「物(もの)」と「語(かたり)」に脱構築して議論を進める前に、日本語としての語源を確認しておこう。まず現代語の辞書である『広辞苑(第三版)』によると、「物語」とは「①話し語ること。また、その内容」「②作者の見解または想像を基礎とし、人物・事件について叙述した散文の文学作品」[9]ということである。しかし「物語」は日本で古くから使われてきた言葉である。因みに岩波古語辞典によると、「物語」とは「①四方山(よもやま)ばなし。雑談。②乳児の、まだ言葉にならない声。③物語の草子」[10]とあり、動詞として「話をする」となる。

またここで先に引用したPrince(1987)の物語の定義を再度引用しておこう。今後の議論の理解の一助となるであろう。

「物語とは、一・二名あるいは数名の(多少なりとも顕在的な)**語り手**(narrator)によって、一・二名あるいは数名の(多少なりとも顕在的な)**聞き手**(narratee)に伝えられる一ないしそれ以上の現実の、あるいは、虚構の事象(event)の報告(所産と過程、物象と行為、構造と構造化としての)をい

う」[11]

　既に確認したことだが、まず物語には語り手と聞き手が介在すること、つまり社会的事象であること、次にそれは事象の所産と過程であることと定義されている。

　Prince (1987) は、『物語論辞典』を編纂するにあたり、アリストテレスにはじまり、言語学者、心理学者、歴史学者、あるいは人工知能研究者による物語をめぐるかなり広範な領域を探索し、相当数の物語作家と作品も研究している。しかし残念なことに、日本語に関するものは、黒澤明監督による「羅生門」(映画)のみであった。それは、日本語を特に専攻したことのない欧米の研究者にしてみると、至極当然のことといえる。しかし日本語を操れる研究者としては「もの」と「かたり」の概念まで議論を進めたいと考える。ここまでの議論を踏まえたうえで、次項より折口の研究へ進むこととする。

「もの」の概念

　温故学の成果として、1つ、明治から昭和にかけての国文学者・折口信夫 (1995a, 1995b, 1995c, 1995d, 1995e, 1996, 1998, 1999) との出会いが挙げられる。折口の諸研究をレビューすることで、ナラティブ、ストーリー、あるいは物語は、一旦「もの」+「かたり」という 2 つの概念に分解して議論する必要があることに到達した。折口の業績を訪ねることなく、日本語を用いての「物語論」は語れないように思われる。ここからはしばらく折口の古代研究の成果をベースに隣接する研究者の知見および本書独自の考察も織り込みながら議論を進めよう。

　折口 (1995e) によると、「ものとは、霊の義である。霊界の存在が、人の口に託して、かたるが故に、ものがたりなのだ」[12] ということである。この短い一文には「もの」と「かたり」、そして「ものがたり」の原義が端的に表現されている。同時にこの文は、それらの持つ構造とはたらきについても多くのことを示唆している。

　「物語」の「もの」というと、一般には漢字の「物」のイメージが強く、物質的なもの、あるいは「書物」の「物」として受け止められやすいのではないだろうか。しかし源流を辿ると、「もの」とは抽象的な概念であった。古代日本の信仰においては、4 つの重要な概念があったという。「かみ (神)」「おに (鬼)」「たま (魂)」、そして「もの」[13] である。

　「おに (鬼)」は怖いもので、「かみ (神)」はもっと畏しいものとして考えら

れ、抽象的な概念ではなかったようだ。「かみ(神)」は、古くから信仰の対象であった常世神(海の彼方からくるもの)から階級の低い土地の精霊まで様々である。「おに(鬼)」も元来は常世神の変態であったようだが、少しずつ変化し、特に「鬼」という漢字が当てられてから、「意味も固定して、人の死んだものが鬼である」[14]と考えられるようになったという。

漢字が当てられ意味が変わってきたのは「かみ」も同様である。元々は「たま」と表現できるものであったらしい。それが「神」という字に翻訳されて、「たま」から分離していった。古い信仰では、「たま」は抽象的なもので、時折姿を現すものと考えられていたようである。岩波古語辞典によると、「たま」とは「最も古くは物の精霊を意味し、人間の生活を見守りたすける働きを持つ」[15]ものである。それが「かみ」となり、「もの」と捉えられるようになった。

つまり、「かみ」と「もの」は「たま」が分化したものであり、それぞれ善悪の役割を担うようになったらしい。「もの」は平安朝になって勢力を持つ概念らしいが、王朝文学の中で「もののけ(物の怪)」として頻繁に登場することでもそのニュアンスは理解できよう。当時は秩序世界を脅かす非日常の「もの(霊物)」に対して現代では想像もつかないほどのリアリティを持っていたという[16]。この世界の向こう側にある別の世界が抑圧されながらも無言の威圧を与え続けていた。当時の人々は、いつ境外から「もの」が侵入してきて、こちら側と異界が反転するかもしれないという恐怖が高い現実性を備えた日常を生きていたというのである。

さて「たま」である。これは元来「魂」と書くが、これもいつしか抽象性を失い、「玉」となる。岩波古語辞典によると、「魂」と「玉」は同根である。これについては、「たま」の成長信仰から説明していかねばなるまい。古代「たま」は、木や竹、あるいは石の中に入って成長すると考えられていた。それゆえ石、つまり「玉」は「魂」のシンボルであったのである。また「たましい」という言葉があるが、これは元々は古語辞典にもある「たま」の「はたらき」の部分を意味していた。それが時が経つに連れ、「たま」は「玉」となり、「たましい」は「たま」の抽象的な部分を受け継ぎ、「霊魂」の意味の「魂(たましい)」となったのである。

ここまでを整理すると、「おに」は「かみ」の変態であったが、「鬼」という文字とともに、お祭りに登場する「怪物」となった。「かみ」は「たま」の善の部分を受け継ぐが、次第にこれもまた「神」という文字とともに、常

世神（海の彼方からくるもの）や異人（まれびと）として具象化してくる（「かみ」はのちにまた抽象概念としても考えられるようになる）。そして「たま」は「玉」となる。

　こう見てくると、折口（1995c）が「もの<u>は、極抽象的で、姿は考へないのが普通であった</u>」[17]というように、その抽象性を現在まで保ち続けている概念は「もの」のみといえるであろう。

　しかし「もの」も「物」と漢字を当てると、何らかの物質的なイメージを持つ。事実、「品物」の「モノ」や「物産」の「ブツ」は、物象化された固体を意味する。また「物事（モノゴト）」というと、特定の事象化された個々の出来事を総称する意味も持つ。そして「美しいもの」「悲しいもの」などと使うと、抽象的な概念を表現することができる。

　岩波古語辞典によると、「もの」とは、「形があって手に触れることのできる物体をはじめとして、広く出来事一般まで、人間が対象として感知・認識しうるものすべて」[18]ということになる。「おに」「かみ」「たま」がそれぞれ時代とともに具象化していったのに対して、「もの」は本来の抽象性を保ったまま、事象的、物象的なものにも対応する日本語を母国語にする者にとって、日常生活から哲学的思考に至るまで欠かすことのできない重要概念として存続してきたといえるのである。

　この「もの」に関しては、折口と同時代の哲学者・和辻哲郎（1992）の定義が参考になる。少し長いが引用しよう。

　「『もの』は物象であると心的状態であるとを問わず、常に『或るもの』である。美しきものとはこの一般的な『もの』が美しきという限定を受けているにほかならない。かくのごとく『もの』は意味と物とのすべてを含んだ一般的な、限定せられざる『もの』である。限定せられた何ものでもないとともに、また限定せられたもののすべてである。究竟の Es であるとともに Alles である」[19]。

　ここに出てくる Es と Alles はドイツ語で、それぞれ「それ」と「すべて」という意味である。古語辞典による原義を参考に、折口が示した古代日本人の「もの」に対する感覚の迷信的な部分を削ぎ落とすと、まさに「もの」とはこのような感じのものではなかろうか。そしてこれは次章で論じる郡司の生命理論における「潜在性」や「弱い全体」、あるいは「マテリアル」の概念に通じるものであり、それを理解する概念装置となりうるものである。ここで議論を「かたり」との関連で進めるために、本書では「もの」を次のよ

うに定義することとする。

「ものとは、他とは違う特定の何か（それ）であるものすべてであり、また同時にまだ何かといえるものに定まっていないものすべてである」。

そして、このまだ何ものにも定まっていないものを特定の何かにするのに必要なのが「かたり」の作用なのではないだろうか。次に「かたり」について見てみることにしよう。

「かたり」の概念

「かたる」に近い日本語で「はなす」という言葉があるが、折口（1996）によると、「はなす」は茶が流行る少し前辺り（15, 16 世紀頃）から使われだしたようである[20]。それに対し、まさに「ものがたり」というように、「かたる」の用例は古く、そもそも呪詞から分化した叙事詩の詞章を謡う言語行為が「かたる」であったという[21]。そして叙事詩の古名が「ものがたり」だったのである[22]。因みに抒情詩に対しては「うたふ」という動詞を用い、この使い分けは後々の文芸にまで受け継がれている[23]。

さて、もうしばらく折口の足跡を辿ることにしよう[24]。「かたる」は再活用していう「かたらふ」とほぼ同様の意味を持っていた。つまり「かたる」という言語行為は、そのままで「聴者を誘引訓化する」ことになるというのだ。「かたられる」詞章の威力が相手の魂を詞章の内容に感染させることになるのである。この「感染させる」「感化させる」というのが第一義ではあるが、用語例としては、多少皮肉味を帯びたものや悪徳的傾向を示すものもあったという。

「口承文学と文書文学と」[25] の中で一例として、「法然にかたらはれまつりて……」という文を挙げている。これは複数の解釈が可能だったという。つまり、「法然にだまされ申して」「法然から、仲間にひきこまれ申して」「法然からさそひこまれ申して」などである。第一義の「感染させる」「感化させる」から発生した用語例である。

この例からもわかるように「かたる」は、単に「言う」「談話する」という意味ではなく、「相談する」「加盟させる」などの意味を含んでいる。しかし、このように「人の耳に意思を以てして、容れることを言ふ事」[26] よりも、さらに原義的なはたらきがあるという。それは、「ある連続を持った言語が、対者の魂に働きかけて、ある変化を惹き起す事」[27] であった。つまり、そのような結果を予想したうえで言いかけられた時、その魂は言語の媒介によっ

て発信者の意思に感染するというのである。

　それゆえ「かたる」「かたらふ」は、原義のほかに「かぶれさす」「だきこむ」「たらす」「たぶらかす」「詐欺する」など、現在「騙る」の漢字で示される意味を持ったのであろう。例えば、手元にある広辞苑(第三版)を引いてみると、「語る」と「騙る」は別項で扱われている。現代人の幾人かは、単に同音異義語であると捉えるかもしれない。だとすると、これは先に紹介した「おに」や「かみ」の例と同様に、漢字を当てられたことによる意味の固定化や限定化の結果ということができよう。これは第2章で議論した兵藤(2002)の語り物と物語の関係に通じる。因みに岩波古語辞典では、「騙る」に代表される意味は、「語る」(古語辞典での見出しは「語り」)の項で扱われている。

　さらに折口は、古い歴史とともに使われてきた言葉である「かたる」は、ある目的を持って用いられていたという。まず、帰順させねばならない精霊や荒神に対して発せられたと考えられる。それが徐々に社会の秩序を整える手段と考えられるようになり、次いで社会的知識を授与する唯一の方法と考えられるようになったのである。

　古代時代にすでに物語の伝承を主な職務とする「語部」[28]という職業集団が存在し、子弟の教育を担っていた。物語を語り聞かせ、相手の心の中に、魂をふり、その魂を変化させると考えられた。これを感染教育と呼ぶ。これが平安時代になると、男女ともにいた語部の仕事は女房に継承され、女房たち自らが物語を作るようになり、源氏物語に代表される王朝文学が隆盛を極めるようになるのである。これについては既に深沢(2002)の研究でも確認した。

　さて、折口の研究成果により「かたる」という言語行為が持つ原義的なはたらきはよく見えてきたが、ここで語源と辞書的な意味を確認しておこう。

　広辞苑(第三版)によると、「かたる(語る)」は、「カタはカタドルのカタと同源。出来事を模写して、その一部始終を聞かせるの原義」とあり、主要な意味内容は「①事柄や考えを言葉で順序だてて相手に伝える。②筋のある一連の話をする。(…)⑥(物事の状態や成行きなどが)内部事情や意味などをおのずからに示す」[29]とある。

　ここまでで、「かたり(かたる)」という言語行為が、「いう」や「はなす」など、他の日本語の言語行為に比べ特殊であるとともに非常に有意な役割を担ってきたことがわかってきた。さらにここで「かたり(かたる)」という言

語行為に対して哲学的考察を加えた哲学者・坂部恵（1989, 1990）の言葉に耳を傾けたいと思う。

「かたり」という言語行為

坂部（1989）は、『ペルソナの詩学』において「かたり」に関して論考を行っている。「かたり」が「ことば」と密接な関係にあることから議論をはじめる。「ことば」は「かたり」にとって不可欠の手段であるが、「かたり」があってはじめて「ことば」は組織化され、具体的な場面で使われる。まず「かたり」は言語行為（speech act, parole）であり、ノエシス的側面と不可分である。次に「かたり」は複数の文からなる比較的長い、筋のあるまとまりを持った言語行為（discourse, narrative, narration）であるという。

また「はなし」という言語行為との対比において「かたり」という言語行為の特徴を示している。「はなす」は「離す」あるいは「端―成す」として原初的に分節または差異に関わるが、「かたる」は「形―る」「かたどる」を意味し、分節化あるいは差異化されたものを「形」に向けてとりまとめ、統合するはたらきを持つという。

さらに坂部（1989）は、Kant（1787）が『純粋理性批判』で提示している「純粋悟性概念の超越論的演繹」における三段階の綜合を引き合いに出し、「はなす」と「かたる」の対比を行う。「はなす」は「直観における把握」に、「かたる」は「構想における再生産の綜合」および「概念における再確認の綜合」に対応するとしている。慎重な姿勢を保ち、この対比はあくまでも比喩レベルであることをことわりながら、「かたる」行為が「形（ビルド）」の構成能力としての構想力と密接に関係し、また再生産、再確認などの再の語が持つ屈折、反省、反復といった要素を構成成分として含むことを強調するのである。

ここまでの「かたり」に関する折口および坂部の議論、さらに前項で論述した「もの」の概念との関係を考慮して、本書ではまず「かたり」を次のように定義することとしよう。

「かたりとは、まだ何ものにもなっていないものを、何ものかにすることばのはたらきである」。

この定義を基に、「もの」の概念との関係図を表すと、図4–1のようになる。

この定義はシンプルで「かたり」という言語行為の作用面を端的に捉えて

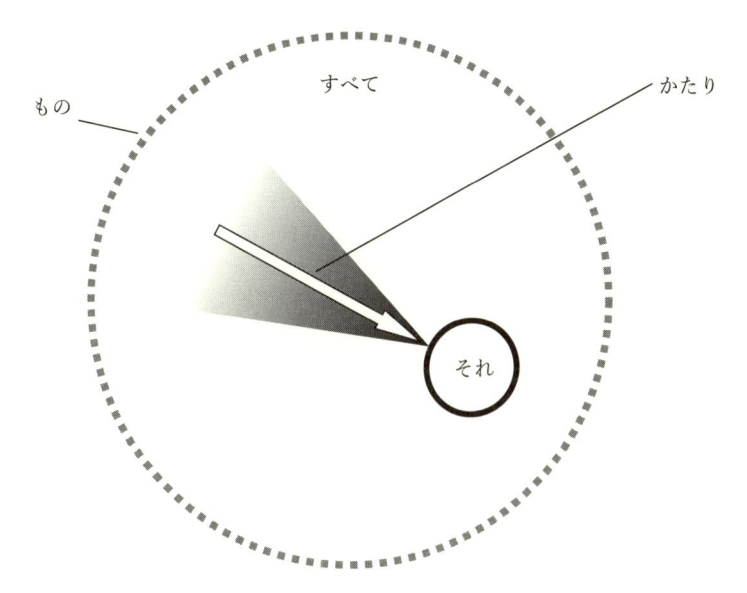

「かたり」の作用で何ものでもなかった「もの」が何ものかである「それ」に定まる「もの」と「かたり」の関係のイメージ。

図 4-1　ものとかたりの関係概念図

いるといえそうであるが、これだけでは、「かたり」の全容を把捉したということはできまい。「かたり」という言語行為の構造的側面も照射する必要があろう。次に坂部が「かたり」について行ったさらなる考察を見てみることにする。

第2節　「ものかたり」の基本構造

「かたり」の主体性・時間性

　坂部 (1990) は、『かたり』というタイトルの書を著し、「かたり」という言語行為について引き続き深化した論考を行った。そこで坂部は、折口の研究姿勢と方法を評価することから議論をはじめた。坂部によると、折口の研究姿勢は、近代科学の客観主義・実証主義の影響下にある科学的な歴史学とは対照的に、歴史についての「かたり」に、「かたり」という言語行為の持つ「行為遂行的な力」[30]を取り戻させようとするものであった。折口自身が「伝説の研究の表現形式として、小説の形を使うて見た」[31]と述べているが、

坂部は、この折口の姿勢がアリストテレスの歴史と詩における真実性の対比論に通じることを指摘している。この点について紫式部も同様の主張をしていることは既に述べたが、アリストテレスはさらに『詩学』の中で、歴史よりも詩の方が哲学的で学問的であるとの主張を明言している[32]。

坂部 (1990) によると、「わたしどもは、伝説をすなほに延ばして行く話し方を心得て」[33]いるとする折口の研究は、口頭伝承の担い手としての中世室町時代の無名の民衆における構想力に注目し、そこでの「かたり」を現代に復活させることを目指していたものである。それゆえ坂部はここに、先に引用したとおり、「〈構造主義〉を超えてそのもうひとつ先を志向する、〈ポスト構造主義〉的な解釈学の構想力に通じる姿勢があきらかに見てとれる」[34]と主張するのである。折口は中世の民衆の構想力における「かたり」から出て「かたり」に行き着く「かたり」の回路を小説または劇という形で歴史叙述の方法に用いることで、「理解—展開・説明—適用」という解釈学的循環の回路を、現在の「かたり」の場に一気に開こうとしたのではないか、と坂部は論じる。このように坂部は、折口が研究対象である「かたり」を研究の表現形式として用いたことについて積極的に評価するところから「かたり」という言語行為に関する考察をはじめるのである。

坂部 (1990) は、近年言語を単に事実を記述または描写するための道具とする考え方[35]が少しずつ見直され、「かたり」という人間の言語行為に対して関心が高まり、多くの研究が行なわれるようになってきたが、一方でこうした問題を考えるのに必要な概念装置の開発はまだ十分にはなされていないと指摘する。

その理由は3つあるが、まず「行為遂行的」な使用に関する研究はかなり進展しているが、その多くが1つまたは複数のセンテンスからなる会話等の言語行為の分析に留まっており、「かたり」という筋を持った大きな単位の言語行為に関する研究はまだ十分には進んでいない状況であることを挙げる。第2章で論じた Ricoeur (1983, 1984, 1985) の『時間と物語』はそうした分野での先駆的な研究であるという。

2つ目の理由として、「かたり」という言語行為が秘めている「主体性」の問題を挙げる。坂部は、「〈かたり〉というような大きな言語行為の考察にあたっては、送り手、受け手をともに含めたその〈主体〉は、当然のこととして、個人のレベルをはなれて、より大きな共同体の〈相互主体性〉のレベルにまで、さらにときには神話的想像力の遠い記憶の世界にまでおよぶ下意

識あるいはいわゆる集合的無意識のレベルにまで拡大深化されることがほとんどで不可欠の前提となる」[36]と論じ、この領域は幾多の努力にもかかわらず、現代哲学において未開拓であると繋げている。この主体性の問題については、「もの」の概念とともに、本章第3節で再度論じることとする。

　3つ目の理由は、「時間」の問題である。Ricoeur同様にやはりこの問題は避けては通れないということであろう。この点に関しても本書では、のちに生命理論を基底に議論する。

　坂部(1990)は、「はなし」という言語行為との対比のもとで、「かたり」の特質を明らかにしていくが、その際日本語を分析の手がかりにすることに対して、日本語の独自性に拘るのではなく、「個別を通じて普遍に至るためのひとつの手だてとして日本語という通路を仮に利用する以上の意味をもつものではない」[37]と述べる。この姿勢は本書も同様である。さて、その論旨は次のとおりである。

　「かたる」と「はなす」は、単に片言隻語に留まらず、通常1つ以上の文により起承転結を持つひとまとまりの発話行為という点で共通している。しかしこの2つの言語行為は、発話行為のレベルで明らかに違いがある。「はなし」のほうは、より素朴で、直接的であり、「かたり」のほうが、より統合、反省、屈折の度合いが高く、日常生活の行為場面から隔絶、遮断の度合いが高いという。わかり易い例として、「はなしにならない」という日常表現を取り上げて説明する。「はなし」の場合、起承転結を失った、まさに「はなしにならない」という話は存在するが、「かたり」の場合は、そもそも起承転結を内包した言語行為であり、「かたりにならない」という表現自体が存在しないという。また「かたり」は、「かたるに落ちる」という表現があるように、誤り、隠蔽、欺瞞にも通じ、意識的な統合度の高いワンレベル上の言語行為であると指摘する。

　さらに、「いわれたままをはなす」ことはできる「はなし」に対して、「かたり」の一回性を強調する。これは第2章で論じた兵藤(1985、2002)の主張を擁護しかつそれに擁護される。同じ話を「かたる」にしてもそこには何らかの揺らぎや変容が現れることであろう。坂部はここに「かたり」という言語行為が「いわゆる世界における出来事の一回性というアスペクトと一種範例的・母型的な仕方でとりわけて深く関係」[38]し、かつ「既存の生活世界の場と生活形式に加えられる一種超出的な変容(…)ないしひいてはまた二重化的超出・統合の作用とこれまた深く関係する」[39]ことを見出す。

坂部によると、言語行為には「かたりあい」「はなしあい」というような平等な話者同士の相互的な「水平の言語行為」と、神仏のお告げを「つげる」という上からの行為と神仏に「いのる」という下からの行為に代表される「垂直の言語行為」がある。そしてそれぞれに二重化的超出・統合が見られるという。「語る」は「騙る」であるが、「誰某を騙る」という表現には、主体が意図的に二重化されている。これは水平の関係である。一方、物語における「語り手」と「作者」の関係や「巫女」とそれに憑依した「神仏」の関係は、同じ主体の二重化でも垂直の関係であるという。坂部は、この「かたり」の主体の位相において、共同体の共同性を見出す。「つげる」「いのる」における垂直的な二重化構造は、共同体における神話的な記憶からの共同性の創出の基盤であり、それは共同体の成員に対して生きるための行動の規範となる母型または範型を与える役割を担っていたであろうという。

また「かたり」という言語行為における二重化的超出・統合は、主体においてばかりでなく、聞き手である客体、あるいは時間など至る所で見出しうるということである。

さて、坂部 (1990) による「かたり」という言語行為における「時間」に関する議論にも少し触れておこう。「かたり」という言語行為は「むかし」という独特な時間に関係する。岩波古語辞典によると、「むかし」とはムカ(向)シ(方向)であり、「回想がそこへ向かっていく方向」[40] のことである。ここには志向性があり、過ぎ去ってしまった過去を意味する「いにしへ(来し方)」とは明らかにことなる次元の時間概念である。「いにしへ(来し方)」の対概念は、「行き先(行く末)」であり、現在の我々が一般に理解している「過去」と「未来」に近い概念であろう。それに対して「むかし」には、未来を意味する対の概念は存在しないという。「むかし」に対立する概念は「いま」である。

そして坂部によると、日本語の「いま」は、過去・現在・未来という通常の時間概念における現在時点を意味するのではなく、第 2 章で Ricoeur を通して論じたアウグスティヌスの 3 つの時間概念「過去(について)の現在」「現在(について)の現在」「未来(について)の現在」を内包する総合的な時間概念と理解すべきであるという。そして「来し方」から「行く末」までの時間の流れを包含した「いま」という時間体験の層と対立する「むかし」という時間体験の層が存立することで、時間は重層的に理解されることになる[41]（図 4–2）。

```
           ┌─────────┐
           │  むかし  │
           └────┬────┘
    ┌───────────┴──────────────┐
    │ (来し方) ── いま ── (行く末) │
    └──────────────────────────┘
```

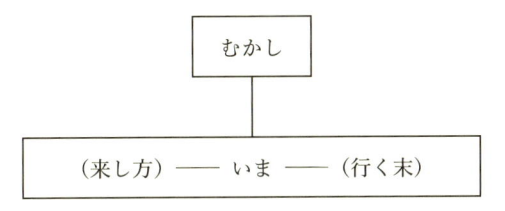

坂部(1990)、64 頁より

図 4–2　いまとむかしの関係図

　ところで「かたり」という言語行為においては二重化的超出・統合が顕在化しやすかった。この度合いは、「はなし」という言語行為よりも高いという。「はなし」の発話態度は、聞き手に「緊張」を促すのに対して、「かたり」の発話態度は、聞き手に「緊張緩和」を促す。つまり二重化的超出・統合の度合いが高まると、我々は現前の日常的な生活世界の時空から解放され、非日常的な記憶や想像の時空へと誘われるというのである。また「かたり」という言語行為に密接に関連する詩的機能も同様に聞き手を緊張緩和し、対象への関係を二重化からさらに多重化、曖昧化へと導く。これは対象への関わりに留まらず、主体としての語り手、聞き手の側においても仮面に代表されるような多重化・曖昧化が生じるというのである。

　ここまで本章では「もの」と「かたり」を分離して議論してきたが、次項では「もの」と「かたり」を再度接合して、その概念と構造を論じることとする。しかし、それは「物語」という概念ではない。物語に関しては第2章で論じた。次項では、それよりも一段メタなレベルの概念を扱う。ここまでも日常の用語としての「物」や「語り」よりも抽象度の高い概念として「もの」と「かたり」を議論してきたように、「物語」よりも抽象度の高い概念として本書では敢えて濁音を取り除き、「ものかたり」と表記することとする。メタレベルの概念と日常レベルの概念との相関に関しては本章第3節で論じる。

「ものかたり」における三項関係

　世界各地に神話と呼ばれるものがあり、ヨーロッパでは古代ギリシアおよびローマの神話が内容的に充実しているとともにヨーロッパの精神史に多大な影響を与えている。一方で先に指摘したようにヨーロッパでは聖書の影響で個人による「物語」の誕生は、14世紀まで待たねばならなかった。こう

した背景から考えると、Nietzsche（1883–85）が『ツァラトゥストラはかく語りき』を物語形式で書く意義や、それが近代以降のヨーロッパ思想に強い衝撃を与えた意味もわかるであろう。

さて、日本の場合はどうであろうか。一般に日本書紀も古事記も日本神話と呼ばれることが多い。これは古代ギリシア・ローマ神話との対比からであろう。しかし折口は、日本の信仰と文学の関係から考えて、この表現は適切ではないという。折口によると、神学を持った宗教を背景にする説話こそ神話であり、日本の民俗信仰のように、いつまでも自由であった神々の語り詞は学問的には神話とは呼べないというのである。では、何と呼ぶか。「物語」であるという。そしてそれが特に神々の歴史にのみ由来するものに限って「神語り」という「古語」で呼ぶことにしたというのである[42]。
　　　　　カミガタリ

ここで先に引用した「ものとは、霊の義である。霊界の存在が、人の口に
　　　　　　　　　　　　モノ
託して、かたるが故に、ものがたりなのだ」[43]という文と、「ものの概念」の項で確認した「かみ」と「もの」は元来「たま」であり、霊的で抽象的な概念（和辻の定義も含め）であったことを併せて考えると、「物語＝ものがたり」の基本的な構造が見えてくるであろう。これは現代の物語論における物語の基本構造の源流ともいえるであろう。

実際、「たまがたり→かみがたり→ものがたり」＝（総称として）「ものかたり」、ここでは「神語り」という現象は、どういう仕組みで、人間社会に現実の事象として生じたのであろうか。結論からいうと、現在いわゆる「神がかり」と呼ばれている現象であった。しかしここで、その語られた内容が真実の話なのか、脚色されたお話なのか、そもそも戯言ではないのか、ということを議論することは重要ではない。

大切なことは、この仕組みが、人間が神々の世界から旅立ったあとの物語世界（中世）でも、まさに教育方法として存続し、さらに現代の資本主義・民主主義世界においても十分に機能しているということであろう。否、現実には多くの人がさらにもっと無意識のうちにその仕組みの中で生きているのであろう[44]。

それゆえ、本書の狙いは、それをメタレベルで明確にし、概念装置として精緻化することであり、そこから現実社会で活用できる理論を構築し、実際に現場に適用することなのである。

さて、折口（1995c）によると[45]、天皇はいまでこそ日本国の象徴となったが、古代社会では、「天皇は、天つ神の御言を、此土地にもつて来られたお

```
      a
     / \
    /   \
   b ──→ a'
```

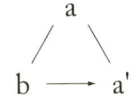

aは天つ神。a'は其御言詔持ちなる地上の神。bは介添への女性。a'に仕へねばならない尊貴族、最高位にいらっしゃる方に当るbと言ふものは、信仰的にはaの妻であるが、現実的にはa'の妻の形をとる。

折口(1995c)、403–404頁より

図 4–3　神語りの三角形

方である」[46]った。天皇が天上の御言詔(ミコト)を伝達して、人びとや魂に命令した。御言詔を伝達する間は、天つ神と一体となった。元は御言詔持ちであったが、神聖な瞬間は神でもあった。そして天つ神の御言詔どおりに実現することが祭り(政=まつりごと)であった。次第に御言詔を天皇のために下位の者が考えるようになった。また天皇は天つ神と同一になるが、別な人格でもあるため、直接神の意思を聴く者が必要であった。それが信仰上は天つ神の妻であり、現実的には天皇の妻であり、信仰上の儀礼で必要な介添への女性であり、巫女であった。この関係を図にすると図4–3のようになる。

　祭りの時もこの形が取られたという。そして巫女が神がかりの中で、呪詞を語った。これが神々に由来するものであれば、「神語り」である。そしてそこから物語は発生したのである[47]。「たまがたり(神がたり+ものがたり)＝ものかたり」→「物語」ということである。

　図4–3を本書では「神語りの三角形」と呼ぶことにする。この三角形の関係は、後の王朝時代の宮廷での教育においてもそのまま活かされる。まず天皇は神と同一格であり、神がすべての知識を附与するものと信じられていた。ゆえに人間が、まして臣下が教えることなど恐れ多くてできなかった。そこで、取られた方法が、物語を語り聞かせるという手法である。物語を語り聞かせ、魂をふり、相手の魂を変化させるというものであった。この方法は教育とは意識されていなかった[48]。ところが、この方法がのちに貴族の子弟の教育にも用いられるようになった。そしてその教育係を担当するのが元々は巫女であった女房たちで、そこから平安朝時代に物語文学が栄えだすのである。ここでは、「神語りの三角形」を手がかりに、「ものかたり」の基本構造を明らかにすることとしよう。

　「神語りの三角形」は、実は「語り」の主体性の捉え方によって二通りの

三角形を描くことができる。それを図 4–4 に示す。左図は、語り手をあくまでも人間である巫女と捉えた場合である。巫女は御言詔が天つ神から降りてきたのか、創作したのか、臣下の入れ知恵かを問わず、いずれにしろ話者＝語り手である。天皇は天つ神と同一格とはいえ、巫女が発する言葉を聞いてはじめて、その御言詔を知ったのであろう。

　右図は、天つ神が巫女に降りてきて、神がかり状態にし、巫女に語らせているとみる場合である。この場合、聞き手の天皇は、巫女に降りてきた天つ神の存在を知るとともに、それは自分自身であり、その御言詔は自分自身の言葉であることを思い出すのである（実際は、はじめて知ったことだとしても）。

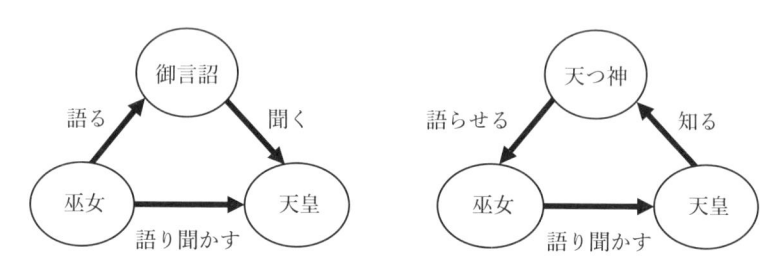

図 4–4　神語りの構造

　先に御言詔が作り事かもしれないということを書いたが、古代ではその託宣の真偽は神自身にかかっていた[49]。つまり「……と伝へてゐる、あの時に、現れた此おれだ」[50]という名のりがすべてであった。または、過去の叙事詩の詞章、つまり物語が証拠とされたのである。ここで注目しなければならないのは、自己同一性の自己証明、つまり自己準拠ということである。過去の物語を証拠とする場合も同様である。過去に自ら語ったことなのだから。第 2 章で論じた浅野（2001）は、自己物語における自己言及のパラドクスについて詳細な議論を行っていたが、そもそも物語形式はその発端から自己言及形式であったということであろう。

　さて、ここでは神がかり現象の真実性や御言詔の内容の信憑性を問題にしているのではない。ここで重要なことは、社会的事象がどのように構成されるかということの基本構造が示されているということなのである。つまり、少なくとも 2 人以上の人間が二手（語り手と聞き手）に分かれて、あることについて語り手が聞き手に語り聞かすという構図である。これだけなら、左図

だけでも十分だと考えられるかもしれないが、この構図のなかで聞き手が決定的に重要な役割を演じているのである。それは、聞き手が語られたことを承認しなければ、事象は成立しないということである。

もしも天つ神である天皇が巫女が語る御言詔を、「これは朕の言葉ではない。きつねが憑いたのだ」と宣言したとしたら、どうなるであろうか。この聞き手の主体性を考慮し、左図の「聞く」の矢印は受身にしたが、右図では「知る」を能動的に表現することとした。

さて、そろそろ宗教色を払拭して、メタレベルでの「もの」と「かたり」の構造について見てみよう。本書ではそれを「ものかたり」の基本構造と呼んでいる。くどいようであるが、それは、折口のいう「ものとは、霊の義である。霊界の存在が、人の口に託して、かたるが故に、ものがたりなのだ」[51]の「ものがたり」とも、現在も日常的に使われている「物語」とも区別するためである。メタでもっとニュートラルなイメージである。

図4-5に「ものかたり」の基本構造を示す。基本的に「御言詔＝天つ神」が「もの」に、「巫女」が「語り手」に、「天皇」が「聞き手」に置き換わっただけである。ここで左図は理解できても、右図の「もの」が語り手に語らせるという現象が理解しにくいかもしれない。神がかり現象があるないは別として、神がかりなら理屈ではわかる。また折口のいう「霊」の場合でも、神と同類と考えればよい。しかし「ものの概念」の項で定義した「他とは違う特定の何か（それ）であるものすべてであり、また同時にまだ何かといえるものに定まっていないものすべてである」「もの」が人である語り手に語らせるというのはどういうことか。これはレトリックの問題であって、「すべて」といっているのだから、全知全能の神で、万物、森羅万象のことなのだといってしまうこともできるが、もう少し現実的に考えてみることにしよう。

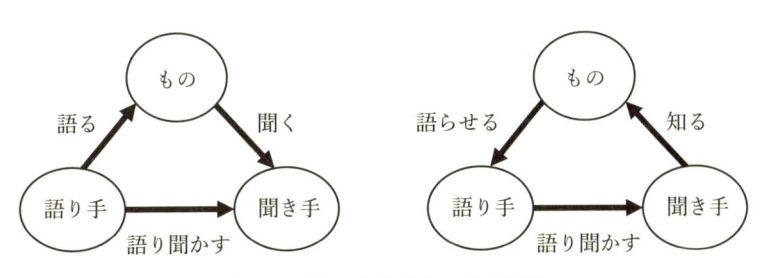

図4-5　「ものかたり」の基本構造

「もの」が語り手に語らせるという関係性は、坂部（1990）が指摘した「かたり」という言語行為における主体性の問題（より大きな共同体の相互主体性のレベルと集合的無意識のレベル）として把握すると理解しやすいかもしれない。また Foucault（1975）のいう「規律・訓練」における「主体の服従強制（客体化）」との関係で議論することで、より理解が深まるであろう。この点については次節で論じることとしよう。

第3節　メタと日常における「語り」

「ものかたり」における支配関係

　「もの」と語り手の関係を、坂部（1990）の主張する「主体性」の問題として捉えると、主体は二重化的超出・統合し、「かたり」は「垂直の言語行為」として姿を現す。ここで、主体は語り手・聞き手の個人レベルだけでなく、より大きな共同体の「相互主体性」のレベルが含意される。さらにそれは神話的な遠い記憶の世界における集合的無意識のレベルにまで関わるものと理解された。この意味では、語り手が「もの」（ここでは共同体における相互主体性のレベルでの記憶）について語ることは、語り手が「もの」について「いのる」ことであるのと同時に、「もの」が語り手を通して「つげる」ことでもある。

　また、これらはいずれが先であるとも言えないのではないか。語り手が「語り」出してはじめて、語られる「もの」は、物語の言説としても、その内容としても構成されるのではなかろうか。これは「語り」の一回性からも理解できるが、Genette（1972, 1983）が主張した「語り」と「物語言説」「物語内容」との関係性に擁護されるであろう。物語の内容でさえ、ア・プリオリに存在するのではなく、その言説同様に「語り」という言語行為によって構成されるのである。坂部が提示する「かたり」における「主体性」の問題は、神話的な集合的無意識に関わる心理学だけの主題でなく、「語り」という言語行為を研究するあらゆる学問にとっても重要な示唆を与えているといえる。

　次に、「ものかたり」の基本構造における「もの」と語り手の関係に対して、Foucault（1975）の「規律・訓練」における「主体」に関する議論からアプローチしてみよう。Foucault（1972, 1975, 1976）は、『狂気の歴史』『監獄の誕生』『知への意志』という一連の著作の中で、「まなざし」のもとで日常が

支配されることを論じている。Foucault は独特な「権力」概念から我々の日常性における「まなざし」のもとでの「支配関係」を炙り出す。

Foucault（1976）によると、「権力は至る所にある」[52]。それは、絶対的な権力者がいるからではない。権力は至る所で下から生じるものであるという。従来の権力概念は、君主に対する臣下、主人に対する奴隷、教師に対する生徒、親に対する子など一方に立法する権力があり、他方には服従する主体があるという形態[53]である。これを「法的権力モデル」[54]というが、Foucault においては、この形態は「支配」である。彼は抵抗の可能性が失われた状態を「支配」と呼び、「権力」とは厳密に区別して使用した[55]。Foucault は、権力を考える上で国家主権とか法とかの支配形態を前提としてはならないという。彼は、「権力」という言葉から、無数の力関係を想定する。それは、闘争や衝突、あるいは逆転を生みだすゲームのような状態である。つまり、「権力とは、一つの制度でもなく、一つの構造でもない、ある種の人々が持っているある種の力でもない。それは特定の社会において、錯綜した戦略的状況に与えられる名称なのである」[56]。

人間は常に権力関係の中におかれている。しかし絶対的な支配者・権力者がいるわけではなく、個人個人が絶えず戦略的ゲームのような状況下で日常生活を送っているというのである。またそれはそれほど悪いことではない。むしろ好ましい状況といえる。なぜなら闘争や逆転や変化に富む、この不平等で不安定な状態が「バランス」を（変化しながら）保つことによって、ある種の自由が保たれる[57]ということだからである[58]。つまり、権力関係のバランスが崩れると、そこには「支配関係」[59]が生じることになるのである。

Foucault（1976）によると、戦略的ゲームの結果、国家の機関、法の明文化、社会的支配が制度化、実体化されることもある[60]。ここに「支配関係」が生じる。その関係について、Foucault（1975）は「規律・訓練」という概念から説明する。「規律・訓練」は、絶大な力を持った権力ではない。君主の威厳ある儀式や国家の壮大な機関に比べると、つつましい様式である。しかし、それは計画的で経済的で疑い深い権力であり、法律上の機関さえ、権力的侵略に屈するという。まして個々人はもはやどうすることもできまい。「規律・訓練」は「個々人を権力行使の客体ならびに道具として手に入れる」[61]のである。

この「規律・訓練」が権力関係において戦略的成功を収めるために用いる道具は、次の3つである。「階層秩序的な視線」「規格化をおこなう制裁」「自

らに特定の方式での両者の組合せたる試験」[62]。このうち、3番目の「試験」は、前の2つの機能も併せ持っており、3つの中で最も高度に儀式化されているという。試験は「規格化の視線であり、資格付与と分類と処罰とを可能にする監視である」[63]。また、「ある可視性をとおして個々人が差異をつけられ、また制裁を加えられるのだが、試験はそうした可視性を個々人にたいして設定するのである」[64]。しかし、この「試験」はどのように「権力関係」を「支配関係」へと導くのであろうか。

まず試験は、可視性を転倒させる。伝統的権力構造では、権力者は見られる側であり、自らの力を誇示した。下々の者たちは、闇の中の存在でしかなかった。しかし「規律・訓練」は、自らを不可視にする。見られるのは試験を課せられた者の方であり、彼らは絶えず見られるという状態にさらされるのである[65]。試験は伝統的な権力のように自らを誇示しようとはせず、対象に照明を当て、主体（sujet）の座を明渡す。しかしフランス語の「sujet」には「主体」という意味と同時に「臣下」という意味がある。個人の「主体化」は「臣民化」を意味する。つまり、個人を絶えざる監視の「まなざし」のもとに据えるということは、主体を服従（服従強制）させることを意味するのである[66]。

ここにおいて、「規律・訓練」は戦略的ゲームで成功を収めることになる。見事に個人を臣民化することができた。つまり「権力関係」は「支配関係」へ変わったのである。「ある現実的な服従強制が虚構的な〔権力〕関連から機械的に生じる。したがって、受刑者に善行を、狂人に穏やかさを、労働者に仕事を、生徒に熱心さを、病人に処方の厳守を強制しようとして暴力的手段にうったえる必要はない」[67]。現代社会の中で生きる我々は絶えず監視の「まなざし」にさらされているのである（図4–6）。

さて、「もの」と語り手の関係へ戻ろう。「主体（subject）」として語る語り手は、実はその主体性を「もの」から明け渡された「主体＝臣下・従者（subject）」であると解釈することはできないだろうか（図4–7）。つまり「もの」とは、共同体における集合的無意識レベルの遠い記憶のみを指すのでなく、現代社会を生きている我々個々人を取り巻く同時代的な自然環境や文化、あるいは社会的環境・制度・仕組みすべてをも包含した概念であるといえるであろう。それゆえ「もの」は、語る「主体（subject）」にとって、語られる「対象（object）」であると同時に、語らせる「メタ主体（meta-subject）」でもあるのである。

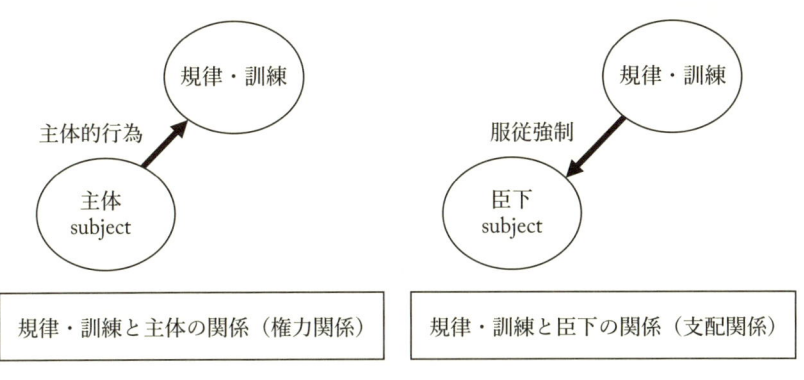

図4-6 フーコーの支配関係の概念図

　本書における「もの」の定義「ものとは、他とは違う特定の何か（それ）であるものすべてであり、また同時にまだ何かといえるものに定まっていないものすべてである」との関係で述べると、「他とは違う特定の何か（それ）であるものすべて」は、「かたり」の「対象（object）」であり、「まだ何かといえるものに定まっていないものすべて」は、「かたり」の「メタ主体（meta-subject）」ということになろう。ここで、「かたり」という言語行為は媒介作用を発揮している。
　ここで敢えて述べておくが、本章での「もの」と「かたり」の概念に関する議論は、「語り」という言語行為を郡司の生命理論へと繋ぐための概念装置として定式化することを目的としている。難解といわれる郡司の理論を理解し、さらに日常のマネジメントに対して適用できるようにするためのメタ

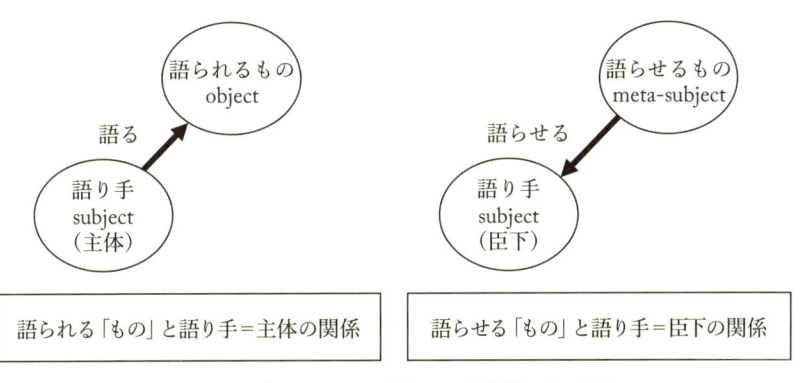

図4-7 「もの」の二重化した主体性の概念図

理論としての役割を担わすことが狙いである。
　次に「かたり」の「時間性」の問題へ議論を進める。

「ものかたり」的「いま・ここ」

　ここでは、坂部 (1990) が「かたり」という言語行為に関する研究における課題として、「主体性」の問題とともに挙げた「時間性」の問題について論じよう。郡司によると、「生命とは時間の別称である」[68]。このことは既に触れた。唯一の存在である「生成する生命」としての「時間」を理解することは、時間を測度として捉え、「空間」の中で状態を観測しようとする従来型科学における状態志向型理論に代わる、新しい科学の方法論である観測志向型理論に定位した研究を推し進めるうえでは欠かせないことである。

　人間の言語行為と時間に関する考察は、坂部 (1990) の研究を待つまでもなく、我々は既に Ricoeur (1983, 1984, 1985) の偉大な足跡を辿った。坂部も Ricoeur の研究を手がかりに「いま」という時間概念をアウグスティヌスが提示する 3 つの現在に照らして理解する。この意味で、「いま」とは、現在時というような一時点的な時間を意味するのではなく、アウグスティヌスのいう「精神の広がり」のように「時空間」的な概念として捉えるべきであろう。

　それに対し、「むかし」は、回想が向かっていく方向としての志向性のある時間概念であった。この点で、「むかし」の概念は、Ricoeur が「時間は物語の様式で分節されるのに応じて人間的時間になるということ、そして物語は時間的存在の条件となるときに、その完全な意味に到達する」[69] と述べた際の「人間的時間」の概念に近いと言える。「むかしむかし」あるいは「いまはむかし」という語り出しによってはじまる「語り」ないし「物語」は、Ricoeur 風に言えば、時間性の第 1 のアポリアへの挑戦であり解決であったろう。しかし「むかし」だけでは、当然生きられた歴史としての時間、あるいは生きている現在の生活としての時間、そして生きられるであろう未来としての時間、これら総体としての時間全体を語ることはできない。これは時間性の第 2 のアポリアであり、語りにより構成される時間の網目から次々に零れ落ちていく。しかし時間の全体性のアポリアは、「もの」の概念と親和的である。本書における「もの」の定義を基に、「いま」の概念を定義してみると、次のようになる。

　「いまとは、他とは違う特定の何か（むかし）である時空間すべてであり、

また同時にまだ何かといえるものに定まっていない時空間すべてである」。

「もの」が「他とは違う特定の何か(それ)」になるためには、「かたり」の作用が必要であった。同様に「いま」が「他とは違う特定の何か(むかし)」になるためにも、「かたり」の作用が必要である。ここで、「かたる」主体の局所性を、「いま」と区別するために、「いま・ここ」という空間的指定をも包含した概念を用いて表すこととしよう。しかし「いま・ここ」は、特定の空間というわけではなく、また時系列上の一時点でもない。「いま・ここ」は、アウグスティヌスのいう「精神の集中」同様に、現在、過去、未来が内在する概念である。またそれは、郡司理論における内部観測者の視座でもある。この「いま・ここ」における内部観測者の局所的意味論が我々の意識でもあるわけであるが、その議論は第5章に譲ろう。ここでは、「もの」と「いま」と「かたり」の関係を整理しておこう。「いま」と「むかし」の関係を模式化すると、図4-8のようになる。これは先に示した「もの」と「かたり」の関係図に類似している。

郡司の生命理論では、「生命」＝「時間」(＝「生成」)である。ここまでで我々が到達した概念装置は、「もの」＝「いま」と表現できる。ここに「か

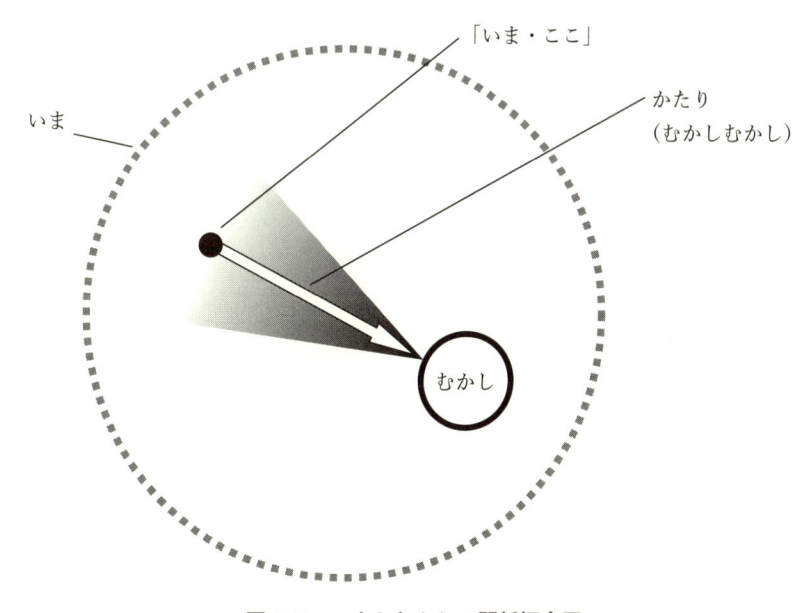

図4-8 いまとむかしの関係概念図

たり」の発話時点である「いま・ここ」の概念を加えると、内部観測者における局所的意味論が見出される。物語論から1つメタなレベルでの「もの」と「かたり」に関する考察を行うことで、郡司の生命理論を理解し、かつ現場へ適用するために必要な概念装置を手に入れることができるのではないか。この概念装置の提示が本章の狙いであった。その有効性については、第5章を経て、第6章でさらに議論することになる。

ここでは次項で、物語論的アプローチから生命論的アプローチへ向かうためのもう1つのキーワードである "Antenarrative" について論じることとしよう。

「いま・ここ」における「語り」

本章の冒頭で述べたように、Boje（2001）の提示する "Antenarrative" に対して、本書では「語り」という訳語を充てる。本書は「物語」と「語り」は異なる概念であると主張する。「物語」を「物（もの）」と「語（かたり）」に分解し、メタなレベルで考察することにより、「もの」の概念に積極的な意味を見出すことができた。それは、「部分」と「全体」を包摂した「全体性」、つまり郡司の主唱する第3の全体性の概念である「弱い全体性」であり、同時に「時間性」であった。この概念が「かたり」という触媒作用に接触することによって、「ものかたり」、つまり「物語」が構成される。

この「物語」は、ある特定の時間のもとで特定の筋とともに成立する。ここには、始まり・中間・終わりが存在し、第2章で見てきた物語をめぐる諸理論がうまく適応する。第3章で概観したナラティヴ・アプローチを採用した諸研究の多くにもこうした物語論は親和的であった。しかし、いくつかの研究では、構造主義的物語論の枠組みを超えた議論がなされていた。そこでは、物語論の本流に属するロシア・フォルマリズムの対立軸として屹立していた Bakhtin（1926, 1926–30, 1963, 1975）の対話理論に定位する傾向が見られた。

Bakhtin（1926）の対話理論では、「**実際に発せられた（あるいは意味をもって書かれた）あらゆる言葉は、話し手**（作者）、**聞き手**（読者）、**話題の対象**（主人公）**という三者の社会的相互作用の表現であり所産なのである**。言葉とは、社会的出来事なのであり、それは抽象的・言語学的なもののように自己充足しておらず、また、孤立してとりだした話し手の主観的意識から心理学的に導きだすこともできない」[70] とされる。社会的所産とする点は、Prince

の物語の定義に通じるところであるが、Prince が語り手と聞き手の二者間による相互作用を論じているのに対して、Bakhtin は話し手、聞き手、その対象という三者間での相互作用を指摘しており、この点、この章で論じた「ものかたり」の基本構造により親和的である。

　また、Bakhtin(1975) は、「生きた会話の言葉は未来の言葉＝応答に直接明からさまに向けられる。すなわち、それは応答を挑発し、それを予期し、それに向かって構成される」[71]とし、その言葉には承認と受容を求める「権威的な言葉」と、常に完結したものではなく、開かれたものである「内的説得力のある言葉」とがあり、「内的説得力のある言葉は、自己を対象化する新しいコンテキストの中に置かれるたびに、新しい**意味の可能性**を余すところなく開示する」[72]と主張する。Bakhtin(1975) にとって、「生きている限り、人間はいまだ完結しないもの、いまだ自分の最後の言葉を言い終わっていないものとして生きているのであ」[73]り、「**世界は開かれていて自由であり、いっさいは未来に控えており、かつまた永遠に未来に控え続ける**」[74]ものなのである。

　これらの Bakhtin の主張は、「序破急」あるいは「起承転結」のような筋を持ち、始まり・中間・終わりという「閉じた時間性」を備えた物語構造とは相容れない。寧ろ Bakhtin の対話理論は、物語論では把捉し切れなかった「開かれた」と形容しうる「時間性」を照射していると言える。この点でも、「かたり」の自己触媒作用に接する以前の「もの」や「いま」の概念と親和的である。つまり Bakhtin のいう対話は、「物語」として閉じたテキストになる以前の「語り」という言語行為に近いものである。こうした Bakhtin の対話理論に定位した研究は当然、ナラティヴ・アプローチと称してはいても、理論的基盤を根底から異にしている。それゆえ、Boje (2001) は、"Narrative" に対して、"Antenarrative" という概念を提示したのであろう。本章第 1 節で論じたとおり、本書では、前者を「物語」、そして後者を「語り」と訳出する。

　さて、ここで用語を整理しておこう。「かたり」「ものかたり」「語り」「物語」を 4 つの象限に振り分ける。縦軸の上を「メタレベル」、下を「日常レベル」とし、横軸の左側を「未完(開かれている)」、右側を「完結(閉じている)」とする。左上の象限には「かたり」が、右上の象限には「ものかたり」が入り、左下の象限には「語り」が、右下の象限には「物語」がそれぞれ配置される(表 4–1)。

154　第 2 部　物の語と物の理

表 4-1　メタと日常における「語り」

	未完(開かれている)	完結(閉じている)
メタレベル	かたり	ものかたり
日常レベル	語り	物語

　「かたり」と「ものかたり」の上2つの概念は、本章の中心概念である「もの」と「かたり」に関わり、メタレベルにおける抽象度の高い概念である。これらは、次章で論じる郡司の生命理論を理解するための概念装置として提示された。つまり、生命理論へのアクセス概念である。一方、「語り」と「物語」の2つの概念は、本書では日常レベルでの概念として用いる。つまり、こちらの2つは生命理論を日常の経営現場へ適用するための道具概念として準備されたものである。またここで、「未完」と「完結」に分けたのは、「語り」と「物語」の性質を際立たせるためである。「ものかたり」や「かたり(→語り)」が過去あるいは未来に定位すると、新たな様相を示すことは第6章で論じる。

　そして、本書ではもう1つ明確な区分を行っている。それは、物語論的アプローチと生命論的アプローチである。既に明らかなように、物語概念が持つ諸特徴に定位しながら、理論構成および実践手法を講じるものが物語論的アプローチである。それに対し、メタレベルでの「もの」や「かたり」、および日常レベルでの「語り」の概念の特性を観測志向型理論の実践的適用に活用した方法論のことを生命論的アプローチと呼ぶこととする。

注

1　英語では、従前から使われている単語に新しい意味を持たせて新しい概念のように用いる例が多く見受けられる。例えば、「パワー」は有名であるが、近年人的資源管理の用語として多用される「コンピタンス」もその一例である。
2　Boje (2001), p.1 を参照。
3　秋山英夫「解説」、Nietzsche, Friedrich W. (1872) *Die Geburt der Toragödie* (秋山英夫訳『悲劇の誕生』岩波書店、1966年)、257頁
4　『言葉と物』の副題である (Foucault, Michel (1966) *Les mots et les choses*, Gallimard (田村俶訳『言葉と物』新潮社、1974年) を参照)。
5　坂部の著作のタイトルは『かたり』であるため、ここでは「語り」ではなく敢え

て「かたり」と表記した（坂部恵(1990)『かたり』弘文堂を参照）。

6 本書において重要な概念の1つである「言語行為」に関しては、Austin (1960) と Searle (1969) の研究に負うところが大きい (Austin, J. L. (1960)) *How to Do Things with Words*, Oxford University Press（坂本百大訳『言語と行為』大修館書店、1978年）、Searle, John R. (1969) *Speech Acts, an Essay in the Philosophy of Language*, Chambridge University Press（坂本百大・土屋俊訳『言語行為　言語哲学への試論』勁草書房））。

7 坂部(1990)、15頁

8 同上、7頁を参照。

9 新村出編(1983)『広辞苑　第三版』岩波書店、2380頁

10 大野晋・佐竹昭広・前田金五郎編(1990)『岩波古語辞典　補訂版』岩波書店、1321-1322頁

11 Prince (1987) (遠藤訳、1991年)、117頁

12 折口信夫(1995e)「大和時代の文学」、折口信夫(1995e)『折口信夫全集　5　大和時代の文学・風土記の古代生活(古代文学論)』中央公論社、26頁

13 「かみ」「おに」「たま」「もの」については、折口信夫(1995c)「鬼の話」(9-18頁)、「霊魂の話」(248-263頁)、折口信夫(1995c)『折口信夫全集　3　古代研究(民俗学篇2)』中央公論社を参照。

14 折口信夫(1995c)「鬼の話」(9-18頁)、折口信夫(1995c)『折口信夫全集　3　古代研究(民俗学篇2)』中央公論社、9頁

15 大野・佐竹・前田編(1990)、823頁

16 霊物のリアリティについては、兵藤(2002)、203頁、207-208頁を参照。

17 折口(1995c)、9頁

18 大野・佐竹・前田編(1990)、1319-1320頁

19 和辻哲郎(1992)『日本精神史研究』岩波書店、228-229頁

20 折口信夫(1996)「お伽及び咄」、折口信夫(1996)『折口信夫全集　15　伊勢物語私記・反省の文学源氏物語(後期王朝文学論)』中央公論社、216頁を参照。

21 折口(1995e)、25頁を参照。

22 折口信夫(1995a)、折口信夫(1995a)「国文学の発生(第四稿)」『折口信夫全集　1　古代研究(国文学篇)』中央公論社、147頁を参照。

23 例えば、「浄瑠璃を語る、浪花節を語る」「地唄をうたふ、端唄をうたふ」というふうに使い分けているという。折口(1995e)「上代文学」折口(1995e)、188頁を参照。

24 「かたる」については、折口(1995e)の「大和時代の文学」(p.17-77)、「口承文学と文書文学と」(162-182頁)、「上代文学」(183-193頁)を参照。

25 「口承文学と文書文学と」は、折口(1995e)、162-182頁を参照。

26 同上、163頁

27 同上、163頁

28 「語部」については、折口(1995e)の「大和時代の文学」(17-77頁)、折口(1996)

の「歌及び歌物語」(9–39 頁)を参照。
29　新村編(1983)、464 頁
30　Austin(1960)「『行為遂行的』という名称(…)を用いる意図は、発言を行うことがとりもなおさず、何らかの行為を遂行することであり、それは単に何ごとかを言うというだけのこととは考えられないということを明示することである」(Austin, J. L. (1960) *How to Do Things with Words*, Oxford University Press (坂本百大訳『言語と行為』大修館書店、1978 年)、12 頁)と論じている。ほか、Austin, J. L. (1961) *Philosophical Papers*(坂本百大監訳『オースティン哲学論文集』勁草書房、1991 年)の「行為遂行的発言」(379–409 頁)も参照。
31　折口信夫(1999)『死者の書　身毒丸』中央公論新社、208–209 頁
32　坂部によると、アリストテレスの一連の研究は、西欧でも 1960 年代から 1980 年代にかけて、Ricoeur の物語論等やホワイトの歴史叙述類型論などを契機に再発見・再評価されはじめているとのことである(坂部(1990)、10 頁を参照)。
33　折口(1999)、209 頁
34　坂部(1990)、15 頁
35　Austin(1961)はこうした考え方を「記述主義的誤謬」と指摘した(坂部(1990)、6 頁および Austin(1961)(坂本訳、1991 年)、381 頁を参照)。
36　坂部(1990)、30–31 頁
37　同上、34 頁
38　同上、39 頁
39　同上、39 頁
40　大野・佐竹・前田編(1990)、1279 頁
41　坂部(1990)、64 頁を参照。
42　神話と神語りについては、折口(1995e)の折口信夫「古典に現れた日本民族」(93–94 頁)を参照。
43　同上、26 頁
44　人生を物語とする考え方は、例えば次のような書籍で紹介されている。①河合隼雄(2002)『物語を生きる』小学館、② Polster, Erving (1987) *Every Person's Life is Worth a Novel*, W.W.Norton & company Inc., New York(深澤道子、西本知子　訳『あなたの人生も物語になる』日本評論社、1998 年)
45　神語りの構造については、折口(1995c)の折口信夫「古代人の思考の基礎」(369–412 頁)を参照。
46　同上、402 頁
47　折口(1996)の「歌及び歌物語」(14 頁)を参照。
48　同上、9–39 頁を参照。
49　折口(1995d)の「日本文学の内容」(306–307 頁)、折口(1995e)の「大和時代の文学」(17–77 頁)を参照。
50　折口(1995e)、26 頁
51　同上、26 頁

52 Foucault, Michel (1976) *La volonte de savoir* (*Volume 1 de histoire de la sexualite*), Gallimard (渡辺守章訳『性の歴史Ⅰ　知への意志』新潮社、1986年、120頁
53 Ibid. (邦訳)、111頁を参照。
54 「法的権力モデル」から「フーコーの権力論」への議論は、関良徳 (2001)『フーコーの権力論と自由論』勁草書房に詳しい。
55 同上、27-29頁を参照。
56 Foucault (1976) (渡辺訳、1986年)、120-121頁
57 関 (2001)、111-112頁を参照。
58 本橋 (2002) は、『カルチュラル・スタディーズへの招待』の中で次のように述べているが、これなどは、特定の個人のような主体ではなく社会の関係において権力が行使されている例であろう。また、闘争や衝突を生む戦略的ゲームの雰囲気も伝わってくる。「〈カルチュラル・スタディーズ＝文化研究〉の根本にあるのは、文化を特定の歴史や社会状況における構築物としてとらえる問題意識である。つまりそこで焦点となるのは政治性、言い換えれば、異なる権力関係のなかでいかにして、ある〈文化〉が〈非文化〉を排除し、〈自己〉が〈他者〉を周縁化して、2つのあいだに境界線を引いていくかの過程なのだ」(本橋哲也 (2002)『カルチュラル・スタディーズへの招待』大修館書店、5頁)。
59 関 (2001) は、「支配状態」という表現を使っている。
60 Foucault (1976) (渡辺訳、1986年)、119-120頁を参照。
61 Foucault, Michel (1975) *Surveiller et punir–naissance de la prison*, Gallimard (田村俶訳『監獄の誕生』新潮社、1977年)、175頁
62 Ibid. (邦訳)、175頁
63 Ibid. (邦訳)、188頁
64 Ibid. (邦訳)、188頁
65 Ibid. (邦訳)、190頁を参照。
66 桜井哲夫 (2003)『フーコー』講談社、第6章、第7章を参照。
67 Foucault (1975) (田村訳、1977年)、204頁
68 郡司 (2004)、9頁
69 Ricoeur (1983) (久米訳、1987年)、99頁
70 Bakhtin, Mikhail M. (1926) *Слово в жизни и слово в поэзии: К вопросам социологической поэтики.* (桑野隆訳「生活のなかの言葉と詩のなかの言葉」桑野隆、小林潔　訳『バフチン言語論入門』せりか書房、2002年)、30頁
71 Bakhtin, Mikhail M. (1975) *Слово в романе, Из предыстории романного слова—《Вопросы литературы и эстетики》*(伊東一郎訳『小説の言葉』平凡社、1996年)、45頁
72 Ibid. (邦訳)、165頁
73 Bakhtin, Mikhail M. (1963) *Проблемы поэтики Достоевского* (望月哲夫・鈴木淳一訳『ドストエフスキーの詩学』筑摩書房、1995年)、122頁
74 Ibid. (邦訳)、333頁

第5章　基底としての生命理論

　本章では、郡司ペギオ-幸夫（2002, 2003, 2004, 2006a, 2006b）の生命理論について論じる。その際、誤読を恐れずに解釈していく。1つの頑健で揺るぎのない正当な理解のもと理論の枠構造から這い出ることができなければ、それは一個の解説者でしかない。単なる解説に留まることなく、解読作業という対話行為が秘めた潜在性を炙り出すところに生命理論の主題があり、新しい科学方法論としての実行性がある。郡司の生命理論は難解と言われる。しかしそれは、存在論＝方法論として諸科学にとっての新しい基盤を構築するだけでなく、日常的な生活の中で、例えばマネジメントやコミュニケーションの現場において実効性がある発想と道具を提供してくれるはずである。郡司理論は、日常を生き生きと未来へ向けて生きるための道具となる。それは未来へのヒントが鏤められた実践的理論である。このような解釈のもと議論を進める。

　ここまで本書では、物語論的アプローチの臨床あるいは日常での有効性についての議論に多くの紙幅を費やしてきた。しかしそこには、いくつかの課題も見出された。本書では、前章において「物語」を「もの」と「かたり」に分解し、それぞれの概念を定義し直すことで、物語論的限界を超えて生命論的アプローチへ移行する準備をした。本章ではまず、生命論的アプローチの基底となる郡司の生命理論を解読する。そして次章で日常の現場へ適用できるように概念を大胆に転換していく。

　本章ではまず郡司のいう生成する生命について議論する。その際、内部観測者にはじまり、生成の3つの様相、そして観測過程が論じられる。ここで、時間としての生命の存在態が明らかとなる。次に人間の意識の問題へ進む。郡司理論では意識の問題は人間の認知構造に留まらない。郡司は「脳＝物質過程としての計算過程＝現象論的計算」という立場を主張する。そして現象論的計算において、自己言及の矛盾とフレーム問題が相互に問題性を無効にすることが明らかになる。またここで局所的意味論としての意識が浮き彫りになる。最後に状態志向型理論との対比のもとで観測志向型理論に関して整理したうえで、「マテリアル」概念に迫る。この「マテリアル」も郡司

理論を難解にしている概念の1つかもしれない。本書では、これを機械論的世界観のもとでの「物質」に対する生命論的世界観のもとでの「マテリアル（質料性）＝もの」と解釈する。

第1節　生成・時間としての生命

内部観測者

　郡司の生命理論では生命の概念がこれまでの自然科学的認識とは異なる。郡司理論では、「生命とは、遺伝子を担う特定の有機的組織体のみを意味するのではなく、生成の三つの様相を展開するもののすべてである」[1]。そしてこの「生成の三つの様相とは、起源、規範性（自明性）および変化である」[2]。また郡司（2004）は「生命とは時間の別称である」[3]とも言う。生命とは3つの様相の生成でありかつ時間である。ということは時間とは3つの様相による生成のことである。生命＝生成＝時間。この図式が理解できれば、既にあなたは内部観測者の地平に降り立っている。この内部観測という視点に気づくと、それはEugen Finkが「驚異」[4]という表現で言い表したHusserlの「生活世界」[5]が現前に立ち現れてきたとき以上の認識論的転回を経験することを意味するであろう。

　第1章で動機づけ研究における伝統的な2つのアプローチを紹介した。機械論的アプローチと有機論的アプローチである。これまでの科学的視座では、機械に対する生命は有機体であった。郡司も生命と機械を対比して理論を展開する。しかし郡司理論では先に述べたように生命は有機体のみを意味しない。郡司（2002）は「生成を担う様相、出来事、事物、その全てを（…）生命と呼ぶ」[6]。ここでは生命を個体ではなく、存在＝生成する世界と捉えたほうがよいであろう。その意味では「機械論的世界」と「生命論的世界」として理解したほうが分かり易いかもしれない。

　郡司（2004）によると、「生命と機械とは、逆説めくが程度問題である」[7]。これは観測者の位置に起因する問題である。機械の概念を理解する場合、そこには使用者が必要になる。そして使用者は自身が使用する機械の外部に位置取りすることになる。この使用者を、機械を観測する観測者とする場合、この観測者は対象全体を見渡すことができる。外部から対象＝機械を観測することができる。それゆえこの観測者は外部観測者と呼ばれる。ここで観測とは記述を前提としての観測行為である。

第 5 章　基底としての生命理論　161

　外部観測において機械制御に関する矛盾が生じた場合どのように扱われるか。機械に対して使用者は使用するという特権的な地位を与えられている。それゆえ「使用」が使用規則に従っていると判断されるうちは、矛盾は表面化しない。一方矛盾に直面したときは、外部観測者は記述を完了することによって矛盾を「隠蔽」できるのである[8]。
　翻って生命の場合はどうか。生命の場合、使用者は使用対象＝観測対象と切り離すことができない。観測対象（使用対象ではないが）として有機体（一般にいう生物）を想定すれば、観測対象と観測者は切り離せる。しかしそれでは、観測対象を機械から有機体（生物）へ置き換えただけで、郡司の主張する生命ではない。機械を拡張し、機械論的世界とした場合でも、使用者＝観測者は対象の外部に屹立できる。機械の概念は機械の外側に使用者を必要とする。しかし生命はその使用者を外部に持ち得ない。観測者（＝使用者）は外部ではなく、生命そのものの内部に包含されている。ここに外部観測ではない内部観測という視座が擁護される。
　郡司（2004）によると、通常我々は内部観測から生じる矛盾には無頓着ということだ。日常的には自己言及は取沙汰されない。しかし記述を行う観測者の立場を採ると、矛盾しか帰結しえない。「観測者は内部にいようが、外部に立とうが、記述者である限り本質的相違がない。しかし生命においては、観測者が矛盾を暴くことによって逆説的に存在者としての生命が窺われるのに対し、機械において観測者は矛盾に気づかないのである」[9]。
　郡司（2004）は記述する観測者を観照者と呼び、厳密には内部観測における観測者と区別する。機械では、観測者と対象は分離されることで、観照者としての地位は担保される。しかし生命においては観測者＝対象となることから、位相が明らかに違うのである。これを内部観測者と呼ぶ。
　郡司（2004）はさらに生命と機械という言葉を概念としてではなく、概念に対する契機として使用する。生命と機械を契機として表現するとき郡司は〈生命〉と〈機械〉という表記を用いる。その概念とは「単独者＝存在者」である。〈生命〉と〈機械〉を契機として「単独者＝存在者」という概念を描像することによって、生命と機械の関係はより鮮明になる。この概念に対する契機は3つあり、それぞれの特性が示される。1つ目は名前としての普遍性である。2つ目はその名前によって指し示される概念の特徴の列挙としての特殊性である。観照者によって特徴が列挙される〈機械〉は「単独者＝存在者」への特殊性として契機する。そしてあらゆる特殊な記述を包摂し記

述しきれない全体としての普遍性が〈生命〉的契機である。

では、第3の契機とは何か。それは前二者が観測者に依拠しているのに対して、徹底した観測者の排除である。これが個別性としての契機である。これで概念に対する契機の三項関係が成立する。「単独者＝存在者」に対して普遍性として契機するのが〈生命〉であり、特殊性として契機するのが〈機械〉である。そして第3の契機とは、観測者の非存在である。外部にも内部にも観測する者が存在しない「単独者＝存在者」に対する個別性としての契機。それは〈死〉である。〈生命〉的契機において観測者＝対象となることから考えると、観測者の非存在は観測対象の非存在でもある。つまり「単独者＝存在者」に対する契機としての〈死〉が見出されるのである（図5-1）。

```
          〈生命〉的契機                        〈時間〉
             普遍性

     特殊性        個別性           〈空間〉      〈絶対的無〉
   〈機械〉的契機  〈死〉的契機
```

郡司(2004)、18頁より

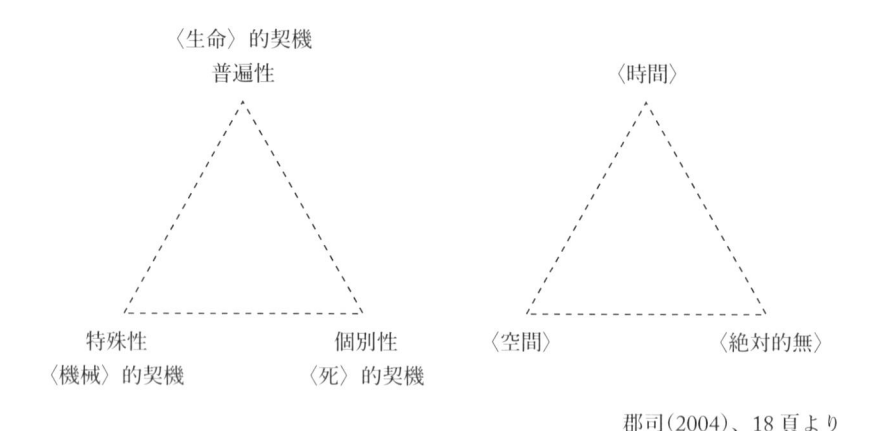

図 5-1　契機の三位一体

ここに〈生命〉〈機械〉〈死〉の三位一体を契機として理解される「単独者＝存在者」が姿を現す。郡司はここからさらに〈時間〉〈空間〉〈絶対的無〉から構成される三項関係を導く。彼は「〈生命〉は〈時間〉、〈機械〉は〈空間〉、〈死〉は〈絶対的無〉と呼び換えられても構わない」[10]と言う。〈機械〉と〈空間〉においては、観測者は対象の外部に立つ観照者、記述者である。郡司はこれを認識論的観測者とも呼ぶ。これに対して、〈生命〉と〈時間〉においては、観測者は対象と不可分の行為者であり、内部観測者でしかありえない。それゆえ後者を、郡司は存在論的観測者とも呼ぶ。〈死〉と〈絶対的無〉について、郡司は時間も空間もない存在者としての点を概念化したも

のであるといい、「絶対的無とは、あらゆる記述的試みの否定の総体として現象する」[11]と述べている。

生成の3つの様相

前項では生命を、単独者＝存在者を理解するための契機として捉える議論をした。ここで改めて、「生命とは何か」という問いに迫ろう。その際、郡司は「ことば」という概念を念頭に置く。この「ことば」とは、「いわゆる話し言葉、書き言葉に限定されるものではなく、世界から区別される全ての個物を想定している」[12]。『生命とは何か』なる問いの核心は、モデル、言葉、表現、何でもよい——そういった個物の存在様態を解読することにあり」[13]、その存在様態は絶えず変化する、まさに生成という存在態である。その生成が3つの様相を呈すことは、既に述べた。

ここでは、生成の3つの様相から「生成する生命」を解読することとしよう。郡司（2002、2003、2006a）は『生命理論』の第1部「生成する生命」[14]の冒頭で、意思決定の機械化プログラムの際の大きな問題として、自己言及とフレーム問題を挙げている。これはまさに物語論的自己論において議論された問題である。

自己言及における「語られる自己」＝「世界内に構成される私」＝「部分」と「語る自己」＝「〈世界内に構成される私と世界〉を構成する私」＝「全体」。そしてフレーム問題における「語られる自己」の成立条件、つまり「語られる自己」の生活世界における「文脈」＝「世界性」の問題。郡司（2002）は、これら2つの問題は個別に措定すると困難な問題として表出するが、「両者はともに、一方が他方の前提を無効にしている」[15]と主張する。この両者が互いの前提を無効にすることによって、自己言及もフレーム問題も物ともせずに進行する意思決定が認識論的に擁護できるというのである。

郡司（2002）は、自己言及の「部分」と「全体」、そしてフレーム問題の「世界性」を独立した関係ではなく、三項関係として捉える。しかも二項関係とその媒介項というモデルを提示する。これはそのまま生成の3つの様相のモデルでもある。世界内存在である「私（語る自己と語られる自己）」の意識のレベルと、その「私」を内包する世界そのもの、つまり生成する生命のレベルでの生成モデルが同じ二項関係＋媒介項で表されるのである。世界全体と個人レベルが同一モデルで理解されることに違和感を覚えるかもしれない。そこで、もう一度郡司による生命の定義を確認しておこう。

164　第 2 部　物の語と物の理

「生命とは、遺伝子を担う特定の有機的組織体のみを意味するのではなく、生成の三つの様相を展開するもののすべてである」[16]。例えば、「語る自己と語られる自己の私」のような有機的組織体だけでなく、「生成の三つの様相を展開するもののすべて」が生命なのである。それゆえ生命理論では、個体、あるいはその環境としての自然や世界を分離して理解するのではなく、生成の 3 つの様相を理解することが肝要となる。そしてこの「生成の三つの様相とは、起源、規範性（自明性）および変化である」[17]。

郡司（2002）は、この生成の 3 つの様相を理解するために、いくつかの概念装置を用意する。まず郡司も先賢に手がかりを求める。彼は Gilles Deleuze & Felix Guattari（1991）が『哲学とは何か』の中で提示した、哲学、科学、芸術という脳が創造した活動の方法論的区別から出発する。郡司は、彼らがこれらの 3 つの概念装置によって生成という存在態をより立体的に構成した点で評価している。そこから生命理論では、哲学、科学、芸術を発展させた概念装置として、「拡張された理論（原生理論）」「拡張された計算（原生計算）」「拡張された実験（原生実験）」が提案される。そして郡司は、これらの 3 つの「統合なき接合」という存在論＝方法論の定式化を試みるのである。

郡司の議論は記号論的三項関係をベースに進む。それは、現実性・可能性・必然性の三項関係である。原生理論、原生計算、原生実験はそれぞれ、現実性、可能性、必然性に定位する装置である（図 5–2）。さらにそれぞれは、現実項・可能項・必然項の三成分から構成されるが、いずれの装置も二項関係＋媒介項による継起モデルで示される。

原生理論は現実項と必然項の相互継起関係を可能項が媒介する。そこから

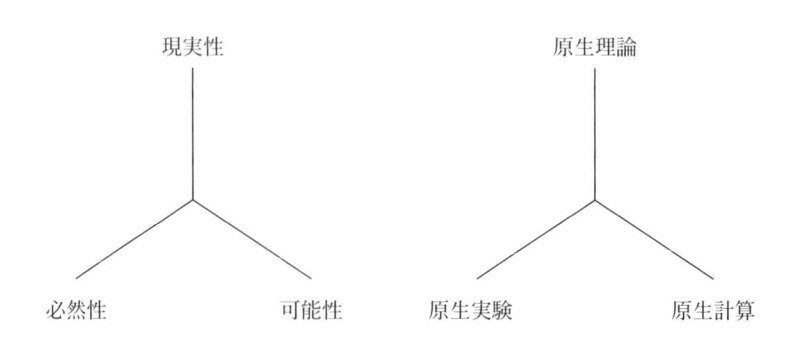

郡司（2002）、46 頁、図 2 より筆者がアレンジ

図 5–2　記号論的三項関係と概念装置の関係

「過去」を理解する装置
原生理論
（哲学）

現実項
必然項　可能項

「未来」を理解する装置
原生実験
（芸術）

現実項
必然項　可能項

「現在」を理解する装置
原生計算
（科学）

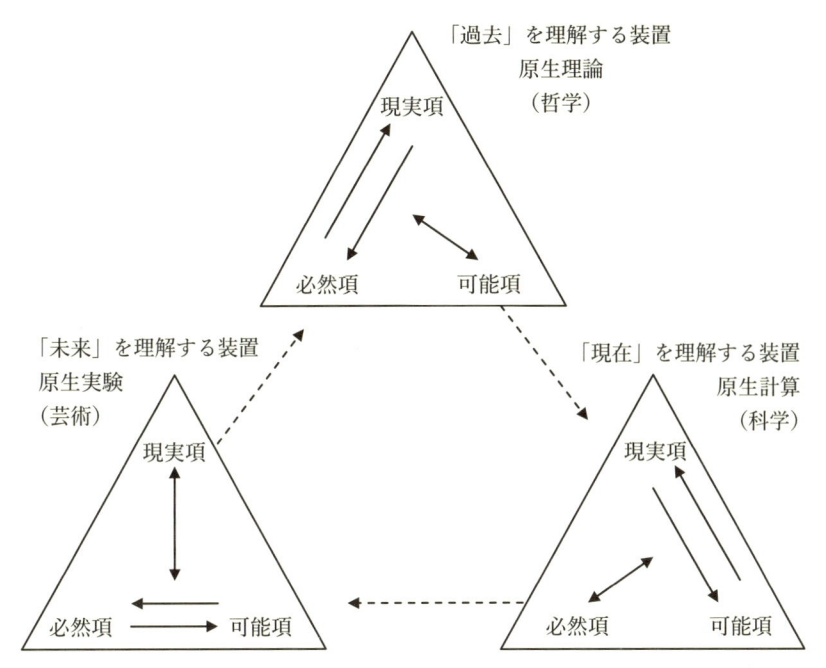

現実項
必然項　可能項

三つの装置は媒介者の導入によって、各々不完全であるが故に生成を理解する装置となり、かつ互いに継起しあって接合面を構成し得る。

郡司（2002）、87 頁、図 12 より筆者がアレンジ

図 5-3　統合なき接合（生成という存在態を理解するための 3 つの概念装置の接合）

可能性に定位した装置、つまり原生計算が継起する。原生計算は可能項と現実項の相互継起関係を必然項が媒介する。そこで必然性に定位した装置である原生実験が導かれる。原生実験は必然項と可能項の相互継起関係を現実項が媒介する。よって現実性に定位する装置・原生理論が継起する（図 5-3）。こうして 3 つの装置は、媒介項の導入によって、それぞれの二項の相互継起関係から次なる装置が導かれる形で、継起し続けるのである。これが 3 つの装置の「統合なき接合」のモデルである。どの装置に定位するかによって、持ち帰る世界の様相が異なってくる。それが起源であり、変化であり、規範性ということになる。

共立空間と順序時間

ここまで郡司の生命理論におけるいくつかの重要概念について論じてき

た。まず観測者と観測対象が切り離せない内部観測という概念を手に入れた。内部観測は、生命の内部で観測対象としての生命を観測することであり、外部観測者が対象の外部に位置する観照者であるのに対して、内部観測者は行為者とも呼べる。つまり内部観測者の観測行為は、生成そのものでもあり、観測過程は生成過程でもあるのだ。次に我々はその生成を理解するための3つの概念装置(原生理論、原生計算、原生実験)とそれぞれの「統合なき接合」という継起モデルも掌中に収めた。これらを踏まえ、本節冒頭で掲げた郡司の命題「生命とは時間の別称である」[18]に関して、もう少し深く掘り下げてみる必要がある。郡司によると、存在(世界)および我々内部観測者は「潜在性に開かれ、いかなる変化・変容をも受け入れながら、『いま・ここ』にある存在」[19]である。ここではまず、郡司のいう「いま・ここ」の意味するものを確認しておこう。

「瞬間の継起である即自を『いま』と呼ぶなら、対自である受動的総合は、持続である『いま・ここ』と呼ばれるだろう。『ここ』は、素朴な意味での空間を意味するのではない。『ここ』は、過去と未来の帰属する現在の場所である」[20]。数学的な空間は距離や位相など要素間の関係を規定したものである。それに対し郡司のいう空間とは、「『もう』や『まだ』なる感覚を現前する、測定という個物化実現過程」[21]のことであり、概念がただ共立し、その諸概念の間には何ら関係が規定できない、共立空間と呼びうるものである。郡司は「いま・ここ」は概念が共立する純粋空間と順序時間から構成されるという。彼はこの関係を予測と予期の相違から明らかにする。

「予測とは、過去から未来を計算することである。予期とは、予測を予測たらしめる前提、不定な規範を考慮に入れた予測過程」[22]であり、「予測と共立空間との区別が生成され共に進行する、予測の個物化過程」[23]である。そして、予期の「いま・ここ」(刹那)は、⟨過去⟩→⟨未来⟩で表される順序的時間とその前提である共立空間によって構成される(図5–4)。この順序的時間は、「個物化され個物化を生成し続けて現前する予測」[24]も含意する。さらに郡司はこの「いま・ここ」の概念において、現在、過去、未来を把捉し直す(図5–5)。生命理論では、「現在、未来、過去は、時間の流れを構成する順序ではなく、むしろ、⟨いま・ここ⟩に内在する三つの様相」[25]と理解されるのである。

この郡司のいう「いま・ここ」はまさにアウグスティヌスの時間概念に通じ、我々が第4章で議論した「ものかたり」的「いま・ここ」と同義である

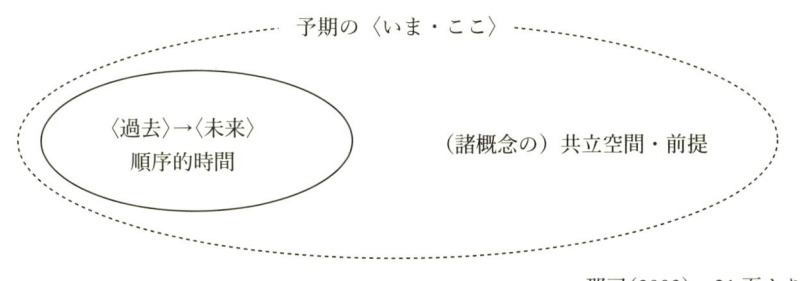

図 5-4　予期の〈いま・ここ〉(1)　　　　　　　　　　　郡司(2003)、21頁より

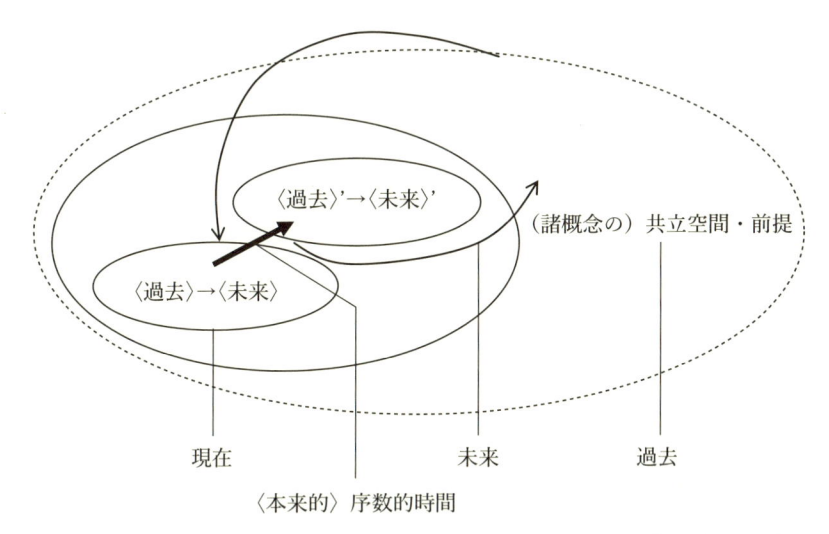

図 5-5　予期の〈いま・ここ〉(2)　　　　　　　　　　　郡司(2003)、23頁より

といえる。

生成としての観測過程

　ここでは、前項で論じた「いま・ここ」の含意を念頭に置きながら、生成＝時間について議論する。まず、現在に定位した生成の様相からはじめることとしよう。その際、これまでに紹介した概念装置のほかに、潜在性（不定さ）という概念が登場する。

　現在に定位するとき、内部観測者である我々は必然的状態である「いま・

ここ」に存在することを認めざるを得ない。しかし一刹那前を想定してみると、一刹那後の状態は可能性の中にあったものでしかない。この状態は、先に論じた原生計算の二項関係＋媒介項の関係で表される。必然項を媒介項とする現実項と可能項の二項関係である。「いま・ここ」の現在は、まさに計算過程として理解される。1つ1つの数え上げである現実項と数え上げの規則である可能項、そしてその数え上げと規則を必然項である「いま・ここ」が媒介するのである。

とまれ、ここで内部観測者であることを忘れてはならない。内部観測者は決して全体を把捉することはできない。それゆえ潜在性が登場する。一刹那前に可能項から現実項である現実的な文脈に基づき選択したにもかかわらず、「いま・ここ」に必然的に現象として現れている状態は可能項外（潜在性）から生じている可能性があるのだ。これは内部観測の必然であるが、ダイナミズムでもある。それを郡司は不定さと呼ぶ（図5-6）。

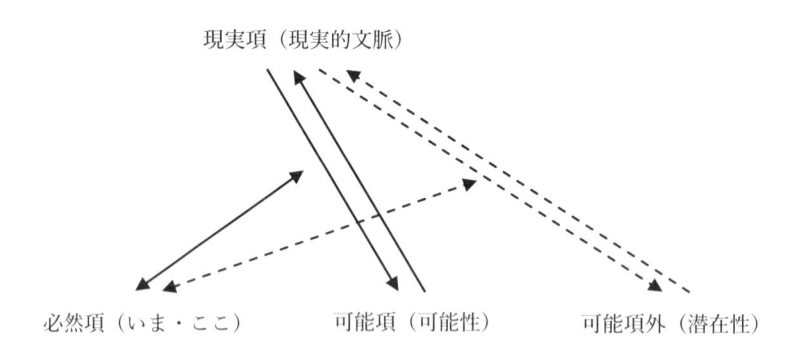

実線は、反復的日常、破線は、不定さを表す。

郡司（2002）、54頁、図4より筆者がアレンジ

図5-6　内部観測における「いま・ここ」の概念図

なぜそうした事態が生じるのか。それは、世界内存在である内部観測者の属性についての説明で十分理解できるかもしれない。しかし計算機とその使用者が同一者であるとする原生計算の視点から考えてみよう。人工的なコンピュータ計算機の場合は、その使用者と計算機とは分離した存在であり、計算機は使用者の入力に従い、正確な計算を実行し同条件であれば常に計算結果は同一となる。

第 5 章　基底としての生命理論　169

　しかし内部観測者の場合、計算機と使用者は同一者である。しかも生成の一部としてしか存在し得ない。常に生成している内部観測者の意識下では、入力時と計算時と出力時の内外の環境が異なってくることから計算は精巧に行われても計算結果には齟齬が生じる。これは内部観測者が生成する世界、つまり現象を計算していることを意味する。また自身もその現象の一部として計算されているのである。大きな経時的な変化や突発的な衝撃等を除けば、コンピュータ計算機の計算実行環境・条件は一定しており、計算結果は安定している。しかし原生計算においては、計算実行環境・条件は一刹那一刹那によって変化し異なる。これがフレーム問題である。しかし原生計算ではフレーム問題に曝されながら、その都度計算実行環境を決めて計算を実行してしまうのである。これがまさに内部観測者が曝されている「いま・ここ」的現実である。
　次に、過去はどのように理解されるのか。過去は、シンボル化した現在の積み重ねである過去としての必然項とアクチュアルな現実的な文脈としての現在(現実項)との二項関係から、過去は現実の「根拠としての過去」と、新たに発見・構成された、現在から「想起される過去」とを併せ持った可能項としての存在過去として理解される。これは原生理論における二項関係＋媒介項の関係である。
　絶えず生成している世界の中で内部観測者は、常に「いま・ここ」の地平において観測を行う。その際、「いま・ここ」の存在の根拠という観点からは、過去は可能世界の中から選択された、ある 1 つの経路と言える。しかし「いま・ここ」から想起される過去は、現在でなかった過去(これまでに生成しなかった過去)さえ想起される。つまり存在過去には、現在以前に存在した過去と現在以後に創りだされる過去とが内在しているのである。
　郡司 (2004) は観測過程を言語行為であるという。言葉は曖昧さと不定さを持つ。曖昧さとは、確定的意味 X 内部の非決定のことであり、不定さは、確定的意味 X とその外部との間の非決定のことである。そしてこの不定さから生じる出来事を創発的な出来事と呼ぶ。これに関して、郡司は生物の進化の例で説明する。「創発的変化の継起をもって、我々は進化という様相を発見＝構成する」[26]。生物学においては、遺伝子レベルの変化によって進化が生じると考えられる。しかし「不定さが創発的変化として顕現し、その結果我々はメタレベルを措定したり、メタレベルの担体をも発見＝構成できる。遺伝子も同様に発見＝構成された。遺伝子が、創発的変化の様相に対し

170　第 2 部　物の語と物の理

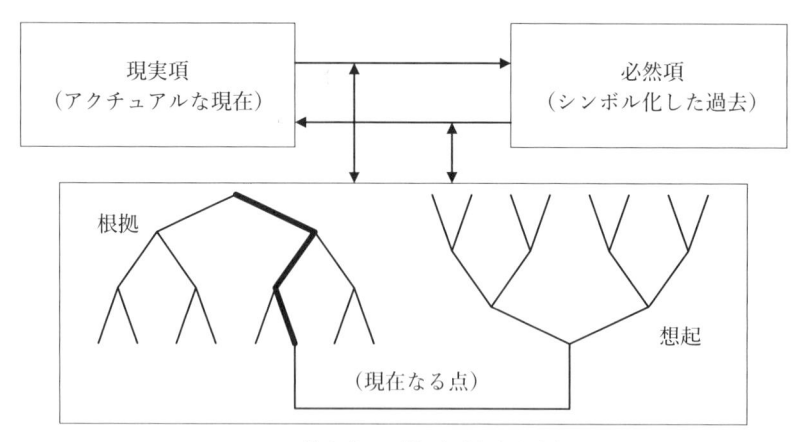

```
┌──────────────┐        ┌──────────────┐
│   現実項      │ ←───→ │   必然項      │
│(アクチュアルな現在)│        │(シンボル化した過去)│
└──────────────┘        └──────────────┘
```

根拠

想起

(現在なる点)

媒介者＝可能項（存在過去）

現実項から必然項への接近、および必然項から現実項への類化を媒介する存在過去。存在過去は、現在に対する根拠としての身分規定と、現在から想起されるイメージとしての身分規定を併せ持ち、両者間の齟齬を共立させている。根拠という観点において、過去は可能世界の中から選択された或る経路である（左分岐図太線）が、想起されるとき、現在ではなかった過去さえ想起される。ここには現在以前に実在した過去と、現在以後に創られる過去との調整が内在する。

郡司（2002）、176 頁より

図 5-7　内部観測における過去の概念図

て発見＝構成されたのであって、遺伝子の変化が創発的変化を根拠づけるのではない。事態は逆なのだ」[27]と郡司はいう。

　要は根拠と考えられる過去も、不定さから生じる創発的変化の結果として発見＝構成された過去、つまり創発的変化が生じている「いま・ここ」を基底に創りだされる過去ということになる。こうした例だけでなく、過ぎ去った後で想起される過去は現在から自由に解釈されうる。何事かが帰結後、意思決定した時点での過去は都合のよいように作り変えられる。つまり存在過去においては、「過去が未来に影響を与えると共に、未来が過去に影響を与え、翻って現在や未来が作り変えられる」[28]のである（図 5-7）。

　未来は最も理解が困難な時間の概念かもしれない。未来は必然項たる現在と可能項たる過去の二項関係を現実項が媒介する概念装置（原生実験）で理解される。郡司（2002）は、未来の理解のために現実を媒介する者として中間休止という概念を用いる。日常、受動的で盲目的に進行する反復的現在が継

第 5 章　基底としての生命理論　171

起する。その際反省はない。そこに不測の出来事が生じる。そこで、受動的に進行する現在は完了する。これが中間休止である。

　中間休止は現在に完了を穿つ作用であり、反復を完了させる。反復していた現在が完了したときにはじめて、反省なく盲目的に行われていた行為とその行為者との乖離が露わになる。ある行為とそれを行ってしまった自分が見出される。郡司（2002）は罪を犯してしまった際の「やってしまった」という完了が持つ意味に注目する。「やってしまって」はじめて、過去に生きた自我が発見＝構成される。つまり「やってしまった」という完了は、過去に生きた自我の発見＝構成を意味するのである。そして「この完了を契機として受動的自我は一気に解体される」[29]。

　「解体された自我が回帰する場所＝永遠は、解体の条件が過去である以上、未来となる（…）。中間休止はそれ自体が現在完了と呼ばれるべき作用である。こうして中間休止は、現在を生きていた私という過去と、解体された私の回帰する未来を創り出す」[30]。内部観測者は自身が現象の一部であるとともに、絶えず現象としての計算を実行している。その計算実行環境としての物質・現象的記憶装置を解読するアプローチが過去に定位することであり、未来に定位するとは、現象として未来を創り続けていることなのである（図 5-8）。

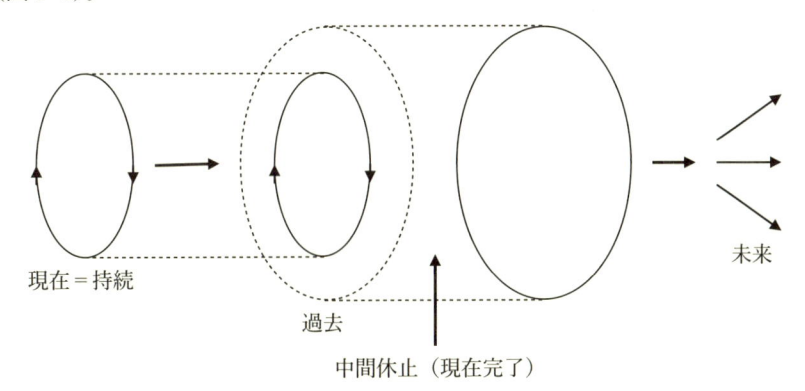

現在は現在完了といった作用として過去を発見＝構成し、その過去を契機として未来が生きられる。

郡司（2002）、152 頁より

図 5-8　内部観測における未来の概念図

第 2 節　局所的意味論

物質過程としての計算過程

　現代の脳科学では、脳に関してかなりの細部まで解明されてきている。「脳は神経線維で結ばれた多数の神経細胞からなる」[31]。脳の中で神経細胞が電気信号の受発信を行う。こうした神経細胞の活動は客観的に測定が可能である[32]。非常にミクロな単位で物理的・機械的に脳のはたらきは解明されている[33]。しかし、なぜそこから意識が顕現するのか。その問いを科学的に理解しようとすると行き詰るようだ。郡司（2003）によると、それは「脳＝記号操作機械＝計算機」というメタファーに留まるからということになる。

　郡司は「脳＝物質過程としての計算過程＝現象論的計算」という立場を主張する。現象論的計算は、前節で原生計算と呼んでいたもので、フレーム問題的計算実行環境を包含した形態による計算概念の拡張である。これにより「絶えず生成される統語論的計算（プログラム）と局所的意味論（…）とが相互作用し、計算が進行していく過程によって、世界内脳内現象が理解される」[34]のである。この局所的意味論とは、「個物化された境界条件、境界条件を決定できてしまえる『こと』であり、計算の実行環境」[35]のことであるが、郡司はこれが「意識」であるという[36]。

　ここで、現象論的計算をよりよく理解するため、郡司の使用する用語を確認しておく。タイプとトークンである。「タイプは型、性格、といった抽象的規定であり、トークンは対象、痕跡、事例、といった個物であることを含意する」[37]。トークンはいわゆる図と地の関係における図とも言える。我々の知覚においては、タイプ的認知とトークン的知覚による双対的モデルが構成できるという。しかしタイプとトークンは不分明であるため、双対的モデルを基本としても、タイプがトークン的様相を担うことも、またその逆もありうるというのである。

　それでは現象論的計算に戻ろう。現象論的計算過程を図 5–9 に示す。「タイプ的認知とトークン的知覚の共立と同様、各々に対比可能な統語論的計算と局所的意味論とが共立的に絶えず生成され、両者の相互作用によって計算が進行する」[38]。このモデルでは、「統語論と、現実の意味的現象世界との間の媒介者として、局所的意味論（計算実行環境）が想定される」[39]。この意味論は、形式的に与えられた意味的現象世界を不完全にしか探索できない限りにおいてその都度構築される。つまり、「媒介者（局所的意味論）の担う不完

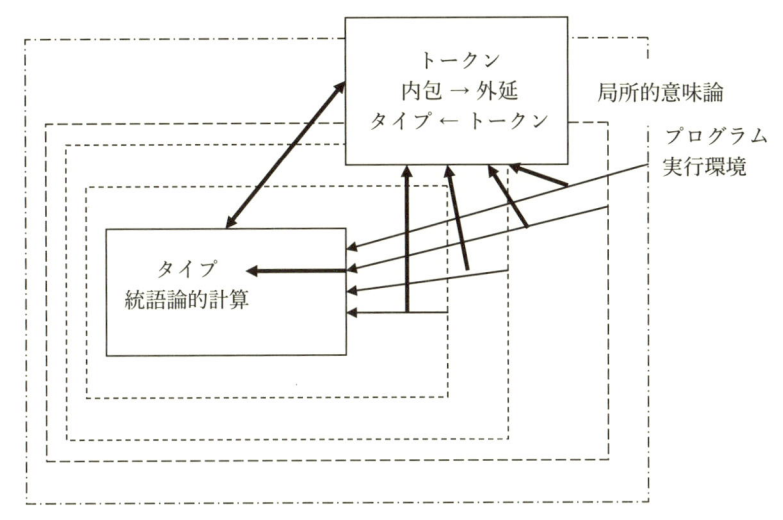

図 5-9 現象論的計算過程の模式図

（図中テキスト）
- トークン
  内包 → 外延
  タイプ ← トークン
- 局所的意味論
- プログラム
  実行環境
- タイプ
  統語論的計算
- 現象論的計算

論理的には根拠付けられない階層的境界条件が現象として生成され、局所的意味論を現実化＝個物化すると共に、これを実行環境とする統語論的計算も生成される。その都度生成される実行環境（局所的意味論）の上で統語論的計算が実行されていく。

郡司 (2003)、81 頁より

全な探索によって、弱い全体概念が構成され、フレーム問題に曝されることを不可避とする現象世界がモデル化される」[40] のである。この不完全な探索は自己言及を含意する。

ここで、自己言及の矛盾とフレーム問題が同時に浮上してきた。このように自己言及とフレーム問題を同時に俎上に載せ、そうすることで互いに無効にするのが現象論的計算である。これらの関係を理解するためには、弱い全体、あるいは成長する全体と呼ばれる概念について理解しなければならない。

全体とは非常に特殊な概念である。それゆえ自己言及の矛盾も生じる。語る自己＝全体と語られる自己＝部分の矛盾である。そこで、全体の概念を考え直そうというのが、弱い全体あるいは成長する全体と呼ばれるものである。これは第 3 の全体とも呼ばれる[41]。第 1 の全体は、世界が肯定される安定期の世界概念である。第 2 の全体は、世界が否定され、破壊されるときの

世界概念である。ここから第3の全体概念が生まれる。それは、第1の全体の「肯定」と第2の全体の「否定」の結果、ゼロとはならない全体である。全体も生成し、成長する。それゆえ弱い全体、あるいは成長する全体と呼ばれる。ここから不完全な探索という過程が生まれる。つまり、それは「全体の中で全体ではない部分を観測するという過程」[42] である。またこの観測過程は、指し示しの行為とも言える[43]。指し示しの行為については、大澤真幸(1999)が『行為の代数学』の中で興味深い議論を行なっている[44]。大澤は、George Spencer-Brown の『形式の法則』を基底に「指し示し」行為の「操作と対象の不可分離性」を主張する。これは郡司のいう観測過程が観測対象から分離できないことを擁護する議論であろう。

赤ん坊の視点

　郡司(2004)によると、観測過程は言語行為であるが、その言語行為とは「名づけ」の行為でもある。不定さから新たな現象を発見＝構成した内部観測者は、それを名づけること(新たな意味づけ、新たな文脈作り)により、一段メタなレベルへ生成することになる。つまり、観測過程とは学習過程でもある。このことは、現象論的計算過程が学習過程であることからよりよく理解されるであろう。その現象論的計算過程の理解のために、郡司(2003)は「赤ん坊の視点」という比喩的概念を提示する。

　赤ん坊の世界を想定してみよう。赤ん坊の視点から外部世界を見ると、その現前では絶えず新しい現象が起きている。その意味で、赤ん坊が生きる世界は部分的で不完全である。それは閉じてなく、常に開いている。郡司(2003)は赤ん坊が数字を学習していく例で説明する。ここに数字の2までしか知らない赤ん坊がいるとする。その赤ん坊にとって2よりも大きな数は世界に潜在している。つまり「赤ん坊は、2より大きな数について知っていく潜在性を有している」[45] のである。

　しかし我々「大人」は、2よりも大きな自然数が存在することを知っている。それゆえ我々は「知っていく可能性」を論議する。その際、2よりも大きな数字を知らない赤ん坊の存在とは無関係に、我々は2より大きな自然数が存在することを前提としている。赤ん坊と自然数が無関係であるため、我々は、赤ん坊が2よりも大きな数を知ることも可能だが、知らないで済ませることも可能だと言明できるというのである。

　一方、「潜在性は、赤ん坊が常に2よりも大きな数に、知らないにも拘ら

ず言及し、立ち向かっていることを含意する」[46]。2までしか知らない赤ん坊はいつか知るかもしれない未知の数に直面しながら、知っている2までの数を数えるのである。これが我々「大人」の視点から見る「可能性」とは異なる赤ん坊の視点における「潜在性」である。そしてこの「潜在性は、知ろうとする志向性を含意した可能性である」[47]。また、この赤ん坊の視点は、限定して表現はできない。自然数は無限だが、赤ん坊の知っている数は2までと限定する見方は、あくまでも「大人」の視点であり、それでは赤ん坊における志向性も潜在性も把握することはできない。一般的な既知と未知の範疇では、赤ん坊における潜在性は表現できない。そこでは、既知と未知を異なる範疇で理解し、さらにそれらの接触をも考慮しなければならない。どういうことか。

赤ん坊にとって赤ん坊の世界は常に全体であるが、絶えず成長する全体である。成長する全体は世界において成長する。つまり、それは世界内存在である。そしてこの「赤ん坊の世界こそ局所的意味論の要である」[48]と郡司(2003)はいう。赤ん坊の視点の比喩から、郡司は、我々の「意識」である局所的意味論は、「世界に対して部分的でありながら、不完全に外部を探索、言及する運動」[49]によって生じると主張する。ここに、フレーム問題に曝されながら、ある境界条件を決定してしまう様相が描像されるのである。

さらに郡司は、赤ん坊の視点による学習過程としての現象論的計算過程のモデルを、ビット列変換の現象論的計算のモデルに置き換えて議論を進める。

ほどほどの万能性とほどほどの効率性

郡司(2003)は、現象論的計算過程を計算機で実際に計算させてみるために、論理的・数学的なモデルを構築する。それがビット列変換モデルである。ここでは、彼が『生命理論』第2部「私の意識とは何か」の中で行っている緻密な論証を逐一追尾するのではなく、論旨の概要を把握し、その成果を享受することとしよう。図5-10に示すように、郡司は、赤ん坊の視点モデルにおける赤ん坊の視点を部分的な不完全な探索、局所的意味論を動的概念束、算数の本を束多項式、そして読み手にとっての意味内容をビット列として構成した。ここで、局所的意味論を構成する動的概念束とは、形式論理でいう統語論と同等の意味論を大局的意味論とし、その大局的意味論として想定可能な(静的)概念束の対概念として導入されたものである[50]。概念束と

は、外延(対象集合)と内包(属性集合)の対として定義される形式的概念を構成要素とする束＝集合のことである。「束とは、要素間に順序関係の定義された集合で、ある演算操作(上限と下限)について閉じている集合」[51]のことである。この束を意味論として用い、この任意の束とブール代数(相補分配束)との計算の相互作用を含む計算を現象論的計算と想定した。

しかし、世界を対象集合と属性集合との二項関係と定義する限り、世界は可能性の範疇に留まる。成長する全体、あるいは潜在性が失われてしまう。そこで郡司は、全体の概念が内包と外延で矛盾に帰結する対角線論法を援用する[52]。対角線論法における全体概念の内包とは、対象化された無限列の全体を眺めることであり、表にすると対角成分で示せる。それに対し、「外延は内包的に規定される全体を対象化することであるから、列挙されたどの無限列とも異なるべく対角成分を加工したものとなる」[53]。ここに矛盾が生じる。

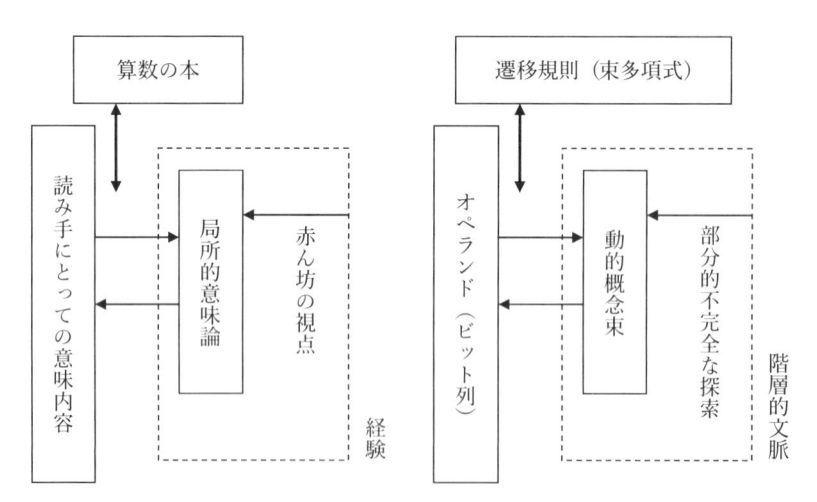

学習過程としての現象論的計算を、ビット列変換の現象論的計算モデルに置き換える。動的概念束で表される意味論が変化し続ける。

郡司(2003)、86頁より

図 5-10　学習過程としての現象論的計算過程の形式的モデル

このように対角線論法のみでは矛盾に帰結することになるが、この対角線論法を用いる数学者の存在を考慮するとき様相は異なってくる。数学者を含んだ形での証明過程(現象論的証明と呼びうる)では、そうした矛盾に無頓着

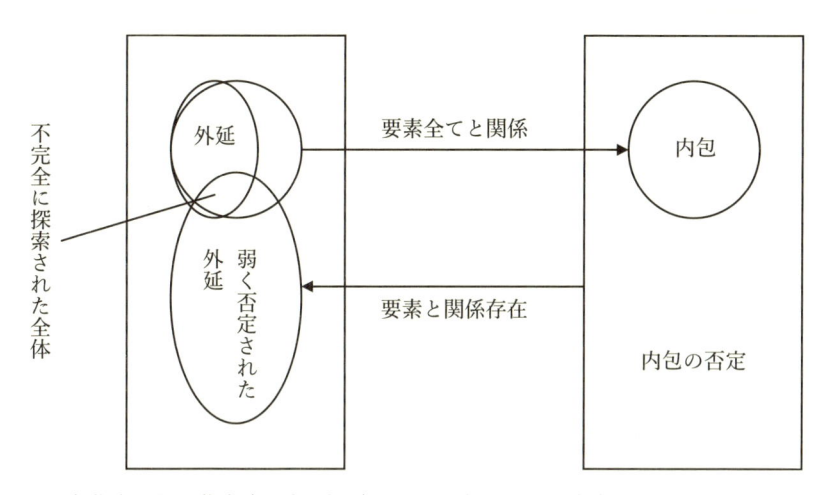

第5章 基底としての生命理論　177

[図：不完全に探索された全体／外延・弱く否定された外延／内包・内包の否定、矢印「要素全てと関係」「要素と関係存在」]

対象集合の部分集合（外延と表記）に対し、部分的で不完全にその全体を探索する操作。外延の全ての要素と関係のある属性を集め、内包をとり、その否定を決める。この内包の否定の要素と一つでも関係が存在する対象集合の要素を集め、最初の外延との「交わり」をとる。この交わり部分のみを、当該の外延にとっての「全体」と考えるのである。

郡司 (2003) 104 頁より

図 5-11　不完全な探索の概念図

に証明は進められる。その意味で、対角線論法とそれを用いる数学者を分断せずに世界内での証明過程と捉えるならば、全体概念は世界内で成長する全体として現れてくる。そしてこの現象論的対角線論法において、数学者による不完全で部分的な探索が見出されるのである。この不完全な探索は、「全体を見渡す操作とその否定とが同時に採用され、矛盾に陥る直前でありながら、矛盾に陥らずに進行してしまう過程として」[54] 構成され、図 5-11 のように表すことができる。

次に、現象論的計算のモデルにおける階層的文脈であるが、これも現象論的対角線論法から導き出される。不完全な探索によって、概念は「外延」と「擬内包」の対で定義される。もはや「外延」と「内包」の対が保持していた一対一のアジャンクションは存在しない。そこでは、ここで新たに生じた階層的二項関係がアジャンクションを回復するように書き換えられていく。現象論的対角線論法では、全体と全体の否定の身分規定は異なる。「不完全な探索、第三の全体概念では両者の交わりがとられ、階層的二項関係では両者の和がとられている。両者を総合し、階層的二項関係の中で不完全な探索

を施し、不完全概念束を構成するとき、分配律の階層性が出現する」[55]のである。これが、現象論的計算におけるフレーム問題的計算実行環境に該当するモデルでの階層的文脈の考え方である。

　以上に概観したビット列変換モデルを用いて、郡司 (2003) は現象論的計算過程を実際に計算機によって実行した[56]。その際、統語論的プログラムとして初等的セル・オートマトンの束多項式表現が採用された。

　初期的セル・オートマトンは、0か1を各位置に配置した一次元のビット列を別のビット列へ変換する遷移規則である。それぞれの記号とその両隣の記号の合計3つの記号の状態 (0か1か) によって、次のビット列は決定論的に変わっていく。可能な状態は、真ん中の記号を中心に考えて、(0,0,0) から (1,1,1) までの八通りである。それぞれに対して、0か1かのいずれかに決まるわけであるから、可能な規則の数は、2の8乗で、256個である。そして両端のみは、例えば、左端が (0) で、右端が (1) というように固定した境界条件を与え、一斉に規則を適用する。この操作を繰り返すと、ビット列は時間とともに変化していく。

　郡司 (2003) によると、この初等的セル・オートマトンの挙動は3つのグループに収斂されるという。1つ目は、一次元空間方向に均質なパターンをつくるグループ。2つ目は、局在化したパターンをつくるグループ。そして3つ目は、自己相似的で複雑なパターンをつくるグループである。前2つは非常に安定した挙動を示す。また最後のグループも複雑に見えても結果的には自己相似的なパターンを繰り返すように挙動する。

　これに対し、両端の境界条件がその都度の局所的意味論のもとで決定される、つまり計算実行環境が絶えず変化する条件下での現象論的計算が実施された。そこで見られたパターンは、通常の3つのパターンとは大きく異なり、絶えず変化し続けるものであった。それでも時折安定性を示すこともあるが、それがまた突然変化したり、空間全体が同期したりする挙動を見せたのである。この現象論的計算を実行している際のセル・オートマトンの挙動は、計算能力においてどのような特徴を示すのであろうか。

　郡司 (2003) は、計算能力における万能性と効率性のトレードオフ原理に基づき、通常のセル・オートマトンの計算とセル・オートマトンの現象論的計算を比較した。あるセル・オートマトンにおいて、すべての可能な初期状態から出発し、すべての到達可能なビット列に対して到達可能なビット列の比率を、このセル・オートマトンの万能性とした。一方、すべての可能な初

期状態から、ある状態へ到達するまでの時間を計測し、その平均値を計算効率性とした。

通常のセル・オートマトンの計算では、計算能力における万能性と効率性のトレードオフ原理が明らかに認められた。例えば、すべての可能な対に対して0を出力する規則では、いかなる初期状態からスタートしても次のビット列ではすべて0となり、計算効率は高い。しかし万能性という点では低い。逆にすべての状態へ到達可能な規則もあるが、それは万能性では最高であるが、計算効率は極めて悪い。通常の計算においては、このトレードオフ原理からはみ出すセル・オートマトンは存在しないという。

それに対し、現象論的計算のほうでは、ある程度高い万能性を保ちながら、それほど効率性も落ちない。つまり「ほどほどに効率がよく、ほどほどに万能性の高い計算が実現され」[57]るのである。生物にとって、ほどほどの効率性を有しながらほどほどの万能性を保つことは、絶えず変化する環境の中で生き残っていくために重要なことなのだと郡司は指摘する。

意識とは何か

既に幾度か触れたように、郡司（2003）によると、「意識とは、現象論的計算に内在し、計算の実行に不可避に併存する局所的意味論である」[58]。計算実行環境が局所的意味論であるがゆえに、脳で行われる現象論的計算は、計算結果を出すのみならず、それを認識するのである。計算はその都度認識され、その認識主体が「わたし」なのである。「わたし」は計算・認識のたびに選択される。それゆえ、「わたし」はその都度の計算に偏在しており、予め「わたし」という統合された認識主体が存在するのではない。「計算の一つ一つに、認識するわたしが偏在する。計算のたびにわたしが出現し、計算を認識する」[59]。つまり、この局所的意味論が偏在する「わたし」であり、認識主体なのである。「偏在するわたしは、決して統合されることなく、その都度選択されるだけ」[60]なのであり、「意識もまた、偏在するわたしが『わたし』を認識するのであって、統一した全体＝一者としてのわたしは実在しない」[61]のである。郡司によると、時間空間を通して一貫性のある「わたし」が感じられるのは、その一貫性が計算されることによって、その一貫性が認識されているだけなのである。

現象論的計算は、フレーム問題に曝されながら、その都度計算実行環境を決めて計算を実行してしまう過程である。この計算実行環境が局所的意味論

である。これが認識主体である「わたし」である。計算のたびに出現し、計算を認識する「わたし」が認識主体である限り、認識の無限退行は起こらない。現象論的計算はフレーム問題だけでなく、自己言及も同じ地平で扱う。前項の現象論的計算のモデルでは自己言及は、不完全な探索として描かれた。この自己言及は部分と全体(世界)の2つの指し示しを前提とする。しかしフレーム問題によって、全体(世界)は確定されないことが示され、前提が崩れ、自己言及は無効となる。一方、フレーム問題の前提は、認識主体の確実性であるが、これは自己言及によって解体される。よってフレーム問題は無効となる。これが局所的意味論のもとでは無限退行が起こらないということである。

　郡司の生命理論を受容することで、我々は物語論では矛盾に帰結せざるを得ない自己言及の問題を無効にする地平に立つことができた。しかしこれまで状態志向型理論に慣れ親しんできた我々にとって、郡司の主張する諸概念を理解するのはやはり容易ではないかもしれない。そこで次節では、郡司(2006b)が生命を理解するための、もう1つのキーワードとして提示する「マテリアル」の概念について論じる。しかし、その前段で郡司の提唱する観測志向型理論へ迫ることとしよう。

第3節　媒介するマテリアル

生きていること

　前節まで、郡司(2002、2003、2004、2006a)の生命理論の主要論点を概観してきた。それは「生命とは何か」「意識とは何か」ということに対する郡司の真摯な思索と丹念な数理的実証・実験の成果である。その成果が論じられた著書の要所要所で郡司は、「死」という概念とともに「生きていること」について執拗に言明する。ここまで敢えてそれらについて言及もせず引用もせずにきたが、おそらくそれらの言明が生命理論において最も主張したい命題であったのであろう。2つほど次に引用しておこう。

　「『未来』に定位するとは、現象としての計算に関して、現象に定位し、現象として『生きて・死ぬ』ことなのである」[62]

　「私個人は、わたしとして、まさしく目的や目標や価値を持たず、ただ生き、死ぬであろう。死ぬがゆえに生きているという現実を、私は生きているのだ」[63]

そして郡司 (2006b) は、『生きていることの科学』という本を著す。これは『生命理論』の続編というか、『生命理論』では十分に議論されなかった「マテリアル」という概念について論じている。本章は、この「マテリアル」概念を概観して締め括ることとする。しかしその前に、郡司 (2004) の提唱する観測志向型理論について論じておこう。彼は『生きていることの科学』の中で、「『生命とは何か』、『意識とは何か』、という問いは、通常の自然科学が扱う問題とは、明らかに種類の異なる問題だ」[64]と述べている。しかし彼の研究は思弁的な議論に終始するものではなく、そのアプローチは通常の自然科学の手法・知見の上に構築されたものである。そのうえで、郡司は従来型科学の方法論に対して、新しい方法論を提唱する。それが観測志向型理論である。

観測志向型理論

『生命理論』そのものが観測志向型理論に定位しているため、ここまでにも既に基本的な考え方については触れてきている。しかしここで改めて、従来型の方法論とされる状態志向型理論との対比のもとで整理しておこう。

既に前節で論じたように、郡司 (2004) は観測過程に注目し、人間の脳に関する従来のメタファー「脳＝記号操作機械＝計算機」に対して「脳＝物質過程としての計算過程＝現象論的計算」というメタファーを掲げ、それぞれに外部観測者＝認識論的観測者（観照者）と内部観測者＝存在論的観測者（行為者）という異なる観測者概念を提示した。この弁別は、代表的自然科学である物理科学の弁別に当てはまる[65]。郡司は前者を状態志向型物理科学、後者を観測志向型物理科学と呼ぶ。郡司によると、状態志向型物理科学は、有限精度と状態の確定によって近似が実現されると信じられている特定の言語ゲーム[66]である。それに対して観測志向型物理科学は、近似と状態の確定を放棄し、観測過程を理論の中心に据える理論体系である。それぞれを科学の方法論として敷衍して状態志向型理論、観測志向型理論と呼ぶ。

状態志向型理論は観測過程を理論から切り離し外部へ取り出すことで状態概念を確定できたのであるが、「状態」を得た代わりに「過程」＝「時間」が失われることになる。状態志向型理論でいう可逆的な時間とは、「測度」でしかない。非可逆な時間の流れの起源は、状態を確定する観測過程にしか求められない。状態概念を獲得して同時に観測過程＝時間を求めることはできないのである。しかしこれらは単純に断絶するものではない。状態志向型

理論において観測過程を捨象することで、対象は可逆系として構成される。そのうえで、この可逆系の「使用＝観測過程を通して非可逆な時間を構成するしかないのである」[67]。

　一方、観測志向型理論は、観測過程を中心に据える。つまり、観測者と観測対象が切り離せないとする立場である。これは、不安定な状態概念を志向することを意味する。この観測志向型理論の中心概念の１つが「現象論的計算（原生計算）」である。既に論じたように、これは「一般化計算機」の概念において計算機本体と使用者は分離しているのに対して、計算機と使用者が分離できず同一者であると捉えることで、人間の脳を理解するための概念装置である。この「原生計算」を「いま・ここ」で実行しているのが存在論的観測者＝内部観測者である。内部観測者は計算過程へ不断に介入することを余儀なくされているため、計算の実行環境はその都度局所的に階層を現前することになり、必要に応じ新たな計算担体が発見＝構成される。これは内部観測者による発見でもあるが、計算過程への自身の介入の結果でもあるため、構成でもある。この観測過程の帰結として、階層性と創発性が得られるのである。つまり、観測志向型理論では、「状態志向型理論が原理的に問い得ない起源問題を論じることができるのである」[68]。

　一般の計算機による計算と「原生計算」の根源的な相違について、郡司はわかりやすい例を挙げている。一般の計算機による計算は、初期値が与えられ、有限の手続きを経て出力結果が得られ、終了となる。しかし「原生計算」では終了するか否か、個別の問題についてすら先行的に決定できない。内部観測者である我々は停止する見込みのない計算過程に参与し続けているという。

　このようなシーシュポスの神話[69]のような行為を続ける者がいるのであろうか。郡司は辺り一面にいるという。我々自身がまさにその当事者なのである。我々の日常の対話や議論などの様々なコミュニケーション行為[70]に「原生計算」は見出されるのである。そこでは結論（出力）が得られる保証はない。期待すらない場合が多い。しかし対話をはじめる前には予期できなかった解答（新たな意味論）を発見＝構成することすらあるのである。

　郡司（2004）によると、存在論的観測（内部観測）という方法論は、「徹底した」内在的視点である[71]。研究対象である組織や集団の中に研究者が参与してそこにおける社会現象を観察する参与観察法とは明らかに異なる。観測志向型理論の観点からは、参与観察では社会内部に座しながら「外部」の視点

となるのである。本書では、この観測志向型理論に定位した方法論を社会科学の現場研究に適用することを試みる[72]。それについては次章以降でさらに論じることとする。

マテリアル概念

郡司 (2006b) が『生きていることの科学』という本を著したことは既に述べた。その冒頭郡司は次のように記す。「生命・意識とは何であるか。これを解読するのに核心を成す概念はマテリアル (物質) である」[73]。ここまで郡司の生命理論を概観してきたが、そこで確認された主要概念は、抽象性の高い概念が多かった。マテリアルという用語は、さほど頻繁には使われていなかった。しかし、それはマテリアルという用語が用いられなかったというだけのことで、郡司 (2002、2003、2004、2006a) は、『生命理論』の中で既にマテリアル概念について論じていたはずである。なぜなら、『生きていることの科学』の主題はまさに生命理論の主題でもあるからである。

なぜ改めてマテリアル概念について一冊の書を著さなければならなかったのか。それは、生命や意識が単に抽象的な概念のみで議論されるべき現象ではなく、質料性を保持した概念としても議論されるべき現象であるためではないか。確かに郡司の提示するマテリアル概念は、一般的な物質概念とは異なる。状態志向型理論に定位した従来の科学の方法論のもとで物質として把握されているものは、空間内において測定の対象として外部観測者により数式で以って計測されるものであろう。しかし、我々は既に郡司とともに観測志向型理論に定位する方法論を志向している。そこでは、観測者と観測対象が切り離せない。内部観測者 (行為者) の観測行為そのものが生成する生命現象であり時間である。世界内存在として内部観測者は能動的に生きていると同時に、世界内で受動的に生かされている。この生きていることの二項対立を媒介するものがマテリアルなのである[74]。

ここでは『生きていることの科学』の論旨を概観しておこう。郡司 (2006b) は、ユニークな４つのメタファーとともにマテリアル概念を明らかにしていく。それらは、「手触りのあるプログラム」「オープンリミット——点のなかの点」「ロボットの痛み＝傷み」そして「スケルトン——質料の形式」である。

「手触りのあるプログラム」とは何か。まず現象を計算過程として理解することからはじめる。プログラムを実行する人間の意識過程もプログラムとして理解できる。これは、一般の計算機におけるプログラムと違う原生計算

におけるプログラムのことであろう。この意識過程としてのプログラムは、肉やたんぱく質で構成される。すると、そこでは変質や磨耗、腐敗などが起きる。

　通常考えられる物質的材料では、その素材性として可能・不可能の二項対立に留まる。しかし郡司のいうマテリアルとしての質料は、「可能・不可能に対する第三項で、両者の違いを無効にする媒介者」[75]であるとされる。その過程は予め存在しているものではなく、事後においてはじめて認められるという。これは、まさに生成に関わる二項関係＋媒介項の概念であり、潜在性に通じる。ここには前節までに議論した時間性が見出せる。これがマテリアルの属性である質料性であるという。刻々と疲弊し磨耗するプログラムとしての意識過程の中、我々は利那利那を生きている。マテリアルの第1のメタファーは、こうした手触り感を備えたプログラムとして提示されるのである。

　マテリアル概念に対する第2のメタファーは、「オープンリミット」である。ここでは、まず遠近法における消失点の例が挙げられる。平面上に設けられる一点により、その絵は遠近感や立体感を持つことができる。消失点が加えられることで、絵画の各部分部分の位置関係が明らかとなり、全体の構図が生まれる。「消失点は、すなわち全体を担う点」[76]であり、無限遠の極限である。そして「極限は、世界を否定する点であると同時に、世界を根拠づける全体性だ」[77]という。しかしこの極限は、生命にとっては扱いが困難である。生きている存在としての生命は時間的な極限は死を意味する。また無限に拡張することのみに定位すれば、個別の問題はすべて消滅してしまう。

　そこで、郡司（2006b）は、「オープンリミット（開かれた極限）」というメタファーを提示する。それは「より動的で、有限、無限の間を行き来するような、そういった記号ということ」[78]であり、「具体的個物と理念的可能性の区別を創り出し、この区別を潜在性によって切り返し、無効にする、そういった装置」[79]であるという。我々は既に原生計算における「局所的意味論」あるいは第3の全体性としての「弱い全体」の概念を手に入れている。「オープンリミット」は、「いま・ここ」で時間を創り出している我々の生命、意識という現象を質料性から理解するための概念装置ということであろう。

　さらに郡司（2006b）は職業選択の現象で「わたし」の質料性を説明する。選択前の多様性（事前）と選択後の個物（事後）との関係は、選択する主体であ

る「わたし」が媒介している。質料を備えた「わたし」は観測者(行為者)であり、この「わたし」の質料性が事前(潜在性)と事後とを結びつけている。潜在性を秘めた多様な事前が一個の事後に収束するのが、マテリアルの質料性であり、時間性なのである。「生きていること」、つまり観測主体として選択していることは絶えず行われており、質料性のもとで時間は絶えず生成されているのである。

マテリアル概念を理解するための3つの目のメタファーは、「ロボットの痛み＝傷み」である。痛みの問題は、二人称で扱われる問題であるという。まず一人称の痛みは、痛みを感じている当の本人にとっては疑問の余地のない問題である。それに対して、三人称の痛みというのは、「わたし」の痛みとしては存在しない。それゆえ、痛みの問題は、一人称の「わたし」に対面する二人称の他者の問題であり、痛みを感じている本人が他者に伝える問題である。ここに齟齬・調停を内在した二人称の問題が出現するのである[80]。

ここから郡司(2006b)はさらに「痛み＝傷み」を実装したロボットのモデルを提示する。このロボットは、観測用のカメラとボールを受け取るためのグローブを装備している。このロボットは、カメラによるボールの軌道の計測、落下地点への移動、ボールの衝撃度の計測、衝撃を吸収するためのグローブの操作、そしてボールの捕球という一連の動作を行う。その中で、ボールの軌道と衝撃はカメラにより相対的な客観的(三人称的)描像(外延)として計測され、グローブでの補給による衝撃は相対的な主観的(一人称的)描像(内包)として検知される。ここに外延と内包との間の齟齬・調停が生じる。

ここで、ボールを補給した際の衝撃によりロボットに生じる「傷み」が一人称と三人称間の齟齬・調停を内在した二人称の問題として出現し、「ロボットの痛み＝傷み」と理解されるのである。さらに郡司は、このロボットの一連の動きに、マテリアルにおける時間性を見出す。ボール捕球時の衝撃を計算すると、相当の「痛み＝傷み」を伴うため、衝撃を吸収できるようにグローブを引く。このボールを捕球する瞬間にグローブを引く動作が予期であり、未来にしなければならない動作である。ボール捕球時の「いま・ここ」は、その瞬間までの物質的記憶としての過去が内在し、かつ予期としての未来に繋がっているのである。マテリアルは質料として、1つには明示的な素材性が過去を含んだ現在を成立させ、またその潜在性が絶えず時間を創り出しているということである。

郡司(2006b)によるマテリアル概念における最後のメタファーは、スケル

トンである。スケルトンとは、これまで述べてきた「マテリアルの存在様式を抽象した装置」[81] であり、機能や特定の操作、あるいは特定の意味を剥奪された操作概念や、装置、関数などの残骸である。マテリアルは我々の操作、行為、観測が可能な素材性と同時に、我々ではどうすることもできない潜在性を内包している。この素材性と潜在性ゆえに、事前・事後が成立し、それらを繋いでマテリアルは存在している。スケルトンは、このマテリアルにおける質料の形式として見出されるものなのである。

注

1　郡司ペギオ-幸夫(2002)『生成する生命』哲学書房、16 頁
2　同上、16 頁
3　郡司ペギオ-幸夫(2004)『原生計算と存在論的観測』東京大学出版会、9 頁
4　Husserl の「現象学的還元」を理解するためによく引用される話である。Eugen Fink は Husserl の助手だった (Merleau-Ponty, Maurice (1945a) A Vant-propos, Phenomenologie de la Perception（竹内芳郎訳「『知覚の現象学』序文」）Merleau-Ponty, Maurice, *Les sciences de l'homme et la phenomenologie*, Editions Gallimard, Paris（木田元・滝浦静雄・竹内芳郎訳『人間の科学と現象学』みすず書房、2001 年）、17 頁を参照）。
5　「生活世界は、その世界の中に目ざめつつ生きているわれわれにとって、いつもすでにそこにあり、あらかじめわれわれにとって存在し、理論的であれ理論以外であれ、すべての実践のための『基盤』となる」(Husserl, Edmund (1954) *Die Krisis der Europäischen Wissenschaften und die Transendentale Phänomenologie*, Martinus Nijhoff, Haag（細谷恒夫・木田元訳『ヨーロッパ諸学の危機と超越論的現象学』中央公論社、1974 年）、199–200 頁）。
6　郡司(2002)、16 頁
7　郡司(2004)、13 頁
8　同上、14–15 頁を参照。
9　同上、16 頁
10　同上、30 頁
11　同上、23–24 頁
12　郡司ペギオ-幸夫(2003)『私の意識とは何か』哲学書房、9 頁
13　同上、9 頁
14　『生命理論』は元々一冊の書籍として構想されていたが、第 1 部「生成する生命」(2002 年)と第 2 部「私の意識とは何か」(2003 年)が別々に出版され、2006 年に合本された。それゆえ、本書では参照・引用は、『生成する生命』(2002 年)と『私

の意識とは何か』(2003年)から行うが、本文での表記は、『生命理論』第1部「生成する生命」(2002年)、『生命理論』第2部「私の意識とは何か」(2003年)とする。
15 郡司(2002)、4頁
16 同上、16頁
17 同上、16頁
18 郡司(2004)、9頁
19 郡司(2002)、44頁
20 同上、125頁
21 郡司(2003)、19頁
22 同上、20頁
23 同上、21頁
24 同上、21-22頁
25 同上、22頁
26 郡司(2004)、384頁
27 同上、385頁
28 郡司(2002)、147頁
29 同上、152頁
30 同上、153頁
31 郡司(2003)、28頁
32 茂木健一郎(2003)『意識とはなにか』筑摩書房、28頁を参照。
33 茂木(2003)は、「〈私〉を生み出しているのも、〈私〉の中で感じられるクオリアを生み出しているのも、脳の中の神経細胞の活動である」(同上、183頁)と述べている。
34 郡司(2003)、63頁
35 同上、63頁
36 下條(1999)は、『〈意識〉とは何だろうか』の中で次のように述べている。「脳や心を身体や世界から切り離せないということは、何度も強調してきましたが、加えてここでは、他者が、意識発生の土壌となることが理解していただけたと思います。／結局、他者を含む環境世界と脳との相互作用が、意識と無意識に土壌を与えるのです」(下條信輔(1999)『〈意識〉とは何だろうか』講談社、175頁)。
37 郡司(2003)、33頁
38 同上、80頁
39 同上、83頁
40 同上、83頁
41 全体の概念については、郡司(2002)、22-25頁を参照。
42 郡司(2003)、242頁
43 「指し示し」については、同上、9-18頁を参照。
44 大澤(1999)は、指し示しの操作と対象の不可分離性について、次のように論じている。「存在者は存在する〔〜が有る〕。ただしそれは、ある観察者 observer によ

る(最も広い意味での)指し示し indication〔これは〜で有る〕の対象としてのみ、そうである」(大澤真幸(1999)『行為の代数学』青土社、22頁)。

45　郡司(2003)、87頁
46　同上、87頁
47　同上、88頁
48　同上、88頁
49　同上、88頁
50　概念束については、同上、89–99頁を参照。
51　同上、89頁
52　対角線論法については、同上、100–116頁を参照。
53　同上、101–102頁
54　同上、103頁
55　同上、112–113頁
56　計算機による現象論的計算については、同上、117–133頁を参照。
57　同上、130頁
58　同上、270頁
59　同上、284頁
60　同上、285頁
61　同上、285頁
62　郡司(2002)、206頁
63　郡司(2003)、147頁
64　郡司ペギオ-幸夫(2006b)『生きていることの科学』講談社、6頁
65　状態志向型物理学(理論)と観測志向型物理学(理論)に関する説明は、郡司(2004)、184–202頁を参照。
66　Wittgenstein は、言語ゲームについて次のように述べている。「私はまた、言語とそれが織り込まれる行為の全体をも『言語ゲーム』と呼ぶであろう」(Wittgenstein, Ludwig (1952) *Philosophische Untersuchungen*, Basil Blackwell (黒崎宏訳・解説『「哲学的探求」読解』産業図書、1997年)、6頁)。
67　郡司(2004)、186頁
68　同上、326頁
69　ギリシア神話に基づき不条理を論じた Camus の作品は有名である。その書き出しは、「神々がシーシュポスに課した刑罰は、休みなく岩をころがして、ある山の頂まで運び上げるというものであったが、ひとたび山頂にまで達すると、岩はそれ自体の重さでいつもころがり落ちてしまうものであった」(Camus, Albert (1948) *Le mythe de sisyphe*, Gallimard (清水徹　訳『シーシュポスの神話』新潮社、1969年)、168頁)である。
70　Habermas (1981) は『コミュニケイション的行為の理論』の中で次のように述べている。「コミュニケイション的行為の概念は、発話でき行為できる少なくとも二人の主体——(言語であれ言語以外の手段を用いてであれ)人格相互の関係を

持つ——に、かかわるものである。行為者たちは、自分たちの行為の意図および行為を同意できるよう調整するために、行為の状況に関して了解を求める。解釈の中心概念はなによりも、合意できる状況の規定の取り扱い方に関係している」(Habermas, Jürgen (1981) *Theorie des Kommunikativen Handelns*, Suhrkamp Verlag, Frankfurt/Main（丸山高司・丸山徳次・厚東洋輔・森田数実・馬場浮瑳江・脇圭子平訳『コミュニケイション的行為の理論』（上）未来社、1987 年）133 頁）。つまりコミュニケーション的行為は、了解志向型の社会的行為であって、解釈的に行なわれる了解の行為とは一致しない。コミュニケーション的行為のモデルでは、行為とコミュニケーションは同一ではなく、「言語は了解に役立つコミュニケイションの媒体であるのにたいして、行為者は相互に了解し合い自分の行為を調整することによって」(Ibid. (邦訳)、151 頁) 目的を追求するとされる

71 「徹底した」内在的視点については、郡司 (2004)、435–436 頁を参照。
72 Nakajima, Y. & Gunji, Y.P. (2002) は、観測志向型理論を為替変動のモデルの研究に適用している (Nakajima, Y. & Gunji, Y.P. (2002) The Dynamically Changing Model of Exchange as Interaction between Cone-relation and Equivalent-relation' *Applied Mathematics and Computation* 126 (2002) : 299–318 を参照)。
73 郡司 (2006b)、3 頁
74 同上、3–11 頁参照。
75 同上、28 頁
76 同上、83 頁
77 同上、84 頁
78 同上、94 頁
79 同上、94 頁
80 大澤 (1994) は「痛み」について次のように論じている。「私の痛みをモデルにして、他者の痛みを認識することは、絶対に不可能である。私は、確かに、私自身の場合について、『歯痛がある』ということを知っているかもしれない。しかし、『類推などの操作によって他者に所有権を移転することができるような痛み、を私が持っている』ということを、私は原理的に知らないのである。私の心をモデルにして他者の心を認識しようにも、基礎になる、心（心的現象）が私に所有されているということ自体を、私は把握していないのである。つまり、『他者に所有されている、ということを別にすれば、私が所有している痛みとよく似た痛み』という概念は、まったく無意味である。痛みは、そもそも、私に『所有』されてはいないからだ。少なくとも他者に移転可能な形態においては所有していないからである」（大澤真幸 (1994)『意味と他者性』勁草書房、57 頁）。
81 郡司 (2006b)、265 頁

第6章 「語り」に潜在する動機

　本章の役割は終着点であると同時に出発点である。それは、単に単線の折り返し駅といった意味ではなく、重層化した様相を呈す。第4章で精緻化されたメタレベルの「もの」と「かたり」は、第5章の生命理論へのアクセス概念として、そして日常レベルの「語り」と「物語」は、生命理論を日常の経営現場へ適用するための道具概念として定式化される。本章はまず、理論研究として構想された第2部の理論的結実点であり、かつ実践へ開かれた理論的準拠点として位置づけられる。

　次に機械論から出発し有機論、そして物語論を触媒として、さらに状況論を包摂しつつ、生命論へと通じる動機づけ研究のアプローチの到達点でもある。これは同時に第1部から行われてきた多様な議論の接合点も意味し、その接合部には第3部で行われる現場研究への回路が接続している。本書は先行する研究の足跡を辿り、理論的頂を越えて現場への道筋を歩む構成となっているが、その頂は根拠過去と想起過去が遭遇する現在なる点として発見＝構成され、そこからの現場への道程(第3部)は、地図もなく歩んできた実務家が分析と解釈の概念と手法を装備して里程標を打ち込みながら訪ねる懐かしい場所への帰路として描像されるはずだ。

　ここでの往路と復路における矛盾と調停は研究者に内在している。その矛盾と調停は筆者により生の現場の「語り」として著され、同時に筆者は未来へ動機づけられるのである。この「語り」と「動機」の関係は本章の主題である。動機づけ研究は、生命論的アプローチにおいて「語り」という道具概念を持つことによって未来へ接合するのである。

　さて、本章はまず、第2部のタイトルである「物の語と物の理(もの かたり もの ことわり)」に関する議論からはじめる。「物の語」については第4章で論じた。翻って「物の理(もの ことわり)」については多くは語られていない。「物理」を「物」と「理」に分解することで、「もの」と「かたり」が生命理論へのアクセス概念となることがより鮮明となるであろう。同時に「語り」が現場への道具概念であることも論じる。次に、道具概念としての「語り」の精緻化を行う。「語り」は道具として二重化された機能を持つ。まず分析概念として研究者に寄与する。そ

して実践手法として実務家に貢献する。最後に、生命理論を基底に「動機」概念を再考し、「語り」と「動機」の関係性を明らかにする。

第1節　生命理論へのアクセス

物の理

　物理学者の桜井邦朋（2003）は、物理学の新しい入門書として『物の理(もの ことわり)』というタイトルの書を著した。その中で、「物理学は、その言葉の通り、非生命的な自然現象の成り立ちとその理由を、物の理(もの ことわり)（道理）にしたがって解き明かそうとする学問である。その物理学の最も大切な特徴は何かといえば、それは、得られた成果が、一連の物理法則として簡潔な形にまとめられて表現されるところにある」[1]と述べている。勿論、「最近では、物理学の研究対象は、非生命的な現象に限らず生命現象にまで広がってきた」[2]とも論じているが、ここでいう「生命現象」は、郡司の生命理論における「生命」および「生命現象」とは異なるものであろう。すでに前章で議論したように、郡司の生命理論における生命の概念はこれまでの自然科学的認識とは異なる。

　ここでは、前段の二文を物理学の定義として議論を進めることとしよう。まず、「非生命的な自然現象の成り立ちとその理由を、（…）解き明かそうとする学問である」点である。この姿勢は自明のことであるが、生命理論が目指すものとは根底から異なる。生命理論の場合、この表現を借用するなら、「生命理論は、（その言葉の通り、）生命現象の成り立ちとその理由を、（…）解き明かそうとする理論である」となるであろう。敢えて「（…）」としたところには何が入るのか。前段の物理学に関しては明らかである。引用文に明記されているように「物の理(もの ことわり)（道理）にしたがって」である。では、後段の生命理論に関しては、何が挿入されるのであろうか。

　結論から述べると、後段の「（…）」の中には「物の語(もの かたり)にしたがって」が該当する。勿論これは郡司の見解ではない。あくまでも本書の主張である。また改めていうまでもないと思うが、桜井の使用する「物」と「物の語」の「物」とは文字面は一緒でも含意は異なる。

　桜井は同書のタイトルを『物の理(もの ことわり)』とすることに対して、「物理学が研究目的としているのは『生命に関わりのない自然現象』がいったいどのように成り立っているのかを知ることであり、そうした自然現象を合理的に、因果関係まで立ち入って説明しようとするのがこの学問であることを、言い表し

たかったからである」[3] と理由を述べている。ここから、「物の理(もの ことわり)」である物理学における「物」とは、「生命に関わりのない自然現象」を構成する「物＝物質」のことであると理解できる。

それに対し、「物の語」における「物」はどのようなものか。ここで本書では、第4章で議論した「ものとは、霊(モノ)の義である。霊界の存在が、人の口に託して、かたるが故に、ものがたりなのだ」[4] という折口の研究を想起し、「物の語」における「物」とは、「霊」のことである、と主張することになるのであろうか。否、本書は折口の古代研究を手がかりに導き出した「もの」と「かたり」の概念を、あくまでも生命理論へのアクセス概念として用いることを提唱する。では、改めて「物の語」における「物」とは何か。

これは、文脈から解釈すれば明らかになる。「物理学は、その言葉の通り、非生命的な自然現象の成り立ちとその理由を、物の理(もの ことわり)(道理)にしたがって解き明かそうとする学問である」という文において、「物の理」の「物」とは、「非生命的な自然現象」を構成する「物＝物質」のことであろう。では、「生命理論は、(その言葉通り、)生命現象の成り立ちとその理由を、物の語(もの かたり)(かたり)にしたがって解き明かそうとする理論である」という文においては、「物の語」の「物」とは、「生命現象」を構成する「物＝物質」となろう。

ここで「非生命的な自然現象」を構成する「物」は自然現象同様に非生命的な「物質」と理解できよう。ならば、「生命現象」を構成する「物」は生命的な「物質」となる。生命的な「物」とは「生物」のことか。いや、「生物」を分析概念としても生命現象を解明できない。ここで郡司の提唱した概念を思い起こそう。郡司(2006b)は、我々に「マテリアル」という概念を与えてくれた。あくまでも本書での類推であるが、ここでは、「物の語」の「物」とは、郡司のいう「マテリアル」である、と解釈することとしよう。

次に、「物の語(かたり)」の「語(かたり)」は何を意味するのか。これも「物」の場合と同様に、桜井の物理学の定義に照らして考えてみよう。「物理学は、その言葉の通り、非生命的な自然現象の成り立ちとその理由を、物の理(もの ことわり)(道理)にしたがって解き明かそうとする学問である。その物理学の最も大切な特徴は何かといえば、それは、得られた成果が、一連の物理法則として簡潔な形にまとめられて表現されるところにある」。ここから、「物の理(もの ことわり)(道理)」における「理(道理)」とは、「一連の物理法則」と理解できる。

では、改めて「物の語(かたり)」の「語(かたり)」とは何か、を考える。これは、後段の文を次のように書き換えることで明らかとなる。「生命理論

の最も大切な特徴は何かといえば、それは、得られた成果が、生成を理解するための3つの概念装置によって表現されるところにある」。つまり、「物の語（かたり）」の「語（かたり）」とは、「生成を理解するための3つの概念装置」ということになろう。3つの概念装置とは、原生理論、原生計算、原生実験のことである。

しかしここで、「理(道理)」の場合、「理」のみで「一連の『物理』法則」を意味しているのではなく、「物」を再吸着した「物の理」が「一連の『物理』法則」に対応していることは明らかである。このことから、「語（かたり）」も「物の語(かたり)」→「ものかたり」と理解しておこう。ゆえに「生成を理解するための3つの概念装置」に対する代替概念は「ものかたり」とするのが妥当であろう。

本章では、生命理論における「マテリアル」には「もの」が、「生成を理解するための3つの概念装置」には「ものかたり」が、特に「現象論的計算(原生計算)過程としての観測過程」には「かたり」が親和的であることを示し、さらに概念装置の置換えによって、生命理論が経営現場で適用できることまで論及する。次項で引き続き「物の理」と「物の語」の対比を通して、「もの」と「かたり」が生命理論へのアクセス概念になることを論じよう。

数式とかたり

桜井邦朋(2003)によると、物理学の特徴は、「得られた成果が、一連の物理法則として簡潔な形にまとめられて表現される」ことであった。ここで念頭に置かれているのは、「非生命的な自然現象の成り立ちとその理由」を説明する「数式」のことであろう。非生命的な自然現象を、「数字」と「記号」と「演算子」で描像することが物理学の特徴ということであろう。そしてその「数式」で再現される世界は、いわゆる機械論的世界である。時間を測度として捉えた空間の中に非生命的な現象として出現させられた世界である。観測者と観測対象を分離して現象を測定することが可能であるという前提に立つ状態志向型理論に定位して描かれた世界像である。

前項と同様に物理学との対比のもと、生命理論を「もの」と「かたり」をキーワードに解読していこう。物理学では、その特徴から表現形式として「数式」が導き出された。生命理論の場合はどうか。

生命理論は、観測志向型理論である。観測志向型理論は観測過程を理論の中心に据えていた。郡司(2004)によると、観測過程は言語行為であり学習

過程であった。そして「名づけ」の行為でもあった。また観測過程の結果、創発性が得られ、そこでは起源問題を論じることができた。この意味で、物理学との比較において表現するならば、「得られた成果が、生成を理解するための3つの概念装置によって表現される」ことが特徴である生命理論は、「生命現象の成り立ちとその理由」を「説明する」「何か」ではなく、「発見＝構成する」「何か」が念頭に置かれているといえるであろう。

　このことを理解するために、第5章で論じた遺伝子の例を思い出してみよう。生物学では、遺伝子レベルの変化によって進化が生じると考えられ、そのように説明される。しかし「不定さが創発的変化として顕現し、その結果我々はメタレベルを措定したり、メタレベルの担体をも発見＝構成できる。遺伝子も同様に発見＝構成された。遺伝子が、創発的変化の様相に対して発見＝構成されたのであって、遺伝子の変化が創発的変化を根拠づけるのではない。事態は逆なのだ」[5]と郡司は主張する。遺伝子レベルの変化で進化を説明しようとする発想は、状態志向型理論に基づく。観測志向型理論の観点からは、遺伝子は、創発的変化を契機として発見＝構成されたのである。

　それでは改めて、「生命現象の成り立ちとその理由」を発見＝構成する「何か」を考えてみよう。それはやはり現象論的計算（原生計算）過程としての「観測過程」であろう。

　では、「数式」における「数字」と「記号」と「演算子」に該当するものは何か。それは現象論的計算過程において必要に応じて発見＝構成される「計算担体」であり、「世界から区別される全ての個物」のことであろう。それを郡司（2003）は「ことば」という概念で表現していた。それは、話し言葉、書き言葉に限定されず、モデル、言葉、表現というあらゆる存在様態をも包含し、世界から区別される個物ならばすべてを包摂する概念である。

　物理学において、「数字」と「記号」と「演算子」で構成される「数式」で再現される世界が機械論的世界であった。では、生命論的世界はどのように描像されるのか。それは、「ことば」で構成される「観測過程」によって発見＝構成される世界であろう。

　ここでもう一度、「マテリアル」概念を考えよう。「マテリアル」は、生きていることの能動性と受動性を媒介するものであり、生成する生命における潜在性を秘めた質料性であった。この意味で、「マテリアル」は世界から区別される個物すべてを内包しており、かつ世界から区別される前の質料すべてでもあると言える。潜在性を秘めた質料性は、「観測過程」によって発見

＝構成され、個物化する。「観測過程」を整理すると、それは、「学習過程」「言語行為」「名づけ」、そして(個物の)「指し示し」である。

　さて、次に「もの」と「かたり」の概念との関係のもとで議論を進めよう。ここまで論じた「マテリアル」と「ことば」、そして「観測過程」の関係を、「もの」と「かたり」の定義とともに再構成してみる。まず、「もの」と「かたり」の定義を次に記す。

　「ものとは、他とは違う特定の何か(それ)であるものすべてであり、また同時にまだ何かといえるものに定まっていないものすべてである」

　「かたりとは、まだ何ものにもなっていないものを、何ものかにすることばのはたらきである」

　本書の主張は、「もの」は生命理論における「マテリアル」であり、「かたり」は現象論的計算(原生計算)過程としての「観測過程」であるというものである。概念装置の置換えを行うと、まず「もの」の定義は次のようになる。

　「『マテリアル』とは、他とは違う特定の『ことば』(個物)であるものすべてであり、また同時にまだ『ことば』といえるものに定まっていないものすべてである」

　「かたり」の定義は、次のように書き換えられる。

　「『観測過程』とは、まだ何ものにもなっていないものを、何ものかにすることばのはたらきである」

　「観測過程」に関しては、「名づけ」を代用するほうがより親和性を表出できる。

　「『名づけ』とは、まだ何ものにもなっていないものを、何ものかにすることばのはたらきである」

　ここで改めて、本節冒頭で紹介した桜井邦朋(2003)による物理学の定義を見てみよう。

　「物理学は、その言葉の通り、非生命的な自然現象の成り立ちとその理由を、物の理(道理)にしたがって解き明かそうとする学問である」

　いま、「マテリアル」が「もの」に、「観測過程」が「かたり」に置き換わることを確認したうえで、「物理学」の定義を「生命理論」のそれに書き換えると、違和感は親和性に変わっているはずである。

　「生命理論は、(その言葉の通り、)生命現象の成り立ちとその理由を、物の語(かたり)にしたがって解き明かそうとする理論である」

　ここまでの議論は、郡司(2004)が単独者＝存在者を理解するための契機

として〈機械〉と〈生命〉を用いた方法論を援用して、「機械」対「生命」の関係を「機械論的世界」対「生命論的世界」へ敷衍し、さらにそれぞれの世界を描像する学問体系としての「物理学」対「生命理論」という対峙関係のもとで行われてきた。そして桜井によって物理学を定義するための概念として「物」と「理」が示されたのを契機に、本書では生命理論を理解するためのアクセス概念として「物→もの」と「語→かたり」を提案した。

　本書の狙いは、解読という名のものとで単に生命理論へ接近することではない。主眼は生命理論を経営現場へ適用することである。そのためには概念装置が再度書き換えられねばならない。そこでは、メタレベルの「かたり」が日常レベルの「語り」として発見＝構成される。その前に次項で、「ものかたり」が「生成を理解するための三つの概念装置」の代替概念として置換えが可能なアクセス概念であることについて論じよう。

生成する「ものかたり」

　郡司（2002）が提示した生成を理解するための3つの概念装置は原生理論、原生計算、原生実験であった。郡司はこれらの概念装置を記号論的三項関係によって構成した。現実性・可能性・必然性の三項関係である。そして原生理論は現実性に、原生計算は可能性に、原生実験は必然性に定位する装置であるとされた。それぞれの装置はさらに現実項・可能項・必然項の三成分から構成され、かつ二項関係＋媒介項による継起モデルとして描かれた。第5章で確認したように、これら3つの装置は次のように継起する。

　原生理論は現実項と必然項の相互継起関係を可能項が媒介する。そこから可能性に定位した装置、つまり原生計算が継起する。原生計算は可能項と現実項の相互継起関係を必然項が媒介する。そこで必然性に定位した装置である原生実験が導かれる。原生実験は必然項と可能項の相互継起関係を現実項が媒介する。よって現実性に定位する装置・原生理論が継起する（図5-3）。これが3つの装置の「統合なき接合」のモデルであった。そして、原生理論が持ち帰る世界の様相は規範性であり、原生計算のそれは変化であり、原生実験のそれは起源であった。これが生成であり、時間の概念でもある。

　さて、本書ではこれまで生命理論を理解するためのアクセス概念として「もの」と「かたり」という概念を提示した。そして「生成を理解するための三つの概念装置」の代替概念は「ものかたり」であると仮定した。ここで、両者の親和性を論じよう。

まず、生成を理解するための3つの概念装置である原生理論、原生計算、原生実験はそれぞれ三項関係、しかもそれぞれが二項関係＋媒介項であった。「ものかたり」はどうであろうか。我々は第4章で「ものかたり」の基本構造を手に入れている。それは神語りの三角形から導かれた三項関係であった。さらにそれは、坂部(1990)のいう「かたり」という言語行為における水平的および垂直的な二重化的超出・統合の作用を融合させたものでもある。

　浅野(2001)のいう物語における自己言及の矛盾は、坂部のいう主体の垂直的二重化的超出・統合の一種と理解できる。これを二項関係に留めておくなら、事前・事後の矛盾として存立する。ここで、浅野が指摘するように、聞き手が介在することによって、その矛盾は隠蔽される。しかしこれを隠蔽と解釈するのではなく、郡司のように、媒介項の導入による二項間の相互契機関係と理解することも可能である。そうすることで、語る自己が語られる自己を事前に想起していたかどうかの先後関係の問題さえ、生命理論における計算実行環境としての局所的意味論から解釈が可能である。自己言及とフレーム問題が互いにその前提を無効にすることは既に述べた。ここで敢えて、この事例を提出したのは、「ものかたり」の構造を三項関係から二項関係＋媒介項の関係として捉え直す契機とするためである。

　整理しよう。第4章で確認したように、「ものかたり」は、「語り手」「聞き手」、そして(語られる)「もの」の三項から構成される。いま、主体の垂直的二重化的超出・統合の作用からの矛盾を媒介・調停する関係を考えると、そこには、「語り手」と(語られる)「もの」との二項による相互契機関係を「聞き手」が媒介する構図が浮上してくる。二重化的超出・統合の作用は主体だけでなく、「聞き手」である客体でも出現することは既に述べた。では、客体の垂直的二重化的超出・統合の作用の矛盾はどのように描かれるのか。それは、「聞き手」と(語られる)「もの」との二項による相互契機関係を「語り手」が媒介する描像である。坂部(1990)によると、二重化的超出・統合の作用は至る所で見出されるとのことであったが、ここでは、もう1つ代表的な例を見ておこう。主体の水平的二重化的超出・統合の作用のケースである。「語り手」と「聞き手」の相互契機関係を(語られる)「もの」が媒介する関係図である。これらを代表的な三例として捉えておこう。

　Bakhtin(1926)の対話理論で、「**実際に発せられた**(あるいは意味をもって書かれた)**あらゆる言葉は**、**話し手**(作者)、**聞き手**(読者)、**話題の対象**(主人

公）という三者の社会的相互作用の表現であり所産」[6]と理解されていることは既に述べた。同様に、「かたり」という言語行為も単なる二者間の会話ではなく、三項関係と把捉してきた。ここで、さらにその三項関係を二項関係＋媒介項として捉え直すことを提案しよう。そうすることで、「かたり」という言語行為は、動的な様相を持つことになる。つまり、「かたり」とは媒介項のある対話ということができるのである。

　ここまでで、「ものかたり」の構造が三項関係ではなく、二項関係＋媒介項の関係として捉え直すことができることは明らかとなった。しかし坂部が指摘するように、二重化的超出・統合の作用は主体や客体に限らず時間など至る所で見出される現象であった。その意味で、「ものかたり」における二項関係＋媒介項の関係は先に挙げた3つに限られるわけではない。また、ある「かたり」という言語行為において、語り手が常に語り手であり続けるわけではない。聞き手においても同様である。語り手と聞き手は目まぐるしく入れ替わる。またそれは語られる「もの」においても同様に絶えず変化し入れ替わる。そして刻々と局所的意味論は書き換えられながら観測過程は進行するのである。まさに生成である。

　その意味では、先に挙げた3つの代表的な「二項関係＋媒介項の関係」を、「生成を理解するための3つの概念装置」に対して単純に当て嵌めるわけにはいかないであろう。しかしそもそも概念装置とは、複雑な現象を理解するための契機として機能することが含意されている。また本節は、「ものかたり」をアクセス概念として生命理論を理解することに主眼を置いている。敢えてここでは、先に挙げた3つの代表的な「二項関係＋媒介項の関係」を「生成を理解するための3つの概念装置」に置き換えて「生成」を理解することとしよう。郡司が Deleuze & Guattari (1991) の哲学、科学、芸術を原生理論、原生計算、原生実験に読み替えたように、本書では、「ものかたり」の概念を基底に読み替えてみる。

　まずここでは、3つの概念装置が持ち帰る世界の様相から考えてみたい。原生理論が持ち帰る世界の様相は規範性であった。規範性を現前する「かたり」とはどのような描像か。先に挙げた3つの代表的な「二項関係＋媒介項の関係」を整理すると次のとおりである。①「語り手」と（語られる）「もの」との二項による相互契機関係を「聞き手」が媒介する関係、②「聞き手」と（語られる）「もの」との二項による相互契機関係を「語り手」が媒介する関係、③「語り手」と「聞き手」の相互契機関係を（語られる）「もの」が媒介

する関係、である。この中のいずれが規範性を現前するのか。媒介するものから考えることとしよう。媒介・調停することで規範性として生じるものは何か。それは③の（語られる）「もの」であろう。「語り手」と「聞き手」の相互契機関係が媒介・調停されるとき、世界は規範性の様相を呈すはずである。

　次に、原生計算が持ち帰る世界の様相は変化であった。変化に関わる「かたり」とは。これは、物語的自己論の自己言及の矛盾を考えるとよい。「語る自己」と「語られる自己」との矛盾とは、事前・事後の差異である。これは変化でもある。これを媒介・調停するのは「聞き手」であった。それゆえ、原生計算に置き換わる「かたり」は、「聞き手」を媒介項とする三項関係である。おそらくこの①の「二項関係＋媒介項の関係」は「かたり」という言語行為における基本的な構図であろう。

　3つ目の原生実験が持ち帰る世界の様相は起源であった。残された関係は②である。では、②の関係が起源を含意するかどうかか、確かめよう。「聞き手」と（語られる）「もの」を媒介するものとは何を意味するのか。それは「語り手」の発話である。発話は常に「聞き手」と（語られる）「もの」を媒介し、その相互契機関係を起動させる。「聞き手」と（語られる）「もの」にとって、「語り手」の発話は常に最初に発せられるものである。そこから、それは起源を含意するということができよう。それゆえ原生実験の代替をするのは②の関係となる。

　本書では、以上3つの「ものかたり」の関係をそれぞれ「規範のかたり」「変化のかたり」「起源のかたり」と呼ぶこととしよう。郡司の生命理論に準拠して、これらの概念装置を現実性・可能性・必然性の記号論的三項関係によって整理すると、原生理論の代替概念である「規範のかたり」は現実性に、原生計算の代替概念の「変化のかたり」は可能性に、原生実験の代替概念の「起源のかたり」は必然性に定位する。それぞれの装置はさらに現実項・可能項・必然項の三成分から構成されるが、上記の代替操作に従うと、現実項は「語り手」に、可能項は「もの」に、そして必然項は「聞き手」にそれぞれ該当することになる。またこれらは二項関係＋媒介項による継起モデルとして描かれ、次のように継起する。

　「規範のかたり」は「語り手」と「聞き手」の相互継起関係を「もの」が媒介する。そこから可能性に定位した装置、つまり「変化のかたり」が継起する。「変化のかたり」は「もの」と「語り手」の相互継起関係を「聞き手」

が媒介する。そこで必然性に定位した装置である「起源のかたり」が導かれる。「起源のかたり」は「聞き手」と「もの」の相互継起関係を「語り手」が媒介する。よって現実性に定位する装置「規範のかたり」が継起する。ここにアクセス概念「ものかたり」によって再構成された3つの装置の「統合なき接合」のモデルが表出する（図6-1）。これが「もの」と「かたり」の概念によって理解された生成のモデルである。

　ここまで論じたことは、郡司（2002、2003、2004、2006a、2006b）の生命理論の1つの解釈である。そしてその狙いは、生命理論を日常の経営現場へ適用することにある。それゆえ、メタレベルでの「ものかたり」はあくまでも生命理論を理解するためのアクセス概念でしかない。ここで重要なことは、「もの」と「かたり」の概念装置でどこまで生命理論へ迫れるかということであった。そして我々の次の課題は、メタレベルでの収穫を日常レベルで使用可能な概念に転換することである。それは道具概念としての「語り」として姿を現すことになる。

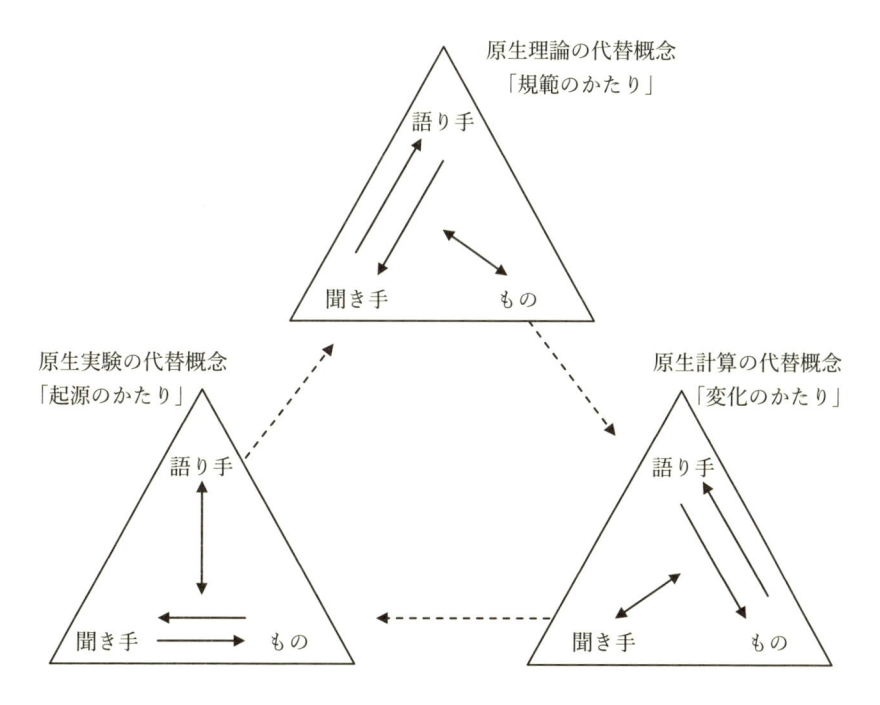

郡司（2002）、87頁、図12より筆者がアレンジ

図6-1　「ものかたり」によって再構成された統合なき接合のモデル

さて我々の試みはここまでのところ、Ricoeur が行った時間に対する物語の戦いよりは善戦したのではないだろうか。物語ではなく、「もの」と「かたり」によって、どうにか生成する生命の入り口付近までは近づけたようである。次は、いよいよ日常レベルの「語り」という言語行為とともに、時間の概念と対話することになる。

第 2 節　道具概念としての「語り」

アクセス概念と道具概念

　この節は、前節においてメタレベルで議論された諸概念を、日常レベルで使用可能な概念へ転換することからはじめる。そうした概念を本書では道具概念(ツール概念)と呼ぶ。これは前節で「ものかたり」に対して用いられたアクセス概念(接近概念)と対をなす装置である。アクセス概念がより抽象性の高い対象・理論を把捉し、それについて思考するために使用されるのに対して、道具概念はより具体的な現象・個物を認知し、それについて議論するために使われる。またアクセス概念は抽象性の高い概念体系や理論体系をただ把捉するのみでなく、日常レベルの語用に供するように翻訳を行う。それを受け、道具概念は単に日常レベルの研究における分析概念として用いられるだけでなく、現場においても使用可能な手法・道具としての性質も保持されるのである。

　我々は前節で既にいくつかのアクセス概念を手に入れた。勿論アクセス概念という限りは、何かに対するものでなければならない。ここでは、その対象は生命理論である。生命理論を解読するために、本書はその前段でメタ理論を展開した。ものとかたりの温故学である。そこで、我々は諸研究の領野でその有効性が認められている「ナラティヴ＝物語」の概念から離脱し、新しいメタレベルの「もの」と「かたり」という概念装置を獲得した。確かにメタレベルの概念では、理念的議論には耐ええても日常的使用には適さない。しかし我々には新しい科学的方法論である観測志向型理論に定位した生命理論を日常の経営現場へ適用するという目的がある。そのために生命理論の主要概念を日常的使用に適応する概念装置に転換する必要があった。それゆえ、メタレベルのアクセス概念を触媒として、生命理論を解読し、その主要概念の道具概念への転換を試みることにしたのである。

　前節で我々が獲得したアクセス概念は、整理すると次のとおりである。

もの	→	マテリアル
ものかたり	→	生成を理解するための3つの概念装置
規範のかたり	→	原生理論
変化のかたり	→	原生計算
起源のかたり	→	原生実験
かたり	→	観測過程

　これらにより郡司のいう生成の3つの様相とそれらの統合なき接合へ「もの」と「かたり」の構造から接近することができた。次に、生命のもう1つの呼称である時間へ接近することとしよう。

「いま・ここ」
　第4章で我々は、坂部（1990）の導きにより「かたり」という言語行為における「いま」という時間概念を、アウグスティヌスのいう「精神の広がり」のような「時空間」的な概念として理解した。そして「むかしむかし」あるいは「いまはむかし」という発話行為によって、回想が向かっていく方向としての志向性のある時間概念が「むかし」であった。この「むかしむかし」あるいは「いまはむかし」と発話されるとき、つまり「かたり」という言語行為がまさに実行されるその刹那が「いま・ここ」であった。しかし「いま・ここ」は時系列上の一時点ではなく、現在、過去、未来が内在する、アウグスティヌスのいう「精神の集中」と同様のものと理解された。また「いま」という概念は、「もの」と同義であることも確認された。
　翻って生命理論における「いま・ここ」については、第5章で論じた。郡司によると、「瞬間の継起である即自を『いま』と呼ぶなら、対自である受動的総合は、持続である『いま・ここ』と呼ばれるだろう。『ここ』は、素朴な意味での空間を意味するのではない。『ここ』は、過去と未来の帰属する現在の場所である」[7]。また「現在、過去、未来は、時間の流れを構成する順序ではなく、むしろ、〈いま・ここ〉に内在する三つの様相である」[8]ということであった。既に前章でも指摘したように、「ものかたり」における「いま・ここ」と生命理論における「いま・ここ」は、名称のみならず含意も同じと考えてよいであろう。
　また「いま・ここ」は、内部観測者による現象論的計算の計算実行環境としての局所的意味論とも理解された。そして学習過程としての現象論的計算

過程は、潜在性と志向性を含意した不完全な探索として赤ん坊の視点に喩えられた。これはまさに「かたり」という言語行為における潜在性と志向性に一致する。「かたり」は常に不定さ（潜在性）に曝されていた。また同時に「かたり」は、「むかしむかし」あるいは「いまはむかし」という発話とともに志向性を含意した。このことからも、「かたり」が観測過程（現象論的計算過程）の代替概念になることが擁護されよう。

　ここでは、「いま・ここ」という概念が生命理論の主要概念であると同時に、全くそのままアクセス概念でもあることが確認された。補足として記すと、それは同時に道具概念でもある。日常レベルへ転換する必要のない概念はそのまま使用することとする。いよいよ次の項で、生命理論の時間概念を道具概念へ転換する。我々は「生命」を「生成」として把捉するとき、メタレベルのアクセス概念を必要とした。しかし「生命」を「時間」として生きるとき、我々には日常レベルの道具概念が必要なのである。

「変化のかたり」→「語り＝騙り」

　生命理論において、現在、過去、未来は、通常の認識のもとでの時系列的な時間の流れを意味しない。しかし生命の生成、時間の生成を理解するために、通常の時間認識と同様の時間概念を用いる。現在を理解するための概念装置は、原生計算であった。我々は前節でその代替概念として、「変化のかたり」を定式化した。原生計算が可能項と現実項の相互継起関係を必然項が媒介する概念装置であったように、「変化のかたり」は「もの」と「語り手」の相互継起関係を「聞き手」が媒介する概念装置であった。メタレベルで「変化」を含意する「かたり」とは、日常レベルではどのような様相を呈するのか。

　まず、我々はメタレベルの「かたり」を日常レベルでは「語り」と表記する。前者は、生命理論を理念的に理解するためのアクセス概念であり、後者は生命理論を日常的に実践的に使用するための道具概念である。「かたり」は原生計算における観測過程の代替概念でもあった。メタレベルの「かたり」を日常レベルの「語り」に転換すると、日常レベルの観測過程は、「語り」概念に代替され、日常的な「語り」という言語行為のうちにその日常的な様相が炙り出されるはずである。

　ここでは、増田（2007）が「動機づけマネジメントにおける『語り』の有効性」の中で生命理論の3つの概念装置に基づき分節した「語り」の概念

に関する考察を基底にさらなる精緻化を図ることとしよう。まず、現在に定位した「語り」からはじめる。日常的な「語り」の現場では絶えず不定さに曝されている。用意周到に臨んだプレゼンや会議、打合せでも想定外の現象に出くわすのが常である。語り手は必然的に現前し自らも内在する「いま・ここ」において不定さに対応しながら刹那刹那を生きる。ルーチン的な行為が安定的に継起している状態では、指示（小さな物語）や方針（大きな物語）、個々の価値観に従い齟齬や矛盾を感じずに日常の業務や生活を続けることができる。しかし環境が大きく変化するとき、不定さはその大きさを増す。

いままさに発せられようとしていた「語り」やこれまで通用していた物語では説明・理解し得ない状況に直面したとき、内部観測者としての語り手は発する言葉を失い、必死に新しい「語り」を探しはじめる。その際、聞き手は他者である場合もあれば、内なる自分（他者）である場合もある。これはまさに Bakhtin（1963）のいうポリフォニー状態の一種である。新たに発見＝構成された状況を説明する「語り」は複数あり、それらはせめぎ合う。

一方の語り手＝聞き手が上司の場合、しかもその指示・命令そのものが他方の語り手＝聞き手である部下にとって許容し得ないものである場合、部下における「語り」は、発せられるのが内側外側を問わず、Boje（2001）が述べるとおり、断片的で、曲りくねり、矛盾し、寄せ集め的で、筋立てのない、物語を構成する以前の賭けのような思惑として生起する。Boje はこれをナラティヴ（＝物語）と区別して、"Antenarrative"と呼ぶ。本書の主張は、"Antenarrative"＝「語り」である、ということは既に述べた。

第3章で我々は "Antenarrative" の5つの顔（定義）を見てきた。まずそれは "ante" の2つの意味を備えるものであった。2つの意味とは、まず物語になる「前」という意味と、ギャンブルや競馬における「賭け（"bet"）」（投機・思惑）という意味である。2つ目は、経験回顧的なナラティヴに対して、"Antenarrative" は「いま・ここ」で起きていることからの「不定さ（投機性）」と「曖昧さ（多義性）」を有している。3つ目は、物語論的解釈が入る前の意味づけとしての「語り」の性質であった。そして4つ目の「タマラ」についてはのちに触れるとして、5つ目として挙げられた特徴は、形象化され筋に合意が得られる以前の寄せ集め的で、決して完成しない記憶であった。

これらの特徴を「語り」が同様に具備していることは、これまでの本書の議論で明らかであろうが、ここで再度整理しておこう。「語り」が物語と異なり、それ以前の言語行為であることは、ここまで幾度となく論じてきた。

"Antenarrative"の持つ「一か八か」的な特性、「不定さ」「曖昧さ」とも言い表せる属性、それらについては物語との対比のもとでの「流動性」「不定さ」を引合いに出すまでもなく、「語り」が語源的に「語り＝騙り」であったことからも理解できるであろう。物語論的解釈が入る前の意味づけとしての性質についても本書ですでに論じていることであるが、敢えて加えるならば、物語は物語論で論じられる主題であるが、「語り」はどちらかといえば、言語論、行為論として扱われるべき素材であるということであろう。5つ目の特徴は、Bakhtinの発話を想起するまでもなく、「語り」は「いま・ここ」において発せられる言語行為であり、我々は絶えず必然的に「いま・ここ」に存在する以上、「語り」は決して完成することはないのである。

　原生計算における観測過程は赤ん坊の視点における不完全な探索に喩えられたが、「語り」という言語行為を、"Antenarrative"の概念を触媒として解釈すると、その親和性はより鮮やかに浮かび上がってくるようである。

　さて、Boje (2001) が、"Antenarrative"の4つ目の特徴として挙げた「タマラ」について触れよう。Bojeによると、「タマラ」は、組織を語るうえで、"Antenarrative"理論の基本であった。12人の登場人物が12の舞台で演じるストーリー。それを1人1人の観客が局所局所で辻褄を合わせながら、意味を変容させながら、興味のあるストーリーを一緒になって創りあげていく。そこには複数の解釈と説明が共立する。しかし現実社会の我々は、もっと複雑な組織の中を生きている。生きる経験を積むほどに登場人物は数を増し、部署やチームとしての舞台は企業組織という劇場内で絶えず再編され、またその劇場そのものが他の劇場と繋がり、観客は増殖を続ける。

　ひとたび「タマラ」の発想を現代組織社会へ取り入れると、そこはBakhtin (1965) がフランソワ・ラブレーの作品に見出したカーニバル的様相[9]を呈するようだ。公式の制度や仕組みは絶えず立案・制定されるが、登場人物と観客が増殖し変容するため、個々人としての当事者は決して全容を見ることも知ることもできない。組織内の個々人は揺れ動きながら、断片断片を貼りあわせながら、寄せ集め的に都合のよい筋道を探索する。まさに不完全な探索である。我々の生きている日常は常に開かれている。こうした「いま・ここ」的状況下で、個々人は語らざるを得ない。こうした「語り」が「変化」を含意していることは明らかであろう。

　しかし組織社会は容赦なく現前する。個々人が必死に辻褄合わせを行っている間に、組織は知らず知らずのうちに「規律・訓練」のもと服従強制を強

いる。時にはそれに無条件に従っているほうが楽な場合さえある。個々人の赤ん坊的な不完全な探索による筋立て行為よりも、与えられた大きな筋道を辿るほうがドラマを満喫できる可能性は高いと言えなくもない。そのことは多くの観衆がハリウッド映画を支持していることによって擁護される。第3章で論じたが、ハリウッド映画の脚本手法は経営現場でも活かされはじめている。

経営管理論は元来、"Antenarrative"論よりも物語論(ナラトロジー)のほうと親和的なはずだ。「タマラ」のように組織を描像すると、経営管理は困難を極める。それゆえ、Boje が指摘するように、ハーバード・ビジネススクールに代表される MBA 的ケーススタディでは、全知の語り手による1つのパースペクティブからのナラティヴが描かれるのである。また多くの組織人も見えない組織のまなざしのもと、ナラティヴ＝物語論的行動へ服従強制させられているようにも見える。そうした状況のもとで、「語り」という言語行為はどのような様相を呈すのか。

会社という大きな筋書きのある物語の中で、上司による小さな物語としての指示や命令に、内面外面ともに矛盾せず従えるうちは、両者の「語り」は一致・共立していると言えるであろう。この場合、両者は「語り合い」の状態にあると言える(図6-2)。

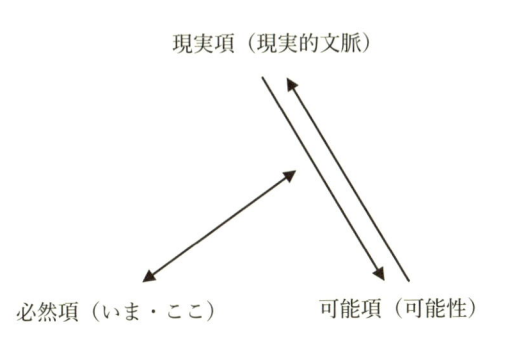

現実項（現実的文脈）

必然項（いま・ここ）　　可能項（可能性）

郡司(2002)、54頁、図4より筆者がアレンジ
図 6-2 「語り合い」の概念図

しかし外面的には従わざるを得ないが、内面的には矛盾したままの場合、内言としての「語り」は収束する地点を見失い、動機は失われ、最悪のケースでは心の病へと発展する。矛盾した「語り」を外部へ向けることができ、

聞き手が受け止めてくれる場合、筋書きのない「語り」は動き始める。語り手＝聞き手Ａと語り手＝聞き手Ｂは、互いの「語り」をぶつけ合い、尊重し合い、譲り合う。これは一方的な指示系統のもとでの「語り合い」とは異なる。この状態を「語り合せ(す)」と呼ぶこととしよう(図6-3)。

　「語り合せ」では、2人の内部観測者が互いに新たに直面した不測の事態に対して、「名づけ」、つまり新しい「意味の発見＝構成」を行っている。これは両者の共同作業である。協働であるがゆえに、新たに共同構成された「語り」を両者は、Bakhtin(1975)のいう「内的説得力のある言葉」として受容できる。一方の強制のもとでの「語り合い」は、上下関係がある場合、特にそれは「権威的な言葉」として表出する。

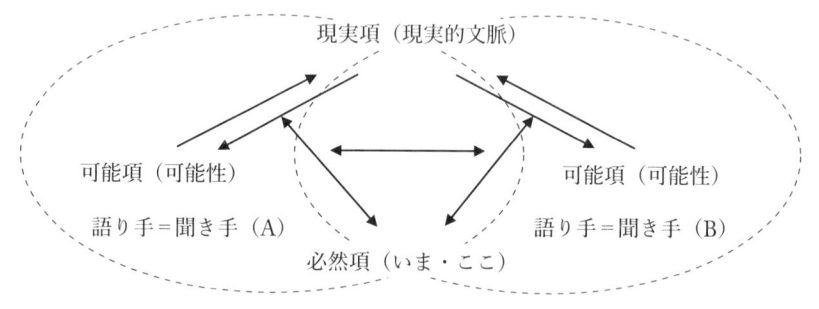

現実項（現実的文脈）

可能項（可能性）　　　　　　　　　　　可能項（可能性）
語り手＝聞き手（A）　　　　　　　　　語り手＝聞き手（B）

必然項（いま・ここ）

図には示さなかったが、語り手＝聞き手(A)にとって語り手＝聞き手(B)の可能項は潜在的であり逆も同じ。さらに、両者の可能項外の不定さも潜在する。

図6-3　「語り合せ」の概念図

　ミドルマネジメントの現場においては、こうした状況は日常茶飯事である。会社という生活共同体を楯に給与を餌として動機を持ち得ない部下を指示どおりに動かし、また部下も言われたとおりにしか働かないという状況が多くの経営現場で見られる。一方で、「語り合せ」が行われ、部下や同僚が動機づけられるケースもある。

　内部観測者同士の「語り合せ」は、その行為自体が不定さの連続を内包している。互いにとって異なる不定さを秘めた双方の「語り」と、共同作業である「語り合せ」によって、両者はよりメタな「名づけ」（意味の発見＝構成）を行う。これがまさに内部観測者における「学習」の過程なのである。

　ここで、原生計算へのアクセス概念であった「変化のかたり」から道具概念の「語り」への転換について整理しておこう。「変化のかたり」の日常レ

ベルの概念として、まず我々は、"Antenarrative"の概念を受容した「語り＝騙り」を手に入れた。次に現在に定位するとき、「語り」は「語り合い」と「語り合せ」の2つに分節された。ここで、後者の「語り合せ」は「変化のかたり」からの転換概念として理解することは容易かもしれない。2つの異なる「語り」を互いに擦り寄せて、新しい「語り」を生み出すのであるから。しかし、「語り合い」のほうはどうか。その「変化」とは何か。

郡司（2002）は、「発話を理解することは、意味を安定に決定することはもとより、文脈を決定することすらもその根拠とはしない。寧ろ発話を理解することと誤解することは表裏一体である」[10]と述べているが、ここで我々は「語り」が「騙り」であったことを思い起こそう。この「騙り」は、意図的なものだけでなく、意図せざる場合も含む。往々にして本人は「真実」だと思い込んで「嘘」を「語る＝騙る」現象は日常茶飯事であろう。それゆえ、便宜上、「語り合い」「語り合せ」と書いたが、これらはそれぞれ、同時に「騙り合い」「騙り合せ」を含意しているのである。発話の表側だけでなく、裏側にも眼を向けると、現在に定位した「かたり」が「変化のかたり」であることがより鮮明となるであろう。両者とも正確には、「語り＝騙り・合い」「語り＝騙り・合せ」と表記すべきなのであろうが、煩雑ゆえ、本書ではこのあともただ「語り合い」「語り合せ」と記すこととする。しかし、そこには常に「騙り合い」「騙り合せ」も含意されている。このことはこれら2つに限定されず、語りを括弧つきで「語り」と表記したものすべてが、本来的には「語り＝騙り」と記されねばならないのである。

「規範のかたり」と「起源のかたり」

前項では、「語り」の現在について見てきたが、ここでは、まず「語り」の過去について論じよう。生命理論において、過去を理解するための概念装置は原生理論であった。本書では、その代替概念として、「規範のかたり」を提案した。現実項と必然項の相互継起関係を可能項が媒介する概念装置が原生理論であった。そのアクセス概念である「規範のかたり」は「語り手」と「聞き手」の相互継起関係を「もの」が媒介する概念装置として描かれた。では、メタレベルでの「規範」は、日常レベルではどのような様相を見せるのか。

原生理論において、過去は現実の「根拠としての過去」と、新たに発見＝構成された、現在から「想起される過去」との、2つの過去を併せ持った存

在過去として理解された。これは「規範のかたり」においても同様であろう。つまり、「いま・ここ」において存在過去を語るとき、日常レベルの「語り」の概念は2つの様相を呈するのである。

　まず、「語り」の現在における「語り合い」の状況から語られる過去はどうか。ここでの過去は、「根拠過去」として出現する。大小を問わず筋書きのある物語では、過去はすべて結末(「いま・ここ」)の根拠として語られる。これは、結末=「いま・ここ」が望ましい矛盾の感じられない状態のときが多い。ハリウッドのハッピーエンドは、基本的にすべてこの構図である。また、女房に代表される語部により物語が語り聞かせられた感染教育もこの範疇に入るであろう。この物語の「語り聞かせ」では、語り手と聞き手両者の間に共通の認識が成立しているのである。

　勿論、感染教育とは王侯貴族の子弟への教育である。折口(1995e)がいうように、それは「ある連続を持った言語が、対者の魂に働きかけて、ある変化を惹き起す事」[11]を意味していた。その点、物語の「語り聞かせ」は、「権威的な言葉」として出現する。Bakhtin(1975)は「権威的な言葉」について次のように述べている。少し長いが引用しよう。

　「権威的な言葉が我々に要求するのは、承認と受容である。それは、我々に対するその内的説得力の程度にかかわらず、我々に自己を強制する。我々はそれを、あらかじめ権威と結合したものとして見出す。権威的な言葉は、遠い圏域において有機的に階層秩序的過去と結びついている。これは、いわば父祖たちの言葉である。それは既に過去において**承認されている**。それは**あらかじめ見出される**言葉であり、それを似かよった同等の言葉の中から選ぶわけにはいかない」[12]。

　物語の「語り聞かせ」には、語り手と聞き手の先行的了解のもとでの「語り聞かせ」と、聞き手に承認と受容を求める「語り聞かせ」との2つが見出せる。しかし、いずれにも共通していることは、語られる過去は「いま・ここ」を是とする「根拠過去」である点である。もちろん、伝承には「いま・ここ」がハッピーでないことを根拠づける物語もあるであろう。それらのすべてが、平家物語のように、平家の悲劇・鎮魂の物語は源氏の草創・起源の物語であるという二重化された意味を持つものばかりではないであろう。ここで、「いま・ここ」を是とするというのは、たとえ悲劇的現状をも矛盾なく、「是」として受け止める態度表明のことをいう。つまり、郡司風に表現するなら、否定の肯定を積極的に受け入れるという意味での「是」という表

現である。

　いずれにしろ、我々は、「規範のかたり」における日常レベルの道具概念として、「語り聞かせ(す)」を手に入れることができた。ここで、もう1つ喚起しておきたいことは、この「語り聞かせ」という言語行為は、もっぱら物語を語るときに用いられる行為であるということである。勿論、ここでいう物語とは、書物に書かれた物語、あるいは口伝されてきた物語や語り物だけを指すのではない。第2章で論じた物語論による物語の定義に準ずる物語形式で語られるものすべてのことである。その意味で、ナラティヴ・アプローチでいう「グランド・ナラティヴ」や「ドミナント・ストーリー」が語られる形式がこの「語り聞かせ」であると言える。また、通常の物語論は勿論例外もあるが、この形式で語られる物語とその言語行為に関する研究と言えなくもないであろう。

　「語り」の現在における「語り合い」の状況から語られる過去が「根拠過去」であるならば、もう1つの「語り」の現在である「語り合せ」の様相から存在過去を語るときの過去は、想起される過去、つまり「想起過去」であろう。ここでは、過去は都合のよいように想起される。つまり、直面した状況が矛盾している場合、新たに発見＝構成された意味を根拠に過去は作り直されるのである。これは、内面的な葛藤を導く根拠としての過去を永遠に受容し続けなければならない耐え難き苦痛からの解放を意味する。

　内部観測者において、新たに発見＝構成された意味を根拠に、過去にも新たな「名づけ」(意味の再構成)が行われるということである。これを我々は「語り直し(す)」と呼ぶこととしよう。「根拠過去」を語る「語り聞かせ」が「権威的な言葉」を伝える言語行為であるならば、「想起過去」を語る「語り直し」は、「内的説得力のある言葉」として現出するであろう。ここでも少し長いが、Bakhtin(1975)から引用しておこう。

　「内的説得力のある言葉は、それが肯定的に摂取される過程において、〈自己の言葉〉と緊密に絡みあう。我々の意識の日常において、内的説得力を持つ言葉は、半ば自己の、半ば他者の言葉である。内的説得力のある言葉の創造的な生産性は、まさにそれが自立した思考と自立した新しい言葉を呼び起こし、内部から多くの我々の言葉を組織するものであって、他の言葉から孤立した不動の状態にとどまるものではないという点にある。それは、我々によって解釈されるというよりは、むしろ自由に敷衍されるのであって、新しい素材、新しい状況に適用され、新しいコンテキストと相互に照らしあうの

である」[13]。「内的説得力のある言葉は同時代の言葉であり、未完結な同時代性との接触の圏域(ゾーン)において生まれた言葉、すなわち同時代化された言葉である。それは同時代人に呼び掛けるだけでなく、子孫にも同時代人に対するように呼び掛ける」[14]。

　「語り聞かせ」との対比から類推すれば、「語り聞かせ」が第2章で論じた物語論に関わる言語行為であったのに対して、「語り直し」は第3章で概観したナラティヴ・アプローチで採用されている言語行為であることが容易に想起されよう。Gergenらが提唱するナラティヴ・セラピーの中でいわれるドミナント・ストーリーに対するオルタナティヴ・ストーリーを語る言語行為が、まさに「語り直し」であろう。「いま・ここ」から想起される過去は自由に解釈されうる。何事かが帰結後、過去は都合のよいように作り変えられるのである。郡司（2002）の言葉を借りれば、「過去が未来に影響を与えると共に、未来が過去に影響を与え、翻って現在や未来が作り変えられる」[15]ということである。

　「語り聞かせ」が物語論に関わる言語行為であるということとの対比から、「語り直し」は、物語論の他研究領域への応用であるナラティヴ・アプローチあるいは物語論的アプローチを採用する研究でもっぱら用いられる言語行為であるということも理解できる。また、伝統的な物語論およびその後の応用研究がいずれも、もっぱら「語り」という言語行為において「過去」を志向する様態に関わってきたことと、「かたり」という言語行為は「むかしむかし」あるいは「いまはむかし」という発話とともに、「むかし」という回想が向かう方向としての志向性のある時間へ向けられる、という坂部（1990）の指摘とが、親和的であることを挙げておく。

　いずれにしろ、我々はここで「規範のかたり」における日常レベルの道具概念として、「語り」を「語り聞かせ（す）」と「語り直し（す）」の2つに分節した（図6-4）。これらの2つの概念が、「規範のかたり」から転換された概念であることは明らかであろう。「語り聞かせ」は、まさにその言語行為そのものに規範性を含意している。「語り聞かせ」が「規範のかたり」の転換概念である必然性は、規範性の創出と維持に擁護されるのである。一方、「語り直し」は、それまでの秩序を支配してきた旧来の規範に対する反旗であり、新しい規範の成立を意味する。その意味で、こちらも「規範のかたり」の転換概念といえるのである。

　さて次に、「語り」の未来へ議論を進めよう。生成を理解するための3つ

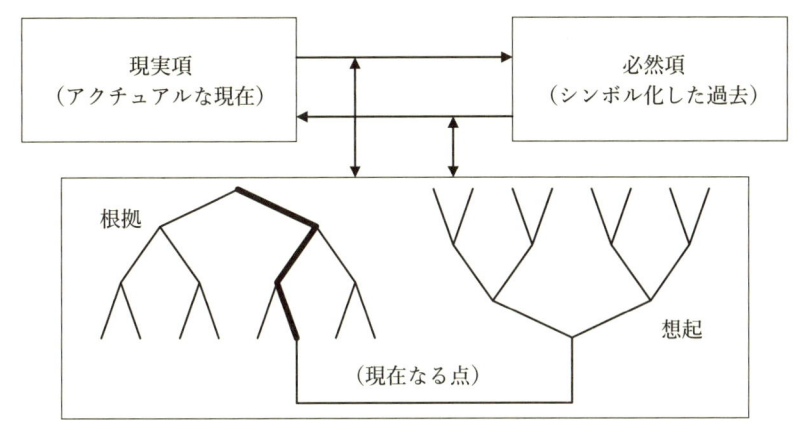

第 6 章　「語り」に潜在する動機　213

図中テキスト:
- 現実項（アクチュアルな現在）
- 必然項（シンボル化した過去）
- 根拠
- （現在なる点）
- 想起
- 媒介者＝可能項（存在過去）

内部観測における過去の概念図と同じであるが、左下図(根拠)は「語り聞かせ」を、右下図(想起)は「語り直し」を表す。

図のみ郡司(2002)、176 頁より
図 6-4　「語り聞かせ」と「語り直し」の概念図

目の概念装置は原生実験であった。その代替概念は「起源のかたり」と呼ばれた。原生実験は必然項と可能項の相互継起関係を現実項が媒介した。それゆえ、「起源のかたり」は「聞き手」と「もの」の相互継起関係を「語り手」が媒介する様相を呈した。では、日常レベルで「起源」とは、「語り」という言語行為において、どのように出現するのか。

　郡司によると、日常的で受動的・盲目的なルーチンの現在が反復している際には、反省はなく、受動的自我が継起し続ける。これは、「語り」の現在から考えると、「語り合い」の状態であろう。そこには反省はない。受動的に進行する現在を完了する「中間休止」が生じない状態である。さすれば、そこでは物語を通して受容した自我が矛盾なく継起し続けているということであろう。しかし「語り合い」でも、意図的に両者が純粋に「騙り合い」を行っていることも想定できる。

　この場合には、「中間休止」は生じるのか。いや、この場合でさえ、両者がその「騙り合い」によって指し示される状態に留まる限り、日常的に受動的・盲目的な現在が反復・継起するのみであろう。そこには同じく反省はみられない。同様に「中間休止」も生じることはない。それゆえ、ここでも自我は矛盾なく継起し続けていることになる。以上から言えることは、「語り

合い」の様相からは、未来に定位した「語り」は生じないということである。

　では、矛盾を契機とする「語り合せ」の場合はどうか。ここでは、郡司のいう「中間休止」の状態となると言える。前項で「語り合せ」は2人の内部観測者が互いに新たに直面した不測の事態に対して、「名づけ」、つまり新しい「意味の発見＝構成」を行っている様相と理解された。一方が「やってしまった」という完了を経験するのか、互いに「やってしまった」と反省を覚えるのか、内部観測者同士の「語り合せ」はそれ自体が不定さの連続である。そして互いに異なる不定さを内包した双方の「語り」と、両者の共同作業である「語り合せ」によって、よりメタな「名づけ」（意味の発見＝構成）が行われるのである。

　これは両者の共同構成により創出された「語り」である。その意味で、これも「語り直し」のとき同様に、Bakhtin（1975）のいう「内的説得力のある言葉」として両者に受容されるであろう。いずれにしろ、ここで両者の受動的自我は解体される。この時点ではじめて、これまでの過去に生きた自我が発見＝構成され、これからの未来を生きる自我がBakhtin風にいうと、いまだ発せられていないものとして表象されるのである。

　「語り」という言語行為もまた現象である。その限りにおいて、現象としての「語り」は「いま・ここ」において、矛盾から新しい意味を生成し続ける。つまり「語り」という言語行為が「語り合せ」の様相で未来に定位するとき、未来を語るとは、「意味の創造（新たな文脈）」を意味するとともに、現象としての未来を創り続けることそのものを意味するのである。本書では、これを「語り作り（る）」と呼ぶこととする（図6-5）。

　ここで、我々は、未来を理解するための概念装置である原生実験の代替概念としての「起源のかたり」から、日常レベルの道具概念としては、「語り作り」1つのみしか獲得できなかった。他の概念装置からは、それぞれ2つの道具概念を導き出すことができた。しかし「起源のかたり」からは1つである。それはなぜか。理由は簡単であろう。それは「起源」が含意する、その単独性、創発性に由来する。起源は常に最初であり、唯一のものとして屹立する。起源を語る言語行為も、1つの様相を持つことで十分であろう。

　また「語り作り」は、その言語行為として備えている、「語ることによって現象を創りだす」という行為遂行的な性質そのものによって、「起源のかたり」の転換概念である本質を物語っているであろう。

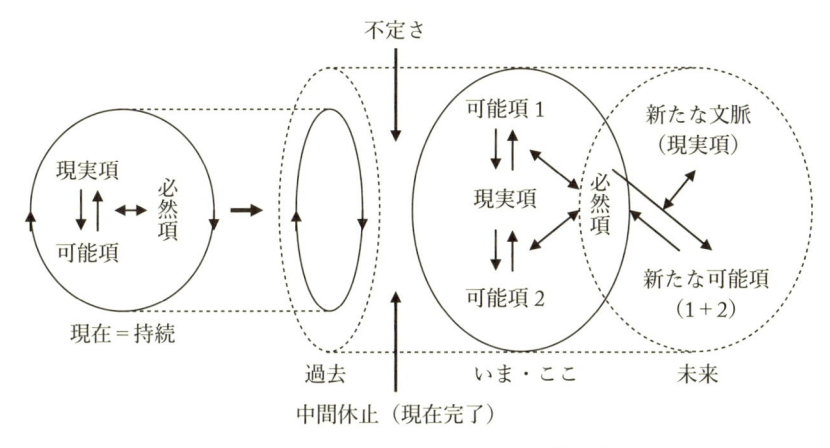

第 6 章 「語り」に潜在する動機　215

図の右側は、「語り合せ」の「いま・ここ」からの「語り作り」を表す。

郡司（2002）、152 頁、図 22 より筆者がアレンジ

図 6-5　「語り作り」の概念図

「語り」の分節

　ここでは、前項までに行った「語り」という言語行為の分節を整理するとともに、生命理論へのアクセス概念である「かたり」とその転換概念としての道具概念である「語り」について表にまとめる（表 6-1）。その前にこれまであまり多くを論じなかったが、もう 1 つの道具概念である「物語」について触れておこう。「生成を理解するための概念装置」は「ものかたり」というアクセス概念に置き換えられたが、それは道具概念に転換される際に 2 つに分節される。そこに「物語」が登場する。過去に閉じた概念として「物語（という言語行為）」に、未来に開かれた概念として「『語り』（という言語行為）」に転換されるのである。勿論、ここでいう「物語」は物語論で定義された諸特性を具備しているものとして把捉されいる。

表6-1　生成を理解するための概念装置のアクセス概念と道具概念(「語り」の分節)

生命理論の主要概念	アクセス概念	道具概念	
生成を理解するための概念装置	ものかたり	未来に開かれた概念	「語り」(という言語行為)
		過去に閉じた概念	物語(という言語行為)(始まり・中間・終わり)
原生理論	規範のかたり	語り合せ→	語り直し(す)
		語り合い→	語り聞かせ(す)
原生計算	変化のかたり	不測の事態	語り合せ(す)
		物語を受容	語り合い(う)
原生実験	起源のかたり	語り合せ→	語り作り(る)
		語り合い→	(なし)
観測過程	かたり		「語り」
現実項	語り手		語り手
必然項	聞き手		聞き手
可能項	(語られる)もの		(語られる)もの
マテリアル	もの		もの
「いま・ここ」	「いま・ここ」		「いま・ここ」

第3節　生命論的動機論

動機とは何か

　「動機とは何か」という、動機づけ研究にとって根源的な問いを、「語り」という言語行為と生命理論を論じたあとではじめて発するのには理由がある。それは、本書の動機づけ研究が生命論的アプローチを標榜することと関係している。これまで郡司(2002、2003、2004、2006a、2006b)の生命理論を中心に観測志向型理論に論及してきたが、研究の方法論を観測志向型理論に依拠することで、研究の手法だけでなく、その対象もまた様相を変貌させることになる。つまり、動機の概念が従来の機械論、有機論を基底とする諸研究のもとで把捉されているものとは異なるということである。本書がこれから主張することは、観測志向型理論に定位した観測過程において発見＝構成された概念であり、それゆえその方法論を擁護する理論(生命理論)を背景に論述することによって論理的理解が形成されると考える。

　第1部第1章で概観したように、従来の動機づけ理論の多くは心理学の学術的成果を基礎に構築されている。本研究が志向する経営学の領野でも心

理学的知見に理論的根拠を求めるものが多い。教育現場を含め学習心理学においては、行動主義、認知主義、状況主義という流れがあることは既に述べた。前者2つは、人間の知的作業を遂行する能力が人間のアタマの中に内在すると仮定して議論する。それに対して状況主義は、与えられた環境の中でのふるまいや他者との社会的な相互作用、あるいは道具を用いる状況などに注目する。状況主義にとっては、人が外部の状況に対応して変容して行くことが学習として捉えられ、アタマの中での知識習得のみを目指した議論はしない。その点、状況主義が物語論に親和的で、生命論へ通じるものであることは既に述べた。

　第1章で概観した代表的な動機づけ理論は機械論あるいは有機論に準拠するものが殆どであり、その大半が有機論的アプローチであった。唯一の例外はフロー理論であろうか。機械論とも有機論とも異なる。一個人の意識の状態に焦点を当てており、社会的相互作用は必須要素ではないが、状況との関わりに照射するという点では、状況論的アプローチに近い様相を呈す。ここではまず、動機づけ理論の機械論的アプローチと有機論的アプローチにおける動機概念について確認しておこう。

　しかし機械論的アプローチはDeci (1975)の主張で見たように、動機づけ理論としてはまだ成熟していなかったようである。それゆえ、ここでは有機論的アプローチに絞って論じる。これらは、現代の動機づけ理論の主流である。Deciは有機論的アプローチを、情緒喚起理論、認知的理論、ヒューマニスティック理論の3つに分類して議論を進めたが、動機概念について考察する場合、一般の教科書的な分類によるほうが理解し易いかもしれない。それは内容説と過程説である。Deciの三分類の1つ目と3つ目が前者に、2つ目が後者におおむね振り分けられると考えても差し支えないであろう。

　さて、内容説は「人は何に動機づけられるのか」という問いに、過程説は「人はどのように動機づけられるのか」という問いに答えようとする理論である。主眼が置かれているのが、"What"と"How"で異なるが、両者ともに動機づけの原因、つまり動機は、行為者に内在するものと理解されている。例えば、内容説の代表であるMaslow (1954, 1962)は、人間には5つの基本的な欲求があることを主張した。一方過程説においても、例えば、Deciは『内発的動機づけ』という主著のタイトルが示すとおり、動機は行為者に内在するものとして理解されている。Deciの概念は「自己決定」と「有能さ」であった。先に挙げた学習心理学の行動主義、認知主義に限らず、一般に心

理学は人間の内面の意識や無意識を研究対象とし、人間をある行動へ突き動かす欲求や意欲がその本人の中に存在するものと仮定して議論する学問である。

　動機の行為者内在論は心理学に限ったことでなく、倫理学では意識的な原因だけに限定して議論するが、意志決定の際に目的観念とともに出現する欲望を意味する[16]。こうした学問に限らず、外的な刺激や誘因ではなく、動機という言葉とともに理解されるものは一般的には行為者に内在した行動の原因であろう。例えば、犯罪行為が行われたとき、まず犯人の犯行の動機が問われる。「犯人はなぜ犯行に及んだのか」「動機は何か」と。ここでは確かに犯人を犯行へと突き動かした内面的な動機が問われている。また普段見せたこともない力を発揮して高い営業業績を上げたり、スポーツの大会で優勝したりとか、成果を上げた人が、実は金目当てであったり、女の子にもてたかったからであったり、表側の輝かしい成果には相応しくないように思われる裏側にあった要因に突き動かされていた場合に対しては、「動機が不純だよ」という表現がしばしば使われる。この場合も、動機は行為者の内面の欲求や欲望と同値に捉えられている。

　動機が行為者に内在しているという論点のほかに、ここではもう1つ、動機概念の二義性について触れておこう。先に挙げた例から見ると、日本語の場合、「動機」という単語を単独で用いる場合、起きた現象を受け手があまり好ましくなく感じる状況下で用いられることのほうが多いのかもしれない。生まれ育った環境が悪く殺害に及んだ犯人の動機には結果的に多くの同情を呼ぶとしても、その殺人という行為そのものは日常的に好ましい現象とは受け止められてはいないであろう。

　一方、経営現場や教育現場でよくいわれる、「やる気」を起こさせるための「動機づけ」というような表現の際の「動機」は、ポジティヴな意味合いを持って使用される。ここでまず、動機概念には「ポジティヴ／ネガティヴ」という二義性が見出される。

　そしてもう1つ、犯罪行為に限らず、ある行為の「目的」あるいは「理由」としての動機が問われる。Anthony Giddens (1993) は、『社会学の新しい方法基準』の中で、「英語の日常語法では、(…)『理由』と動機を明確に区別していない」[17]ことを指摘する。さらに Giddens は「無意識の理由 (unconscious reasons)」は簡単に受容されない語法であるのに対して、「無意識の動機 (unconscious motive)」[18]は抵抗なく使用されることを述べ、次のよ

うに論じる。「私の『動機づけ』という言葉の用法は、行為者が意識していたり意識していないかもしれない欲求を、あるいは特定の動機が当てはまる行為をおこなったあとではじめて気づくようになる欲求を指称するため、現実に一般の人びとの語法に厳密にしたがっている」[19]と。

「目的／理由」という動機の二義性に関しては、Schutz (1970) が明快な議論を行なっているが、それは次項で見るとして、さて、Giddens の見解は我々に動機概念を再考するためのヒントを提供してくれている。「動機づけ」という言葉は、「特定の動機が当てはまる行為をおこなったあとではじめて気づくようになる欲求を指称するため」に用いられるという。この文は、2つの議論すべき論点を内包している。1つは、「行為をおこなったあとではじめて気づく」という点、もう1つは、「動機づけという言葉は、欲求を指称するために用いられる」という点である。

本項は、「動機とは何か」という問いから出発した。本来ならここで、その問いに明快に答えて次項へ進むべきかもしれない。しかし我々はその問いから、動機概念を再考するための2つのヒントを得た。それゆえ、ここでは拙速な議論は避けて、次項で、Giddens が与えてくれた2つのヒントから動機概念に関して議論を続けていきたい。その際、社会学者の主張を参考にする。これまで、動機づけ理論は心理学者が中心に構築してきた。少し違った観点からも照射してみる必要があるであろう。そうすることで、生命理論を背景とする動機づけ研究における生命論的アプローチの従来のアプローチとの違いがより鮮明に顕現するであろう。

動機概念再考へのヒント

ここではまず、Giddens が与えてくれた2つのヒントのうちの1つ目の「行為をおこなったあとではじめて気づく」という点を契機に、Schutz (1970) の動機論を概観しよう。Schutz は動機が二義を内包していることを明言する。それは目的と理由である。しかし、その内容はやはり行為が行われたあとの状態から説明される。動機とはそもそも「行為をおこなったあとではじめて気づく」ものであり、むしろ生命理論を基底に考えると、動機とは行為が行なわれてはじめて「発見＝構成」されるものなのではなかろうか。この点は非常に重要であるので、のちに再度論じるとして、まずは動機の二義性を明確に論じた Schutz の議論を見てみることとする。

Schutz の例も「殺人」である。「殺人者の動機は被害者の金を手に入れる

ことであった」[20]。ここから、彼はこの場合の動機は、「行為がもたらそうとしていた事態、つまり行為の目的を指している」[21]とし、これを「目的動機（in-order-to motive）」と呼んだ。これは、行為者にすると、未来に関わる動機であるという。未来の行為によって生じるであろうと事前に想像された事態が、その行為の目的動機を形成しているというのである。そして、「…のために」という想いに動機づけられるのは、「意志の命令」、「やろう」という決断であり、この決断が内面の想いを外部世界で行為に転換するとされた。

　Schutz が提唱する 2 つ目の動機は、「理由動機（because motive）」である。殺人者の例で表現すると、「殺人者がそのような行為をするように動機づけられたのは、彼がしかじかの環境に育ったからである」[22]となる。理由動機は、目的動機とは対照的に過去に関わる動機である。「…だから」という理由に動機づけられるのは行為の投企そのものである。Giddens 同様、Schutz も、この理由動機と目的動機が日常混同されて使用されることを指摘している。Schutz の動機論において、動機は明確に二義を持った概念として定義されたが、ここでも動機は行為者に内在するものとして理解されているようである。

　動機概念を再考するためのヒントのうちの 2 つ目の「動機づけという言葉は、欲求を指称するために用いられる」という点へ議論を転じよう。勿論すべての社会学者ではないが、動機を行為者の内面ではなく、社会のシンボル体系の中に見出そうとする観点がある。Giddens の言明はヒントであったが、この立場の古典的な理論家としては、Max Weber（1922）が挙げられる。Weber は動機を次のように定義する。「『動機』とは、行為者自身や観察者が或る行動の当然の理由と考えるような意味連関を指す」[23]。この Weber の動機概念を日常レベルで使用できるように転換し、動機内在論に対して、動機外在論とも呼べる議論を展開したのが Charles W. Mills（1940）である[24]。

　Mills（1940）は「状況化された行為と動機の語彙」の中で、「動機の語彙」という概念を提示する。「動機をもって行為の主体的『源泉』と理解しようとする推論的な見方とは対照的に、動機というものは、ひとつの限られた社会的状況のなかで、さまざまの事実を確定させる機能をもつ象徴的な語彙（vocabularies）であると考えることもできよう」[25]と論じる。井上俊（1986）によると、これは既に社会的に類型化された語彙を様々な行為に「付与」するという点で、動機付与論ともみなせる。

我々は日常、社会的生活上で遭遇する様々な他者の行為に対して逐一動機を詮索することなく生きている。ある特定の社会の成員は成長する過程で、そこでの規範や制度、慣習に従い行動し、相互の了解のもとで行動するようになる。Schutz(1970)のいう「よそもの」が登場してはじめて成員には自明のことが不可解な行動に思える現象として顕現する。よそもの論を出すまでもなく、それは非日常的な異文化体験での戸惑いとして理解できるであろう。なぜそうした行動をするのだろうか、と。

　ところが、動機付与論では、我々は日常的に動機の付与を行なっているという。安定した相互作用の状況下では、それは自動的に行なわれる。もしそれができていなければ、現前する行為の意味を把捉できずに、誤った対応をすることになるというのである。日常の習慣化された相互のやり取りにまで動機の付与が絶えず行なわれているかどうかは別として、動機付与ができなかった場合に、行為の意味を理解できない状況は想定できる。これは、一般に予期せぬ出来事、あるいは不測の事態と呼ばれる事象の当事者または関与者になった状況である。

　動機付与論では、このような状況におかれた人々は、想定外の行為の動機を解明しようとし行為者の動機の表明を求め、行為者は他者の期待に応えられなかったことに対して動機を表明し理解と容認を求める、と説明される。その動機の表明は、動機に関する「類型的な語彙」によってなされる。また、それは行為が行なわれたあと行なわれる。そして、動機の表明の際に適切な語彙によって行なわれると、社会は混乱を回避し秩序が回復されるという。Mills(1940)は、「ひとは経験の直接的な行為のなかで生きているのであって、その注意を自己の外に向けているのがふつうであり、自らの行為が挫折するに至って、はじめて自己に気づき、動機に気づく」[26]と述べており、この点生命理論と親和的である。

　また Mills(1940)によると、「動機とは、現在・未来あるいは過去のプログラムや行為の正当化として受容されているもの」[27]でもある。そこから人々が自身の行為が容認してもらえそうな正当化を予測して行為するというように、行為が規制されることもしばしば生じるという。つまり、行為者は他者に受容されやすい動機の語彙に該当する行為を選択するようになるということである。結局、動機の語彙は、人々の行動を拘束し、ある行為を誘導したり考え直させたりする、ある意味道徳的な面も備え持つのである。さらに Mills(1940)は、「動機は、それが、その人の行為に含まれる他者にアピー

ルしたときには、行為の戦略となる。多くの社会的行為のばあい、他者は、暗示的にか明示的にか、それに同意しなければならない」[28] と述べている。

ここで論じた Mills の動機論は、多くの動機づけ理論が動機内在論に定位し、しかも普遍的な動機を想定していることに一石を投じたと言える。本書の理論的立脚点とする郡司の生命理論では意識でさえ、局所的意味論として把握された。その意味で、Mills の動機外在論とも呼べる動機付与論は、観測志向型理論に定位する動機論に通じるものがある。そのことは、本節が結びを迎えるまでにはより鮮明な姿を顕現するであろう。次項以降では、Mills の動機論における動機の外在性を踏まえて、生命理論に定位した議論を試みる。

動機の本質

ここまでの議論から、動機は行為が行われてはじめて、議論しうる主題である可能性が高くなった。未来に関係するとされた Schutz の「目的動機」でさえ、その説明は事件発生後の過去事例から行なわれた。日常我々が接する刑事物ドラマを想起すれば、その主張はさらに擁護されそうである。しかしそれにもかかわらず、我々は日常の経営現場または教育現場において「動機づけ」をテーマにしうる。その際、問われている動機は過去に起こった出来事の動機ではない。これから起動される未来での行為に対する動機のはずである。では、なぜ我々は未来に対する動機に関する議論を可能にする「ことば」を持ちえないのか。

Mills の指摘するように、我々は所属集団の中では日常的な相互作用において逐一了解を求めない。そこには既に了解・承認が形成されている。我々がある行為を行なった行為者に動機の表明を求めるのは、その行為の出現が理解できないとき、了解できないときであった。この動機付与論では、日常的な動機付与は習慣化され自動的に行なわれていて、不測の事態に遭遇したときに動機の表明が求められるという解釈であった。Mills においても、動機はある行為が頓挫してはじめて気づくものであり、「動機は結果としてあらわれるべき状況につけられた名義であって、そこへと導いていく行為の代理をつとめる」[29] とされた。しかし彼は「発生的に、動機は、行為者自身によって言語化される前に、他者によって帰属づけされている」[30] とも述べている。どういうことか。

井上 (1986) によると、「ミルズは必ずしも内在論を否定しているわけでは

ない」[31]。Mills の議論は生命理論に近い位置にあるが、Mills の視点も状態志向型理論に定位していたということであろう。しかし本書は郡司の生命理論に準拠することを志向している。そして、その観測志向型理論の視点に立ち返れば、やはり事態は逆であることに気づかざるを得ない。郡司の遺伝子と進化(創発的変化)の関係についての説明を思い起こそう。

　一般に生物学では、遺伝子レベルの変化によって進化が創発するとされる。しかし郡司は、事態は逆だと主張する。「不定さが創発的変化として顕現し、その結果我々はメタレベルを措定したり、メタレベルの担体をも発見＝構成できる。遺伝子も同様に発見＝構成された。遺伝子が、創発的変化の様相に対して発見＝構成されたのであって、遺伝子の変化が創発的変化を根拠づけるのではない」[32]。「創発的変化の継起をもって、我々は進化という様相を発見＝構成する」[33] のである。

　この先後関係は、動機に対しても該当するのではないか。動機レベルの変化によってある不測の行為が行なわれるのではない。ある行為が不測の事態を惹き起し、その結果我々はメタレベルの動機を発見＝構成するのではないのか。さらに郡司の言葉を借りれば、「創発的行為の継起をもって、我々は動機という様相を発見＝構成する」のである。このように観測志向型理論に定位して動機現象を見ると、これまでも動機は行為が行なわれてからはじめて議論される概念であったことが容易に理解できるようになる。そして我々は動機が行為者に内在するものではないことも見出したと言えそうである。

　さて、日常、我々が経営現場や教育現場で「動機づけ」を主題に挙げる現象は、我々が Mills と同じ状態志向型理論の観点から生活世界に対峙しているからではないだろうか。どういうことか。人を行動へ突き動かす動機が取沙汰されるのは、人が予期せぬ不測の事態を惹き起したときであった。それは郡司風に表現すると、「やってしまった」状態である。これはこれまで犯罪者の事例が多かったが、この表現は必ずしもネガティヴな事態だけを意味するものではない。

　「とんでもないことをやってしまった」というように、刑事に動機を詮索されるような行為にも使われるが、「どえらいことをやってしまった」というように、予想外に大きな成果を上げたときなどにも使用される。ここでは、前者に否定的なニュアンスを持たせ、後者に肯定的なニュアンスを持たして議論する[34]。両者に共通していることは、日常的でない事態の発生であり、創発的変化と呼びうる現象の現前である。これは、生命を生成、そして

時間と同義と捉える、生命理論の時間の概念においては、未来への契機を意味していた。ここに本書では、未来に対する動機、つまり「未来への動機」に関しても我々は語りうることを見出しうる。しかしそれについて論及する前に、まず日常我々が「動機づけ」を状態志向型理論の観点から見ていることを論じよう。

　生命理論に定位するなら、日常我々は内部観測者として生きている。しかし一方で我々は時間を空間化して、生活世界を観照する外部観測者としての視点も持ちうる。刹那刹那を生きているときは矛盾をものともせずに時間を生成し続けられるのに、状態を特定できると考え、局所的意味論において観測対象を分離した途端、空間の中に存在しているように現象に接するようになる。ある「どえらいことをやってしまった」成功者を見たとき、我々は彼の動機の表明から動機を特定し、そうした動機を持てれば、そうした「どえらいことができる」人がまた輩出できると考える。そこから、我々は「動機づけ」という行為に主題性を見出し、従業員や部下、あるいは学生たちに対して、「動機づけ」に繋がる施策を実施しようとする。

　しかしその行為は、経営管理論的には矛盾を内包している。組織は制度と秩序の安定を強化し存続を図る。外的な環境変化に対しては、柔軟に、それこそ創発的な変化さえ惹き起こさなければ存続自体危ぶまれる[35]が、日常的に安定した環境下では、現状の維持および安定的な成長が目標とされ、不測の事態は極力回避することが目論まれる。こうした組織の特性のもとでは、不測の事態の発生とともに発見＝構成される動機を、意図的に呼び起こそうとする「動機づけ」行為は、「とんでもないこと」か「どえらいこと」か、どっちに転ぶかわからない、それこそ Boje（2001）のいう "bet" を意味し、伝統的な組織論においては決して本来的には望ましいことではないはずである。それでも現場では、「やる気」や「モチベーション」が求められる。それは、日常我々が状態志向型理論に定位して現象を把捉しているということを物語っているであろう。

　ここまでの議論を整理しよう。動機は行為が行なわれてしか見出せない（発見＝構成されない）。それゆえ、行為を惹き起した環境的要素の強い要因としての理由動機のみでなく、行為へと行為者を主体的に突き動かす動因としての目的動機に関しても、我々は進行中を含め、行為が顕現してからでないと言及できない。動機は行為が特定されてからしか論じえない。しかし我々は日常、いまだ行為が特定されざる「動機づけ」を主題にできる。とこ

ろが、ここで状態志向型理論から観測志向型理論へ視点を移行すると、観測行為における誤謬があったことに気づく。動機は行為とは分離できないもの、つまり観測過程から切り離すことのでない観測対象だということである。どういうことか。つまり、動機は状態志向型理論では議論しえない、観測志向型理論に定位してはじめて論じることができる起源問題なのではないか、ということである。

　次項で、生命理論およびその日常的な道具概念としての「語り」という言語行為に関する用語を基底に、動機概念をさらに鮮明に炙り出すとともに、これまで論じること自体が困難に映し出されていた「未来への動機」が日常的に語りうる現象であることが明らかになるであろう。

二人称問題としての動機

　行為が行なわれてからしか語りえないという性質とともに、Mills (1940)の指摘する「動機の表明」もまた、動機概念の特徴をよく示している。不測の事態に直面した人々は、理解不能な混乱状態から復帰するために行為者の動機の表明を求める。一方、行為者は他者の期待に応えられなかったことに対して動機を表明し理解と容認を求める。この構図は、郡司が提示した「ロボットの痛み＝傷み」のメタファーに類似していないだろうか。

　「痛み」は、一人称の問題としては、痛みを感じている当の本人にとっては疑問の余地のない問題である。しかし三人称の問題としては、他者の痛みというのは「わたし」の痛みとしては存在しないという問題でしかない。それゆえ、痛みの問題は、一人称の「わたし」に対面する他者が知ろうとし理解する問題であり、痛みを感じている本人が他者に伝える問題であった。郡司（2006b）は、ここに齟齬・調停を内在した二人称の問題が出現すると論じた。

　「動機」も同様である。三人称の問題とした時点で、動機問題は霧消する。不測の事態と感じぬ事象に関しては、三人称の動機など一切俎上に上がらない。動機付与論に従えば、動機付与は自動的に習慣化してなされているということであろう。また一人称の動機の場合も他者から問われない限り、顕在化することはない。ここにフロー理論の特質が見出せる。フローの状態で何かに打ち込んでいる人は確かに何かに動機づけられているのであろう。しかし明らかにある人がフロー状態であるということを、例えば不測の事態に遭遇したときのように、第三者が感得しない限り、そこでの動機は頓着されな

い。つまり、Csikszentimihalyi が問いかけない限り、フロー状態は動機づけられた状態として顕現しないということである。

　しかし「痛み」は二人称の問題だとしても、肉体的に「傷み」がある点では、当事者に内在しているのではないか、との疑問もでるかもしれない。それゆえ、ロボットの「痛み＝傷み」という問題に通じるわけであるが、その点でも動機問題も大差ない。ある行為において、行為の先後には行為者は（肉体的・物質的を問わず）生成＝変化をしている。しかし、それが内在している動機であるということではないであろう。動機とは、「やってしまった」行為とともに、内部観測者の「いま・ここ」（局所的意味論）において、その行為を起動させたものとして発見＝構成されるということではなかろうか。「痛み」も肉体的に生じている変化そのものではなく、二人称の問題として、医師に「ヒリヒリするの？　ピリピリするの？　それともズキズキするの？」と問われてはじめて、その擬態語で表現された現象として現前するのではなかろうか。また日常的に問われなくなった安定的な行為における動機が了解事項であると同様、日常的な痛みもわざわざ問いかけるほどのことはない了解事項とされているといえるであろう。

　こうして観測志向型理論に定位して動機を起源問題として捉え直すと、行為が行なわれてはじめて語りうるという動機の特性はよく理解できるようになった。しかし、これではまだ日常レベルで動機を語りえていない。我々は既に生命理論を日常レベルで適用するための道具概念を手に入れている。規範・過去の様相を理解するための概念装置「原生理論」から、「規範のかたり」→「語り聞かせ」と「語り直し」を、変化・現在の様相を理解するための概念装置「原生計算」から、「変化のかたり」→「語り合い」と「語り合せ」を、起源・未来を理解するための概念装置「原生実験」から、「起源のかたり」→「語り作り」を、それぞれ導き出した。

　ここでまず、不測の事態を発生させる行為を「やってしまった」現在としての「いま・ここ」から考えてみよう。「いま・ここ」（原生計算）における観測過程＝「かたり」→「語り」は、互いに了解し合えている状態では、「語り合い」の様相を呈した。これはちょうど日常的な行為に対しては逐一動機を問わない（動機付与論では動機は自動的に付与されている）状態に等しい。別の表現をすれば、社会的に了解の得られた「名づけ」は既に済んでいるということである。一方、2人の内部観測者が互いに新たに直面した不測の事態に対して、「名づけ」、つまり新しい「意味の発見＝構成」を行っている状

態では、「語り」は「語り合せ」と呼ばれた。「動機」が発見＝構成される状況は、まさにこの「語り合せ」の様相においてである。

次に、「やってしまった」行為が過去の出来事として想起される場合を考えよう。既にここでは想起過去が問題となっているため、根拠過去を語る「語り聞かせ」は出る幕がない。説明するまでもないと思うが、根拠過去においては行為者が改めて表明しなければならない動機は存在しない。基本的に「語り聞かせ」の様相で語られる過去はすべて了解済みの物語である。その中での行為者の動機は観測者同士にとってすべて自明のことなのである。

そこで、「語り直し」の様相である。そこでは、過去は都合のよいように想起された。内部観測者において、新たに発見＝構成された意味を根拠に、過去にも新たな「名づけ」(意味の再構成)が行われるということであった。しかしこれは、犯罪行為において、犯行が勝手に作り変えられるということではない。そうした「騙り」も予想されるが、過去の「語り直し」という様相は主に、内面的な葛藤を導く根拠としての過去を永遠に受容し続けなければならない耐え難き苦痛からの解放を含意していた。しかし「やってしまった」行為の動機に関する「語り直し」においても同様である。カウンセリングやヒアリング(尋問も含む)において、時に本人も気づいていなかったような動機が見出されることがあるように、新たに発見＝構成された意味を根拠に作り直される過去と同時にその行為の動機も新たに発見＝構成されるのであろう。ここで、この動機の構成が犯人(一方の語り手＝聞き手)の思惑どおりには行かないであろうことは、この「語り直し」が内部観測者同士の観測過程であり、「語り直し」という言語行為が要請する言葉が「内的説得力のある言葉」であったことを思い起こすことで十分であろう。

さて、この「語り直し」の様相で発見＝構成される動機が、Schutz のいう２つの動機概念のうち、まず「理由動機」であることは明らかであろう。「理由動機」は過去に関わる動機とされた。Schutz のいう過去とは、行為の原因が過去の経験に関係するということであった。それに対し「目的動機」では、行為の動因が未来を志向している点で、未来に関わる動機とされた。しかし、過去に定位して語るという点では、Schutz が「目的動機」の事例としてあげた動機も厳密な意味では、未来への動機とはいえないであろう。Schutz は、動機の二義性を明確にし、行為の原因が過去に関わるか未来に関わるかによって、「理由動機」と「目的動機」とに分節した点は評価できるが、それを分岐する時点が「いま・ここ」ではなく、結局過去時になって

しまった点で、本来的な「いま・ここ」からの未来へ関わる動機については語りえていないのである。それは、おそらく起源問題を語るための概念装置を持っていなかったからであろう。それゆえ、行為が起きてからの動機を議論するしかなかったのである。

しかし、我々は郡司の提唱する生命理論から起源問題を語りうる概念装置を掌中にしている。原生実験である。さらに我々はそれを日常レベルの道具概念へ転換した。「起源のかたり」→「語り作り」である。この「語り作り」という言語行為の様相において、動機問題はいかに語れるのか。未来に定位した議論は項を改めて行なうこととしよう。

やってしまえる未来

まず、「いま・ここ」という時間概念を再確認しておこう。「いま・ここ」は、現在の一時点を示す測度的な時間ではない。「いま・ここ」は、過去、現在、未来という3つの様相を内包した概念であった。それは「いま（時間）」であると同時に「ここ（空間）」としても理解される。「いま・ここ」には、時系列的な過去から未来へと続く「時間」と、絶えず創られる未来から、現在そして過去へと生成していく「時間」が共立して存在している。それゆえ、我々は過去を想起することもできれば、未来を予測することもできるのである（図6-6）。

さて、生命理論において未来は、不測の事態によって現在が完了して見出される概念として構成された。まさに、「やってしまった」行為によって、日常のルーチン的な反復が終了し、未来が出現するのである。「語り」の様相では、「いま・ここ」において、2人の内部観測者が互いに新たに直面した不測の事態に対して、新しい「意味の発見＝構成」を行っている「語り合せ」のとき、未来は創出されている。その「語り合せ」の状態で未来へ定位する「語り」を「語り作り」と呼んだ。

ここで、不測の事態を惹き起した「やってしまった」過去の行為は、「語り合せ」の「いま・ここ」においては、「やってしまっている」現在の行為として現象している。そして「動機」は行為と切り離せない以上、「動機」が発見＝構成されるのは、まさにこの「やってしまっている」現在の行為としての「語り合せ」の状態においてである。さらに「やってしまった」過去の前に「やってしまっている」現在が先行するように、「いま・ここ」において、「やってしまっている」現在の前に「やってしまえる」未来が局所的

規範性の流れ（未来→現在→過去）

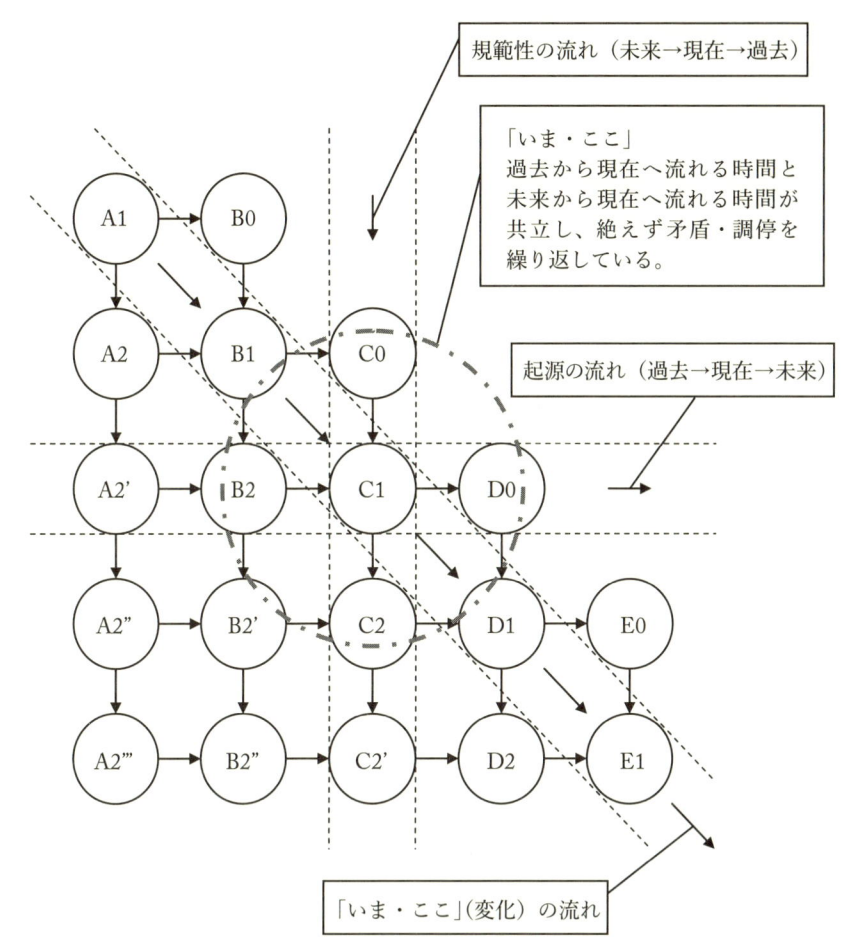

「いま・ここ」
過去から現在へ流れる時間と
未来から現在へ流れる時間が
共立し、絶えず矛盾・調停を
繰り返している。

起源の流れ（過去→現在→未来）

「いま・ここ」(変化)の流れ

A→B→C→D→Eの流れは時系列的事象としての時間の流れを、
0→1→2→2'→2"→2'"（0：未来、1：現在、2：過去を含意する）の流れは
絶えず創られる未来が現在そして過去へ生成していく流れを表す。

図6-6 「いま・ここ」と時間の概念図

意味論において予期されていたといえる。この「やってしまえる」未来を局所的意味論において構成するのが「語り作り」の様相なのである。この様相を、本書では、「未来を語り作る」と呼ぶこととする。

「いま・ここ」において、「語り合い」の様相では、日常的受動的ルーチンが継起し、そこには不測の事態は生じない。受動的盲目的に反復している日

常は確かに生成はしているが、生命理論的には未来とは呼べない。しかしこの現象を本書では敢えて「押し出される」未来と呼ぶこととする。これは内部観測者が意識せずとも、絶えず「いま・ここ」は次の「いま・ここ」へと生成されることを含意している。世界内存在としての内部観測者は能動的に生きていると同時に、世界内で受動的に生かされている。この生きていることの二項対立をマテリアルが媒介することは既に述べた。前者の能動的に生きている様相が「やってしまえる」未来であり、後者の生成する様相がまさに本書でいう「押し出される」未来なのである。

　さて「語り合せ」の様相では、受動的自我は解体され、未来が作り出される。その「やってしまっている」現在を次々に生成する、それに先行し作り出される未来は、「やってしまえる」未来である。「やってしまっている」現在のよい例が、フロー状態であろう。そこでは、「やってしまっている」現在が次々に「やってしまった」過去へと移行していく。しかし、その前には「やってしまえる」未来が内部観測者としての行為者には見えているはずである。その「やってしまえる」未来を予期して認識しているのが、計算実行環境である認識主体としての局所的意味論である。そして「いま・ここ」で発見＝構成される動機とは、この局所的意味論のことであるといえるであろう。つまり、この「やってしまえる」未来を見ている局所的意味論が、「やってしまえる」未来への動機なのである。この未来へと能動的に生きているときの局所的意味論＝意識を、本書では「未来への動機」と呼ぶこととする。

　動機とは、日常的な行為においては問われることはない。不測の事態、非日常的な出来事を惹き起すような行為が行なわれたときはじめて、動機は問われる。また行為とともに発見＝構成される。動機はそれを主題とする「語り」においてはじめて発見＝構成される。つまり動機は「語り」に潜在している。そして「語り」とともに顕在化するのである。それは不測の事態、非日常的な行為とともに発見＝構成されるのである。

　その非日常的な行為とは、好意的に迎えられる例では「どえらいことをやってしまった」行為である。その行為が過去となってしまったときに、動機を見出すことができたのは、「語り直し」という言語行為である。そして「どえらいことをやってしまっている」現在の行為の動機を発見＝構成できるのは、「語り合せ」という言語行為である。最後に、「どえらいことをやってしまえる」未来の行為の動機を発見＝構成できるのは、「語り作り」という言語行為なのである。

こうして、我々は観測志向型理論に定位して原生計算における観測過程を、「語り」という日常レベルの道具概念に転換して議論することによって、状態志向型理論の視点からは日常の生活世界内において語ることのできない「やってしまえる」未来への動機について語ることができるようになるのである。動機は行為と分離できない。それは観測対象が観測過程と分離できないのと同じである。それゆえ状態を指定して外部から観測するとき、「いま・ここ」における時間の生成は語れなくなる。時間は空間化して測度としてのみ把捉される。同様に動機も行為が行なわれてはじめて語ることができる概念としてしか把捉できないのである。

　動機は「語り」という言語行為の中に潜在している。それは、非日常的な行為の起動とともに発見＝構成される。そして本書は、動機を語れる「語り」の3つの様相を明らかにした。過去の動機を語る「語り直し」。これは、既に心理療法の分野で有効性を発揮している。そこで、「語り」は過去の経験の書き直しへの動機づけとしてはたらき、かつ新しい筋立てに沿った行為の動機付与に貢献している。

　そして、本書は医療のように治療を目的とした生活の現場ではなく、あらゆる日常の生の現場で役立つであろう「語り」の様相をさらに2つ提案する。1つは、現在の動機を発見＝構成する「語り合せ」。もう1つは、未来への動機を育む「語り作り」。これらは、実際の経営や教育の現場で有効に機能するであろう。「語り」という言語行為そのものが行為を触発する自己触媒機能を持っている。それゆえ、「語り合せ」は、日常的に変化を恐れずに行動することへの動機づけに役立つであろう。また「語り作り」は、「語り合せ」の中で普段に比べて少し「どえらいことをやってしまえる」未来を見出すきっかけとなることであろう。

　本節の最後に、「やる気」についても少し論じておこう。「やる気」は「動機」「動機づけ」「モチベーション」とともに日常的に使用される用語である。「やる気」の「やる」は、この項の主題として論じた「やってしまえる」の基底をなす動詞の原姿である。坂部（1989、1990）が「かたり」という言語行為を論じるにあたり、比較の対象として「はなし」という言語行為を採用したように、ここでは「やる」という行為をよりよく理解するために、動詞としてはほぼ同様の内容を含意する「する」という行為を採り上げることとしよう。

　「する」と「やる」は近似的な動詞であるが、用途において根源的相違が

ある。「する」はより中立的あるいは日常的動作を表現する際に使用される。それに対し「やる」は、行為者の意志的なはたらき、あるいは非日常的な行為に対して用いられる。「やる」は、辞書的には「する」の俗的な表現形式でもある。しかし「する」を用いるよりも「やる」を使ったほうが母国語使用者間での了解を得やすい表現において両者の違いは明らかとなる。そのよい例がここまで論じてきた「やってしまった」「やってしまえる」である。これは勿論「してしまった」「してしまえる」とも表現できる。しかし、後者は「殺してしまった」など補助的な使用が中心で、単独での使用は可能だが、それは文法的な可能性を保持するというだけであり、さほど日常的ではない。

　さらにここでの主題である「やる気」という用語との対比で考えると、「する気」という表現にはやはり違和感が生じるであろう。例えば「勉強をする気にならない」という表現が成立するように、やはり「する」という言語表現は補助的なはたらきが中心のようである。このように他の動作要素を必要とする「する」に対し、「やる」は単独で行為への意志を表出している。この行為への意志は、生命理論における局所的意味論である。

　「やる」という動詞が「やってしまった」「やってしまっている」「やってしまえる」の原姿であることを考慮すると、その「やる」に「気」という状態を含意する単語が付着した「やる気」という言葉は、「やってしまった」「やってしまっている」「やってしまえる」という3つの局面を包含した様相なのではないか。生命理論に準じて解釈するならば、過去、現在、未来という3つの様相を内包した「いま・ここ」において、「やってしまった→過去」「やってしまっている→現在」「やってしまえる→未来」の統括的様相を表現した概念が「やる気」なのではなかろうか。つまり、動機が刹那刹那の局所的意味論であるのに対して、「やる気」はその意味論が連続継起している様相ということである。

　勿論、この「やる気」が英語の"motivation"、あるいは日本語の訳語である「モチベーション」より高位の概念であるなどと主張する意図は微塵もない。同様の概念であることを前提に議論している。それを前提に、この概念を整理すると、「やる気」とは「やってしまった」「やってしまっている」「やってしまえる」という3つの局面を包摂した様相として連続契機している局所的意味論の総称ということになるのであろう。それゆえ、我々は動機に関して、過去に対しても（これが最も多い）、現在においても、そして未来

に向けても語ることができるのである。

注

1 桜井邦朋(2003)『物の理』白日社、7頁
2 同上、8頁
3 同上、178頁
4 折口信夫(1995e)「大和時代の文学」、折口信夫(1995e)『折口信夫全集 5 大和時代の文学・風土記の古代生活(古代文学論)』中央公論社、26頁
5 郡司(2004)、385頁
6 Bakhtin, Mikhail M. (1926) Слово в жизни и слово в поэзии: К вопросам социологической поэтики. (桑野隆 訳「生活のなかの言葉と詩のなかの言葉」桑野隆、小林潔 訳『バフチン言語論入門』せりか書房、2002年)、30頁
7 郡司(2002)、125頁
8 郡司(2003)、22頁
9 フランソワ・ラブレーの作品におけるカーニバル的様相については、Bakhtin, Mikhail M. (1965) Творчество Франсуа Рабле и народная кудьтура средневековья и ренессанса (川端香男里訳『フランソワ・ラブレーの作品と中世・ルネッサンスの民衆文化』せりか書房、1973年)を参照。
10 郡司(2002)、28頁
11 折口(1995e)、163頁
12 Bakhtin, Mikhail M. (1975) Слово в романе, Из предыстории романного слова—《Вопросы литературы и эстетики》(伊東一郎訳『小説の言葉』平凡社、1996年)、160頁
13 Ibid.(邦訳)、165頁
14 Ibid.(邦訳)、166頁
15 郡司(2002)、147頁
16 粟田賢三・古在由重編(1979)『岩波哲学小事典』岩波書店、165頁を参照。
17 Giddens, Anthony (1993) *New Rules of Sociological Method*, (Second Edition), Hutchinson (松尾精文・藤井達也・小幡正敏訳『社会学の新しい方法基準』[第二版] 而立書房、2000年)、203-204頁
18 Mills は次のように述べている。「『無意識的な動機』という表現も、また、適切ではない。この表現は、動機というものが明白に言語化されているものではなく、しかもその状況から無意識的な動機を推測する必要はないのだから、それらを個人に内在する要素と仮定する必要はないことを意味しているにすぎない」(Mills, Charles W. (1940) Situated Actions and Vocabularies of Motive, American Sociological Review, 5 (December) (田中義久訳「状況化された行為と動機の語彙」、1971年)、

Mills, Charles W.(1963)*Power, Politics and People*, Oxford University Press(青井和夫・本間康平監訳『権力・政治・民衆』みすず書房、1971 年)、351 頁).
19 Giddens(1993)(松尾・藤井・小幡訳、2000 年)、204 頁
20 Schutz, Alfred(1970)*On PhenoMenology and Social Relations*, The University Of Chicago Press, Illinois, U.S.A.(森川眞規雄・浜日出夫訳『現象学的社会学』紀伊国屋書店、1980 年)、96 頁
21 Ibid.(邦訳)、96 頁
22 Ibid.(邦訳)、97 頁
23 Weber, Max(1922)*Soziologische Grundbegriffe*(清水幾太郎訳『社会学の根本概念』岩波書店、1972 年)、19 頁
24 井上俊(1986)「動機の語彙」(C・W・ミルズ)、作田啓一・井上俊編『命題コレクション社会学』筑摩書房、30-31 頁を参照。
25 Mills(1940)(田中訳、1971 年)、345 頁
26 Ibid.(邦訳)、346 頁
27 Ibid.(邦訳)、348 頁
28 Ibid.(邦訳)、348 頁
29 Ibid.(邦訳)、346 頁
30 Ibid.(邦訳)、350 頁
31 井上(1986)、33 頁
32 郡司(2004)、385 頁
33 同上、384 頁
34 「とんでもない」も「どえらい」も日常的には肯定的・否定的の両義で用いられる。本文では、前者をより否定的、後者をより肯定的な意味に用いた。どちらの表現も両義性があるという点で、"Antenarrative" が内包する "bet" の概念に通じる。
35 西山(1985)は企業を生きているシステムとして捉え、企業が環境に適応していかなければいけないことを論じている(西山賢一(1985)『企業の適応戦略』中央公論社を参照)。

むすび（第2部）

　第2部は本書の構成において中心に位置する。ここでは、第1部を背景に、第3部の議論・主張を基底から支える理論が主題であった。本書の中心に座す第2部の中でさらに核心的なポジションに置かれたのが、郡司（2002, 2003, 2004, 2006a, 2006b）の生命理論である。これは、第3部で展開される現場研究の基底となる本書独自の理論構築のための根本的な準拠理論である。つまり、郡司の生命理論は本書の基底の基底を成す。生命理論が第4章と第6章の間に屹立する章立ては、それを含意する。ここには入れ子的構造が構想されている。

　「もの」と「かたり」の議論は、第1部最終節のBoje（2001）の"Antenarrative"の提案を引き継ぎ、発展・進化させることが企図された。ここでは、第1部で主役の1人を演じていた「ナラティヴ＝物語」は、「物（もの）」と「語り（かたり）」に分解され、新たな位相のもと本書の主要概念として精緻化された。第1部の多くが欧米の研究をめぐる論述であったが、ここでは日本の古代研究にまで遡って議論された。Nietzscheが系譜学により道徳の起源を看破していったように、我々は折口信夫の諸研究を手がかりに「もの」と「かたり」の起源を探訪した。これは、本書が物語論的呪縛から解放され、「語り」という言語行為をコアに生命理論をベースとした研究へ歩み出す大きな契機となった。

　そしてメタ理論として構想された「ものかたり」の概念装置は、郡司の生命理論を理解するためのアクセス概念として定式化された。これを「ものかたり理論」と呼ぶ。この「ものかたり」のメタ理論化においては、折口のほかに哲学者・坂部恵（1989, 1990）の「かたり」という言語行為に対する考察を参考にした。それによって、「かたり」における主体性と時間性の問題が炙り出され、生命理論との親和性がより強調された。

　次に「ものかたり」の概念装置でアクセスする前に、生命理論の全貌を概観した。主題は勿論「生命」である。しかしそこで問われる「生命」は従来の有機体を生命とする認識とは大きく異なる。ここで「生命」とは、通常の有機的組織体だけでなく、生成する存在態すべてを含意する。つまり、「生

命」とは時間の別称であった。時間＝生成する生命を観測するのが内部観測者である。内部観測は、従来の状態志向型理論とは異なる観測志向型理論に基づき存在に徹底して内在した視点である。

　観測志向型理論は、状態志向型理論が時間を空間化して把捉し、状態を確定できるとするのに対し、観測者と観測対象を切り離すことができないと主張する、郡司によって提唱された新しい科学方法論である。観測志向型理論を基底とする生命理論では、生成する生命(生成の3つの様相)を理解するための概念装置として、原生理論、原生計算、原生実験が提案された。この中で、現在に定位する原生計算における計算実行環境が、生命理論において主要な概念として屹立する局所的意味論であり、生命理論のもう1つの主題である「意識」であるとされた。また生命理論ではもう1つ重要な概念が提出された。「マテリアル」である。これは生命と意識の解読にとって核心的な役割を担う概念とされた。このマテリアルは、可能・不可能、生成の事前・事後、無限・有限、一人称・三人称の問題におけるそれぞれの二項対立、そして世界内での能動的な生・受動的な生という、生きていることの二項対立を媒介するものであり、質料性として把捉された。

　従来の科学方法論から180度転回した新しい科学方法論としての観測志向型理論、そしてそれに定位して構築された生命理論の諸概念を日常の生の現場へ適用するための置換え作業が第2部における3つ目の議論であった。まず、前段で精緻化された「ものかたり」の概念装置で以って生命理論へアクセスした。誤読を恐れず大胆に行われた解読作業であった。これにより生成の3つの様相は「かたり」概念で把捉された。

　次にアクセス概念は日常で適用するための道具概念に転換された。「かたり」→「語り」というようにメタなレベルから日常のレベルへそれぞれ置換えが行われた。その際、生命理論における時間の概念が日常的に適用できるように、「語り」という言語行為の分節が行われた。現在に定位した「語り合い(う)」と「語り合せ(す)」、過去に定位した「語り聞かせ(す)」と「語り直し(す)」、未来に定位した「語り作り(る)」である。このうち、「語り合せ(す)」と「語り作り(る)」は、本書による合成語である。これらの概念は、第3部でそのまま現場研究における調査・分析の概念と手法、同時に動機づけマネジメントの概念と手法として活用される。そして、ここで定式化された理論を「語り」論と呼ぶ。

　第2部ではさらに、「動機」概念が議論された。動機づけ研究において新

しいアプローチを提唱する本書は、方法論だけでなく対象である「動機」概念に対しても生命理論から接近した。そこから、「動機」は「語り」に潜在し、「いま・ここ」の局所的意味論として顕現することが論じられた。そして「語り作り」の様相で発見＝構成される局所的意味論が「未来への動機」であるとされた。第2部の議論は、「いま・ここ」における発見＝構成を日常的に可能にする「語り」という言語行為の定式化が主題であった。その意味で、「いま・ここ」における「現在」を含意した議論であった。

第3部　動機の詩学

はじめに（第3部）

　第3部は、本書を構成する3つの研究の最後に位置づけられる。第1部では、先行研究のレビューと本研究の独自性の主張を目的とした文献調査を中心に考察が行われた。第2部では、本書の主要概念として定式化した「もの」と「かたり」のメタ理論を介して、郡司（2002, 2003, 2004, 2006a, 2006b）の生命理論を独自に解読し、さらに日常の生活現場へ適用可能な代替概念としての「語り」を精緻化することで、「語り」による動機づけ論の理論的枠組みを構築するための理論研究を行った。

　そして第3部では、実際のマネジメント現場を1つの素材として、「語り」という言語行為が、日常の生活世界における動機づけ研究の概念と手法として有効であると同時に、動機づけマネジメントの実践的な概念と手法として機能することを検討する現場研究として構想された。この第3部はこれだけで1つの研究として存立できる構成になっている。

　まず、最初の章で、研究の方法論と現場調査の概要が論じられる。ここでここまで一貫して主唱されてきた生命論的アプローチが整理され定式化される。次の章では、実際の現場調査が行われた生の現場から3人の「語り」が再現前化される。また同時に「語り」の概念によって分析される。最後の章では、「語り」の概念と手法が現場研究＝動機づけマネジメントの方法論となるという本書の主張が論証される。その際、「動機づけ」「『私』」「組織」というキーワードが生命論的に考察され、生命論的「個と組織」論と呼びうる議論が展開される。

　第3部のタイトルは「動機の詩学」である。これには、「人は自らの『語り』によって未来へ動機づけられる」という本書の主題を、実際の生の現場で内部観測者の行為として現象させるための実践的方法論であるとの主意が込められている。それゆえ、第3部は実践的であると同時に論述的な様相を呈すであろう。実践的な様相とは、生の現場の「語り」の中で語られる事象やそこに潜在する動機がリアルに再現前化されるということである。論述的な様相とは、再現前化される調査時の「いま・ここ」、まさに既に失われたその現象の「代補」となるために記述されるということである。

第7章「現場研究＝動機づけの方法論」では、まず第1節で、これまでの伝統的な研究アプローチである機械論的アプローチ、有機論的アプローチ、そして近年注目されている物語論的アプローチとの対比のもとで、動機づけ研究における生命論的アプローチの特徴を炙り出し、定式化を試みる。第2節では、現場研究の視座としての内部観測について論じる。そして内部観測の視座のもと調査時に発見＝構成された現象の再現前化のために、Derrida (1967a, 1967b) の提唱する「代補」の概念が採用される。そして現象についての論述そのものがその現象の「代補」であることが論じられる。第3節では、現場研究（現場調査）＝動機づけマネジメント実践の背景、調査までの経緯、「語り」インタビューの対象と概要について論じられる。

　第8章「生の現場の『語り』」では、3つの実際の「語り」が再現前化される。1年間に亘って1人5回ずつのインタビューが実施された。第1節では、「転機」というキーワードのもと、エンジニアリング会社A社の労働組合元幹部で、調査開始時は聞き手＝筆者（W）の直属の部下であったX氏の「語り」が、第2節では、「自立」をキーワードに、聞き手＝筆者（W）の労組時代の同僚で直接の上下関係になっていないが聞き手＝筆者（W）がメンター的存在として日常的に相談相手となっているY氏の「語り」が、そして第3節では、「再生」というキーワードとともに、聞き手＝筆者（W）の部下として事業をともに推進してきたZ氏の「語り」が再現前化され分析される。

　第9章「生命論的『個と組織』論」では、「語り」という言語行為が現場研究＝動機づけマネジメントの方法論となることの論証が試みられる。また現場研究で得られたキーワードについての考察も行われ、第3部「動機の詩学」の行為、主体、舞台が明らかとなる。

　第1節では、まず「語り」という言語行為が現場調査および分析の概念と手法となることが論じられる。次に調査・分析の概念と手法である「語り」という言語行為が同時に、生の現場で動機づけマネジメントの手法となることが論じられる。第2節では、局所的意味論としての「私」の概念について議論する。まず内部観測者としての「私」が論じられ、次に、局所的意味論としての「私」が「語り」に偏在していることが議論される。最後に、相互他者性のもとで、それぞれの「私」が認識され、さらに他者性に対峙することによってのみ、「私」という意識は一貫性を志向し生成を続けることが論及される。第3節では、経営組織について生命論的に考察する。まず、組織

は局所的意味論としての「私」の背景であり、「私」の構成要素であることが論じられる。また観測志向型理論に定位すると、組織は複数の「私」による共時的・通時的意味論として現象し生成することが論じられる。

第7章　現場研究＝動機づけの方法論

　第3部は、第2部で定式化された「語り」という言語行為の概念と手法が現場研究のみならず、動機づけマネジメントの実務においても有効であることを検討し仮説として提出することを目的とする。これはまさに現場研究＝動機づけマネジメントの方法論として描かれることを意味する。本章は第3部の導入部にあたる。本書は第1部より従来のアプローチとは異なる生命論的アプローチについて論じている。これまでの議論でその構想は大方明らかとなっているが、その特徴は整理され提示される必要がある。その役割を本章が担う。

　生命論的アプローチの理論的背景は郡司の生命理論である。生命理論は観測志向型理論に定位する。観測志向型理論の最大の特徴は内部観測にある。これは、状態志向型理論が観測者と観測対象を分離して世界を観察する外部観測の視点に立つのに対して、観測者と観測対象を分離できないとする視点のもとでの観測行為である。本書では、この内部観測を研究の視座として採用する。それゆえ大きな方法論としての生命論的アプローチの次に内部観測ついて論じる。また観測志向型理論に定位した研究が外部観測に基づく記述として成立することを擁護するために、Derrida (1967a, 1967b) の「代補」の概念を援用する。さらにその際、新たに内部観測論的視座という概念も提唱する。

　第1節では、まず生命論的アプローチを機械論的アプローチ、有機論的アプローチ、そして物語論的アプローチとそれぞれ対比して論じて、最後にその特徴を整理する。第2節では、まず内部観測という視座について、これまでの質的研究における参与観察法と比較しながら論述し、その違いを明らかにする。次に本研究における論述がDerridaのいう「代補」の概念に充当することを論証し、論述が「現場調査時に発見＝構成された現象」の「代補」となるために必要な分析時と論述時の視座を内部観測論的視座として定式化する。

　第3節では、次章で「生の現場の『語り』」を記述し分析するために必要な準備を行う。まず現場研究＝動機づけマネジメント実践の試みとして、本

調査の課題と仮説（命題）を提示する。次に現場研究＝動機づけマネジメント実践の舞台とそれまでの経緯が述べられ、最後に、現場研究＝動機づけマネジメント実践の対象と調査概要を記す。その際、次章での論述と分析の理解を容易にするため、インタビュー対象者3名の経歴をまとめる。

第1節　生命論的アプローチ

機械か生命か

　ここではまず、動機づけ研究における生命論的アプローチが従来型のアプローチと異なることを明確にする。動機づけに関する研究のアプローチとしては、Deci（1975）の導きにより機械論的アプローチと有機論的アプローチがあることは既に論じた。本書ではさらにナラティヴ＝物語の概念と手法が研究や心理療法の現場などで適用されていることを概観し、いくつかの動機づけに関わる経営組織研究において既に物語論的アプローチが採用されていることも確認した。

　物語論的アプローチは動機づけ研究に限定すると、まだ十分には体系化はされていないといえるが、物語論そのものは構造主義的理論体系を持ち、言語学や人類学、社会学、心理療法、近年では臨床医療にも影響を与え、研究および現場実践のアプローチとして広く受容されている。その有効性は、第1部で論じたように、経営組織の研究も含め高く評価されているといえる。

　本書では、動機づけ理論と学習心理学との親和性から、機械論、有機論、物語論のほかに、状況論と呼びうるアプローチの可能性についても言及したが、ここではこの状況論的アプローチについては本書が主唱する生命論的アプローチに包摂されるアプローチとして議論することとする。

　まず機械論的アプローチとの対比から論じよう。機械論的な心理学理論では、人間は様々な動力によって動かされる機械のようなものとして理解されていることは既に論じた。「人間は機械である」[1]と断言したのは La Mettrie（1747）であった。彼は続けて「また、全世界には種々雑多な様相化の与えられたただ一つの物質が存在するのみである」[2]と論じた。ここから敷衍して、行動主義の心理学者たちが人間の行動の原因を刺激―反応の連合に帰属させる議論を展開してきたことは理解に難くない。

　生命理論を提唱する郡司（2004）によると、「生命と機械とは、逆説めくが程度問題である」[3]。これは観測者の位置に起因する問題であった。つまり、

外部観測の視点からは機械となり、内部観測の視点からは生命となる。この論点からまず、機械論的アプローチと生命論的アプローチの大きな違いが炙り出される。機械論は状態志向型理論に、生命論は観測志向型理論にそれぞれ定位した理論を基底としているのである。これだけでも機械論的アプローチと生命論的アプローチの違いは明らかであろうが、動機または動機づけに関しても少し触れておこう。

　Deci (1975) によると、機械論的アプローチの代表として、Hull の理論が紹介された。そこでは、個体は任意の刺激に対して反応が強化されることにより習慣を身につけるとされ、強化は動因刺激を低減し、個体の細胞欲求を平衡に復すことを意味した。それゆえ、動因は生理的欲求の動機づけ的要素と捉えられ、動因が習慣 (刺激―反応の連合) を活性化し、動因刺激の低減は習慣 (刺激―反応の連合) を強固にするとされた。また、この動因刺激のほかに個体の環境内にある外部刺激と個体の筋肉組織内にある固有刺激があり、反応はこの三種類の刺激のいずれかによって触発されるものとされた。これは、外部観測の視座から人間の機械的側面を照射した議論であることは明らかである。

　これに対して本書が提唱する生命論的アプローチにおける動機または動機づけは、第 2 部で論じたように、生命理論の現場適用のための道具概念としての「語り」という言語行為において発見＝構成される現象であった。これは、内部観測の視座から人間の生命的側面を照射した論考である。以上より機械論的アプローチとの相違点は十分に明確であろう。次項では、有機論的アプローチと生命論的アプローチの相違点を論じよう。

有機体から生命へ
　Deci (1975) によると、人間を機械とみなす機械論的アプローチと異なり、有機論的アプローチは人間を有機体と把捉するところから議論を展開する。機械論的アプローチが人間を受動的で環境の統制下にあるものと仮定しているのに対し、有機論的アプローチでは、人間は環境に働きかけ、環境と絶えず相互作用を行い、環境を変化させるとともに環境へ順応していくよう行動するものと理解された。また、この行動の要因としての認知的・情緒的過程に主眼が置かれた議論であった。第 1 章で見たように、Deci は有機論的アプローチとして、情緒喚起理論、認知的理論、そしてヒューマニスティック理論の 3 つを挙げた。

しかし Deci の解釈では、この中で情緒喚起理論のアプローチは、行動の原因を情緒とする点で機械論的アプローチと異なる議論を展開するが、行動の原因としての認知の役割を認識していないことから、他の有機論的アプローチに比べると行動主義寄りの立場とされた。それゆえ、ここでは後者2つのアプローチを生命論的アプローチと比較することとしよう。

まず、Deci 自身が属す認知的理論を基底とするアプローチでは、人間の思考過程が最大の関心事である。研究の立脚点としての仮説は、「人間は、自らの行動上の選択肢から得られそうな結果に関する自己評価にもとづいて、なにをなすべきかを決定する」[4] というものであった。その含意は、人間は自己の決定によって行動し、その行動の重要な決定要因として認知的処理過程があるということである。このアプローチの代表的先行研究として、Vroom の期待説と Deci の内発的動機づけ理論を紹介した。

このアプローチでは、人間は有機体として捉えられ、環境に働きかけ相互作用を起こすと考えられた点では確かに人間機械論とは異なる。しかしここでいう有機体が郡司の生命理論における生命に該当する概念であろうか。郡司（2002）によると、「生命とは、遺伝子を担う特定の有機的組織体のみを意味するのではなく、生成の三つの様相を展開するもののすべてである」[5]。相違点は何か。有機論的アプローチでは、有機体とそれを取り巻く環境は分離されて想定されているが、生命論的アプローチでは、有機体を包含した「生成する存在」すべてを生命として捉えている。

この相違も、機械論的アプローチのときと同様に、観測視座の違いに起因する。郡司（2004）によると、「〈生命〉は〈時間〉、〈機械〉は〈空間〉(…) と呼び換えられても構わな」[6] かった。ここで〈機械〉と〈空間〉において、観測者は観測対象の外部に立つ観照者、記述者、つまり外部観測者である。これに対して〈生命〉と〈時間〉においては、観測者は観測対象と不可分の行為者であり、内部観測者とされた。有機論的アプローチにおいても、人間を有機体とみなしているだけで、その視点は外部にあるのである。

次に、動機または動機づけに関する見解はどうであろうか。Deci は内発的動機づけに関する概念化に対してかなり精緻化された議論を展開した。その結果、彼は「有能さ」と「自己決定」という概念を提唱した。そして「内発的に動機づけられた行動とは、有能で自己決定的であることを感知したいという人の欲求によって動機づけられた行動」[7] であると主張した。また、Vroom の期待理論における主要概念は、「誘意性」「期待」「力」であった。「誘

意性」とは、誘因や期待効果など、心理学者が選好を表現する際に使用する用語の1つで、結果への情動志向を意味した。「期待」は主観確率、または主観的確実性を意味した。「力」は、主観的期待効用、あるいは行動ポテンシャルに近い概念とされた。詳細は第1章で論じたので省くが、これらに共通していることは、いずれの概念も有機体としての人間に内在したもの、あるいは個体の認知過程に見出せる概念として把捉されていることである。

これに対して生命論的アプローチにおける動機または動機づけは、「語り手」と「聞き手」と「もの」の三者が二項関係＋媒介項の様相のもとで継起する「語り」という言語行為において発見＝構成される現象であった。有機論的アプローチでは、動機の概念は普遍性を持つものとして定義されるが、生命論的アプローチでは、動機は「語り」に潜在し、「語り合せ」の様相から未来または過去に定位する際に発見＝構成される局所的意味論であった。

次に、Maslow に代表される有機論的アプローチであるヒューマニスティック理論との対比も行なっておこう。Deci (1975) によると、この学派も人間は絶えず選択を行い能動的に行動する有機体であるとの仮定に立っていたが、認知論学派ほどには思考過程に関心はなく、「人間の統一的全体」、人間の内面的力、あるいは現象学的経験を照射する議論を行った。Maslowの欲求五段階説から明らかなように、この学派の議論は、動機または動機づけの内容に関するものであった。そこでは認知的理論同様に、人間の内面に普遍的な動機づけ概念が要求されている。再度ここで論じるまでもなく、この有機論的アプローチもやはり生命理論的アプローチとは大きく異なることは明らかであろう。

次項では、物語論的アプローチとの対比の議論へ進むこととしよう。

物語と「語り」

動機づけ研究における物語論的アプローチは、これまで議論してきた機械論的アプローチと有機論的アプローチとは少し異なる様相を呈す。まず、動機づけ研究に関してはこのアプローチはまだ十分には体系化された議論が行なわれていない。次に機械論および有機論が人間およびその環境としての世界を観察対象として考察することを含意するのに対し、物語論は物語様式の言語行為およびその所産である神話や物語そのものを考察の対象とすることを含意する。その意味では、生命論と機械論・有機論を同軸上で比較した議論とは少し様相を異にする。従来の科学方法論が状態志向型理論に定位して

いることを考慮すると、これまで物語論的アプローチを採用してきた諸研究が状態志向型理論を基底に理論展開してきたであろうことは容易に想像できる。しかしそれだからといって、安易に物語論的アプローチが状態志向型理論に定位した研究にしか適用できないとするわけにはいかないであろう。

　状態を指定し時間の空間化を図り、その空間内で時間を測度として観測する状態志向型理論の方法論において、時間を対象とする観測は困難を極める。既に第 2 章で論じた Kant (1787) の時間・空間概念のように、我々は日常、時間は空間同様にア・プリオリに与えられた、物の存在や現象の継起の前提として無条件に受容しなければならないように感じる。そして時間に対する真摯な問いかけからはアポリアしか顕現しない。Ricoeur (1983, 1984, 1985) はこの問題に対して物語様式で挑戦する。その試みをここで再現はしないが、その収穫は次のとおりである。人間の時間経験と物語言説には相関性があり、「時間は物語の様式で分節されるのに応じて人間的時間になるということ、そして物語は時間的存在の条件となるときに、その完全な意味に到達する」[8] ということであった。

　しかし物語が時間に接近すればするほど、時間は物語では把捉しきれない実態を露呈した。確かに物語は、統合形象化作用によって第 3 の時間と呼びうる「物語られる時間」を構成することができた。その際、物語的自己同一性が見出されることも既に述べた。この物語による時間の統合形象化による「物語られる時間」において、現象学的時間と宇宙論的時間という時間性のアポリアが解決されたかのようであった。しかし事態はそう容易ではなく、時間は第 2、第 3 のアポリアとして姿を現した。第 2 のアポリアは、時間の全体性の問題であり、第 3 のアポリアは、時間の表象・推量不可能性の問題であった。ここでそれらについて再度詳述するのはここでの主旨ではない。重要なことは、Ricoeur が物語と時間の相関性、そして物語様式の有効性とその限界を我々に提示してくれたということである。

　Ricoeur の考察から、物語論的アプローチは時間問題に接近はできるが限界もあることが明らかとなった。その意味で、状態志向型理論に定位した諸研究には適用可能かもしれないが、観測志向型理論に定位した研究に対してはやはり困難な様相を呈する。本書は動機づけに関する研究に軸足を置いているが、その際、機械論的アプローチ、有機論的アプローチを概観し、さらなる現場での有効性を求め、物語論的アプローチも視野に入れた考察を展開した。しかし生の現場は常に生成・変容し、何よりも我々が「生きている」

現場である。この現場について語るために、本書は郡司の提唱する生命理論に定位した生命論的アプローチを採用することとした。

　生命＝時間を基底とする郡司理論へ接近するため、本書は Ricoeur の考察を契機にナラティヴ＝物語に着目した。しかし物語では時間（＝生命）を把捉しきれない。そこで、本書では Boje (2001) の "Antenarrative" と折口の「もののかたり」の概念を手がかりに、独自の精緻化を試みた。その結果、生命理論へのアクセス概念である「かたり」と現場適用への道具概念である「語り」を発見＝構成した。

　これまでの物語様式では、過去に対する「書き直し」や「語り直し」における有効性を語りえても、「いま・ここ」、そしてさらに未来に対することは語りえなかった。しかし、「かたり→語り」という概念により、我々は「いま・ここ」における変化と起源を語りうる可能性を手に入れることができた。それゆえ、生命論的アプローチの採用は、状態志向型理論から観測志向型理論への移行を意味すると同時に、言語行為においては、物語から「語り」への移行を意味するのである。それゆえ、ここで物語論的アプローチと生命論的アプローチとの相違点を明確にするには、物語と「語り」の違いに言及することが最短であろう。

　第1部と第2部で論じてきたように、本書において「語り」は、物語とは異なる概念として定義された。物語はアリストテレスの時代から、始まり・中間・終わりを持つものとされた。また筋立てによって、「方向づけ」「紛糾」「行為（ないし評価）」「解決」「結果」という5つの要素から構成される傾向にある。しかしこの様式では、時間＝生成を語れないことは既に述べた。それに対し、「語り」は Boje の言葉を借りると、断片的で、曲りくねり、矛盾し、寄せ集め的で、筋立てのない、物語を構成する以前の賭けのような思惑と表現できるものであった。また物語は、語り手から聞き手へ伝えられる現実、あるいは虚構の事象の報告（所産と過程）のことを意味していたが、「語り」は、「語り手」と「聞き手」と「（語られる）もの」の三者からなる二項関係＋媒介項による継起関係で示された。ここに、過去に定位した際にしか有効性を発揮できなかった物語の限界を超え、「いま・ここ」、そして未来へ定位した現象を語りうる「語り」の可能性が見出されたのである。

　物語論的アプローチと生命論的アプローチの違いを明確にする、物語と「語り」の相違点はこれくらいで十分であろう。既に第2部で論じている。次項で、動機づけ研究における生命論的アプローチの特徴を整理することに

生命論的アプローチの特徴

　前項までに論じた動機づけ研究における生命論的アプローチと他のアプローチとの相違点に、本書第1部と第2部での考察で得られた知見も加味すると、動機づけ研究における生命論的アプローチの特徴は次のとおりとなる。

- 依拠する基本理論は、郡司の生命理論である。
- 生命理論を理解し現場へ適用するための媒介理論は、ものかたり理論である。（ものかたり理論は本書で定式化し仮説として提言する理論である）
- 基底となる方法論は、郡司の提唱する観測志向型理論である。
- 現場観測の方法は、内部観測法である。
- データ分析[9]および論述の視座は、内部観測論的視座である。
- 現場調査およびデータ分析の手法は、「語り」論に基づく「語り」という言語行為の概念と手法である。（「語り」論は本書で定式化し仮説として提言する理論である）
- 動機の定義は、生命論的動機論に準拠する。

　このような特徴を持つが、この中で「現場観測方法としての内部観測」と「データ分析および論述の際の内部観測論的視座」については、さらに詳細に論じる必要があるであろう。内部観測に関しては、第5章で言及しているが次節で「方法としての内部観測」として改めて論述しよう。また、その際「内部観測論的視座」に関しても論じることとする。

第2節　方法としての内部観測

内部観測という視座

　内部観測に関して本書では既に第5章で論じた。郡司の生命理論における中心的概念の1つである。本書による郡司理論の解読が不十分なために十全な理解が得られていないという可能性は否めないが、ここで再び郡司理論の解説を展開する意味はあまりないであろう。ここでは社会科学における質的研究の方法である観察法と比較することで、内部観測法について論じることとしよう。

Uwe Flick(1995)は、『質的研究入門』の中で、質的研究におけるデータを口頭データと視覚データと大きく2つに分け、それぞれについて詳細に論じている。口頭データの収集は、いわゆるインタビューによるものである。ここで内部観測の特徴をよりよく理解するために比較対象として論じる観察法は視聴覚データを収集する方法に属する。Flickは観察法を大きく2つに分類し議論している。1つは非参与観察、もう1つは参与観察である。前者では、観察者による現場への介入を控えることが前提とされている。その意味では、非参与観察は外部観測以前の外部観察、換言すれば外部観照を志向しているため、内部観測との違いは明らかであり、詳しく論じるまでもないであろう。

さて、参与観察とはどのような特徴を備えた研究方法なのか。Flick(1995)は、この方法の特徴を次のように述べている。「調査者がフィールドへと入り込み、メンバーの視点から観察し、しかしまた自分の参与によって観察対象に影響をも与えることである」[10]。また重要な点として、被観察者とのコミュニケーションを基盤に行なわれる開放的なデータ収集を挙げている。さらに参与観察で求められるものは、対象のフィールドに関する厚い記述を可能にする詳細な観察記録であるという[11]。

郡司の生命理論に遭遇する以前ならば、この記述は内部観測についてのものであると言われれば素直に信じることもできたかもしれない。しかし我々は既に郡司理論を摂取した。結論を急げば、参与観察の特徴は郡司のいう外部観測のそれに近いものである。外部観測は観測者と観測対象を分離できるとしたうえで記述を前提としての観測行為であった。しかし「自分の参与によって観察対象に影響を与える」[12]という件が、観測者と観測対象を分離できない内部観測に親和的に感じられるかもしれない。しかしそれは、外部観測は観測行為と観測対象を分離できるとするだけであり、観測行為が観測対象に影響を与えてしまうのは量子論の主張を出すまでもなく自明のことであろう。

研究対象の組織やグループの内部へそのメンバーとして参加し、そこで行なわれる活動もメンバーとともに行いながら、まさに社会の内部から観察する様式である参与観察法であるが、郡司のいう内部観測とは異なる。内部観測は生命＝生成の中に徹底的に内在した視点である。外部観測者は観照者であるが、内部観測者は行為者である。内部観測では観測行為と観測対象は分離できない。そしてこの内部観測者の観測過程が理論の中心に座しているの

が観測志向型理論であった。

　我々はこの内部観測者の視点を現場研究の視座とすることを目論んでいる。ここで、1つ疑問が生まれるかもしれない。従来の観察法と大きく異なる内部観測という考え方を社会科学の方法論として使用することは果たして可能なのか、と。しかしそれは可能であるというのが本書の主張である。既に第5章で論じたように、内部観測者の観測過程とは、原生計算における計算過程であった。これは「いま・ここ」でまさに我々が行なっていることである。生きている限り、内部観測者である我々は終わることのない計算過程に関与し続けているのである。我々はこの原生計算を日常のコミュニケーション行為に見出せることも既に述べた。内部観測といっても特別な行為ではないのである。極日常的な行為を研究の手法とすることは可能といえるであろう。しかしここで、逆に特別でない極日常的な行為であるために、却って研究方法として使用するのに困難に映ることも想定できる。

　例えば、本書における現場研究は、民間企業の中間管理職である筆者が経営現場における動機づけマネジメントに関しての調査を行なう。この場合、研究者としての観測行為と実務者としてのマネジメント行為＝観測対象が分離できないということである。しかしこれは従来の状態志向型理論に定位する研究視座から見ると困難な問題であるが、内部観測においては観測行為と観測対象が分離できないことは予め含意されているのである。

　ところが本書は、「語り」という言語行為による動機づけマネジメントを志向している。「語り」という言語行為は、日常的には複数の内部観測者が関与する言語行為である。それゆえ、複数の内部観測者の観測過程と想定できる。同時にここでも観測行為と観測対象は分離できない。そういう状況で果たして研究視座あるいは方法として内部観測は擁護されるのであろうか。

　観測志向型理論に定位する限り、やはりそれも可能であるという回答であろう。なぜなら、そこで問われる観測過程はあくまでも現場調査時の「いま・ここ」の観測過程だからである。例えば、本書の狙いである動機あるいは動機づけ現象を日常の「語り」の中に発見＝構成することは、ここまでの議論を踏まえると可能な現実として想定可能である。つまり、研究の仮説となりうるのである。また、現実に体験することも可能であろう。問題はそこにはない。観測志向型理論に定位し、内部観測を研究方法または視座として採用することが問題なのではない。問題はそのあとにある。

　社会科学の領域で観測志向型理論に定位した研究方法を導入する際の最も

困難な障害は、現場調査時の「いま・ここ」の観測過程で発見＝構成された現象を、いかに分析し、いかに記述するかということである。また、そこで記述される内容が、現場調査時の「いま・ここ」の観測過程で発見＝構成された現象であるということは何によって擁護されるのであろうか。これらのほうがより困難な問題である。この問題については、項を改めて論じることとする。

「代補」としての論述

　前項の議論で課題として残ったものを整理すると、内部観測により現場調査時の「いま・ここ」で発見＝構成された現象を分析し記述する方法はあるのか、その記述された内容と発見＝構成された現象とを同定する方法はあるのか、あるいはその同定化の過程を擁護するものは何か、ということであろう。この問いかけに対しても本書は肯定の答えを出すことができる。ある意味、この問いは絶えず新しい現象に遭遇していたであろう人類が太古から抱えてきた問題といえなくもない。どういうことか。

　本書にはいくつかのキーワードがある。そのうちの1つは、ナラティヴ＝物語である。「物語」は人間が生きていくうえで欠かせない社会的過程であり所産である。「物語は、人生と同じように、民族を超え、歴史を越え、文化を越えて存在するのである」[13]。しかし本書は、その「物語」概念を安易に受容せず、様々な角度から考察した。例えば、そこから本書の主要概念である「語り」も導かれ、まさにその「語り」という言語行為を現場研究＝動機づけマネジメントの実践へ適用しようと試みている。そして、その考察の過程で我々は、本書の狙いを強化するのに役立つヒントもいくつか手に入れた。

　我々は口承文芸としての語り物と書承文芸としての物語をめぐる諸研究を考察した。本来、物語は「語られる」ものであり、そのテクストは語部や語りの状況に応じ流動的であった。しかし物語自身の伝承のため、あるいは社会的・政治的働きかけの影響から、「書かれた」テクストが現れ、その内容と言説は固定化していった。「語られる」語り物の流動性・不定さと、「書かれた」物語の固定化。この問題は、"Antenarrative"とナラティヴ＝物語の関係へ繋がる議論であった。しかしここで注目したいのは、「書かれた」テクストの役割と機能についてである。

　我々は第2章で「平家物語」に対する2つの論考を体験した。兵藤(1985、

2002)の主張は、本来流動的であった語りの固定化の背後にある政治的策謀を炙り出すものであった。一方、高木(2001)は、「語られる」もの＝「声」と「書かれた」テクスト＝「文字」の二項対立を浮き彫りにしたうえで、「文字」の価値を積極的に評価する議論を展開した。その際、高木は、Derrida (1967a, 1967b)の「代補」という概念を用いた。

　Derrida (1967a)は『グラマトロジーについて』の中で「代補」について次のように論じている。「代補という概念(…)は自身の内に〔代理と補足という〕二つの意味作用を隠しもって」[14] おり、「その共存は必然的であると同時に奇妙なことでもある。代補〔補足〕は付加されるものであり、余計なものである。それは、別の充溢を豊かにする充溢であり、現前の**過剰**である」[15]。

　ところが、「それが付加されるのは、ただ代理をするためにだけである。それは、**の＝代り＝に**やって来る、あるいは挿入される。それが補足するのは、ある空隙を埋め合せるが如くにである。それが代理をし、代りになるのは、現前の先立つ欠如のせいである。補足し、代理するものとして、代補は一つの付加物であり、**代りとなる**下級審である。それは代替物としてたんに現前の積極性に付加されるのではない。それはいかなる起伏対立をも生みださず、その場合或る空隙の刻印によって構造の中に割当てられている。或るところでは、或るものは記号と代理委任で補われてはじめて**おのずから**満たされることができ、みずからを実現することができる。記号はつねに事物そのものの代補〔代理〕である」[16]。

　また Derrida (1967b)は別の書で次のように述べている。「代補的な差異は、現前性自身に現前性が根源的に欠如している事態の中で、現前性を代行しているのである」[17]。

　高木(2001)はこの「代補」の概念を用いて「書かれた平家物語」を評価したのである。流動的な口承文芸においては、伝承の乱れを回避するために「文字」として残すという発想から、「声」が先で「文字」があと、それゆえ「声」が優位で「文字」が劣位と考えられやすい。ところが高木は、「『語られる平家物語』にとって、『書かれた平家物語』は必要ではない余剰なるものだが、しかし、『書かれた平家物語』なしでは、〈平家物語〉は存在しない」[18] と主張する。ここでいう「書かれた平家物語」が「代補」である。「代補」とは、あるものが存在するために必要ではないが、それがなくてはあるものが存在できない欠如を補充するものなのである。

ここで論点を整理しよう。我々は、内部観測により現場調査時の「いま・ここ」で発見＝構成された現象を分析し記述する方法はあるのか、その記述された内容と発見＝構成された現象とを同定する方法はあるのか、あるいはその同定化の過程を擁護するものは何か、という課題から出発した。その課題はある意味、絶えず新しい現象に遭遇していたであろう人類が太古から抱えてきた問題であるとされた。そして「物語」の「口承＝声」と「書承＝文字」の二項関係から「代補」の概念に辿り着いた。ここでの共通点は次のように記すことができる。

創発的・起源的現象を記述する方法はあるのか、その現象と記述を同定する方法はあるのか、あるいはその同定化の過程を擁護するものは何か。

これらの問いに対して、本書では「平家物語」と「代補」の概念で答えようと考える。平家物語は平家一族の衰亡を伝え、その魂を鎮める物語であると同時に、源氏将軍家の草創・起源を伝承し正当化する物語であった。これを１つの創発的・起源的現象と捉えると、当初、琵琶法師による口伝で受け継がれてきたが、ある時期で混乱を避けるために口承は書承となった。このことで確かに本来の流動性は失われる。あるいは政治的にも利用される。しかし平家物語は「文字」となったことによって伝承され、「平家物語」として存在している。ここに「代補」の考えがある。あるものが存在するために必要ではないが、それがなくてはあるものが存在できない欠如を補充するものが「代補」であった。

本書はこの「代補」の概念を積極的に取り入れたいと考える。観測志向型理論に定位した内部観測者の観測過程は、原生計算における計算過程であり、学習過程であり、名づけの行為であった。それは、現場調査の方法としては導入可能でも、記述するための方法論ではない。記述を前提とした観測行為は外部観測であった。そこで本書では、現場調査時の「いま・ここ」で発見＝構成された現象について論文作成時の「いま・ここ」で記された論述を、「代補」の概念が一般的に規定する条件を満たす限り、その現象の「代補」とみなすこととしよう。

先に引用した高木の言葉を借りれば、「代補」としての「記された論述」は次のように著せるであろう。「発見＝構成された現象」にとって、「記された論述」は必要ではない余剰なるものだが、しかし、「記された論述」なしでは、「発見＝構成された現象」は存在しない。そのように主張しうる「記された論述」は「代補」とみなせるであろう。

この「代補」の概念を導入することで、我々は先に挙げた 3 つの課題（①創発的・起源的現象を記述する方法はあるのか、②その現象と記述を同定する方法はあるのか、③あるいはその同定化の過程を擁護するものは何か）のうち②と③には答えることができる。「代補」としての「記された論述」が存在しなければ、「発見＝構成された現象」でさえ存在しえないのである。「発見＝構成された現象」は本来、発見＝構成（現場調査）時の「いま・ここ」でしか存在しない。しかし「代補」の存在によって、「発見＝構成された現象」の存在できない欠如が補充されるのである。確かに「代補」は「発見＝構成された現象」が存在するためには必要ではないが、「代補」なしでは、その現象は発見＝構成（現場調査）時の「いま・ここ」以外では存在しえないということである。

　この「代補」の概念の導入によって、上記の②と③の問題が解決するというのは、一種の逆理である。「現象」にとって本来必要のない「代補」としての論述の存在を以って「現象」＝「論述」という同定は行なわれた、あるいは「現象」→「論述」という同定化の過程は擁護された。こうした発想に抵抗を感じる読者もいるかもしれない。しかし我々はここまで、観測志向型理論に定位した論考を続けてきた。ここで再度、郡司の「遺伝子と創発的変化」の先後関係に関する論述を引用するまでもなく、我々はこの逆理を受容できるはずである。「発見＝構成された現象」が先なのではない。「論述」する「いま・ここ」において、その「現象」は発見＝構成されたのである。

　その「論述」が「代補」である限り、「論述」→「論述時に発見＝構成された現象」→「現場調査時に発見＝構成された現象」が主張されるということである。

　ここまでの議論で、課題の②と③は、「代補」の逆理によって擁護されることはわかった。しかし我々はまだ、課題の①創発的・起源的現象を記述する方法はあるのか、には答えていない。そして、この課題①のほうがより重要であり難題でもある。これについては項を改めて論じることとしよう。

内部観測論的視座
　創発的・起源的現象を記述する方法はあるのか。この問いは、前項の議論を踏まえると、「論述」を「代補」ならしめる方法はあるのか、と書き換えられるであろう。ここでまず、「論述」が生まれるまでのプロセスを整理しよう。

最初に現場調査時の「いま・ここ」で「ある(研究の対象となる)現象」が発見=構成される。同時にその「現象」は何らかの「媒体」を用いて可能な限り「記録」される。次にその「記録」は当該の分析作業の正当性を擁護する「理論的枠組み」のもとで「分析」され、「現象」は「再現前化」される。最後に「再現前化」された「現象」を当該の記述自体の正当性を擁護する「方法論」に基づき「記述」することによって「論述」は完成する。こうして作成された「論述」は当該の「現象」の「代補」と認めてもよいであろう。

ここで記された重要単語の含意を1つ1つ明確にしていこう。まず「現象」であるが、これは、内部観測者の観測過程で発見=構成される「現象」である。それは、内部観測者の「局所的意味論=意識」のことであり、その「計算実行環境=局所的意味論=意識」のもとでの「創発的な現象」のことである。本書においては、「動機」あるいは「動機づけ現象」ということである。

次に現象を可能な限り「記録」する「媒体」であるが、例えば「動機」あるいは「動機づけ現象」をそのまま「記録」できる「媒体」は存在しないであろう。それらはあくまでも現象として発見=構成されるものである。では何を「記録」するのか。本書では既に第6章で、生命理論の諸概念の現場適用を目的とした代替概念として「語り」という道具概念を提示した。本書の狙いは「語り」という言語行為を通して、生命=時間=生成、つまり「生きていること」を理解することである。それゆえ、「語り」という言語行為が「記録」できる「媒体」であればよい。「現象を可能な限り記録する」とはそのことを含意する。具体的にはビデオによる録画でもテープによる録音でも可能であろう。また社会学でいうフィールドノート[19]でも場合によっては代替可能といえる。

では、その「記録」を「分析」する分析作業の正当性を擁護する「理論的枠組み」とは何を意味するのか。これは量的研究にしろ質的研究にしろ、データを分析する際に根拠となる「理論的枠組み」のことを含意する。本書では、第6章で定式化した「語り」論ということになる。そしてここでの「分析」は、「語り」概念による「分析」を意味する。

その「分析」による「現象」の「再現前化」はどのように理解すべきか。「記録媒体」は「現象」そのものを「記録」することはできなかった。それゆえ、「現象」は再度「現象」として把捉されなければならない。それは、「分析時に発見=構成された現象」と呼ぶことができよう。

最後に、「再現前化」された「現象」を当該の記述自体の正当性を擁護す

る「方法論」に基づき「記述」することという文章が要請する含意は、いわゆる研究論文に求められる論理性である。一貫した理論的枠組みのもと論理的に記述するということである。

　この一連のプロセスを経て、「現象」を描像する「論述」が完成したとすれば、それは、その「現象」の「代補」として認めてもよいであろう。その流れを整理すると次のようになる。

　「現場調査時に発見＝構成された現象」→「『語り』の記録」→「『語り』の分析」→「再現前化」→「分析時に発見＝構成された現象」→「論述」→「代補」

　これで、課題の①創発的・起源的現象を記述する方法はあるのか、にも答えが与えられたことになる。ここで、前項で議論した「論述」が「代補」である場合の流れを上記の流れに繋げると次のとおりとなる。

　「現場調査時に発見＝構成された現象」→「『語り』の記録」→「『語り』の分析」→「再現前化」→「分析時に発見・構成された現象」→「論述」→「代補」→「論述」→「論述時に発見＝構成された現象」→「現場調査時に発見＝構成された現象」

　このプロセスから細かい「記録」や「分析」等の手続きを省き、「現象」と「論述」を中心に整理してみよう。

　①「現場調査時に発見＝構成された現象(1)」
　②「分析時に発見＝構成された現象」
　③「論述」
　④「論述時に発見＝構成された現象」
　⑤「現場調査時に発見＝構成された現象(2)」

　この５つのプロセスの中に「現象」は４つあるが、「現象」から「現象」へ移行する操作は、①から②、②から④、④から⑤の３つである。ここで我々は再度、第２章で論じた Ricoeur (1983, 1984, 1985) の哲学的考察を想い起こそう。ミメーシスである。

　Ricoeur はアリストテレスが提示したミメーシスを単なる模写ではなく、統合形象化の活動を担う創造的模倣と解釈した。また Ricoeur はミメーシスを３つに分節した。ミメーシスⅠは先形象化の操作のことであり、筋の制作における行動の模倣に関する先行理解のことであった。ミメーシスⅡは筋立てを作る統合形象化の操作のことであり、その統合形象化の媒介操作により前過程を後続過程へと変容させるのである。そしてミメーシスⅢは作品受容

による再形象化の操作のことであり、「テクスト世界と、聴衆または読者の世界との交叉」[20]であった。ミメーシスの過程が完了するのは、まさに聴衆、読者においてであり、「それは詩によって統合形象化された世界と、実際の行動が展開し、その独特の時間性を展開する世界との交叉である」[21]とされた。そしてテクストはその受容者との相互作用においてのみ作品となるのであった。

　ここで指摘しておきたいのは、Ricoeur が詩的制作の操作として定式化した3つのミメーシスと、先に挙げた「現象」から「現象」へ移行する3つの操作とがその過程において符合するということである。

　まず①「現場調査時に発見＝構成された現象 (1)」から②「分析時に発見＝構成された現象」へ移行するための操作は、論述という形式における社会現象の再現(再現前化、模倣)に関する先行理解に該当するであろう。次に②「分析時に発見＝構成された現象」から④「論述時に発見＝構成された現象」へ移行するための操作は、ミメーシスにおいても中心的操作である、まさに論述(論理性、筋立て)を作る統合形象化の操作のことであり、その統合形象化の媒介操作によって①から②の過程を④から⑤の過程へと変容させるのであろう。そして④「論述時に発見＝構成された現象」から⑤「現場調査時に発見＝構成された現象 (2)」へ移行するための操作は、論述受容による再形象化の操作のことであり、論述が描像する世界と読者または評者が理解する世界との交叉のことである。

　そして論述はその受容者との相互作用においてのみ論文となる。つまり、論理性を欠いた著者の自己主張のみでは、論文とは呼べないということである。

　ここで、読者は物語論的アプローチから生命論的アプローチへ踏み込んだ本研究が論述の方法論において物語論の方法論との類似性を強調するのを訝るかもしれない。しかし本書は一個の論述である。個別の記述でしかない。生命理論は我々に「生きていること」を理解するための装置を与えてくれた。我々はそれを現場で適用するために転換した道具概念としての装置も手に入れた。それゆえ、内部観測者の観測過程を現場調査へ導入することは可能となった。しかしその観測過程は「いま・ここ」での計算過程である。それは「いま・ここ」の内部観測者にしか観測しえない。内部観測者の観測過程は絶えず生成し変容する。それゆえ本書はここまで、それを外部観測者へ伝える方法論を論じてきたのである。

それは時間の空間化である。つまり、論述においては現象の記述化である。我々は日常、時間を空間化して把捉しているのと同様に、論述においても現象を記述化して理解している。それゆえ、本研究は一個の試みなのである。観測志向型理論に定位することにより、現場調査時の「いま・ここ」の観測過程において、日常の「語り」の中に潜在している動機あるいは動機づけ現象は発見＝構成されうる。本書はこの理論研究において擁護された命題を現場研究の仮説とする。そして、現場を調査しデータを分析するための方法論をここまで論じてきたのである。

生成する生命、つまり「いま・ここ」における起源を語るためには内部観測者の視点に立つ必要がある。しかもそれは現場調査時は擁護されてもデータ分析時および論述時は困難となる。そのためここまでに述べてきた手続きが方法論的に正当となるのであろう。また現場データの分析の際には、生成する生命を理解するための道具概念である「語り」を分析概念として用いる。本書ではここで論じた「代補」としての論述を創出する一連のプロセスの際の研究者の視座を内部観測論的視座と呼ぶこととする。それは観測対象を切り離して観測する外部観測者の視点で分析・論述するのではなく、敢えて現場調査時と分析・論述時の「いま・ここ」の観測過程に留意した方法論である。分析・論述時の「いま・ここ」において、内部観測者の行為として現場調査時の現象を論述するということである。

次節で、ここまでの方法論を基底に現場調査の概要について論述する。

第3節　生の現場へのアクセス（現場調査概要）

調査命題

本書の狙いと構想は既に序章で論じた。異なる3つの研究から生の現場へアプローチする構成となっている。先行研究の精査・分析を目的とした文献研究（第1部）、独自の理論構築（仮説提出）のための理論研究（第2部）、そして本書の起点であり適用先でもある生の現場における調査と実践を試みる現場研究（第3部）である。

本章は第3部の現場研究の導入部である。第1節では大きな方法論としての生命論的アプローチについて論じた。第2節では研究の核心的特徴を形成する内部観測という視座と、内部観測により発見＝構成された現象を論述として成立させるための方法論である「代補」の概念と内部観測論的視座とい

う考え方を提示した。そして本節では、さらに具体的な内容と方法について論じる。その際、研究の背景は既に序章で述べたのでここでは繰り返さないが、現場研究者＝現場実務者である筆者が現場調査に際して直面した方法論的困難について言及しておこう。

　調査対象である現場に外部の研究者が純粋に調査目的で関与する際の方法論はこれまで多くの手法が開発され定式化されてきた。研究者が観察対象に参与せずに観察を行う方法や研究者自らが観察対象である現場作業・実務に参与して観察する方法、あるいは研究者が現場に積極的に関わり実務者とともに研究対象である現場実務の変革を目指す、つまり調査対象への影響を予め含意した活動理論の方法論などもある。しかしこれらの方法論では、経営現場において社会的相互作用を基底とする動機づけ現象やマネジメントを研究する研究者であり、その対象実務者である筆者が直面した方法論的困難を解消することはできない。

　そこで現場の研究とマネジメントの実務という一見相容れない2つの行為を、研究者＝実務者という位相において共立・一致させるために、郡司の提唱する観測志向型理論に定位した内部観測という方法論を採用した。一方で、この内部観測という視座に立つ研究者＝実務者が現場調査のために実施した「語り」インタビューがそのまま動機づけマネジメントの実践でもあることを、調査時の「いま・ここ」で発見＝構成する。それゆえ、本現場研究(第3部)は、第1部、第2部を通して一貫して論究してきた動機づけ研究における生命論的アプローチと「語り」の概念と手法を現場で実践するとともに、現場実践的理論(仮説)として提唱するために、実証的に論述することを目的とする。具体的には、次に掲げる2つの命題を論証することとなる。

　(1) 動機づけ研究において生命論的アプローチを採用すること(生命理論を現場へ適用するための道具概念である「語り」を現場で実践的に採用すること)は、研究者にとっては動機および動機づけ現象を発見＝構成するための調査・分析の概念と手法になり、同時に実務者にとっては動機づけマネジメントの概念と手法になることを意味する(研究者の視点では「語り」という言語行為は、インタビューとしての「語り」の中で動機および動機づけ現象を発見＝構成するための概念であり、そして分析の際に現象を再現前化させるための概念でもある。実務者の視点では「語り」という言語行為はマネジメント実務において語り手を動機づける概念と手法となる)。

　(2) 調査＝実務において生じる矛盾は、内部観測という視座に立つことで

内部観測者の行為として「いま・ここ」において調停され一致・共立する。

調査フィールド

　筆者の調査＝実践の現場は、公共事業の工事請負を主とする中堅のエンジニアリング会社である。年商 200 億円、従業員数 400 名程度の会社である。ここでは A 社と呼ぶことにする。グローバル化の進展とともに国際競争に曝されてきた業界はバブル崩壊後の失われた 10 年と呼ばれる時期に、経営破綻、リストラ、業界再編、成果主義に代表されるような人事制度改革などを矢継ぎ早に経験した。公共事業を請け負う官需業界はそれよりも幾分遅れて経済変動の荒波に襲われた。少子高齢化、雇用の非正規化、格差社会化など政治経済社会が大変革期を彷徨するなか、国家および地方自治体の財政状態は回復の見込みがなく、公共事業費は年々削減される。当然業界内での競争は激化し、企業は生き残りを賭けた施策を実施する。成果主義の導入、賃金カット、雇用調整、部門の統廃合、事業部の縮小・分社化、吸収合併など、組織としては必死の施策であるが、その中で生きている個々人にとっては「生」を揺るがす現象として現前する。A 社の状況も同様である。

　本研究は個々人の動機づけ現象に主眼を置いている。それゆえ、個々人が所属する組織の個別の事情には立ち入らない。個別の企業が実施した施策の特殊性、普遍性、あるいは一般性を議論しても本研究の目的に何ら寄与しない。バブル崩壊後に多くの日本企業とサラリーマン社会が経験してきたのと同様の状況に A 社も陥っているということである。

　経済社会が大きく揺らぎ、所属企業では制度・組織改革が日替わりで行なわれるような状況下では、現場は混乱するとともに大きく士気の低下を招く。最前線で戦う社員の士気が低下すると、受注活動での失敗や不注意からのクレームを増加させ、結果として業績は悪化することになる。それはそのまま評価や処遇に反映され、これまた士気の低下をもたらす。まさに悪循環である。経営環境の大きな変化に対応し切れていないのは、柔軟性を失った旧世代経営層だけでなく、次代を担う中間管理層、さらに最前線現場で働く中堅・若年層も同様なのである。

　筆者は A 社で中間管理職として働いている。前線で指揮を執るミドルマネジメントの任務は、経営計画に基づき個別目標を達成すべく部下を動機づけ、チームとして成果を上げることであるが、外的なインセンティブに乏しい環境の中、いかに動機づけるかが重要となる。これは会社の業績向上の

ためだけでなく、むしろ個々人の自立と成長のために考えなければならないテーマである。本研究はまさにそうした状況下での個々人の意識であり、動機であり、動機づけに主眼を置いている。

現代日本のビジネスパーソンにとって、もはや特定の会社や組織における動機づけでは用を足さない。動機づけはまさに個人が生きている現場そのものにまで波及しなければならない。動機づけは、生きることに関わり、それは未来へと繋がるものでなければならない。この意味で本研究では社会現場を「生」の現場と呼び、「生」の現場における「語り」と動機づけの関係について調査する。

大きな経済社会の変動や組織の変革は個人の力ではどうすることもできない。組織は死に物狂いで生き残り施策を実施する。Derrida (2005) は亡くなる数週間前のインタビューで「生とは生き残りです」[22]と語っている。生き残らなければならないのは企業だけではない。個々人が自身の生を生き残らなければならないのである。こうした生の現場が本研究の調査フィールドである。

調査の背景

筆者は管理職になる以前は労働組合の書記長を兼務していた。専従者のいない労働組合であるため、現在も三役以下執行委員全員が兼任で活動を行なっている。上位の団体や地区の組織にも所属せず、同業系の団体に準会員として参加している独立系の労働組合である。当然日本型の企業内労働組合である。筆者が書記長就任当時、既に長年労使協調路線を採っていたため、ストライキどころか、団体交渉でさえ形骸化しており、組合活動は低迷気味で組合離れに苦慮する一般的な労働組合[23]と大差ない状況であった。

筆者が執行部入りしたあとも従来型の組合活動を活性化させるために特別に労力を費やしたということはなかった。そうではなく、新しい活動形態を模索することに注力したというほうが正しいであろう。筆者の書記長就任期間は1999年秋から2002年秋までの3年間であった。先に述べたように官需業界は経済変動の激震をやや遅れて受けることになるが、ちょうどその時期、波打ち際に予兆が現れはじめてきていた。じきに津波が直撃することはわかっていたが、多くの日本企業同様、A社も事前に十全な対応策を施すことはなかった。経営状況が徐々に悪化していくなか、A社の労組は労使対立の路線ではなく、従前どおり労使協調路線を歩んだ。

しかし単なる協調を標榜するのではなく、ある意味、会社あるいは自己への積極的な関与を促す活動を展開した[24]。端的に表現すると、学習と提案といえる。従来型の活動を地道に続けているのでは組合離れを増長するだけである。しかし従来型活動を活性化させるための組織教宣活動に注力する意識はなかった。寧ろ組合の活動を、個人の意識改革と会社の組織改革に寄与する方向へ転換させる試みであった。

　具体的には、個人向けには学びの場を提供した。話題性の高いタイムリーなテーマに応じた講師を外部から招いて勉強会を開催した。「成果主義人事制度」や「ビジネスマンの市場価値」、あるいは「建設業の崩壊」など[25]、一般の従業員が日常の業務に忙殺されていると、気にはなっても敢えて調べてみようとまではしないような主題を提供した。またそうしたイベントを開催するために、幹部たちには主体的に行動する機会を与えるとともに、執行委員会では若手役員が積極的に発言できる雰囲気作りを心がけた。その結果、課題ごとに自主的な勉強会が開催されることもあった。そしてそれらの活動を通して得られた成果は、組合から会社へ提案された。こうした一連の活動が狙いとしていたことは、「自立」への意識改革であった。それは会社から独立するということではない。

　日本的経営は「人本主義（従業員主権）」か「会社本位主義」かという議論がある[26]。伊丹（2000）は日本的経営を「人本主義」であるとする。「人本主義」は、資本主義が「カネのネットワークを中心にすえることによって経済組織の編成原理とする」[27]のに対し、「人のネットワークを安定的に築いていくことを経済組織の編成原理とする」[28]ものである。これに対して奥村（2002）は、会社が倒産したとき[29]、「会社は従業員の共同体であり、日本は資本主義ではなく、人本主義だという考え方が幻想だ、ということがはっきりと従業員に自覚される」[30]と主張する。今井・金子（1988）は、「ネットワークを考えるということは、とりもなおさず、確立した個人がどうつながるかということを検討することである」[31]と論じたが、これまでの会社依存型の日本のサラリーマンを考えると、とても「確立した個人」とはいえない[32]。戦後の日本的経営を考えると、伊丹の解釈は評価できるが、現場的には奥村の主張のほうがリアリティを持っているのではないだろうか。

　ある意味、人本主義的な経営を実現するためにも、組織内において「確立した個人」、あるいは「自立型個人」の育成が欠かせないのである。当時のＡ社労組の活動には、来たるべき経営危機の状況に備え、自身および会社の

生き残りに貢献できる人材育成が含意されていたのである。

筆者はこうした活動を他の幹部たちと一緒に遂行しながら、彼らの多くが自身の職場にいるときよりも組合活動に従事しているときに生き生きとしているのをつぶさに観察した。さらに筆者の書記長就任期間に関わった11人の幹部に対してインタビューを実施した。その結果をまとめたのが筆者の修士論文である。

そこで見出された成果は、「ささやかな自己実現」と呼びうる現象であった。ある非日常的なきっかけで組合活動に参加するようになるが、積極的に参加するようになる動機は「利己的動機」と呼べる自己の成長欲求であった。しかし自己の成長という目的を果たすためには仲間の成長に貢献しなければならなかった。ポリフォニーな対話のもとで新しい生活世界が見いだされ、そこでは様々な「仲間貢献」が行なわれ、彼らはある種「自己実現」と呼べる成長を遂げていった。それをMaslowの「自己実現」と区別するため、「ささやかな自己実現」と名づけた。それはさらに「自己表現」「自己認識」「自己創造」の3つの概念に分節されて説明された。

これらの成果は、筆者がインタビューで得たデータをBakhtinの対話理論やカーニバル論などを基底に分析した結果、発見=構成されたもので、その論述はその論理性が担保される限りその現象の代補となりうるであろう。

しかしこの研究で論じることができなかったことが1つある。それは筆者が行なったインタビューそのものが彼らの動機づけにプラスの影響を与えていたということである。仲間同士のポリフォニーな対話が動機づけに貢献していることは現象として明らかだった。ポリフォニーはBakhtinの対話理論における主要概念の1つである。本書では"Antenarrative"の概念とともに幾度か紹介した。権威的な言葉とは異なり、内的説得力のある言葉が終わりのない対話を互いに生み出す様相である。まさに日常の職場で抑圧されていたことが曲りくねりながら断片的にでも発話することができる状況である。

しかし研究者として接したはずの筆者によるインタビューにおいても彼らは何かに動機づけられていたのである。それは、インタビューの直後、あるいはテープ起こししたテクストを手渡した際などに、筆者にフィードバックされたことでわかった。博士前期過程の研究の際は、本書とは別の仮説から接近し、別の視座から分析し論述した。本書と同様に動機づけに関する研究ではあったが、研究視座と中核的な理論が異なっていた。それゆえ、その際はその点に関してそれ以上は踏み込むことはなかった。

しかし研究成果であるポリフォニーな対話を日常的に実践していくなかで、人間の言語行為、特に「語り」という言語行為が人を動機づけることに強い確信を抱くようになった。それは、本書で既に紹介したナラティヴ・セラピーの効果でも認められることであるし、近年コーチングと呼ばれるコンサルタント手法が注目を集めていることからも擁護されるであろう。コーチングはコーチがメンバーの将来の可能性や能力を引き出す一種のコミュニケーション・スキルである[33]。能力や問題に対する答えが当人に内在しているという前提に立っているところは、既に論じた有機論的アプローチに属すると言えるが、現場での実践とその目的は歓迎されるべきものである。それゆえ、本書の研究成果がそうした実践を理論的に擁護する役割を担う可能性はある。

さて、「語り」という言語行為の動機づけ効果を実務レベルで実験的に実践できる機会に恵まれた。博士後期過程への進学と時を同じくして管理職に昇進した。日常的に面談を行なうことができるようになったのである。それは実務であり実験であり実践である。同時に「語り」および物語という言語行為に関して文献調査も開始した。その軌跡は本書第1部で論じた。しかしナラティヴ＝物語という言語単位に関わる既存理論では、現場での「語り」効果とその拡張性（潜在性）を説明しきれない。

そうした折、2つの方向性が起動しはじめた。1つは物語以前の「語り」へと通じる折口の研究である。もう1つは脳科学、コンピュータ・サイエンスなど最新の科学的知見を駆使して生命＝時間の問題を真摯に解き明かそうとする郡司の生命理論である。生命理論および観測志向型理論に関する主著が刊行されたのは、2002年から2004年に掛けてであった。これら2つは生成する生の現場の「語り」と親和的であった。その理論的議論は本書第2部で展開した。そして現場と理論との対話を続け、2006年春から2007年春までの1年間、「語り」の記録をテープに収めながらの調査に進んだのである。

調査対象

調査対象は、筆者が博士前期課程での研究において個人の動機づけ調査の際に調査対象としたA社の労働組合幹部の中から、のちに筆者の直属の部下となった者（X氏）1名、直接の上下関係になっていないが、筆者がメンター的存在として日常的に相談相手となっている者（Y氏）1名、そして労働組合時代には関係なく、純粋に人事異動によって筆者の部下となった者（Z氏）1

名の計3名の30歳代一般職社員である。

調査期間は、2006年3月から2007年4月までである。

調査方法としては、本書で定式化した「語り」の概念と手法を用いた。具体的には、日常的な「語り」の現場(会議、打合せ、相談、報告、連絡、会話、面談等)における「語り」を内部観測者として観測した。特に面談や相談時、動機づけマネジメントの手法として「語り」を意識的に用い観測した。

また研究者として「語り」インタビューを実施した。X氏、Y氏、Z氏に対して、2006年3月以降1ヶ月から3ヶ月程度の間をおいて2007年4月までに、各々5回ずつ行った。1回当たり約1時間程度。その際、相互に影響し合う内部観測者としての視座を重視した。

(1) X氏の「語り」インタビュー
　1回目：2006年3月30日
　2回目：2006年6月14日
　3回目：2006年9月25日
　4回目：2006年12月19日
　5回目：2007年4月18日
(2) Y氏の「語り」インタビュー
　1回目：2006年5月17日
　2回目：2006年6月23日
　3回目：2006年9月12日
　4回目：2006年12月4日
　5回目：2007年4月16日
(3) Z氏の「語り」インタビュー
　1回目：2006年3月28日
　2回目：2006年5月12日
　3回目：2006年9月13日
　4回目：2006年12月25日
　5回目：2007年4月16日

X氏の歩み

X氏は、新卒採用で入社して10年である。化学系の学部出身であったが、配属先は水質分析等を行ない、最適プロセスを設計提案する部署であった。

そこで 8 年間、水質分析とプロセス設計を担当した。その後 1 年間、業務用薬品の事業化を推進する部署で企画営業を担当したのち、全社的な営業支援を行なう営業企画の部署へ異動となった。調査実施時は、営業企画部で広告宣伝・広報および新規事業開発を担当していた。X 氏は、5 回目のインタビューから約 1 ヵ月後に退職した。

　X 氏は入社 1、2 年目頃、職場に馴染めず離職を考えた。実家が自営業であり、長男でもあるため、帰郷し家業を継ぐことを考えた。しかし両親は反対した。息子を雇えるほどの事業規模でもなく、また将来息子に継がそうとの考えもなかった。X 氏は、実家へ戻るという選択肢がなくなり、覚悟を決めて会社に留まることとした。

　同時期、組合活動を開始した。当時の組合は若手社員が持ちまわりで代議員を務めていた。高い志を持って活動を開始したというわけではなく、たまたま順番が来たような状況であった。しかし帰郷は諦めたとはいえ、職場の環境が変わるわけではない。相変わらず現場や客先の状況を考慮せずに処理されるルーチン業務には辟易していた。それゆえ当時外部の著名人を講師に招いて勉強会を開催するなど活発に活動していた組合活動が素直に「楽しかった」[34]。結局、X 氏は代議員と執行委員を務めたあと、最終的には筆者の後任の書記長に就任した。合計 7 期組合幹部として活動した。

　組合活動を続けていたのは、それだけ職場の仕事に充実感を見出せていなかったからであった。幾度か異動希望を出すが、認められなかった。現場実験の担当に選ばれる可能性も出てきて、そうなった場合は、転職することも考えていた。そんな折、筆者が推進していた薬品事業で新メンバーを必要としていた。そこで X 氏は、先輩書記長であり当時新規事業を立ち上げていた筆者との実務レベルでの協働を元々希望していたため、薬品事業部への異動を自己申告した。この希望は承認され、それから 1 年間 X 氏は筆者の直属の部下として薬品事業の企画営業部員として勤務した。

　しかし 2 人の協働は僅か 1 年しか継続できなかった。会社の業績が悪化したため、官需事業部門の大幅な組織改編が実施されたのである。新規事業でまだ売上に貢献していなかった薬品事業部は事実上の解体となった。部員たちは他部門へ異動させられた。これにより X 氏は営業企画部へ異動となった。

　営業企画部で X 氏は、広告宣伝・広報と新規事業開発を担当した。水質分析部門から直接の異動ではなく、新規事業部門を 1 年間でも経験していた

ことから、営業企画部での業務は比較的容易に受け入れることができた。薬品事業には未練はあったが、新たに民需部門での新規事業の立ち上げに関与することができたのは、X氏にとっては幸運だった。会社の業績が悪いうえに、不本意な異動という士気が下がる状況が続くなか、新しい部署での職務に興味が持てたのは救いであった。新しいビジネスモデルに基づいた事業計画まで策定し、経営会議でも承認された。比較的順調な日常であった。

　しかし会社の業績は引き続き厳しい状態が続いた。新年度を迎えて早々、早期希望退職者を募集するなど、経営再建が本格的に始動しはじめた。時を同じくして、X氏は転職することとなった。辞めずに済むなら辞めたくはないという気持ちではあったが、生活のことなど総合的に判断してのことであった。

Y氏の歩み

　Y氏は、新卒採用で入社15年である。文科系出身であるY氏は、そのキャリアを管理部門からスタートさせた。5年間経理を担当した。自己申告による希望で生産部門の工務部へ異動し、そこで7年間原価管理等を担当した。その後、経営企画室に異動となり、2年間経営計画の策定を担当した。インタビューを開始した年、再度経理部へ異動となった。図らずもその後約1年間、事業再建検討委員会活動を筆者とともに行なうこととなった。

　Y氏は経理部で数字だけを扱うことに物足りなさを感じていた。自分たちの会社がどういう事業を行い、何を製造し何を販売して売上や利益を挙げ、給与がもらえるのか。もっと現場に近いところで実務経験を積みたかった。入社2、3年目くらいから異動希望を自己申告していた。ジョブローテーション制度を採用していたが、実際は部門間の異動は基本的には社内経歴では不利になるという社風であった。それゆえ、Y氏の上司は異動を思いとどまるよう毎年説得していた。

　しかし諦めずに毎年異動希望を申告していたことから、入社して5年目に漸くその希望が叶った。販売現場に比較的近い生産部門内の工務部への異動となった。同時に、それまでは経理部所属ということで非組合員扱いであったが、晴れて組合員になることができた。根っから好奇心が旺盛なY氏は、その年に労働組合の副執行委員長に就任した。その後、2期執行委員長を務め、さらに1年執行委員となり、後進を指導したあと組合を引退した。Y氏が副執行委員長になった年、筆者も書記長に就任した。

当時、会社の経営環境は年々厳しくなっていた。徐々にではあるが、業績も悪化しはじめた時期であった。官需事業が中心の企業であるため、これまで比較的安定した経営状況であった。そのため、会社全体の危機意識が低かった。Y氏を中心とした執行部は、組合側からベアゼロを提案し、代替として労使共同の人事諸制度見直し委員会を設立させるなど、単に労使協調路線を踏襲するのではなく、従業員の意識改革と会社への積極的な提言活動を実施した。

　またY氏の委員長時代は、自立型人材の育成を目的にタイムリーなテーマを選定し、外部から講師を招いて勉強会を頻繁に開催した。またテーマ毎に執行委員でチームを結成し、自主的な勉強会も行なった。執行委員長であったY氏は、その活動の牽引役として活躍した。Y氏は将来的にはマネジメントを行ないたいという希望を持っていたため、意識的に組合執行部の運営をそれになぞらえて行動した。委員長退任後も、執行委員として後進の育成に尽力するなど、後輩への面倒見もよかった。

　組合を引退したあと、Y氏は将来経営管理に携わるという自らのキャリアデザインに基づき子会社か事業部単位での実務を希望していた。そうした時期に経営企画室へ異動することとなった。サラリーマン社会では本人の意向どおりに事は進まないのは常であり、Y氏も当然理解しているが、一時的にモチベーションが下がった。さらに新しい上司との相性が悪かったのか、会社を思う互いの熱意からなのか、頻繁に意見が衝突した。最終的には上司の命令に従わざるを得なかった。

　対立は日常的となり、精神面でかなり追い込まれ、転職まで真剣に考えはじめた。筆者を含め他部署の上司や同僚に相談した。結果、会社への思いもあり留まることにした。その後、管理部門内での異動ということで経理部へ転属することとなった。会社の業績が急激に悪化しはじめていたときであったが、引き続き会社全体の数字に関わっていた。環境が変わり、徐々にやる気を取り戻しつつあった。

　そんな折、官需部門の役員を中心に事業再建検討委員会が発足した。筆者もそのメンバーであったことから、Y氏に声を掛け、再び協働で会社に対して提言する機会を得た。経営状況はその年度厳しさを極め、翌年度には早々に早期希望退職者を募集するなど、具体的な経営再建策が実施された。会社の状況はよくないが、その後Y氏は自身の見解が評価されたこともあり、会社の再建に向け前向きに取り組んでいる。

Z氏の歩み

　Z氏は、新卒採用で入社11年である。大学院卒のZ氏は、専攻してきた領域に近い水質分析等を行なう部門に配属となった。そこに3年間勤務したあと、新薬品の開発プロジェクトのメンバーに選ばれた。1年後、同薬品の実用化を目的に大学院へ派遣された。博士号を取得後、プロジェクトから改組された薬品事業部に4年間所属した。その後、水質分析部門へ異動となるが、業務内容は引き続き同薬品の実用化支援であった。

　Z氏は高度な専門知識が評価され、新薬品の実用化に主眼を置いた大学院博士後期過程への派遣要員に選抜された。派遣先大学は母校であり、さらに研究室も修士課程の指導教官の研究室ということで環境的には恵まれていた。会社もまだ景気のよい頃であり、十分な研究費も確保されていた。

　Z氏は同薬品の弱点を指導教官とともに見極め、1つ1つ技術的な課題を解決していった。Z氏は会社への中間報告の際、かなりの自信を持って臨んだ。しかしZ氏が目指した方向性は、派遣元であるプロジェクトチームの狙いとは異なっていた。それゆえ、Z氏は中間報告のたびに打ちのめされた。開発当初のコンセプトは他社製品の性能を大きく上回るものであった。しかし難点はユーザーの設備を大きく改造しないと使用できないことであった。Z氏は既存設備にそのまま適応できるように性能を抑えたうえで、他社製品に対する優位性を見出そうとした。しかしそのZ氏の真摯な思いは通じなかった。

　大学院での研究としてはそのまま進み、Z氏は学位を取得した。しかし結果として、Z氏の研究はプロジェクトチームにどれだけ貢献できるか疑わしいとの評価のもと、失意の状態で帰社することとなった。その時プロジェクトチームは事業部に改組されていた。自身の成果は反古とされたまま、同事業部へ留まることを潔しとせず、異動を希望するが認められなかった。モチベーションがダウンしたまま日常の業務を淡々と処理する日々が続いた。

　そんな折、事業部以降に加わったマーケティング担当のグループリーダー（筆者）が事業計画の見直しを行なった。技術系のプロジェクトチームとは視点が異なり、技術的な優位性のみからではなく、市場環境を考慮した商品構成とそれぞれに応じた販売促進プランが策定された。製品群とターゲット層を細分化することにより、プロジェクトチームの主導する仕様とZ氏が目指した仕様はうまく棲み分けが可能となったのである。それによって、これまで報われない努力でしかなかったZ氏の研究が息を吹き返すことになっ

た。

　販売戦略を変更したことにより、ユーザーからの引合いも増えてきた。Z氏は自身の研究成果としての技術的知見を駆使して積極的に対応した。その結果、他のメンバーに先んじて導入実績へ繋げることができた。プロジェクトチームのリーダーであった事業部長との技術者同士の確執も事業が順調に進捗していくにつれ融解した。互いに高い技術的知見を持っている2人が互いの弱点を補強するような協働関係が構築されていった。

　しかしこれからが本格的な展開という時期に、会社の経営状況が急激に悪化しはじめた。新規事業ゆえにまだ会社に貢献するまでは至っていなかった。各事業部の要員と業務内容が見直され、大規模な組織改編が実施された。その結果、薬品事業部は僅か4年で解散となった。Z氏はプロジェクト以前に所属していた水質分析部門へ異動となった。そこで引き続き薬品事業の業務を担当することとなるが、他の部員に比べ異質の仕事をしているため、周りから孤立した状況が続いた。再び孤独な戦いの日々が到来した。

　しかしユーザーからは引き続き引合いがあったため、部署は違えども元事業部員らと協力し合い、遂に大きな実績を手に入れることができた。会社の評価も変わり、新部署でも理解者が増え、少しずつ協力してくれるメンバーが現れ出した。その後は期待できる事業であるという評価を再度獲得し、Z氏はその技術的な中核部員として活躍している。

注

1　La Mettrie, Julien Offray de (1747) *L'homme-machine*（杉捷夫　訳『人間機械論』岩波書店、1932年）、119頁
2　Ibid.（邦訳）、119頁
3　郡司（2004）、13頁
4　Deci（1975）（安藤、石田訳、1980年）、17頁
5　郡司（2002）、16頁
6　郡司（2004）、30頁
7　Deci（1975）（安藤、石田訳、1980年）、70頁
8　Ricoeur（1983）（久米訳、1987年）、99頁
9　「語り」の分析には、坂部（1990）が指摘するように、その多くが1つまたは複数のセンテンスからなる会話等の言語行為の分析に留まっており、「かたり」という筋を持った大きな単位の言語行為に関する研究はまだ十分には進んでいない状

況であることを考慮して、先達による言説分析等の方法論は参考にするに留め、本書独自の分析を行った。参考にした主な文献は次のものである。メナード・泉子・K(1997)『談話分析の可能性』くろしお出版、好井裕明・山田富秋・西阪仰編(1999)『会話分析への招待』世界思想社、Gee, James Paul (1999) *An Introduction to Discourse Analysis: Theory and Method*, Routledge, London。

10　Flick, Uwe (1995) *Qualitative Forschung*, Rowohlt Taschenbuch Verlag GmbH(小田博志・山本則子・春日常・宮地尚子訳『質的研究入門』春秋社、2002年)、176頁

11　参与観察法を採用し卓越した研究を行った例としては、社会学的古典として評価されるに至ったWhyte (1943)の『ストリート・コーナー・ソサエティ』や日本人による作品では佐藤(1984)の『暴走族のエスノグラフィー』などが挙げられる(Whyte, William Foote (1993) *Street Corner Society*, (Fourth Edition), The University of Chicago, Illinois, U.S.A.(奥田道大・有里典三訳『ストリート・コーナー・ソサエティ』有斐閣、2000年)、佐藤郁哉(1984)『暴走族のエスノグラフィー』新曜社を参照)。

12　Engeström (1987)が提唱する活動理論では研究者が積極的に参画し対象を変革することも視野に入れられている(Engeström, Yrjö (1987) *Learning by Expanding*(山住勝広・松下佳代・百合草禎二・保坂裕子・庄井良信・手取義宏・高橋登訳『拡張による学習』新曜社、1999年)を参照)。Engeström et al.(1996)は、フィンランドの企業の研究所の現場改革に活動理論を適用している(Engeström, Yrjö, Virkkunen, Jaakko, Helle, Meria, Pihlaja, Juha & Poikela, Ritva (1996) TheChange Laboratory as a Tool for Transforming Work' *Lifelong Learning in Europe* 2 : 10–17)。また医療現場への適用研究では、Engeström, Yrjö (1999) Expansive Visibilization of Work: Activity-theoritecal Perspective' *Computer Supported Cooperative Work* 8 : 63–93およびEngeström, Yrjö, Engeström, Ritva & Kerosuo, Hannele (2003) The Discursive Construction of Collaborative Care' *Applied Linguistics* 24/3 : 286–315が挙げられる。

13　Barthes, Roland (1961–71) *Inroduction a l'analyse structuale*, Editions Seuil, Paris, (花輪光訳『物語の構造分析』みすず書房、1979年)、2頁。物語について、複雑系科学者のKauffman (2000)は次のように述べている。「物語は、科学が扱うべき性質のものではないのではないか。しかし本当にそうだろうか。物語は、われわれ自律体が生活を手がけ、しくじり、生きていくことについて語る上での、自然な手段である。物語は科学において扱うべきものではないと言われても、もし物語がわれわれが刻々生き方を変えつつ暮らしていくことにかかわるのならば、変わらなければならないのは物語の方ではなく科学の方だ。われわれが刻々と生きる方法を変えながら生きていることは、物理的宇宙の展開の一部をなすのだ」(Kauffman, Stuart A. (2000) *Investigations*, Oxford University Press, Inc.(河野至恩訳『カウフマン、生命と宇宙を語る』日本経済新聞社、2002年)、207–208頁)。

14　Derrida, Jacues (1967a) *De la grammatologie*, Les editions de Minuit(足立和浩訳『根源の彼方に　グラマトロジーについて』現代思潮社(下)、1972年)、8頁

15　Ibid.(邦訳)、8頁

16 Ibid.(邦訳)、8–9 頁
17 Derrida, Jacues (1967b) *La voix et le phenomene*, Presses Universitaires de France (林好雄訳『声と現象』筑摩書房、2005 年)、199 頁
18 高木 (2001)、99 頁
19 フィールドノートおよびそれを活用するフィールドワークについては、Emerson, Robert M., Fretz, Rachel I., & Shaw Linda L. (1995) *Writing Ethnographic Fieldnotes*, The University of Chicago Press, Chicago (佐藤郁哉・好井裕明・山田富秋訳『方法としてのフィールドノート』新曜社、1998 年)、佐藤郁哉 (1992)『フィールドワーク』新曜社、佐藤郁哉 (2002)『フィールドワークの技法』新曜社などで詳細に解説されている。
20 Ricoeur (1983)(久米訳、1987 年)、127 頁
21 Ibid.(邦訳)、127 頁
22 Derrida, Jacues (2005) *Apprendre a vivre enfin*, Editions Galilee, Paris, (鵜飼哲訳『生きることを学ぶ、終に』みすず書房、2005 年、24 頁
23 高梨昌 (2002)『変わる春闘』日本労働研究機構、労働と経済・編集部(労働調査協議会)(2002)「組合活動に関する若手リーダーの意識」『労働と経済』N0.1308、(pp.35–38)、共文社、労働と経済・編集部編 (2002)「組織の活性化と魅力を高める新・創・改・展〈上〉」(国際労働組合　笹川利雄氏の講演要旨)『労働と経済』N0.1305、(pp.6–10)、共文社、労務行政研究所・編集部(厚生労働省統計局) (2003)「2002 年労働組合基礎調査」『労政時報』N0.3573、(pp.65–66)、労務行政研究所などを参照。
24 本調査の背景となる筆者の労働組合での活動については、筆者の修士論文で詳細に論じた (増田靖 (2004)『ささやかな自己実現』埼玉大学大学院経済科学研究科修士論文を参照)。
25 高橋俊介 (1999)『成果主義』経済東洋新報社、藤田聰 (2000)『セブンレイヤーズ』経済法令研究会、山崎裕司 (1999)『建設崩壊』プレジデント社などの著者を講師として招いた。
26 「人本主義」については、伊丹敬之 (2000)『経営の未来を見誤るな』日本経済新聞社に詳しい。「会社本位主義」については、奥村宏 (2002)『倒産はこわくない』岩波書店を参照。
27 伊丹 (2000)、22 頁
28 同上、22 頁
29 「日本では『会社は永遠である』という考え方を持っている人が多く、とりわけ大企業の経営者や従業員はそれを信じている」(奥村 (2002)、71 頁)。
30 同上、86 頁
31 今井賢一・金子郁容 (1988)『ネットワーク組織論』岩波書店、102 頁
32 「タテ社会」という概念によって日本社会の人間関係を分析した中根 (1967) によると、氏・素性・学歴・職業などの「資格」によって集団が構成される欧米や中国、インドの社会に対して、日本では資格の相違を問わず「場」の共有によって

集団が構成される社会ということである（中根千枝（1967）『タテ社会の人間関係』講談社、26–27 頁を参照）。そのため、外国での人的関係を考えた場合、「場」から離れた者同士のネットワークが弱い日本人に対して、欧米人や中国人、インド人のネットワークは、時間的・空間的な距離を超えて保たれる可能性が高いという（同上、61 頁を参照）。数千人、数万人の大企業を想定すると、社内の人のネットワーク（「社内人脈」というほうが正しい）は、相当の規模になることはたしかであろう。しかし、規模が大きかろうが小さかろうが、中根の「場」による集団構成の理論から見れば、同じ「場」でしかない。欧米人や中国人、インド人が世界を舞台に構築しているネットワークとは質的に異なるはずである。

33 米国経営協会発行のコーチング専門書によると、コーチングとは「コーチや管理者などがチームメンバーの課題・目標設定を手助けし、前向きの姿勢で、遂行に必要な気づきを与えながら、励まし、挑戦を促し、現在の仕事の成果を改善し、会社への貢献度を増やすと同時に、将来の可能性を引出す技法」であり、米国訓練開発協会によると、「優れたコーチングとは『優れた業績と持続したコミットメント、前向きな人間関係を導き出し、挑戦する企業風土を育むことである』」（以上 2 つは、石川洋・本田勝嗣（2002）『よくわかるビジネスコーチング入門』日本能率協会マネジメントセンター、30 頁）。ビジネス・コーチとして活躍している鈴木義幸はコーチングを一言で、「相手の『自発的』行動を促進させるためのコミュニケーションの技術」（鈴木義幸（2000）『コーチングが人を活かす』ディスカヴァー 21、2 頁）と述べている。また教育現場におけるコーチングの基本的な考え方として、本間正人は「コーチングとは、人間の可能性と学習力を前提に、学習者との信頼関係をもとに、一人ひとりの多様な持ち味と成長を認め、指導者自らの行動により導き、お互いに学び合い、強みを引き出すコミュニケーション・スキル」（本間正人（2006）『「最高の能力」を引き出すコーチングの教科書』自由国民社、13 頁）と表現している。

34 2006 年 3 月時の X 氏本人の言葉。

第8章　生の現場の「語り」

　本章は第3部の主題である現場研究の中核を形成する。前章では本書が提唱する生命論的アプローチに基づく現場研究の方法論を定式化した。まず研究の枠組みとしての生命論的アプローチ、次に研究視座としての内部観測、そして本書独自の現場研究＝動機づけマネジメント実践の概要について論じた。この方法論を基底に本章のタイトルである「生の現場の『語り』」が再現前化される。その「語り」は前章で紹介した3人の調査対象者によるものである。

　既に述べたように3人に対する「語り」インタビューは5回に亘って行なわれた。そのため、ここで分析の対象として記載するものはその極一部である。また調査対象者が語る内容は特定企業内での事象についてであるため、その全容を露わにすることはできない。否、する必要もない。本書が狙いとする動機づけ現象を再現化できればよいのである。

　X氏、Y氏、Z氏の3人の語り手と聞き手＝筆者（W）によって行なわれたインタビューはテープに録音された。しかしインタビュー時の「いま・ここ」を再現することはできない。テープに保存された音声を聴くことにより、インタビュー関与者はインタビュー時の臨場感を想起できるかもしれない。しかしそれでさえ音声再生時の「いま・ここ」における局所的意味論によって表象されたものである。そこで、ここでは前章で論じた「代補」として論述する。これがなければ、3人の語り手の「語り」は存在しえないのである。

　本章では一節ごとに1人の「語り」を扱う。前章で紹介した順番どおりにまずX氏の「語り」からはじめる。次にY氏の「語り」、そして最後にZ氏の「語り」を分析する。分析のための概念は本書の主要概念である「語り」という言語行為である。音声を再現するにあたり次の点に留意した。

- 限りなく実際に「語られた」とおりに再現すること。言いよどみや繋ぎの「え」や「ま」などの音声も極力残した。
- 句点が打てるまでを一文として再現すること。主語述語の乱れも修正しなかった。
- 個人および企業の機密性が守られること。特定される発言のみ表現を換

えた。
　また句点で区切れる文単位に番号を割り当てている。1番目は語り手の順番を、2番目はインタビューの回数を、3、4番目は句点で区切られた文の通し番号を意味する。

第1節　フィールドワーク(「語り」の分析)1　―「転機」

トランスクリプト(1)「語り出し」(平成18年3月～平成19年4月)
　インタビューの冒頭で聞き手＝筆者(W)は、これまでのことでも現状のことでもこれからのことでも自由に語ってもらいたい旨を伝えた。次に挙げたものは、5回のインタビューでのX氏によるそれぞれの語り出し部分である。

(11.01)　(X)まず会社に入ったときには、えー、水質部門に配属されて、そこで水質分析と、処理フローを作ることを、主にやっていました。

(12.01)　(X)はい、まず、4月から営業企画部門に移って、いままでずっと技術系の仕事を8年間ですね、やってきたなかで、ま、薬品事業部は、技術系と営業的な要素も半々くらいのところだったので、ま、そういった意味でも、一旦そこに、ステップがあったうえで、技術系から、ま、管理部門のほうで、どちらかといえば、技術なしでもできる部署ですよね、そっちにいったということで、ま、一応、一段階は踏んでいたんですけど、やはりその職種が変わったっていう感じで、最初のうちは、何やるのかなっていう、ほんとに一から勉強する感じでしたね。

(13.01)　(X)はい、えー、前回、話したところの先から行くと、徐々に、具体的に、やることをやりはじめたという形で、最初、6月、7月、8月の頭位までかけて、新規事業プランを、えー、調査したあと、事業計画というのを作っていきました。

(14.01)　(X)前回は？

(14.02)　(W)前回は9月25日ですね、3ヶ月位経ってますね。

(14.03)　(X)それからだと、ちょうど、展示会の準備をしていたとき。

(14.04)　(W)そうですね、ちょうど、仕事は楽しいよ、だけど、少しずついろんなストレスを感じはじめていたあたりじゃないですか。

(14.05) (X) そうですね、ま、あの時のストレスの中心というのが、やっぱり、その新規事業をやってくうえで、人間関係が、どうもできてないなというのがあって、それで、どうにかしようとは思いながらも、兎に角仕事の主担当には誰も就いていない。
(15.01) (X) え、ま、今年 1 年は、ま、去年、昨年度ですね、営業企画部で、いままでやったことない仕事ばかりやっていたんですけど、その中で、広報をやるのは、ま、何とかなるのかなと思いながら、最初のうち、勉強してやってたんですけど、実際やってみたら、広報よりも、新規事業のほうが多かった。

　5 回のインタビューの語り出しを並べてみて分かることは、これらが一連の「語り」として語られていることである。のちに分析する Y 氏と Z 氏にも同様の傾向は見られるが、X 氏のインタビューは語り出しにおいてそれが顕著に見出せる。ある程度話すことを事前に考えていたのか、少なくとも心構えはあったことを窺わせる。
　4 回目（平成 18 年 12 月）までは準備していたかのように語り出していたが、4 回目（14.01）〜（14.05）のときに、「前回は？」と前回何を話しただろうかと確認するところから、毎回事前に十分な準備をして臨んでいたわけではないことが読み取れる。また、4 回目のときにスムーズに語り出せなかったのは、のちに見るように 3 回目（平成 18 年 9 月）（13.02）〜（13.19）のときに、新しい部署と仕事に戸惑いを見せていたことも原因と思われる。
　ここで、聞き手＝筆者（W）が（14.02）と（14.04）と 2 回ほど語りを促す必要があったが、（14.01）〜（14.05）のやり取りは、第 6 章で分節した「語り」の概念では、「語り合せ」に該当する。過去のことを懐かしみながら「語り合う」のではなく、「いま・ここ」においてこれから「語る」ことについて語り手と聞き手相互の意味論をすり合わせているのである。

トランスクリプト(2)「語り」―1（平成 18 年 3 月）
　1 回目のインタビューは、会社の経営状況が悪化し、所属部署が解体されることと次の配属先が明らかになっていた時期である。1 回目ということもあり、それまでのところの振り返りが中心となった。

(11.02) (X)（…）最初のうちは、その辺はどっちつかずだったって感じがし

280 第 3 部　動機の詩学

- (11.03)　(W) そうですか、結構、私が見てた感じでは、えー、組合なんかも積極的にやって…
- (11.04)　(X) 楽しかったんですよ。(笑い)
- (11.05)　(W) 会社が詰まんない。
- (11.06)　(X) 結構、組合って、楽しかったんですよ。
- (11.07)　(W) 結構、前向きで積極的に参加して、活動してくれるタイプなのかなと思っていましたけど、一方で仕事では悩んでて。
- (11.08)　(X) 仕事では、ま、停滞感を覚えていましたね。(…)
- (11.09)　(X) これでいいのかなっていう迷いがあったんで、集中できなかった、ように思えますね。

　(11.02)は、入社3年目位に会社を辞めて実家へ帰るか仕事を続けるか悩んでいた頃のことである。(11.03)で、当時X氏は組合活動には積極的であったため、組合活動でしか接点のなかった聞き手＝筆者(W)はX氏に対する当時の印象とのギャップを埋めようとする。X氏は2回「楽しかったんですよ」(11.04)(11.06)と強調する。この「楽しかった」という、組合活動中は「楽しい」というX氏の局所的意味論が、聞き手＝筆者(W)に「前向きで積極的に参加して、活動してくれるタイプ」(11.07)という印象を与え、聞き手＝筆者(W)が取り組んでいた事業へ参画するきっかけとなったのである。

トランスクリプト(3)「語り」―2.1(平成18年6月)
　新しい部署へ移ってから2ヵ月半が過ぎた頃である。

- (12.02)　(X) 人にものを任せるということはいままでやってなかったんで、そういったところはちゃんと学ばなければいけないと、ま、必要なスキルなんだろうな、とちょっと感じています。
- (12.03)　(X) ま、いまのところでいうと、そういった仕事をして、で、ま、個人的な感覚なんですけど、仕事の幅を広げられるという、いま30になったばっかりなんで、若いうちに、そういうふうにできる、ていう、チャンスが巡ってきたんだろうな、というふうに、自分自身では、いい機会だなと思っています。
- (12.04)　(X) で、特にその、新規事業の中で、事業プランを考える、それを

第 8 章　生の現場の「語り」　281

　　　　　仕事の中で、やっていける、そういうところも、非常に興味持っ
　　　　　ていた部分ではあったので、すごくいいチャンスがめぐってきたと
　　　　　思って、仕事に取り組める状態です。
(12.05)　(W) それは、非常に
(12.06)　(X) よかったですね。
(12.07)　(W) うんうん…
(12.08)　(X) あとは、ま、ずっと薬品事業部で、あと 1 年ぐらいは (笑い) や
　　　　　りたかったなって気持ちもあるんですけど、会社がこういうふうに
　　　　　なった状況の中で、行った部署としては、ま、自分の中ではよかっ
　　　　　たと思っています。(･･･)
(12.09)　(X) いままでずっと技術屋だったのが、今度、ま、理系から文系の
　　　　　仕事もできるようになって、じゃどっちの道に行くのかっていうこ
　　　　　とになったら、今の延長で、もしプロジェクトチームとかを作った
　　　　　り、そういう形でやっていければ、もっと面白いのかなっていうの
　　　　　も、ちょっと考えたりしていますね。
(12.10)　(X) ま、両方のスキルを使い切るところですかね。
(12.11)　(W) そう考えると、8 年間同じ部署でやってきて、前回薬品事業部
　　　　　へ異動するときはかなり思い切りが要りましたが、あれがあったか
　　　　　ら、逆に繋がったのかなっていう感じがしますね。
(12.12)　(X) それは、かなりいい踏み台になったというか、それがなくてい
　　　　　きなりというのだと、非常に戸惑ったと思いますし、いきなりとな
　　　　　ると、やっぱり難しかっただろうなって思いますね。
(12.13)　(X) 特に、そういう意味じゃ、前の事業部でやっていたことという
　　　　　のは非常に活きているなというふうに思いますね。

　(12.02) ～ (12.04) で、新しい部署で与えられる仕事に対して前向きな思い
が語られる。それを受け、聞き手＝筆者 (W) が受け止めた感想を「それは、
非常に」(12.05) と発話すると、Z 氏自身が「よかったですね」(12.06) と、両
者共通の意味論として繋げた。「語り合せ」である。それゆえ、X 氏の元直
属上司である聞き手＝筆者 (W) は、「うんうん」(12.07)(とりあえず、よかっ
た) と安堵するが、(12.08) で、X 氏が聞き手＝筆者 (W) に伝えたかった本
音を語る。「ずっと薬品事業部で、あと 1 年ぐらいは (笑い) やりたかった」
(12.08)。これは、解体された部署の元上司にとってはかなり辛い発言であ

る。

　それゆえ、X氏は「…やりたかったなって気持ちもあるんですけど、会社がこういうふうになった状況の中で、行った部署としては、ま、自分の中ではよかったと思っています」(12.08)と続ける。X氏は、(12.06)の「よかった」が単純にはよかったではなく、前段に「会社がこういうふうになった状況の中で、行った部署としては」(12.08)がつくことを、さらに「語り合せ」たかったのである。

　このあと、(12.09)(12.10)と前向きな発言が続く。それを受け、聞き手＝筆者(W)は、(12.11)でX氏の前の部署が現在の仕事へのよい繋ぎ役を果たしたのではないかとの意味づけを行なう。それに対し、「いい踏み台になった」(12.12)、「前の事業部でやっていたことというのは非常に活きている」(12.13)と応える。このやり取りも「語り合せ」である。所属部署の解体という受難に対して、当事者同士が意味論の共有化を図っているのである。このやり取りが、事業部解体が後遺症となりそこからの回復のプロセスでのものであるならば、「語り直し」と呼びうるものである。

トランスクリプト(4)「語り」―2.2(平成18年6月)

(12.14)　(X)できるだけ気にせずやろうとは思っていますけど、だから、あの、結構、声を、気に掛けているのは、電話の声を、ま、意識的にちょっと大きくしているんですよ、賑やかな感じにするために。

(12.15)　(X)で、ま、変な話してないよって、何か、もう、(周りの人は)小声でしゃべっているような感じもあるんで、そういうところは、どうにかなんないのかな、と。

(12.16)　(X)何かそういうところは嫌だなと感じますけどね。

(12.17)　(W)なかなか、全体的に、前向きに仕事をしているじゃないですか。

(12.18)　(X)ええ、いまのところは、やっていますね。

(12.19)　(W)非常にいいことですよ。

(12.20)　(X)ええ、去年からチャンスだなと思う部分があって、今年もいい意味でチャンスもらったな、と思っています。

(12.21)　(W)えっ、去年というのは？

(12.22)　(X)薬品事業部に居れたってことですね。

(12.23) (X) 今年、やること自体、内容は自分にとって、すごくいいチャンスだなと思いますね。
(12.24) (X) それは、確実に決めていこうかな、というふうには思っていますけど。

　ここでは、事例の内容よりも、聞き手＝筆者（W）が「なかなか、全体的に、前向きに仕事をしているじゃないですか」(12.17)、「非常にいいことですよ」(12.19) と、意識的に励ましたことに対するX氏の反応に注目する。(12.18) では、まだ「ええ、いまのところは、やっていますね」と控えめであったが、(12.20) 以降は、積極的になり、「すごいいいチャンスだと思い」(12.23)、「確実に決めていこう」(12.24) とまで発言する。これも聞き手＝筆者（W）によって仕掛けられた「語り合せ」の一種である。ここでは過去ではなく、発話は未来へと向けられはじめていた。「語り作り」の一端が見出せるが、この日のインタビューはここで終わる。

トランスクリプト（5）「語り」―3（平成18年9月）
　新しい部署へ移って半年が経とうとしている。

(13.02) (X) とりあえず、進むだけ進んで、事業プランを作り、経営会議で承認されました。
(13.03) (X) で、いざ、そこからどう進もうかというときにその進める主体がない。（…）
(13.04) (X) そこのあたりは、いま人と、仕事を調整して、自分が、ま、中心になって動いていく、それはなかなか、いままでやってこなかった調整の仕事というのは、やりがいがあるなー、というふうには感じています。（…）
(13.05) (X) ま、実際に動きはじめてみて、前回までは、比較的、あ、これ楽しいかなって思っていた部分が、実際やってみて、こんなに辛いんだな、と。
(13.06) (X) 他の部署との調整とかって難しいな、というのに、ちょっとぶち当たってきて、で、あと、ま、作業としては、やっていっても、ちょっと上のほうから、あれやこれや言われるので、結構、自分のペースでは、なかなか進みにくくなってきたなー、ということです

ね。
(…)

(13.07) (X)で、いまは、まだ半年なんですけど、これから、あとまた半年となると、それが2倍になってくるのかなと思うと、ちょっと気が重い部分も出てきたかな、というようなところです。

(13.08) (W)前回のときは、結構、楽しいという、いい面が…

(13.09) (X)いい面があったんですけど。

(13.10) (W)全面的に出ていましたけどね。

(13.11) (W)3ヶ月経ってみると、いろいろとあるんですね。

(13.12) (X)そうですね、で、そんなかで、ま、愚痴なんか出てきたのに対しては、もう、家帰ってぶちまける(笑い)。

(13.13) (X)ま、何とか、あとに残さないようにとは、思っています。(…)

(13.14) (W)仕事そのものは、3ヶ月前と同じような感じですか。

(13.15) (W)楽しさはあるんですか。

(13.16) (X)えー…

(13.17) (W)仕事そのものも、想像していたのとはちょっと違うような…

(13.18) (X)大きいところでは、ま、やりがいがある仕事だと思っています。

(13.19) (X)で、やっぱり、1人でできる分量が、僕はまだ小さいんで、もうちょっと大きくしていかなきゃいけないのか、それとも、人が足りないのか、そこは、ちょっと決めあぐねるところなんですけど、ちょっとそこに対しての戸惑いっていうのがありますね。

(13.20) (X)あれもやりたい、これもやりたい、というのがすごく出てきてしまって…、それと、ま、ほんとに、スケジュール管理をしていけば、いいのかもしれないんですけども、なかなか、それも、うまくいかないんで、ちょっと、その、アジャストさせるのが、大変かな、というのはありますね。

(13.02)〜(13.07)で、事業プランは承認されたが、社内調整などこれまであまり携わってこなかった業務に対し、X氏が戸惑いを見せはじめているのがわかる。(13.08)〜(13.18)で、聞き手=筆者(W)は、X氏が直面した問題が仕事の内容そのものなのか、あるいは人間関係なのか、X氏本人がその状況をどのように把握しているのか、これらの発言をどのように理解すればよいのか、「語り合せ」を試みる。(13.19)で漸くX氏は、原因の特定までは

いかないが問題状況の把握はできたようである。続いて (13.20) で、戸惑うだけでなく、具体的に何をすればよいのか、つまり「スケジュール管理をしていけば、いいのかもしれない」と少し整理ができたようであった。

トランスクリプト (6) 「語り」―4.1 (平成 18 年 12 月)
会社の経営状況の悪化が表面化してきた頃である。

(14.06) (X) 11 月位に、ま、あの薬品事業部でやってたときみたいに、誰がいま何を受け持っていて、で、その進捗状況はどうなのか、で、それがこの事業をやるうえで、実際にツールとして必要なのか、案件として必要なのか、やっていましたよね。
(14.07) (X) あれをそのまま適用して、兎に角自分のやる、事業としてやることっていう作業を書き出していって、それをもって会議に臨んだんですね。
(14.08) (X) で、会議に集めて、で、これでこういうことをやるのに具体的に、まだ全然決まっていないんで、決めていかないとまずいですよね、っていうことで、伝えてやったところ、そこでやっと筋道が立って、優先順位ができて、で、じゃ、1 月までには、営業に説明できるツール作りをしましょう、と。
(14.09) (X) それやるの僕 1 人になっちゃったんですけど、で、案件を追うのは、新規事業開発部のほうでというような形で、ま、その仕事の割り振り、やるべきこと、っていうのがはっきり、決まったんで、いまは、前よりは、非常にやりやすくなっています。
(14.10) (X) ま、それも、去年の経験があったから、いまできているのかな、というので、それはすごく感謝しています。
(14.11) (X) で、やっぱり、ベースとなっているものというのは、薬品事業部のときにやったもの、それが、今やっていることの全部のベースになっていて、ほんとにそれはよかったな、と思う。(…)
(14.12) (X) 最近は、そういうふうに、前はちょっと、前のインタビューのときは、ちょっと引き込んでいたっていうか、前に出てこなかった感じだったんですけど、いまはただ自分のやりたい方向性がはっきりしてるんで、外部から言われても、いまは、ちょっと、これはできないです、ってはっきり言えるようになってきている。

(14.13) (X)整理ができている。
(14.14) (X)頭の中も前よりはクリアになって、仕事ができてる、っていう形ですね。
(14.15) (W)それは、何が、きっかけだったんですか。
(14.16) (X)あ、やっぱ、それはもう、仕事の整理がちゃんとできたから。
(14.17) (W)仕事の整理をしようとしたきっかけみたいなものは。
(14.18) (X)あ、やっぱり、ストレスの原因というものも追究していったから。
(14.19) (W)追究していって。
(14.20) (X)そんときまで、どっちかっていうと、人任せだった、のかもしれないですね。
(14.21) (X)で、やっぱり、もうどうしょうもない。
(14.22) (X)で、一緒にやってる会社からも、かなり急かされていたんで、じゃ、どうしたら、いいだろうと、どうしたらいいだろうと、いうので切り替えていって、じゃ、ちょっと試しに、そうしてみようか、な、と、やったら、それが、うまく、循環していった、はい。

　(14.06)〜(14.14)で、前回のインタビュー時に見せた戸惑いとは打って変わって、やる気に充ちて仕事に取り組んでいる姿が窺える。(14.15)〜(14.19)で、聞き手＝筆者(W)は、X氏が転換できたきっかけを追及してみた。これも「語り合せ」である。(14.20)で、X氏は自分が「人任せだった」(14.20)ことを認める。この気づきが転機のきっかけとなったのである。前回の(13.18)で、「1人でできる分量が、僕はまだ小さいんで、もうちょっと大きくしていかなきゃいけないのか、それとも、人が足りないのか」と表面的な問題点は認識していたが、その原因が自身の「人任せ」であることには気づいていなかった。追い詰められて「切り替えていって、…、やったら、それが、うまく、循環していった」(14.22)という。

　本節第1項で、5回のインタビューが一連の「語り」を形成していると述べたが、X氏、聞き手＝筆者(W)両者ともに、インタビュー前に前回までの内容を十全に復習して臨んでいたわけではない。「語り」インタビューの始動とともに、「語り手」「聞き手」(語られる)「もの」の三項関係は生成をはじめ、意味論の共有化が模索され、「語り」の連動性が駆動するのである。

トランスクリプト(7)「語り」―4.2(平成 18 年 12 月)

(14.23) (…)(新しい広報ツールが評判だったことについてのやり取り)
(14.24) (W)ほー、それはよかったですね。
(14.25) (X)ええ、あれ(新しい社内広報ツール)を作ったら、また、次も作ろうという形で、言われているぐらいですので。(…)
(14.26) (W)うん、なかなか、いいじゃないですかね。
(…)
(14.27) (X)(笑い)そうですね、時期的に、バイオリズムがいいのかな、っていう感じで。
(14.28) (W)あ、そうですか。
(14.29) (X)ええ、いま、結構、会社の状況が厳しくて、周りの人は、あんまりいい顔しないんですけど、僕は、ま、何とか、自分ががんばれば、何とかできるのかな、みたいなぐらいで、他の人よりは、前向きかな、と、(笑い)思っています。
(14.30) (W)…
(14.31) (X)…、そういうような状況、ただ、やっぱり、会社の状況っていうのに対しての不安はすごく、ありますね。
(14.32) (X)あと組織がどうなっていくかっていうのも、やっぱり、わからないですし、(…)、今の仕事が続けられるのかっていったら、定かじゃない。
(14.33) (X)で、それで、なくなったとして、で、あそこから異動したとして、もしやれるんであれば、この新規事業、もしくは薬品事業へ、戻れるんであれば、そっちのほうが、どっちかあったら、いいけどな、っていう気はしてますけど。
(14.34) (W)なるほど。
(14.35) (X)ええ。
(14.36) (W)ま、だけども、そんなには後ろ向きにはなってない。
(14.37) (X)そうですね、いらなきゃ、いらない、って言われたら、言われたなりに、何かがんばりゃ(笑い)、まだ若いから、みたいなのも、どこかにあるっていうか。

(14.23)〜(14.28)で、他の業務においても順調であることが語られる。と

ころが、(14.29)〜(14.35)で、X 氏自身の仕事は順調ではあるが、会社の状況が厳しいことに対する不安が語られる。ここで、聞き手＝筆者(W)のお粗末な対応が見出せる。(14.34) と (14.36) である。「ま、だけども、そんなには後ろ向きにはなってない」(14.36)は、明らかに「僕は、ま、何とか、自分ががんばれば、何とかできるのかな、みたいなぐらいで、他の人よりは、前向きかな、と、(笑い)思っています」(14.29)の発言を意識して発話された。「とりあえず、前向きにがんばりましょう」的なお茶を濁すような発言が期待されていたのであろう。

しかし非力な中間管理職が耳にする内容は、「いらなきゃ、いらない、って言われたら、言われたなりに、何かがんばりゃ(笑い)、まだ若いから、みたいなのも、どこかにあるっていうか」(14.37)というもので、それは予期したくない未来であった。これは 1 回目のときから潜在していたことで、4 回目と 5 回目の間に顕在化し、インタビューでは 5 回目のときに登場する X 氏の「転職」への予兆であった。ここでの一連の「語り」の流れは、安易な「語り合せ」の失敗が、「やってしまえる未来」を「語り作らせた」というふうに読み取れる。しかしここでの「語り合せ」の「失敗」というのは、「語り作られた」内容の評価とは一切関係ない。ただ意味論の共有化が図れなかったことを含意する。

トランスクリプト(8)「語り」─4.3(平成 18 年 12 月)

(14.38) (…)(新しい部署での人間関係についてのやり取り)
(14.39) (W)そうですか、でも、だいぶ、新しい部署にも慣れたって感じで。
(14.40) (X)そうですね、何とか、どうにかこうにか。
(14.41) (W)自分で仕事を、組み立てていこうとか、決めていこうとか、ここを改善しようとか、という姿勢が見られるのが、やっぱり、いいですね。
(14.42) (X)そうなってから、よくなったなっていうのは自分でも感じましたんで、ええ。
(14.43) (X)やらされてる、ていう感じではないですね、ええ。
(14.44) (W)そういうふうにできない人だと、結構、そういうところで、わからないとか、つぶれちゃう場合もあるかもしれないですよね。
(14.45) (X)そうですね。

(14.46) (W)自分から、何かやったら、相当できるもんですよね、そうやって、ま、新規事業でもそうですけど、自分のほうから、アクション起こしてって、周りが動いてくると、どうですか、面白くなってくる？
(14.47) (X)面白いですね。
(14.48) (X)やりがい感じますね。
(14.49) (X)そんなかで、自分の言ったのが、ま、役員と話してると、おう、これやろう、て言って落としてくれるんで、ま、そんときは、あ、よかったな、自分の案通ったな、っていうので、やりがいとか成果とか、思いますね。

　(14.38)〜(14.49)の流れの中では、X氏よりも聞き手＝筆者(W)の発言のほうが多い。(14.41)(14.44)(14.46)と、これまでのX氏の「語り」から解釈できることを「語り合う」ことで、動機づける意図があった。ここでは、そこから「面白いですね」(14.47)、「やりがい感じますね」(14.48)、「やりがいとか成果とか、思いますね」(14.49)という一連の発言を引き出すことができた。これが、またX氏を饒舌にした。それについては次の項で論じる。

トランスクリプト(9)「語り」―4.4(平成18年12月)

(14.50) (X)ま、いま、技術系の他の部門とかにいては、そういうこと、できなかったと思うんで、それができたのが、すごく、自分にとって、プラスですよね、ええ。
(14.51) (X)こういう経験を、どんどん積み重ねていけば、ま、水質部門を出たいと思っていたときの、その、自分の考えていたことは、これだったんだよなって、いうものになるとは思うんです。
(14.52) (W)その当時、出たいと思っていたときは具体的には何か。
(14.53) (X)具体的には、なかったですね。
(14.54) (X)もう、ほんとにやることを広げて(…)、そんな程度でしたね。
(14.55) (X)ただ、それから、薬品事業部に来て、思ったのが、やっぱり、技術的なものも大切だとは思うんですけど、やっぱ、そうやって事業プラン作っていくとか、何か、作っていくところに、自分としては、楽しい、やりがいがある、というのは感じてたんで、結果オー

ライっていうところもありますね。
(…)

(14.56) (X)ええ、やっぱり、それが、一番いいところなのかな、前から、本とか、読むなかで、考えてたんですよね。

(14.57) (X)で、理想的だなと思いつつ、じゃ、どういうことしたらいいんだろう、で、やってたら、いまのこと、を、ね、去年から、やってることっていうのは、これが、この道なんだなみたいな、そこで、思いましたね。

　(14.50)〜(14.57)の流れの中で特に注目すべきは、(14.50)と(14.57)であろう。「自分の考えていたことは、これだったんだよなって、いうものになる」(14.50)も「どういうことしたらいいんだろう、で、やってたら、いまのこと、を、ね、去年から、やってることっていうのは、これが、この道なんだなみたいな、そこで、思いました」(14.57)も、明確な理由や目的もなく異動したいと思っていたが、思い切って異動してみて、活動をはじめてみてはじめて自分が求めていたものを「発見＝構成」したということであろう。明確な理由や目的(動機)が先ではなく、行為の結果、それが「発見＝構成」されたのである。こうした現象を我々は日常的に経験しているのであろう。しかしついつい我々は行為のあと、それには理由や目的があったはずだと考えてしまうのである。

トランスクリプト(10)「語り」―5(平成19年4月)
　新年度を迎え、インタビューを開始してから丸1年が経った。このとき既に、聞き手＝筆者(W)はX氏が転職することを別の機会に聞かされていた。

(15.02) (X)(…)(1年を振り返って、特に多くの時間携わった新規事業についての話)

(15.03) (X)(事業プランの)タイミングとしては、タイムリーに、できたかなっていうふうには思いますね。

(15.04) (X)ま、そんなかでは、1つ、自分の、自信にはなったかな、というのはありますね。

(15.05) (X)で、いま、そういう経験は、させてもらってるんですけど、今度は、6月から、会社が、かわってしまいますんで、とりあえず、

第 8 章　生の現場の「語り」　291

そんとき…
(15.06)　(W) 会社がかわる？
(15.07)　(X) あの、転職。
(15.08)　(W) あ、あ、はい。
(15.09)　(X) ていうことになりまして、ま、その、新しい会社に、行ってからも、そういった、企画することですとか、ま、広報的な、対外的に、どういうふうに、PR していこうか、ていうのは、仕事の中で、使っていけるスキルかなって思ってますね。
(15.10)　(X) それは、無駄にならないだろうな、と。(…)
(15.11)　(X) 薬品事業部や、営業企画部で、いろんなことをやらしてもらったのが、今回、こうやって転職、できるような、ものに繋がってるのかな、というのは非常に、感じて、ま、恩を仇で返すような、形になっちゃうのかもしれないんですけど、自分にとっては、非常に、よく働いたなって、思ってます。
(15.12)　(X) そんなかでは、特に、薬品事業部に来たときから、そうだったんですけど、率先して、ま、辛いことだろうなって、思ってる、ようなことも、何とか前向きに、それは、薬品事業部、のときは、みんなが前向きにやろう、やろう、っていう形で、そんなかで、乗せられて、やってきたってのも、あったんですけど、ま、その、経験があったんで、営業企画部に来たときも、兎に角、後ろ向きになってたら、何もできない、だろうっていう気持ちで、前向きに、これが自分のスキルになるんだって、いうふうに思って、やることができたのかな、それが、すごくよかったのかなっていうふうには思ってます。
(15.13)　(W) その、今回の転職には、2 年間の経験というのは、ま、いろんな意味で、活きてたと。
(15.14)　(X) そうですね。
(15.15)　(W) それがないんだったら、今回の転職には、繋がってはいなかったっていう感じですか。
(15.16)　(X) そうですね、で、やっぱり、転職するにあたって、(…)。
　　　　　　(…)(転職するきっかけ、決断の理由等のやり取り)
(15.17)　(X) それが、薬品事業をやってたら、転職活動ていうのは正直してなかった、よなってのは、思いますね。

(15.18) (X) そこで、得られるものってのは非常に自分にとっては大きかったんで、あの、ま、これで、こうなってしまったのも、ちょっとしょうがない、のかと、思いつつ、ただ、やっぱ、心残りあるかなっていう、最後までいたかったなっていう気はしますね。
(15.19) (W) うん、…、ま、人生ですね、いろいろあるでしょうから。
(15.20) (X) ほんとに、5月末までですけど、ちょうど、早期希望退職の方が辞める時期に重なって、(…)、時期的にはよかったんじゃないのっていうふうには、言われますね。
(…)(筆者とZ氏が労組執行部を務めた時期に行なった経営改善の提案等についてのやり取り)
(15.21) (X) 組合から提案してたのは、間違いじゃなかったですね。
(15.22) (X) あんときは、ほんとに、あれが、やれてれば、というのは、…。
(…)(在職期間を振り返ってのやり取り)
(15.23) (W) ま、その流れでね、ま、今回、会社が、こういう状態になって、ま、みんな、それぞれ、置かれてる立場があって、その中で、Xさんが、こういう決断して、それは、それで、Xさんの判断で、Xさんにとって、ベストなことなんだと、私は思うんですよね。
(15.24) (X) そういってもらえると、ありがたいです。
(…)(今後のことなどについてのやり取り)
(15.25) (W) (…)他に、何か？
(15.26) (X) これで、こういうインタビューも最後になるんですかね。
(15.27) (W) うん、もしかしたら、最後に。
(15.28) (X) ええ、また別の機会が、あれば、また、呼んでいただいても、あの、近くに住んでますんで、それは、構わないんですけど、ほんと、5回の中で、ちょくちょく自分の振り返りや、ほんとに自分でこういうこと習得したんだなって、再確認できて、ほんとにこういうのはいい機会だなとは、ええ、1回、そういった振り返りをすると、変な方向に走らずに、自分を見れるっていうふうに、思えますね。
(15.29) (X) その先も、ああ、じゃ、こういうふうにしていこうかなって、いうのは、ちゃんと、情報交換できるようなことをしてて、すごく、定期的にいい機会もらったな、とは思いますね。
(15.30) (W) いや、ありがとうございます。

(15.02)〜(15.15)は、1年間の振り返りとその前の事業部時代の経験が語られ、結果としてX氏の転職にプラスに働いたという「語り合せ」である。しかし(15.16)で話題を転じ、「薬品事業をやってたら、転職活動っていうのは正直してなかった」(15.17)、そして「やっぱ、心残りあるかなっていう、最後までいたかった」(15.18)と「語り」が揺れ動く。これに対し、元上司としての聞き手＝筆者(W)の「語り」自身が動揺する。「ま、人生ですね、いろいろあるでしょうから」(15.19)という発言は、(15.17)と(15.18)に対する直接的な応答ではない。明らかにそれを避けている。それはその前に語られた「転職するきっかけや決断の理由」(15.16)に対してのものであった（「転職するきっかけや決断の理由」については家庭環境や経済的な理由など個人的な要素も含まれていたため再現しなかった）。それゆえ、会話の流れとしては少し不自然に退職の時期の話(15.20)へと流れる。

しかしX氏の悔しさは、「組合から提案してたのは、間違いじゃなかったですね」(15.21)と「あんときは、ほんとに、あれが、やれてれば、というのは、…(ありますよね)」(15.22)という発言とともに再度込み上げる。このあと、在職期間について少しやり取りがあり、漸く聞き手＝筆者(W)は、X氏との「語り合せ」に成功する。「みんな、それぞれ、置かれてる立場があって、その中で、Xさんが、こういう決断して、それは、それで、Xさんの判断で、Xさんにとって、ベストなことなんだと、私は思うんですよね」(15.23)という件を受け、「そういってもらえると、ありがたいです」(15.24)と、X氏の「語り」は収束するかのようであった。

そして最後に「他に、何か？」(15.25)との問いかけに対して、X氏は未来を「語り作った」。「これで、こういうインタビューも最後になるんですかね」(15.26)。こうしたことばを聞き手＝筆者(W)は予測していなかった。中間休止である。そして「うん、もしかしたら、最後に」(15.27)と発する。おそらくX氏も聞き手＝筆者(W)のこの反応は予測していなかったであろう。これも中間休止である。これで、「語り」の流れは互いに休止する。「語り」は、調査としてはここで終止する。しかし「語り」は終わることがない。それゆえ、「また別の機会が、あれば、また、呼んでいただいても」(15.28)と続く。「語り」は終わることはない。常に未来へ開かれているのである。

第2節　フィールドワーク（「語り」の分析）2　―「自立」

トランスクリプト（1）「語り」―1.1（平成18年5月）

　X氏のときと同様にインタビューの冒頭で聞き手＝筆者（W）は、これまでのことでも現状のことでもこれからのことでも自由に語ってもらいたい旨を伝えた。X氏とZ氏同様に1回目のインタビューは年度が替わる前の3月に予定していたが、Y氏の仕事の関係で5月にずれ込んだ。

　またY氏の「語り」の内容は、所属部署の関係でA社の経営状況に関わることが多く、5回のインタビューを通して本章の論考に採り上げることができなかったものが多かった。

(21.01)　(Y)え、おそらく前回（2年程前）、インタビューを受けたときに、ですね、あの、何っていうんでしょう、私自身が、こう、モチベーションが高くなってきてる、ま、ある程度そのマネジメントに対して、私自身も興味があるというふうなことも、えー、ま、組合活動を通じて出てきて、じゃ、自分として、その、どういう、その、キャリアを築こうかだとか、こう、やっぱり、あの考えたときに、（…）うちの会社、の範囲内での、うちの会社の中での、あの、利益管理ということには、ある程度自分なりに感触を持っていたことがありますので、ま、その中で自分が得た知見を基にして、ま、マネジメントという、その立場で、えー、仕事に活かせれば、というふうなことを考えていた時期に、おそらく、そういうヒアリングを受けたかと思うんですが、で、その後…。（…）

(21.02)　(Y)経営企画室に異動になったことが、えー、ちょっと、マイナスの部分が自分ではありました。

(21.03)　(Y)それは、たぶん、2つに絞られると思うんですけども、1つが、あのー、動いたことが自分の意志でなかったということで、全くモチベーションが上がらなかった。

(21.04)　(Y)で、ま、2つ目に、部内での人間関係の問題と、あと、やっぱり大きな、その現実との落差があったというんで、あのー、私自身が大きくモチベーション落としてて、え、いたので、ま、前にも話をした通り、えー、辞めたいというふうな、私自身は、えー、真剣な、で、ま、いまこういうふうな形でいるわけですが、やっぱり、

大きくモチベーションを落とした。(…)

(21.05) (Y)やっぱり、組合活動を、やってたときには、半ば、あのー、何となく、なってしまったのですが、え、どっかで、やっぱ自分が気づいて、で、やっぱり、こうしていかなければいけない、で、それは、自立ってことが、テーマかと思うんですけども、やっぱり、その、自分で、やっぱり、どうにか解決してなければならないというところで、やっぱりモチベーションが働いたと思うんですよね。

(21.06) (Y)危機感に関して、やっぱり、確かに、そういう、もう、大きく危機感感じて、じゃ、こういうふうにしなければいけないっていうところも、ある程度は、こう、漠然とはあって、でも、じゃ、うーん、そ、それが、えー、実現できる部署に行ったからといって、じゃ、実際に、もしかすると直面して、自分がそれができるのにもかかわらず、うーん、あまりの、その、重圧でできなかったとか、ま、いくつかあるのかもしれないけど、ちょっと、そこはまだ解析はしてないんですけども、ただ、やっぱり、自分がまずモチベーションがそこで働いてなかったというのは、ちゃんとした事実だと思うんです。(…)

(21.07) (Y)で、えー、いま、(…)自分が経理に移ったことで、あの、経営企画にいたときに、宿題として持ち越しているものが、経理に移動したんですね。

(21.08) (Y)で、(…)何か、経理に行って、あのー、何ていうんでしょ、重圧から、あの、逃れたのか、もしくは、えー、自由に、ある程度、こうー、企画にいるときよりも、自由に、なぜか、こう動ける、んですね。

(21.09) (Y)ま、何でなのかなって、私自身も、あのー、まだ、よくわからないんですけども、今日なんかも、あの、部署の調整をすることが、何となく、自分の、役割になってて、で、じゃ、こういうふうにしてくださいね、あーいうふうにしてくださいね、っていう感じの話を、ま、自分がある程度、こう社内の仕組みを、よく知ってるから、ま、そういうふうに言えるんでしょうけれども、(…)、自分がやれることってのは、こういうことなのかな、っていうようなことが、いま、見出されてきて、徐々に、こうモチベーションが上がっている状態にあります。(…)あの(修士論文の際の)ヒアリング後で

の、特徴的な話として、ま、そんなことも言えるんじゃないかと思うんですね。

　(21.01)〜(21.09)までは、1回目のインタビューの冒頭で、Y氏が一気に語った内容である。聞き手＝筆者(W)の修士論文の際のインタビュー時はY氏は高いモチベーション状態にあり、インタビューも積極的に受けられたのに対して、今回のインタビューはあまり気乗りがしていなかったようである。当初3月に予定していたインタビューが5月にずれ込んだのは、4月に異動となり引継ぎ作業等で慌しい時期であったのも一因と思われるが、Y氏自身のモチベーションが低かったこともその要因のようである。

　これ以上引き延ばせないという状況で臨んだインタビューである。ある程度、落ち着きを取り戻しはじめていた時期であったことも確かであろう。Y氏は気持ちが盛り上がらない原因を事前に考え、2つの理由を用意して語り出した。組合時代の高揚感との対比で自身の弱さも吐露し、部署が換わって漸くモチベーションを取り戻しつつある、という内容である。「辞めたい」(21.04)とまで思った前部署での辛い経験を既に克服し、これまでの経緯のことはすべて整理され、受容されているのだというような「語り」であった。

　コンパクトにまとめられていたため、つまり幾分「語り聞かせ」のような様相を呈していた。しかしそのため、聞き手＝筆者(W)が応答に困ると、十分に「語り直され」ていなかった「語り」は破綻する。(21.10)以降がその続きである。

トランスクリプト(2)「語り」—1.2(平成18年5月)

(21.10)　(W) うーん…。
(21.11)　(Y) …、その間の、話は、Wさんもよくご存知なんで、ま、あまり…。
(21.12)　(W) いえ、私も知らないという前提でお話いただいて、構わないんですけど、え、あの、ま、私知ってたっていったって、私の記憶で、ね。
(21.13)　(Y) ま、要は辞めたいというふうに思ったと、じゃ、もう、だったら、別に、仕事を、変わってもいいというふうに思ったというふうなこと、ですね。

(21.14) (W) そうすると、そういう、ま、障害といいますかね、直面したときに、選択肢としては、もう、その仕事から離れようという、ま、会社を辞めてしまおうという、方向が強くなったっていうことですよね。
(21.15) (Y) ま、そういうことですよね。
(21.16) (W) 克服しようとか、そういったことは、考えなかったんですか。
(21.17) (Y) あの、克服する努力も、うん、…、え、したといえば、あの、したことになりますし、うん、(…)、もう、克服しよう、というふうなことは、考えにくかったですよね。
(…)
(21.18) (W) かなり苦しかったけど、辞めようとも思ったけど、辞めずにいて、えー、いまは、少し、ま、モチベーション、取り戻したってことですけど。
(21.19) (Y) あの、モチベーション取り戻したことが、あの、経理に移ったことが、いいとは、私自身は思わないんで…。
(…)
(21.20) (Y) ただ、じゃ、いま経理に移って、比較的、こう、身軽な立場で、あの、いろいろな、ことができるような状況だったので、ま、もしかすると、リハビリができたのかなと(笑い)、そういう意味では、あたっているのかもしれないですけど。
(21.21) (W) でも、なかなか、あのー、サラリーマン、いままでの人間の人生ってそうだと思うんですけども、思ったとおりに行かないじゃないですか。
(…)
(21.22) (Y) ま、でも、結果として、やっぱり、部下としては、そのー、指示、命令としては、ま、従わなければいけない、ということなので、ま、どちらかといえば、それに逆らうよりも、それに従わなければいけないストレスのほうが、もしかしたら、多かったのかもしれないですね。
(…)
(21.23) (Y) あとは、何か、まだね、整理がついてないんですね。

応答に困った聞き手＝筆者(W)(21.10)に対して、Y氏はまだなのか、

永遠になのか、これ以上あまり話したくない話題であることを告げる（21.11）。（21.12）はあまり噛み合っていない応答である。内容的に話したくないというY氏に対して、聞き手＝筆者（W）が知っているから話さないというのではなく、知らないこととして話して欲しいと伝えているのである。しかしこれは、（21.13）の発話を期待してのことではない。単にあまりにも短いインタビューなので、もう少し聞き出そうとしただけである。事実、（21.12）で聞き手＝筆者（W）はどう応答してよいかわからずしどろもどろしていたのである。

そして「要はやめたいというふうに思った」（21.13）と発話される。ここからは「語り合せ」である。そう思う原因としての障害を「克服しようとか…考えなかった」のか（W）（21.16）。「克服する努力も…した…、もう考えにくかった」（Y）（21.17）。「いまは、モチベーション、取り戻した」（W）（21.18）。「モチベーション取り戻したことが、あの、経理に移ったことが、いいとは、私自身は思わない」（Y）（21.19）。Y氏の応答は、揺れ動き、時に矛盾さえ見え隠れする。そして「語り直し」の手がかりを手に入れる。「部下としては、…指示、命令…、それに逆らうよりも、それに従わなければいけないストレスのほうが、…、多かったのかもしれない」（Y）（21.22）。最後にこの日のインタビューの収穫である。「または、何か、まだね、整理がついてないんですね」（Y）（21.23）。ここで、冒頭は「語り聞かせ」の様相であったが、やはり十分には「語り直し」が行われていなかったことを露呈する。

トランスクリプト(3)「語り」—2.1(平成18年6月)

2回目のインタビューは1回目のインタビューが遅れていたため、1ヵ月後に行なわれた。

(22.01) (Y)ま、こないだ（前回）、え、組合関係っていうのと、え、その後の話と、ま、たぶん経理に移ってからは、まだちょっとまだよくわからないような話だったと思うんですが、ま、1つ、あの、その間に起きた、ま、偶然なんですけれども、ま、元同僚の話なんですけれども、会社を辞めて、他に転職した人に会ったんですが、まあ、どの方も例外なく、生き生きとされている。
(…)
(22.02) (Y)現実に、そういうふうにこう、自立していくということで、自

分たち、こう、やっていけるという、1つの事例として、ま、事実そうなんだなというふうな、気がしましたね。
(22.03) (Y) じゃ、だからといって、それを、1つの手段としては1つ出るというふうなことだろうし、で、ま、それは別に、あの、会社の中で、自分が自立してやっていこうという意志のもとにおいては、別にどちらもそんなに、大きく変わる話じゃない、という認識で、私自身は、いま、いるんですけど。

　1ヶ月しか間を置いていなかったが、随分と元気な語り出しであった。退職した元組合仲間や元同僚との接触が、「辞めたいけど辞められない」から「辞められるけど辞めない」への書き換えへのよい契機となったようである。「自立していくということで、自分たち、こう、やっていける」(22.02)。それは「1つの手段」(22.03)であり、「会社の中で、自分が自立してやっていこうという意志のもとにおいては、別にどちらもそんなに、大きく変わる話じゃない」(22.03)。(22.02)は自立をテーマに組合活動を一緒に行なっていた聞き手＝筆者(W)へ向けての「語り合せ」である。(22.03)では、自立型人間は辞めてもやっていけるという了解のもとで、「それを、1つの手段として」(22.03)捉え、「やってしまえる」もう1つの選択(自立して会社に残る)を「語り作ろう」としているのである。

トランスクリプト(4)「語り」―2.2（平成18年6月）

(22.04) (Y) 経理の人たちから見ると、もしかすると、まだ企画の仕事しているじゃねーか、とかっていうふうなことを、もしかすると、見えるかもしれないけども、(…)、役割分担も果たさなきゃいけないですけども、うん、ま、自分で果たしうることってのが、やっぱ、いろんな、ところ、を、こう、回ってきて、いろんな数字を、自分では、会社内の数字を見ているつもりだから、ま、そこで自分が、うん、最大限、その、経験を活かせる、ような形で、仕事をできれば、ま、それが、自分のため、もしかすると、自分のためにもなるし、ま、会社のためにもなるんじゃないか、というふうなおこがましい考え方で、いまはいる。
(22.05) (W) あ、はい。

(22.06) (Y)ですから、ま、前回、もやもやしていたもの、ということが、ま、一応、自分の、こう、やるべきこと、というふうなこと、うん、自分なりにこう、解釈と、え、かたや、いろんな、こう外でがんばっている人たちを見ると、うん、やっぱり、自分も何かしなきゃいけないな、という、気にはさせられる。
(22.07) (W)うんうんうん。
(22.08) (Y)じゃ、その中で、何ができるのかっていうふうな感じで、いたのは、たぶん、前回には、もしかすると、うん、なかったんじゃないかな、ま、うん、あの、この話は出さなかったかもしれない。潜在的には、もしかしたら、あったかもしれない。

　（22.04）は、前項で論じた「やっていまえる」もう1つの選択の内容である。(22.04)〜(22.08)は「語り合せ」であるが、(22.06)は(22.04)を受け、「やってしまっている」「いま・ここ」において、「前回、もやもやしていたもの、ということが、(…)、自分なりにこう、解釈」(22.06)という「語り直し」と「自分の、こう、やるべきこと、というふうなこと、(…)、やっぱり、自分も何かしなきゃいけないな、という、気にはさせられる」(22.06)という「語り作り」の双方の兆しが共立している。
　（22.08）でも「何ができるのかって(…)、前回には、もしかすると、うん、なかったんじゃないかな」(22.08)という「語り直し」と「何ができるのかって(…)、潜在的には、もしかしたら、あったかもしれない」(22.08)という「語り作り」がせめぎ合う。1回目の「語り」同様、2回目も揺れ動く「語り」の特徴をよく示している。しかし、1回目の「語り」と比べると、2回目の「語り」では、「やってしまえる」未来への動機が潜在している「語り合せ」の様相であることが読み取れる。

トランスクリプト(5)「語り」―2.3（平成18年6月）

(22.09) (W)ま、前回から1ヶ月、随分と、雰囲気が変わった感じがしますね。
(22.10) (Y)ま、何か、今日という日もあるんですけどね、昨日が、山場だったっという、もしかしたら、これが一昨日がちょっと、あれだったら。

(22.11) (Y) だけど、でも、やっぱ、そんなことないな、何か1ヶ月、前って、ちょっと違ったかもしれないですね。
(22.12) (Y) やっぱり、自分に何か迷いがあって、変わったばっかりというのもあって、うん、何か違ったかもしれないですね。
(22.13) (Y) ま、何でしょ、自分で整理ができてなかったかもしれないですね。
(22.14) (W) うんうんうんうん、そうですね、…うん、そんな感じが。
(22.15) (Y) そんな違うもんですかね、ま、この間も、うん、話として、その、あの、別に、内容は変わってもいいよって話でしたけど、うん…
(22.16) (W) ま、環境、また、周りにいる人、それと、与えられる仕事だとか、ま、いろんな、そういう外的な要因によって変わりますよね。(…)
(22.17) (Y) ちょっと、時間が、あの、少しできそうなので、もう一回棚卸をしてみようかなとは思ってますけどね。

　(22.09)〜(22.17)は、1回目の「語り」を受けての「語り合せ」である。「語り合せ」には局面局面の小さな「語り合せ」もあれば、一連の「語り」において継起し続ける大きな「語り合せ」もある。(22.13)は、気乗りせずに臨んだ1回目のインタビューの時点のY氏自身に関する小さな「語り直し」である。この時点では素直に「自分で整理できてなかったかもしれない」(22.13)と認めている。しかしこれではまだ「辞めたい」と思ったことについての「語り直し」ではないことは明らかであろう。2回目のインタビューの収穫は、「時間が、あの、少しできそうなので、もう1回棚卸をしてみようかなとは思ってます」(22.17)という「語り作り」である。

トランスクリプト(6)「語り」―3.1(平成18年9月)
　3回目のインタビューが行なわれたのは会社の状況が芳しくなくなってきた時期である。

(23.01) (Y) 前回までの、その、話の中で、私自身、が経理に移ってきて、ま、何っていうんでしょ、こう、何を自分でしたらいいのかっていう、こういう何か分からない、一時期が、ま、あって、うん、そこ

から、いま、脱し切れている状況に、間違いなくあるというふうに、自分でも、思うんですね。

(23.02)　(Y) それは、何が、理由かというと、やっぱり、やるべきことっていうのが、何ていうんでしょ、次のその会社の、ステップに向けて、どうしなければいけないのかっていうことを、やっぱり、考えれるような、機会があるという、こと、で、やっぱり、自分としては、(…)、すごくいい経験、を、いま、しているんだ、と思ってます。

(23.03)　(Y) ですから、えー、ま、その虚無感みたいなものに置かれた時期からは、ま、ものすごく、こう、会社がこういう状況なのに、相反して、何かこう、やる気、やる気があるというか、ま、モチベーションが保たれていることが、非常に、あの、いまの、自分が、迎えている現状なんじゃないかな、と思う。(…)

(23.04)　(Y) 仕事がやり易いようになっていった、っていうふうなことも、ま、何かこう、うん、5月位にこう、落ち込んだ時期には、あまり自分でそういうことを感じなかったんですけども、ま、(…)、意外に、その、仕事が、何かやり易い状況になってるな、というふうなことは、も、もちろん、これは、自分の、力だけじゃなくて、いろんな、人たちの支援があっての、話なんですけども、そういう状況になってるなっていうふうなことは、非常に、あの、いままでの人の繋がり、と、うーん、虚無感に入ってから、自分が、こう、回復するまでの道のりに、非常に大きな、あの、大きく作用したかな、よく作用したかな、ということが言えると思いますね。

(23.05)　(Y) ええ、ですから、何かそういう、うん、組合活動を通じて、こう、いろいろ見てきたこと、とか、やってきたこと、ていう、ことの、ま、これからがスタートなんですけど、ある程度、そういうこととの、繋がりと、いままで自分が、あの、こう、いくつかの部署を転々として、やってきたことの、集大成みたいなのが、いま、もしかすると、あの、あるのかもしれません。

(23.06)　(Y) これは、自分が意図してったわけではないんですけども、ま、ね、あんまりいい結果ではないんですけどね。

(23.07)　(Y) ただ、すごく、何か、そういうものが、あの、1つ、うん、結果として出てるような気がします、ね。

(23.01)〜(23.04)は、明らかに1回目と2回目のインタビューを意識しての「語り」である。(23.04)は、(23.01)からの「語り合せ」から、1回目のインタビューの頃の落ち込んでいた時期には「あまり自分でそういうことを感じなかったんですけども」(23.04)、実は状況はよくなってきていたという「語り直し」への変化が見られる。「いままでの人の繋がり」(23.04)あたりから(23.05)〜(23.07)は、組合時代の活動から現在の状況までの意味づけであり、「語り直し」である。

また「これからがスタートなんですけど、ある程度、そういうことの、繋がりと、いままで自分が、あの、こう、いくつかの部署を転々として、やってきたことの、集大成みたいなのが、いま、もしかすると、あの、あるのかもしれません」(23.05)という件からは、「語り直し」が単に過去の書き換えにだけでなく、未来を創っていくためにこそ必要な「語り」行為であることが読み取れる。

トランスクリプト (7)「語り」—3.2（平成18年9月）

(23.08) (W) いま、じゃ、何をしていったらいい、というふうに感じてますか。
(23.09) (Y) うん、それは会社としてってことですか、個人としてってことですか。
(23.10) (W) ま、そうですね、個人として、ですかね、うん、ま、あの、会社としてでも、いいですよ。
(23.11) (Y) うん、…、難しい質問だな、…、うーん、…、個人として、重要な、そう、しなければいけないことっていうのは、ちょっと、それが何だかわからないんですけども、ま、まともな社会人になること、うんうん、それを意識すること、うん、…、それは、ま、以前から、ずっと、そういう、自分で、あの、疑問は投げかけてはいて、じゃ、そのためには、何が必要なのかっていうふうなことを、常々考えてるんですけど、うん、…、その質問には、パス。（笑い）
(23.12) (…)（まともな社会人についてのやり取り）
(23.13) (W) いまので、その、まともというのが少し分かってきましたよ。（笑い）
(23.14) (Y)（笑い）いまの説明で。（笑い）

(23.15) （W）あの、人間って、何ていうんですかね、いま見えているだけじゃない、何かなんだ、ていう、ま、漠然とした想いが、あの、結構あるじゃないですか。
(23.16) （W）それが、1つの、あの、まともという、キーワードのもとで、いまは、まだ自分も、その、理想的な状態に達していない、だけど、いつかは、その、理想的な、まともというか、そういう状態に達したい、というような、そういうようなことなのかなと、ま、私なりに感じました。
(23.17) （Y）何か、漠然としてしまって、それに対して、その、何ていうか、あの、解説をしてもらって、すごく申し訳ないなとは、思っているんですけども、ま、まさにそんなような感じかもしれませんね。
(23.18) （Y）うん、あの、ちょっと、こう、もしかすると、それは永遠に見つからないかもしれませんし、…、うん、確かに、…、何かそう思いません？（笑い）

　(23.08)は、やっていくべきことをさらに具体的に語ってもらおうと発した質問である。ところが両者の意味論の曖昧さと不一致から「語り」は思わぬ方向へ展開していく。もちろんこれも「語り合せ」の一種であるが、主題は「まともな社会人」(23.11)である。「難しい質問だな、…、その質問には、パス」(23.11)というY氏に食い下がり、まともな社会人についてのやり取りをすると、Y氏は一所懸命に何かを伝えようとするが巧く説明ができないでいた。
　その局面で聞き手＝筆者（W）の意味論として浮かんできたのが、(23.15)と(23.16)である。Bakhtin風な「いまだ発せられざる何か」というイメージである。潜在している何かである。説明しようとして説明しきれないのは、いまだ発せられていない何か、到達していない何か、見出されていない何か、であるためなのであろう。聞き手＝筆者（W）が(23.15)と(23.16)で、そうした解釈をしたことで、Y氏は説明しきれないもどかしさから解放され、「まさにそうなような感じかもしれませんね」(23.17)、「それは永遠に見つからないかもしれませんし、…、うん、確かに、…、何かそう思いません？」(23.18)と「語り合せ」は成功する。
　(23.08)～(23.18)の「語り」の流れは、「語り」に潜在した誤解から発して、「語り合せ」によって意味論的な了解に達した例であろう。

トランスクリプト（8）「語り」―3.3（平成 18 年 9 月）

(23.19) (W) 今日の話は、前回と前々回とも、全然内容が違うような感じがしますね。
(23.20) (Y) そうですね、ま、何か、こう、吹っ切れてるんですかね。
(23.21) (W) 普通は、吹っ切れても、あとは、ま、私が解釈してもしょうがないんですけども。
(23.22) (Y) ま、たぶん、一番、もしかすると、社会人として、その、まがりなりにも 15 年、こう自分が、生きてきているなかで、たぶん、一番密度濃く接しているのは、W さんなんですよね。
(23.23) (Y) やっぱ、そんなかで、何か、いろいろ、こう、自分としても、何でしょう、頼れる対象として、あの、いていただけるのは、すごくありがたいですし、逆に、何って言うんでしょ、その、W さんに、私のことを、やっぱり、語ってもらえるのも、やっぱり、非常にありがたいです。（笑い）

　(23.19)〜(23.23) は、「語り」という言語行為の特性を理解するのに好例であるので採り上げた。X 氏と Z 氏のケース同様、Y 氏のインタビューでも主に語っているのは Y 氏自身である。この節の冒頭で述べたように、Y 氏の「語り」の内容は A 社の経営内容に直接かかわる事項が多く、割愛せざるを得ない内容が多かった。そのため、他の回のインタビューでもそうであるが、相対的に聞き手＝筆者（W）の発言の多い局面を選択した。しかし当然であるが実際のインタビューでは聞き手＝筆者（W）の発話量は圧倒的に少ない。それにもかかわらず、Y 氏が「W さんに、私のことを、やっぱり、語ってもらえるのも、やっぱり、非常にありがたいです」(23.23) というところに「語り」の特性がある。

　「語り」は独り言ではない。「語り」は、語り手と聞き手、そして（語られる）「もの」による三項関係で表された。また、それは二項関係＋媒介項と理解された。そこから「語り」は動的となり、生成するのである。そして語り手は聞き手であり、かつ語られる「もの」でもある。それゆえ、Y 氏のような局所的意味論も形成されるのであろう。

トランスクリプト(9)「語り」―4(平成 18 年 12 月)

　会社の経営状況の悪化が顕在化してきた時期である。Y氏が6月より参加した事業再建検討委員会で積極的に活躍していた時期である。

(24.01)　(Y)はい、前回と大きく、変化した点というのは、まず、この会社の状況が、ものすごく厳しい状況になったことが、完全に確信できることと、それに対して、再生プランを、検討する委員会に、関与して、会社の再建に貢献できる、道のりを、前回から今回までの間に、歩んできたということで、半ば、ある程度、こう6月からしてきたことの、集大成が今回の3ヶ月、の期間に行われてきたように、思います。

(24.02)　(Y)で、ま、すべて、当然、自分が主体的にしてきているわけではないにしろ、かなり、重要な部分に関与してきてますので、それなりにやってきたことの意義というのは、ものすごく大きなことと思っています。

(24.03)　(Y)それで、じゃ、その、ここまで言ってきたことは、当然、会社での、業務に関してのことで、じゃ、自分として、今度、個人的にどうしていくのかということを、え、いま、半ば、全く、見失っているわけではないんですけども、じゃ、次っていうと、いま、具体的なものていうのは特にない。(…)

(24.04)　(W)9月のときは、ま、前の2回の時よりも、大分変わってきたとゆう、前のときは、まだ1回目は5月位だったかな、移って直ぐで、あんまり、まだ、何をやってるのかわからない、というような部分が、あって、ま、前の部分を引きずっていた。

(24.05)　(W)6月になってくると、少しずつ、ちょうど、自分の役割が見えてきたような、感じだったと思います。

(24.06)　(W)で、9月のときは、そこの役割が明らかに見えてきたような、お話をされてたような記憶があるんですよ。

(24.07)　(W)それで、自分がやるべきことが見えてきたんで、それを、かなり積極的に、周りに、前の、2回よりも、徐々に、やる気をもって。

(24.08)　(Y)うん、そうですね。

(24.09)　(W)そういう感じだった。

(24.10)　(Y)うんうん、そうですね。

(24.11) (W) で、逆に、また、今度は、その役割がわからなくなった、というか、これからどうしていいか、わからなくなった、という感じなんですか。
(24.12) (Y) そんな極端じゃないですよ。
(24.13) (Y) そこまで極端じゃないですけども、要は、考えてきたことの、あの、何ていうんでしょ、結末を、ある程度、迎えてしまった、と。
(24.14) (W) うんうん、やるべきことは、やってしまった、と。
(24.15) (Y) 逆に、やっぱり、来年度の、プランに関して、関与するってことは、やっていかなければいけないことだと自分では思ってるので。

　経営状況が厳しいにもかかわらず、Y氏はやるべきことができる充実した日々を送れていたようである。(24.01)～(24.14)は穏やかな「語り合せ」である。(24.15)で漸く「やっぱり、来年度の、プランに関して、関与するってことは、やっていかなければいけないことだと自分では思ってる」(24.15)というY氏自身の次のステップへの「語り作り」に繋がった。

トランスクリプト(10)「語り」―5(平成19年4月)
　新年度を迎え、インタビューを開始してから約1年が経過した。Y氏は経理部に残ることになった。

(25.01) (Y) だから、ま、…、何か、何かこう、経理に来たのも、何となく、ま、拾われたというか、部分もあったので、ま、出される、出される、私は、身だったので、拾われたってとこはあったんですけども、うん、ま、ね、また1年間やらなきゃいけないですね。(笑い)
(25.02) (Y) いま、そんな感じですね。
　　　　　(…)
(25.03) (Y) ま、変な話ですけど、遊ばしてもらってるところがあるかもしんないですね。
(25.04) (Y) いまは、勿論、仕事はしてるんですよ、勿論仕事はしている…
(25.05) (W) どういう意味ですか。
(25.06) (Y) ま、何か好きなようにやらしてもらってるっていうか、ですかね。

(25.07) (W)はーん、なるほどね、…、ま、やり易い？ 好きなようにやらしてもらってるってことは？
(25.08) (Y)そうですね。…、ただ、やっぱり、好きなようにやらしてくれるっていう、のは、例えば、その、事業を好きなようにやらしてくれるっていうわけではなくて、ま、単純に、私自身が、あの、いくつかの、こう、部署をローテーションで回って、あの、その結果、ある程度、こう、あの、好きなようにできる、ていう、あの、知恵がついてるだけで、社内の仕組みが分かっているだけの話で、うん、それを結局は、新たな、知識を吸収する場とか、何か、自分で、こう、あの、よりビジネスに近い、部分で、好きなようにやらしてもらえるっていうふうなことではないので、(…)、だから、何ていうんでしょうね、こう、面白みというか、には欠ける。
(25.09) (W)うん、…、そうですね、話、を聞いてて、何回目か忘れましたけど、最初の頃よりは、ま、穏やかな、感じでいまは話している、感じはしますね。
(25.10) (W)当時は、1年前は、部署を移ってきたて、というのもあって、その後、会社の状況がね、あーいうふうになってしまって、かなり、何ていうんですかね、気持ちが高ぶってたときも、ありましたよね。
(25.11) (Y)ありましたね。
(25.12) (W)で、いまは、それが、1年というふうに区切っていいのか、ま、ちょうどですものね、1年経ったんですけども、穏やかな気持ちで振り返って、で、今後のところを考えている、というような感じで、まずは受け止めましたね。
(25.13) (Y)…(笑い)
(25.14) (W)ま、そんなもんでしょうね、相手がわかってくんないときってのは、一生懸命、伝えようとするけれど、わかってくれると、もう、落ち着くっていうか、そういうところは、ありますよね。
(25.15) (Y)うんうん。
(25.16) (W)まさに、そのような感じに、あの…。
(25.17) (Y)落ち着いた、といったら、そうかもしれないですね。
(25.18) (Y)何か、やっぱり、…、そうですね、…、何か、やっぱり、当然、…、ま、そうですね、うん、やっぱ、わかんないと、わかんない、

わかんないと、どうなるかわかんないというのを、それを、やっぱり、説明しようとするのは必死だから、それは、やっぱり、うん、焦りじゃないけれども、必死になる、うん、…、何で分かってくんないんだよって、ね。
(…)
(25.19) (Y)だから、何か、私自身は、ちょっと、今年は少し、何となく、落ち着けそうな気がしたんですけど、ま、経理から卒業するっていうのも含めて、ま、もう1回、ちょっと経理の、少し勉強して、で、次に、あの、何をするかっていうふうなことを考える前に、あ、何か、どっかで休みでも使って、あの、組合時代から、いまに至るまでの、何か、こういろいろやってきたことを、こう、いろいろ並べながら、あの、いや、ここでこういうふうなことを言って、ずーと、こういうふうに来て、結果としてこうなるわけじゃないですか、それを、何か、あの、自分の、こう、なるべく、記憶に、ある範囲に、記憶がまだあるうちに、少し、まとめてみようかと。
(…)
(25.20) (W)あの、いいじゃないですか、ぜひ、やってみてください。
(25.21) (Y)で、そういう意味で、この1年間がそれに費やせると同時に、また、新たに、できること、自分なりのチャレンジ、何か、そういう1年にしたいなと。

(25.01)では、前部署から経理部へ異動する時期の辛かった経験を、「拾われたというか、部分もあったので、ま、出される、出される、私は、身だったので、拾われたってとこはあったんですけども」(25.01)と「拾われた」という表現を2度も使いながら、少し自虐的に「語り直し」ができているようであった。(25.02)～(25.18)は、前回と同様の穏やかな「語り合せ」である。聞き手＝筆者(W)が「語り」を繋いでいる。

(25.19)～(25.21)は、この一連の「語り」インタビューを通して「語り直した」組合時代から現在までの意味づけに基づき具体的に整理してみようという未来への動機が見いだせる「語り作り」である。

「説明しようとするのは必死だから、(…)、焦りじゃないけれども、必死になる、(…)、何で分かってくんないんだよって」(25.18)という過去の思いから、「今年は少し、何となく、落ち着けそうな気がしたんですけど、(…)、

あの、組合時代から、いまに至るまでの、何か、こういろいろやってきたことを、こう、いろいろ並べながら、(…)、なるべく、記憶に、ある範囲に内で、記憶がまだあるうちに、少し、まとめてみようかと」(25.19)と「語り直し」の様相の穏やかな気持ちのもとで、「この1年間がそれに費やせると同時に、また、新たに、できること、自分なりのチャレンジ、何か、そういう1年にしたいな」(25.21)という「語り作り」へと繋がったのである。

第3節　フィールドワーク(「語り」の分析)3 ─「再生」

トランスクリプト(1)「語り」─1(平成18年3月)

　Z氏の「語り」は3人の中で最も饒舌であった。発話単位の「語り」も長く、文字に起こした際の句点で区切る一文もまた長い。X氏とY氏の場合同様に省略も多用したし、インタビューで得られたデータの極一部のみを採用した。しかしリアルな現場とリアルな「語り」を再現するために少し長いが可能な限り収録した。

(31.01)　(Z)最初は、ま、プロジェクトからスタートして、(…)え、もう、学術的な集団っていうか、営業的な部分は、もう全くないというふうな、(…)、そういうふうな部署にいたので、え、ま、その1つ適用方法の確立ていうふうなところの、テーマを持ってやっていくってなかで、ま、大学での研究っていうふうなもの、ま、それを進めてくという部分では、ま、非常にやりがいがあったんですけれども、えー、正直、ま、あのー、製品を売ってくっていうふうな、認識のもとでは、やってなかったというふうには、そんな感じがします。

(31.02)　(Z)いま、それでー、ま、それでも、え、ま、テーマが、その博士での、そのテーマていうものと、会社での事業を進めていく、で、ちょうど、仕事の内容が一致してましたので、えー、自分の中では、それは、ま、やる気をもって、え、非常に、ま、え、一生懸命やってこうというふうな、ま、責任感、自分の中で、持ちつつ、それは進めていました。

(31.03)　(Z)で、その中で、やはり、ま、簡単に、ま、物事、え、いかないものがあるなかで、ま、技術的な部分の中で、ま、1つ上司との、

話の中で、え、技術者と技術者との、ま、ぶつかり合いていうふうな部分ですよね。

(31.04) (Z) ま、そういうなかで、え、ま、分かってもらえないていう部分と、組織の中にいながら、1つ大学ていうふうなところにいたので、少しそこでは、孤立感ていうふうな、ま、周りには仲間はいたんですけど、会社とは、非常に離れたところでやってたんで、少し孤独感ていうのがありましたね。

(31.05) (Z) えー、ま、その研究の成果を出すというのは、会社に対する、貢献と考えていたので、えー、たまに、年に数回、会社に帰ってくるときの、え、自分での研究成果の報告というふうなものが、ま、仕事の成果だっていうふうな形で、えー、ま、自分の中では、いろいろと、えー、ま、これだけのものが追究できたていうふうな形の中で、え、ま、そのときには、いろいろと会社に、出かけて来るんですけども、えー、ま、それをいうと、いままでの、え、研究の、え、ま、上司の人たちも、ま、研究者であるので、ま、言ってくる。

(31.06) (Z) いままで彼らが言ってきた内容と、ま、ま、違う方向になってしまうので、ま、えー、そこでの対立っていうふうなものがあるなかで、えー、最終的には、ま、上司と部下ていうふうな関係もあるんで、受け入れ、ま、こっちが引かざるを得ないというところで、また大学に戻ってくるというふうな、繰り、繰り返しでしたね。（…）

(31.07) (Z) 1つ、ま、解決策、こういう形でいけば、使っていける、そのデメリットが解消されるというふうなものを、ま、発見できたときには、ま、少し楽になって、逆にいま、そのデメリットを、前面に出していって、それが解決策ってところで、え、これだったら、いいだろって感じで、会社に報告したら、それでも、やっぱり、ま、認めてもらえないていうふうな、えー、なかで、うん、非常に、そこでは、苦しみましたね。（…）

(31.08) (Z) ま、終わって、ま、会社のほうに戻って来るとなったときには、ま、どこかやっぱり学位は取れたけれども、何か、ま、認めてもらっていないっていうか、え、ま、大学での研究としては成果は認めてもらったんですけど、ま、学位が出たんですけれども、会社の中では、どうしてもそういうふうな、えー、ま、上司からの評価と

いうふうなものは、そういうふうには、えー、思われてない、評価してもらっているとは思えない部分のところで、えーー、ま、それがまたいままでだったら、研究に没頭してればいいのが、それがまさに、会社の、それが、まさに、会社の仕事ってなってくると、ホントに、ま、逃げ道が、ま、なくなってくるというなかで、そこでは、ホントに、ま、苦しかったという部分と、あとは、デメリットを、こうやれば解決できるていう形のものがありながらも、それを言ってはいけない、(…)苦しみていうふうなものも、相当あって、これだったら、もう、えー、世に出さない、え、ほうがいいっていうふうな、そういう気持ちが最初戻ってきたとき、1年間位は、非常に、ま、強かったんじゃないのかなーっていうふうには思いましたね。(…)

(31.09) (Z)で、そういうなかで、(…)Wさんと、やり取りをするなかで、えー、1つ、ま、いままでのやり方の、ま、あのー、アプローチの仕方とはちょっと違った形での、えー、ま、事業の展開の仕方をしていこうというところで、(…)ま、自分がいままで研究者としてやってきた部分のところを、ま、注目してもらって、(…)ま、光がまた当てられたっていう部分で、要は、ま、うれしさっていうふうなものは、非常にあった。

(31.10) (Z)と、それと、やっぱり、あの、いままで技術的な部分のところを追究していくっていうこと、と併せて、えー、ま、物を売ってく、市場に出していくっていうふうな部分のところは、いままで自分は、ま、いままでいた部門のところには、それはなかったから、非常にそういうふうなところ、えー、すごく影響を受けていったというか、うん、そういうなかで、(…)学んでいったんですけども、そんなかで、あ、自分のやってるものってのは、ちゃんと、お金がもらえる、そういうふうな、ま、ビジネスとして成り立ってる部分のところに、え、立ったんだなというところが、ま、そこで実感できたという、いままでの仕事の中では、仕事はしてるけれども、じゃ、自分は何でお金をもらってるのかっていうのは、えー、全然分かってなかった部分のところが、ま、そのー、1つ、ま、ビジネスモデルというふうな、そういうふう、えー、販売もそう、展開の仕方、あとはそれを、え、展開していくにあたっての、ま、リリー

ス掛けたりだとか、ま、いろいろな、そういうふうな販促活動ていうふうなものを通して、あ、こういうふうな形で、物事って、あ、ま、仕事って成り立ってるのかな、というふうな部分を、感じ取ったときに、ま、やりがいが出てくるていうか、ま、自分のやったものが、あ、こういうふうな、えー、対価として、えー、ま、現れてきているのかていうふうな、ところが、実感できてきてからは、あのー、ま、仕事に対する取り組み方、ていうか、気持ちが、ま、そこで変わってきたけれど、逆に、いま、いままで突っかかっていた部分のところを、苦しかった部分が、それで解き放たれていうか、逆に楽になっていったっていうか、もうこれで何も迷うこともなくて、邁進できるな、ずっと、胸に痞えていて、苦しいなと思いながらいた部分から、ま、解放されていったていうのを感じ取っていって、ま、そっからは、あとは、もう、えー、ただひたすら、突き進むていうか、うん、もう、実績をそれで伸ばしていくっていうふうなところで、また邁進していけるって部分で、ま、だけど、どこかまだ、ま、技術屋的な部分でまた邁進していくって部分も長かったのかな、ていうふうな、えー、もっと全体的な部分でっていうか、ま、自分の得意の部分で、こう、また活かしていう部分での期間も長かったのかな、と思うんですけども。

(31.11) (Z) ま、そのー、次の段階のところで、えー、いろいろな、対外的な付き合いというところで、今度は、社内だけでやってたものから、社外との、付合う機会が、ま、増えてきたなかで、(…)これだけの人間が絡んでいるんだっていうふうなものが、見えてくるなかで、また、変わっていったっていう部分が、あったと思うんですね。

(31.12) (Z) で、ま、そういうふうななかで、えー、じゃ、自分は年が若いなかで、えー、ま、自分よりもそういうふうな、地位的にも、ま、年齢的にも上の人たちとどうやってやっていくのか、最初は、えー、ま、うまいこといかないんじゃないか、自分がいうのなんて聞いてくれないんじゃないのかっていうところで、やっぱり、あのー、避けていた部分ていうか、怖さがあって、失敗したくないっていうのがあって、避けてきたんですけれども、そこを、ま、半ば強引に、っていうか、そういうふうに引っ張りこんでもらって、逆に、お陰で、えー、ま、食べ物の中の食べず嫌いじゃないですけ

れども、ま、やってみて、あ、こういうふうなものでも、ま、受け入れてもらえるんだな、とか、分かったときには、ま、その喜びで、あー、そんなふうに、いままで拒絶してきたけれども、そうじゃなくて、ここはここで、また違った楽しみが、えー、あるんだなっていう部分のところで、何か、違った、そういうふうな、喜びっていうか、そういうふうな楽しさを感じられてきたのが、ま、後半、ま、ホントに、4年、ま、事業部になって、えー、もう、最後の3年位目っていうふうな、ところだったのかな、ま、大雑把には、こんなような感じなのかな。
(…)

(31.13) (Z) 最初帰ってきたときには、もう、あれですよね、もう胸のうちのところは、ま、ことばに発して言うってことはできないんで、やっぱり、態度とか、そういうふうなもので、感じて欲しいっていうような、すごく殻に閉じこもった状態であったと思うんですよ。

(31.14) (Z) もう、それが口でパッといえるのであれば、楽であったと思いますけども、それが全然、ま、帰ってきたときは、言えない。

(31.15) (Z) もう、ただただ、やっぱり会社来るのも辛かったっていう感じですよね。

(31.16) (Z) そういうのから、いまは、もう全然、あれですね、自分の思っていることが、まあ、3年前と比べたら、全部違いますよね、えー、ストレートでそういうふうなもので言えてって、自分のそういうふうな考えとかっていうふうなもので言ってっても、それに対して答えが返ってきて、ま、全部が全部、自分の考え方が通るわけじゃないすけど、そこのやり取りができるって部分で、楽になってきた。
(…)

(31.17) (Z) ま、1人 (W) だけど、自分ときっと直接やってたんだったら変わらなかったところが、1人間に入ってもらったことによって、えー、ま、こっちも、部長に対して誤解していた部分のところが解けていって、こっちもそれで、ま、そのー、ま、思ったことが言えるようになってきたっていうふうな部分、が、ま、逆に言えば、気づかされたっていうか、そこでの変わり方で、ホントは自分が思うほど、そんな、ま、分からない人でもなかったのかなって部分は、ありますね。

(…)
(31.18) (W)部長に対する見方も変わった？
(31.19) (Z)はい。
(31.20) (W)部長のほうも、やっぱし、変わったと思いますか。
(31.21) (Z)えーと、…そうですね、変わった…こっちが変わってったんで、相手も変わったと思います。
(31.22) (W)Zさんが変わったから。
(31.23) (Z)はい、…、やっぱ、こっちがずっと殻に閉じこもってっていうか、ガッと構えているときには、相手もやっぱりそんな感じだったと思うんですよね。
(…)
(31.24) (Z)技術的な部分じゃない、ところで、えー、評価していってくれる人と会うなかで、ま、そこで、自分の力のなさっていうふうなものをかなり痛感していって、で、そんなかで、ま、苦しみながらも、やり取りをしていきながら、ま、まだまだですけれども、大学から、戻ってきたときていうのは、もう、人の上に立って、リーダーをやってくってふうなものなんっていうものは(なく)、もう誰かの下でずっとそういうふうな、隠れながら生きれればいいなー、と思っていたところから、1つ、ま、みんなの、ま、その、上に立ってやっていきたい、な、というふうな気持ちになるようなところには変わってきたな、と、でも、ま、自分はそこまでの、レベルではないけれども、そういうふうな気持ちには変わってきたんですよね。
(31.25) (W)そのときの、(…)リーダーになってみたいなというふうに変わった、きっかけは何なんですか。
(31.26) (Z)やっぱり、社内だけでなくて、他社の人と、ま、そこの、関わり合いを見たときに、え、ま、その仕事っていうふうなものが、面白いなって思ったのが、で、それをやるのには、やっぱり、そういう人たちと、ま、対等にやっていくためには、自分もそのレベルにならないと、相手にしてもらえない、というところが、ま、自分をそこまでもっていきたいなっていうふうに思った一番の理由なのかな、うん。

Z 氏の「語り」が (31.01) から (31.02) へ移行する際に、「語り」の揺らぎと曖昧さ（多義性）が明らかに読み取れる。(31.01) では、(31.02)〜(31.26) で語られることの概要が述べられた形になった。「そんな感じがします」(31.01) と、一旦文は終わり、「いま、それでー、ま、それでも、え、ま、テーマが、…」(31.02) と、語り繋ぐ。ここでまず、「いま、それでー」(31.02) は、「製品を売ってくっていうふうな、認識のもとでは、やってこなかった」(31.01) を受けての発話である。これは現在から未来へ向かおうとしていた。これはのちに (31.09)〜(31.12)、そして (31.24)〜(31.26) へと繋がる。

　しかし、ここで「語り」は揺らぎ、「ま、それでも、え、ま」(31.02) で、特に「それでー」を「それでも」に転換することで、「語り」は過去へ定位することになった。このあと「テーマが、その博士での、そのテーマ…」(31.02) を導き、続いて (31.02)〜(31.08) へと「語り」は発展するのである。

　ここで「いま、それでー、ま、それでも、え、ま、テーマが、…」(31.02) における「それ」は未来へも過去へも通じる記号として機能している。いずれにでも即座に転移するのが、筋のない物語以前の「語り」の特徴である。

　Z 氏が (31.01)〜(31.12) で語ったことは既に Z 氏自身において「語り直し」ができている出来事であった。そのことは、(31.10) の「いままで突っかかっていた部分のところを、…、それで解き放たれたていうか、…、ずっと、胸に痞えていて、苦しいなと思いながらいた部分から、ま、解放されていったていうのを感じ取っていって、ま、そっからは、あとは、もう、…、実績をそれで伸ばしていくっていうふうなところで、また邁進していける」という件から理解できるであろう。またそれは (31.13)〜(31.23) での追加的な「語り」からも読み取れる。さらに 1 回目のインタビューの終わり頃に再度この話題になったとき、Z 氏は次のように語っている。

　「最初、ま、W さんが管理職になったときに、面接したときに、ホント今日と同じ話を、えー、自分自身、したと思うんですけども、そのときにはもう、前のことも思い出したくもないし、もう話してる自分に、それでもう、なみ、涙が出てきそうだっていう、もう、自分自身が感情的に、なっていったていうふうな部分がありますね」「ま、いまに、なってみれば、もう、いまは何もかも許されている状態ですよ。…、えー、それが、ま、変わっていったっていうふうな、あーいう苦しいことがあったから、いまがあるんだ、というふうに、えー、いまはそういうふうに思える」

　聞き手 = 筆者 (W) は当時直属の上司であった関係上、この話については

幾度も聞いていた。それでも今回お願いしたインタビューの初回で、その冒頭からこの「語り」となった。ここには「語り」の癒し(セラピー)効果を見出しうる。しかしここで長い引用を用いたのは「語り直し」の効果についてのみ触れるためではない。

この「語り直し」があるからこそ、「上に立ってやっていきたい」(31.24)、「自分をそこまでもっていきたい」(31.26)という「語り作り」に繋がることを示すためである。

トランスクリプト(2)「語り」―2(平成18年5月)
　4月にZ氏が異動になっても仕事の内容は変わらなかったため、元上司である聞き手＝筆者(W)は引き続き仕事上関係があり、かつ日常的な諸問題について相談しながら対応していた。それゆえ、ここで語られる内容も事前にリアルタイムで聞かされていたことであった。

(32.01)　(Z)ま、こう大きくっていうか、ま、またこれで、2ヶ月過ぎていったなかで、すごく感じるのは、ま、ある程度、前の部署のところで、え、ま、自分なりに、ま、そこで、3、4年間、いるなかで、ま、やっとこれで、少し方向性が見えてきたなていうふうな、ある程度、安定志向に入って、ここから、また、行こうかっていうところで、え、ま、すとんと、何か、ま、梯子を外されたっていうか、あの、ま、だいたい、いつもそうなんですけど、ま、慣れてきて、ま、こういうふうな形、になったときに、全然違う、そういうふうな境遇に、またなってくっていうふうなパターンが、いままでのなかでも、ま、結構多かったんですけども、ま、今回も、また、そういうふうなんだなって、すごく感じていったっていうふうなところはすごくあります。

(32.02)　(Z)それと、あと、一番考えたのは、ま、考えた、というより、考えさせられたっていうのは、ま、会社っていうふうなものと、仕事っていうふうなものと、自分というふうな、各個人っていうふうなものは、ま、どういうふうな繋がり、なのかっていうふうな部分のところですね。

(32.03)　(Z)会社っていうふうなものは、ま、こういうふうな人事異動で、人を動かしてくってなかで、(…)仕事っていうふうなものを、ほん

とに、考えてくれているのかなっていうふうなものを、ま、すごく、考えさせられていって、その中で自分も、え、ま、そんなかで、実際、今後、また会社が続いていくなかで、どういう仕事を、自分がやっていかなきゃいけないのかとか、で、また新たなものを、やっぱり吸収しなきゃいけないのかというふうなものをすごく考えさせられた 2 ヶ月、というのが、ま、正直なところですかね。

(32.04) (Z) ま、よくわけの分からないうちに、過ぎちゃったといえば過ぎちゃったんですけどね、ま、会社も混乱していたなかで、自分の中では、ま、何とか、気持ちを整理をつけようと思いながら、自分の中では冷静には、やってきたのかなって感じですけどもね。

(32.05) (W) もう少し具体的に。

(32.06) (Z) あ、そうですね、え、具体的なものだと、まず、ま、そういう部署が換わってきたら、人が、付き合ってく人が替わってきますよね。(…)

(32.07) (Z) ま、1つ、(新しい)組織の中で、浮かないようにっていうようなところで、は、すごく意識しながらやってたのかなって感じもしますね。

(32.08) (Z) ま、人が、ま、その組織、自分が移ったところはどんな人がいるのかな、ていうところを、ま、よく、見ていた期間だったのかなって、感じはしますね。

(32.09) (W) もっとお話いただければ。

(32.10) (Z) はいはい、え、ま、前いた部署の仕事というふうなものに対して、今度行ったところは抵抗感が強い部署だったので、ま、仕事を受け入れないというのと併せて、ま、それと一緒に異動してきた人間も、ま、受け入れない部分のところでの、その壁にはぶつかったっていうふうなのは、ま、ありました。

(32.11) (W) たとえば？

(32.12) (Z) え、ま、そうですね、ま、異動で籍を移していながらも、え、ま、その中の仲間として認めてもらえてないっていうんですかね。

(32.13) (Z) えー、1つ、具体的な例でいきますと、前の部署時代からの仕事の報告書などに、承認印をもらえず、前の上司から、ま、もらってくれ、と、ま、そういうふうな話ですとか、ま、そういうふうな状況があるなかで、ま、立場的にも、非常に、ま、えー、仕事をや

第 8 章　生の現場の「語り」　319

るうえでは、やりづらい状況にある。(…)

(32.14) (Z) ま、え、一言で、ま、その、まだお前はこの部署に来ていないんだっていうふうな、感じで、ま、終わってしまう。

(32.15) (Z) それ以上、何も、相談できないっていうふうな、そういうことですよね。
(…)

(32.16) (Z) 周りも、(…)ま、あの、一緒にいたら、変な仕事が回されるだとか、変な見方をされるっていうふうな部分のところで、非常に、そういう疎外感を、ま、あの、自分の中で、被害妄想じゃないですけど、非常に感じるところですね。

(32.17) (W) (…)自分で、そのストレスの解消とか、また、そういう、いままでの経験からとかね、うまく乗り越えてとか。

(32.18) (Z) そうですね、(…)ま、かみさんに聞いてもらって、て、そういう部分のところは、あるんですけども、ま、だけど、それよりかも、ま、(…)自分が、スキルってものを身につけていくなかで、え、ま、そこに、ま、媚を売らなくても生きていけれるっていうところで、自分に自信をもたせようというふうな、そういう意味でのスキルアップですよね、そういうものを、ま、やっていくなかで、え、ま、(…)自分の力をつけていく、っていう形ですかね。(…)

(32.19) (Z) あとは、ま、Wさんと話していくなかで、ま、こういうふうな状況は、なかなかずっと行かないよっていう部分も、ま、結構、自分の中では、救いになっている部分があって、ま、いつか、こういう部分のところ、耐え忍んで行けば、えー、ま、いいときも、ちゃんと努力をしながらですけども、いいときは、ま、来るだろうと、思いながらね、いまは、それ、ぐっと、その時期を待っているっていう感じですね。

(32.20) (W) 以前は、兎に角、部署を換えてくれ、という思いにまで、なったけれども、いまは、何とか、そういうふうにはならずに、自分で、えー、いろんな意味で、コントロールできていると。

(32.21) (Z) そうですね、はい、やっぱり、いろいろな、辛いものの積み重ねの中で、自分は、ま、振り返ってみても、ま、それなりに強くはなってきてるんじゃないか、という感じはしますよね。

(32.22) (Z) そんときは、もう、ほんとに逃げ出したいなと思いながらも、

　　　　　ま、それをクリアしてきた、そういうふうなもので、自信もついて
　　　　　いったと思うんですけども、そういうなかで、えー、段々と、ま、
　　　　　に、逃げない形にはなってきているのかなという感じですね。
　　　　　(…)
(32.23)　(Z)結局、いままでのなかでの、そういう、身につけてきた、(…)
　　　　　知恵というか、ま、苦しいときに、ま、辛いときに、じたばたして
　　　　　も、ま、逆に、あんまり、いい解決には、ならなかったっていう、
　　　　　いろんなことを、考えていっても、ま、あとは、なるようになるっ
　　　　　ていう、それよりか、もう逆に、えー、もっと違うことを、えー、
　　　　　先のことを、そういうふうなもので考えていったほうの、逆に、
　　　　　ま、いままで、やってきたなかで、そういうふうに少し感じてきた
　　　　　から、あのー、ま、あんまり、えー、少々のことで、あんまり、心
　　　　　揺れ動かされないようにしよう、ていうふうな、はい、そういうよ
　　　　　うな感じはでてきたのかもしれないですね。
(32.24)　(W)先を、あの、考えるようになった。
(32.25)　(Z)そうですね。
(32.26)　(W)昔は、結構、
(32.27)　(Z)結構、いまいまっていう感じで、
(32.28)　(W)尾を引いてたっていう感じで、いまのことで頭がいっぱいに
　　　　　なっていた感じ。
(32.29)　(Z)いまと過去ですよね。
(32.30)　(Z)もうそこに引きずられっぱなし、ていうふうなものだったんで
　　　　　すけども、やっぱり、変わった。
(32.31)　(Z)時代の流れがすごく、これ速くなってきたってのが、そういう
　　　　　のからも、変えさせてくれたのかもしれないですね。
(32.32)　(Z)もう、速いんで、もう少々失敗したとしても、もう次は、逆に
　　　　　成功しても先はあんまり長くないし、失敗しても、そのサイクルが
　　　　　速いんで、だったら、早く気分を転換していったほうの、よりい
　　　　　いんじゃないのかっていうふうな、そういうふうな考え方にはなっ
　　　　　てきたのかなっていうふうな、最近は、ちょっと、そんな感じです。
(32.33)　(W)最近は、特に感じたんでしょうけども、(…)そういうふうに
　　　　　変わりはじめてきたのは、いつぐらいからですか。
(32.34)　(Z)あー、そうですね、ま、まだ大学にいたときはそんなに感じな

第 8 章　生の現場の「語り」　321

(32.35) (Z) やっぱりこっち戻ってきてからですね。
(32.36) (Z) 戻ってきて、やっぱり、その一、1つ、その、ま、B市の仕事、を、えー、ま、やり終え、やり遂げていった、ていうふうな、ところから、ま、自信がついていって、変わっていったのかな、っていうふうな、ま、そんときよりかも、さらに、もう、いま、まだ、もっとよくなってるんじゃないのかな、って、自分の中で、もっと自信がもてるっていうか、ま、少々のことで、動揺しなくなった。
(32.37) (Z) ま、いろんなところで、場数を踏むなかで、(…)全体的に、いろんなことに対して、ま、あのー、ま、自信が持ててきたのかなっていう感じがしますね。
(…)
(32.38) (Z) ま、1回落ちるところまで、落ちたんだから、ま、これ以上、ま、そういうふうなものには悪くならないだろうというふうに、ま、そういう逆にどん底みたいなものがあったんで、いま、こういうふうなものが起きても、ま、あんまり動じなくなってきているのかというのは、ま、感じますよね。
(…)
(32.39) (Z) ま、努力してるだけじゃなくて、ちゃんと身につけていかなければいけないと思うんですけども、ま、そういうものが1つ、ま、自分の、えー、動機は不純なんですけども、ま、自分のスキルアップのための原動力の1つになっているかなとは思いますね。
(32.40) (Z) 負けたくない。
(32.41) (Z) あーいうあの人たちには負けたくないっていうふうな。
(…)
(32.42) (Z) ま、逆に、そういうふうに、何ていったらいいんでしょうかね、ま、周りが、そうやって、疎外すれば、疎外するほど、燃えてくるっていうか。
(…)
(32.43) (Z) しかしこの気持ちずっと大切にしていきたいなと思っていますけどね。

　(32.01)〜(32.04)は、新体制になってからの2ヶ月間を一般論的に述べ

ている。聞き手＝筆者（W）は日常的にZ氏と情報交換をしていたため、Z氏が置かれていた状況をもっと詳しく知っていた。それゆえ、「もう少し具体的に」(32.05)と、「語り合せ」をはじめる。しかし(32.06)〜(32.08)でも、まだ一般論的な言説を脱しない。そこで、「もっとお話いただければ」(32.09)と迫る。ようやく「異動してきた人間も、ま、受け入れない部分の、ところでの、その壁にはぶつかって」(32.10)という「語り」がはじまる。ここで「たとえば？」(32.11)と振ると、「語り」は動き出した。

　(32.12)〜(32.16)で語られた内容も比較的辛い体験である。インタビュー時、それはまだ継続している事象でもあった。それゆえ、それは「語り直す」こともできなかった。(32.17)〜(32.43)の「語り合せ」では、時折「やってしまえる」未来への動機が見出せる。

　「スキルってものを身につけていくなかで、…、媚を売らなくても生きていけれるっていうところで、自分に自信をもたせようというふうな、そういう意味でのスキルアップですよ」(32.18)。「段々と、…、逃げない形にはなってきている」(32.22)。「先のことを、そういうふうなもので考えていったほうが…」(32.23)。「まだ、もっとよくなってるんじゃないのか」(32.36)。「いろんなところで、場数を踏むなかで、(…)全体的に、いろんなことに対して、…、自信が持ててきたのかなっていう感じがしますね」(32.37)。「努力するだけじゃなくて、ちゃんと身につけていかなければいけない」(32.39)。

　さらに「語り」が進むと、表現も強くなる。「負けたくない」(32.40)。「あーいうあの人たちには負けたくない」(32.41)。「疎外すれば、疎外するほど、燃えてくる」(32.42)。

トランスクリプト(3)「語り」―3（平成18年9月）

　Z氏が進めていた事業に結果が出はじめていた。

(33.01)　(Z)(…)（比較的順調に進捗している日常について）
(33.02)　(W)ほ、あの、前回のときに、ま、いろいろと、結構、その、新しい部署での問題点みたいなものが挙がってましたけども、そこら辺に関しては、どうなんですか。
(33.03)　(Z)変わりましたね。
(33.04)　(W)変わりましたか。

(33.05)　(Z)はい、えーとね、ま、2回目のときの話、で、メインになっていたのは、やっぱり、ま、あの、部署は換わったけれども、そんなかで、受け入れてもらえないっていうふうな部分のところ、があったんですけども、やっぱり、あの、ま、そういうふうに、一生懸命やってるっていう部分のところを、見てってくれて、評価っていうのもありますし、やっぱり、ま、やってる仕事っていうふうなものが、成功してきてる、ていうふうな形のものが見えてくると、やっぱり、えー、違うなっていうふうな、もう、ま、そこで、何か、ま、ずるい考えっていうか、そういうふうな考えでもないと思うんですけども、ま、後ろから、ま、協力していってやるよ、ていうふうなものが、そういう気持ちに、自然となって、くる、のか、わかんないんですけれども、そういう感じで、え、ま、直属の上司は、すごく変わったなっと思うんです。

　　　　　(…)

(33.06)　(Z)ま、A製品とかね、B製品とかね、どうこうって話じゃなくて、ま、ね、みんなでね、協力して、やって、いってって、ね、いい形で、いければ、っていうふうな、ま、いまは、そういう、ふうな感じなんで、え、まあ、仕事は結構、ま、いろんなもん来ちゃうんで大変は大変なんですけども、ま、そんなに、精神的な部分のところの、気持ちが楽な、ときには、ま、肉体的な疲労っていうふうなものは、ま、あんまり感じないなって、いう、ま、そういう、ちょっと、最近の、えー、実感っていう感じなんですけどもね。

(33.07)　(W)あの、話を聞いてて、面白いですね、あの、前2回は、結構過去の話、ま、過去から話してください、とも言ったんだけども、ま、今も振り返ってください、とも言ってるんだけども、過去の話ってなくなってくるんですね。

(33.08)　(Z)ああ、そうですね。

(33.09)　(W)ねぇ。

(33.10)　(Z)もう、そうですね。

(33.11)　(W)そうですね。

(33.12)　(Z)はいはい。

(33.13)　(W)で、いま現在から、これからの話までに、話題が向かおうとしてるじゃないですか。

(33.14) （Z）はい、案外、そうですよね。

(33.15) （Z）失敗とかしてると、何で自分がこの仕事してるんだろうなっていうふうなところで、ね、追ってって、そこのところの、謎を解きたいなって思ったりするんですよ。

(33.16) （Z）ま、うまいこといってるんだったら、じゃ、もっと、どういうふうに、すれば、うまいこといくのかって、ま、見方が、後ろでなくて前に向かっていくのは、確かに、そういわれてみれば、そうだな、と。

(33.17) （Z）（…）前だったらね、昨日とかも、11時くらいまでやって帰って、ま、12時くらいですよね、ま、くたくたになって帰っていったら、何で俺1人が、ここまでやらなきゃいけないのかなっていう愚痴ぐらい言うのが、全然そんなのなかったですね。

(33.18) （Z）ま、あの、別に、ね、そうやって、自分が納得いく仕事やって、ま、そこまでなったんだし、ま、もうちょっと速くできるようになればいいなっと思うくらいのことで、もっと考えて効率的に、どうやったら早く帰れるのかなって、ね。

(33.19) （Z）そういうふうになってきてるんで、うん、非常に、だから、気持ち的には、会社戻ってきたときの、精神的なものから考えていったら、非常に、何、自分の中で、いまは、ね、あの、充実してるっていうか、ほんとに、仕事をやってるんだなっていうふうな、気持ちにはなれるのかなって感じですよね。

(33.20) （W）それはよかったですよね。

(33.21) （Z）あ、はい、よかったっていう感じですね。
（…）

(33.22) （Z）（…）1つね、（事業部にいて）そういうふうな仕事を最初から最後まで、っていうふうなものが、だいたい見えるようになってきてるんで、その辺のところは、（技術畑一筋の）他の人とは、ね、違った道を歩んできたんで、（…）自分は、（…）それがね、非常に、何か活きてるような感じがしますね。

(33.23) （Z）それがね、ゆとりになるんすよ。

(33.24) （Z）他の人が経験してないのを、自分が、ね、あの、経験してきてるっていうふうなものが、すごく、ね、あの、何か新しいものがぽんと来たときにも、ま、その新しいことが経験したことなくても、

　　　　　　ま、昔何もやったことないことでも、あーいうふうなもので経験し
　　　　　　てきてやってきてるから、何とかなるだろうっていうふうな、そう
　　　　　　いうふうな、考え方になってきたんですね。
　　　　　　(…)
(33.25)　(Z)ま、展開の速さっていうのか、あとは、時間の使い方ですよね。
(33.26)　(Z)こっちやっときながら、こっちの仕事をやっていくっていうふ
　　　　　　うなものってのは、ま、去年までに、いろいろ教えてもらってくる
　　　　　　なかで、いまはそういうの意識しながら、で、もう来週から1週
　　　　　　間いないんだから、いないんだったらいまのうちに、どれとどれを
　　　　　　やっとけば、帰ってきたときに、一番いい順繰りになるのかってい
　　　　　　うふうなのは、すごく考えるようになった。
　　　　　　(…)
(33.27)　(Z)結構ね、何でも、ね、そんな、ね、大変な、ことはないってのは
　　　　　　ね、いろいろと面白くやっていけるなっていう、その辺が大きく
　　　　　　変わったなって感じですね。
(33.28)　(W)でも、よかったですよね。
(33.29)　(Z)いまんところはね、いい(笑)、いいですよね。

　(33.01)〜(33.29)は、一連の「語り合せ」を形成している。この中で、聞き手＝筆者(W)が意識的に「語り」を方向づけているところがある。「過去の話ってなくなってくるんですね」(33.07)である。意識的といっても、「語り合せ」の流れからは普通のことである。それは「いま・ここ」における意味論に応じた発言ということである。(33.08)〜(33.12)で、一旦「語り」が安定したので、再度「で、いま現在から、これからの話までに、話題が向かおうとしているじゃないですか」(33.13)と方向づけた。「案外、そうですよね」(33.14)。「確かに、そういわれてみれば、そうだな、と」(33.16)、自分の「語り」を意識すると、方向性はより鮮明になる。(33.17)から(33.26)へ前向きな「語り」が続き、最後には「大変な、ことはない…、いろいろと面白くやっていけるな」(33.27)という未来が「語り作られる」のである。

トランスクリプト(4)「語り」─4.1(平成18年12月)

　X氏とY氏のインタビューからもわかるようにこの時期には既に経営状況の悪化が表面化しはじめていた。他の2人、あるいは全社員同様、Z氏も

不安な部分は隠せない。

(34.01) (Z)そうですね、はい、えー、ま、前回のところで、ま、自分自身の、ま、その、感じ方っていいますかね、そういうのすごく、内面的なものが、変わってきていたんですけども、それから、ま、今回のところでは、今度は、会社のほうが、大きく変わってきてるっていうふうな形になってきたんで、また、ちょっと、あの、違う、感じかな、って、ま、思っているところですね。
(…)
(34.02) (Z)会社が、ま、今後、どういう方向へ行くのか、ま、仕事の内容も、ま、事業の内容も、そうですし、あと、人員的なっていうふうなものを、え、ま、はっきり示してもらいたいんですけども、(…)すごく、歯がゆさを感じるていうか、ま、逆に、もっとそういう部分のところを、示してくれたら、あのー、いまこういう時期だから、みんな、もっとがんばれるんじゃないのかなって、思うんですけども、かなり、ちょっと、絶望感、ていうんですかね、そういうものが、ちょっと漂ってるっていうか、ま、すごく感じますね。
(34.03) (W)うん、土気はかなり下がっている？
(34.04) (Z)下がってると思いますね。
(34.05) (Z)相当、(会社の状況が)オープンになって来た、だから、普通は、そこで、もう少し、もっと、あの、ね、また、あの、いい方向に、逆に、行くんじゃ、ないかっていう部分で、みんな、がんばっていくのかなって、思ったんですけども、みんな、自分たち、その順番が、回ってくるっていう感じが、(笑い)全然感じ取れていない、っていうか。
(34.06) (W)あ、感じ取れてない？
(34.07) (Z)あ、はい、だから、まだまだ、やっぱり、上の人たち、が、いなくなってくれたら、もっと、自由にっていう部分は、少しは、そういう自覚、持つようなところは、
(34.08) (W)自分たちに回ってくるんじゃないかっていうことはどういうことですか。
(34.09) (Z)えーと、結局は、ま、代がある程度替わってもらえたらっていう部分は、少しは持ってると思うんですよ、みんな、ま、いまの人

　　　　　たちに代わって、自分たちの時代。
(34.10)　(W)世代交代。
(34.11)　(Z)世代交代っていう意味ですね。
　　　　　(…)
(34.12)　(Z)具体的な行動も、できないなかで、会社を変えていきたいけれども、じゃ、自分たちで、もう変えていけないっていうふうな、八方塞がりですよね。

　(34.01)～(34.12)の一連の「語り合せ」には、1回目から次の5回目のインタビューにかけて、Z氏自身が変化あるいは成長していることが見出せる。1回目から5回目までは僅か1年の期間であり、語られた内容はもっと長いスパンのことであるので、この5回のインタビューでZ氏は成長したということを主張しているのではない。Z氏がここ数年の間に変わってきているということが読み取れる「語り」であると主張しているのである。またここでの「語り」が5回目の「語り」の布石になっていることは、5回目の分析の際に確認することとする。
　「語り」の冒頭で、Z氏は「前回のところで、ま、自分自身の、…、内面的なものが、変わってきていたんですけども、…、今度は、会社のほうが、大きく変わってきてる」(34.01)と主題が会社の変化であることを告げる。そして、「絶望感」(34.02)にはじまり、「八方塞がり」(34.12)という表現によって、疲弊した日本型経営システムにおける若者たちの心情を吐露している。『若者はなぜ3年で辞めるのか？』(城、2006)で描かれた状況をZ氏たちは体験している。
　聞き手＝筆者(W)は、Z氏の「語り」の中で、「かなり、ちょっと、絶望感、ていうんですかね、そういうものが、ちょっと漂ってるっていうか、ま、すごく感じますね」(34.02)という件を受け、「士気はかなり下がっている？」(34.03)と、「語り」の方向性を見定めようとした。それに対し、Z氏は「下がっていると思いますね」(34.04)と応答する。そして「みんな、不安でしょうがない。どうすればいいんでしょうね」というような人任せ的な発言が続くのかと予想されたが、「相当、(会社の状況が)オープンになって来た、だから、普通は、そこで、もう少し、…、いい方向に、…、行くんじゃ、ないかっていう部分で、みんな、がんばっていくのかなって、思った」(34.05)という発言を、聞き手＝筆者(W)は耳にすることとなる。

この時点で「絶望感」という言葉の響きに引きずられ、聞き手＝筆者(W)は、Z氏が「絶望感」の前に語った「逆に、…、いまこういう時期だから、みんな、もっとがんばれるんじゃないのかなって、思うんですけども」(34.02)という主張を背後に追いやり、「語り」の方向性を見誤っていたのである。ここで聞き手＝筆者(W)は軽い「中間休止」を感じる。予測した方向とは違う方向へ「語り」は進んでいるのだ。
　続いて、Z氏は照れ笑いを交えながら、「みんな、自分たち、その順番が、回ってくるっていう感じが、（笑い）全然感じ取れていない、っていうか」(34.05)と語った。ここでも聞き手＝筆者(W)は再度「絶望感」に引き込まれる。「みんな、自分たちに、リストラ対象が、回ってくるという絶望感が、全然感じ取れない」という意味か。それを確認するため、「あ、感じ取れてない？」(34.06)と発すると、「あ、はい、だから、…、上の人たち、が、いなくなってくれたら、もっと、自由にっていう部分は、少しは、そういう自覚、持つようなところは」(34.07)と応答する。
　ここで、聞き手＝筆者(W)は「自分たちに回ってくる」という件の意味を誤解していたことに気づき、その意味を問うのである(34.08)。中間休止である。感度の鈍い「聞き手」である聞き手＝筆者(W)のこの中間休止を経て、漸く「語り」は未来へ開かれる。つまり、「語り作り」である。「えーと、結局は、ま、代がある程度替わってもらえたらっていう部分は、少しは持ってると思うんですよ、みんな、ま、いまの人たちに代わって、自分たちの時代」(34.09)。「世代交代っていう意味ですね」(34.11)。
　こうしたZ氏の発言は、「大学から、戻ってきたときていうのは、もう、人の上に立って、リーダーをやってくってふうなものなんっていうものは（なく）、もう誰かの下でずっとそういうふうな、隠れながら生きれればいいなー、と思っていた」(31.24)当時のZ氏からは想像もつかないはずである。
　しかし「語り」は常に多義的で曖昧である。感度が鈍い「聞き手」であった聞き手＝筆者(W)が単に鈍感なのではなく、Z氏の「語り」は、確かに「やってしまえる」未来への動機、つまり「将来への希望」を潜在させてはいたが、同時にやはり「どうすることもできない」閉塞した絶望的な不安も内在させていたことは否めないのである。聞き手＝筆者(W)はその部分を逃さなかっただけである。それは、「具体的な行動も、できないなかで、会社を変えていきたいけれども、じゃ、自分たちで、もう変えていけないっていうふうな、八方塞がりですよね」(34.12)という発話で明らかとなる。さら

第 8 章　生の現場の「語り」　329

に次の項の「語り」がそれを物語る。

トランスクリプト(5)「語り」―4.2(平成 18 年 12 月)

(34.13)　(Z)ま、これまで、疎外されていたっていうふうなもの(Z 氏が担当している技術)が、最近中心的なものになってきている状況の中で、逆に今度、みんな、は、それに対して、最初のうちはいいんですけど、それがあまりにもここに偏りすぎてくると、やっぱり面白くないなと思う人間が、いっぱいまた出てくるんですよね。

(34.14)　(W)それは、出てくる、ていうの、それとも、既に出てきてるの？

(34.15)　(Z)もう出てきているってことですね。

(34.16)　(W)あ、今度は、そういうふうに。

(34.17)　(Z)そういうふうになってくるってことです。

(34.18)　(Z)いままでは、もう敵でもなんでもないやっていう、もう、あんなもんなって、所詮、黙ってても、なくなるもんだっていうふうなもんが、ここで、逆に脚光浴びてきて、そういうふうなものに、みんなが、すがっていかなきゃいけないっていう状況になると、なんだ面白くないなっていうふうな人間は、いっぱい、いまは、また、そういうような状況が見えつつあるていう感じで。(笑い)

(34.19)　(Z)また、そういうふうな、ぎりぎりのところで、何とか、踏みとどまっているっていう感じで、もう、みんな、これ以上、ま、結構、ストレスも溜まってきてると思うんですよね。

　　　　　(…)

(34.20)　(W)職場でね、こういう状況で、どうしようかって、いま、Z さんが考えているような前向きの人がいれば、また、Z さんも変わった状況にいるんでしょうけど、周りがそうだから、ここでそういう愚痴っぽいことになっちゃうんでしょうね。

(34.21)　(Z)結局ね、そうなんですよね、前はね、こんなふうじゃなかったんですけれども、何かね、また最近、そういうふうな、(前向きな)感じにもっていこうとは思ってるんですけども、引きずり込まれていくっていったら、またあれでしょうけども、どっかね、その、心のどっかにあるものがね、そっちのほうがね、強く出てきちゃう。

(34.22)　(Z)何かね、それを普段は、あの、仕事やってるときは、仕事に没

頭してるんで、そういうものはないんですけども、何か、こういうふうな話になってくると、やっぱり、どっか、ね、溜まってたものが、ぱっと、出る。

　(34.13)〜(34.22)の「語り」が、前項の「語り」の基底に流れる不安感・絶望感に囚われている語り手のものであることは感じ取れるであろう。自身の仕事は順調に動き出したが、今度は逆に周りから妬まれはじめたことを弱弱しく語る。(34.13)〜(34.19)の流れでは、前項の(34.01)〜(34.12)で見られたような「やってしまえる」未来への動機を潜在させた力強い「語り」は感じ取れなかった。

　そこで、聞き手＝筆者(W)は、Z氏は前向きだけれども、「周りがそうだから、ここでそういう愚痴っぽいことになっちゃうんでしょうね」(34.20)と、Z氏の「語り」を正当化すると同時に、「語り」を揺さぶる「語り合せ」を試みる。どういうことか。聞き手＝筆者(W)は日頃から部下や同僚に対して「愚痴は好きではない」と発言している。それをよく知っている語り手に対して、敢えて「愚痴っぽいことになっちゃうんでしょうね」(34.20)とぶつけてみたのである。

　Z氏は「正当化」と「揺さぶり」のいずれにも反応する。まず「結局、そうなんですよね」(34.21)と、自身が愚痴をいう状況を「語り合す」。しかしその次には愚痴をいうZ氏を正当化する背景としての職場の状況についての「語り」は続かない。「語り」は揺れる。

　「前はね、こうなふうじゃなかった…、(前向きな)感じにもっていこうとは思ってるんですけども、…、心のどっかにあるものがね、…、強く出てきちゃう」(34.21)。「普段は、…、仕事に没頭してるんで、そういうものはないんですけども、何か、こういうふうな話になってくると、…、溜まってたものが、ぱっと、出る」(34.22)。

　ここで、聞き手＝筆者(W)は、「溜まってたものが、ぱっと、出る」(34.22)ことが悪いと主張しているのではない。却ってこの一連の「語り」は、「語り」の持つ癒し(セラピー)効果を物語っている。聞き手＝筆者(W)が意図したのは、愚痴っぽい発言が増えてきたことを気づかせることと、「語り」の流れに揺さぶりを掛けることで「語り」に新たな方向性を生み出すきっかけを与えることであった。

トランスクリプト(6)「語り」—5.1（平成 19 年 4 月）

新年度を迎えてのインタビューである。

(35.01) (Z) 会社が潰される状態になるかもしんないですけども、でも、え、自分の中では、1 年前よりかも、いまのほうのが、いいと思います。

(35.02) (Z) で、結局、こういうふうな、状況のときに、ま、1 つ、出て行っちゃうというふうなものも、選択肢の、1 つなのかもしれないですけども、ま、あの、器を選んで、どんどん移っていく、ていうふうなのだと、結局、その器が悪くなっていったら、自分もまたそれに合わせて、動いていかなければいけないっていうふうな、繰り返しになると思うんですね。

(35.03) (Z) だから、そこんなかで、自分が必要とされるていうか、自分に何ができるのか、だったら、この悪い状況になったときに、自分のできることで、会社を建て直していける、っていう、そっちのほうのが、長い人生の中では、え、重要じゃないのかなっていうふうに、だから、ま、こういう苦しいなかで、ま、倒れちゃったら、どうしようもないですけども、そこまでは、ま、何とか、やれるところ、もう、これを、V 字回復じゃないですけども、会社をね、劇的に、そういうふうなもので、え、変革していく、そういうチャンスが、逆に、できたんで、ま、面白い形で、やりたいなって、ま、周りとも、(…)協力してやっていきたいなっていうふうに、ま、あの、会社の、状況は最悪でも、えーと、薬品の事業に関しては、ま、明るい、感じの希望では、見えてるっていうか、(…)、そんなとこですね。

(35.04) (W) あの、非常に前向きで、いいなっというふうに感じるんですけど、そういうふうに、あの、前向きに、考えられる、その、理由というか、あの、何がそういうふうにさせるのか。

(35.05) (Z) ま、やっぱり、仲間が仕事してくれてるって、いうふうなところが、ま、非常に、よく、分かるっていうふうな、ま、期待してもらってる、だとか、そうやって、もう、お前が、そういうふうなものの先頭に立って、やってってくれって、ことを、言ってもらえるからこそ、そのパワーが出てくる、ってのがありますよね。

(…)
(35.06) (Z)やっぱり、みんな、もう、相当、浮き足立っちゃってることだけは確かなんで、ほんとに、いまこういう、上の人たちが抜けちゃって、本来ならば、喜ばしいことで、代替わりになっていく、ていうふうなところで、(…)何か、その不安、だけ、思って、ぽんと、出て行っちゃう、ふうな、流れができないことを、だけを、いま、すごく、心配してるんですけども、やばり、薬品事業も、この会社っていうふうなものが、しっかりとした形であることが、やっぱり、より推進力になるので、ちょっとその辺のところが、ま、自分は、こういうふうな感じで、何とか、この事業のことを引っ張って行きたいと思うんですけども、引っ張っていく人たちが、諦めちゃいけないよなって、そういうことですかね。
(35.07) (W)発言の内容が随分、変わって来ましたね。
(35.08) (Z)はい、前は、ま、ほんとに、うん。
(35.09) (W)何か、周りが、ね、自分のことを、一挙手一投足を、観察してるんじゃないかとか、ね。
(35.10) (Z)はい、前は、そうでしたね。
(35.11) (W)いまは、そういう人たちを、何とか、引っ張って行こうっていうような。
(35.12) (Z)そうですね、そういう部分では、うん、自分でも、何か、驚くほど、変われたなっていうか。
(35.13) (W)ま、4ヶ月間位ありましたけど、どのくらいのタイミングっていうか、感じで、そういうふうに変わってきたんですかね。
(35.14) (Z)そうですね、やっぱり、強くこういうふうなものを、思ってきたっていうのは、やっぱり、その、すごくね、自分のいた部署の人たちが、ま、出向とか、そういうふうな、形とか、目に見えて、そこで、代替わりが起こってきたってのが、見えてきたところですよね。

　(35.01)〜(35.14)の「語り」は、4回目の「語り」で見え隠れしていた「やってしまえる」未来への動機が鮮明に見出せる「語り作り」である。
　「この悪い状況になったときに、自分のできることで、会社を立て直していける」「V字回復じゃないですけども、会社をね、劇的に、…、変革して

いく」「そういうチャンスが、逆に、できた」「面白い形で、やりたい」「周りとも、(…)協力してやっていきたい」「会社の、状況は最悪でも、…、薬品の事業に関しては、ま、明るい、感じの希望では、見えてる」(以上、35.03)。「この事業のことを引っ張って行きたいと思うんですけども、引っ張っていく人たちが、諦めちゃいけない」(35.06)。

このようにZ氏が変わってきたのは、「代替わりが起こってきたってのが、見えてきたところ」(35.14)からだという。4回目の「語り」に潜在していた「やってしまえる」未来への動機、つまり「えーと、結局は、ま、代がある程度替わってもらえたらっていう部分は、少しは持ってると思うんですよ、みんな、ま、いまの人たちに代わって、自分たちの時代」(34.09)、「世代交代っていう意味ですね」(34.11)という未来への動機は、ここに繋がっているのである。

トランスクリプト(7)「語り」—5.2(平成19年4月)

(35.15) (Z)(…)結局自分が、ま、そういうふうなどうでもいい人間なんだってね、で、どっか便利に、そういうふうなもので、あっちで手が足りなければ、あっちいって、こっちでっていうふうに、それが一番嫌だなって、思うんで、僕は、だから、いま、そういうふうに、教えてるなかで、絶対そういうふうな、接し方だけはしないでいこうと思って、もうここに、やっぱり、希望を持ってもらって、もう、これは会社の中で、こういうものね、進めてくって、のはね、うちらの会社だけでなくて、他の会社の人たちが、これだけ一生懸命になって、いままで、これだけの人がこれだけ長いだけやってってるって、そこね、見てもらいたいな、て思うんですね。

(35.16) (W)そうだね。

(35.17) (Z)うん、それをね、ま、それが、ま、薬品事業を通して、自分の中で、課せられた1人のね、1人のね、人っていうふうなものの、やる気を、ま、起こさしていくってふうなものの、チャレンジ、なのかなって感じで、いま、変えたいなって、いうふうに、面白いなっていうふうな部分で、

(35.18) (W)そう、そうですね、あの、Zさんも、ま、最初は、嫌いじゃなかったかもしれないけども、私と出会った頃はね。

(35.19) (Z)もう、あの(派遣先の大学から)帰ってきた頃は、もう、早く手を引かせるために、どうやったら分かってくれるんだっていうふうな感じで、来てたんですけども、ま、ね、こういうふうに、自分が、そういうふうな部分のところで、変わってきたなかで、ま、いいものってのは、人に何か、そういうふうなもので、勧めていきたいなって、(…)だまされたかと思って、それで、やってくなかで、どんどん面白い結果がついてきたら、人間、やっぱり、ね、面白いこととか、どんどん、それで、やってくことで、ね、成果っていうふうなもの、眼に見えてきたら、どんどん、ね、やっぱ、やる気が、出てくるし、そういう人間を、見れば、また周りの人たちも、何か、あいつ、何か、楽しそうに、仕事やってるなって、で、また、最初の段階は、うらやましいなって、いうふうな感じでもいいと思うんですよ。

(35.20) (Z)で、また、それで、いやいや、何々君、そんな、うらやましい、じゃなくて、こういう、ふうにやったら、もっと面白いんだって、また、そういうふうなものが、ね、どんどん広がって、ったら、会社ってったら、生き返ってくるんじゃないかなって。

(35.21) (W)そうですね、よくなってきますよね、うん。

(35.22) (Z)何か、あのね、○○さんが言ってた、ような、そういうふうな、やる気創出っていうふうな、だからね、あーいうふうな形で、企画してやってくものじゃなくて、普段の、そういうふうな仕事の中からでも、いまある題材とか、の中でも、そういうのっていったら、やってけれるんだな、と。

(35.23) (W)うんうんうんうん。

(35.24) (Z)やっぱり、みんな、その、自分が、やっぱり、必要と、されてるって、あなたじゃなきゃ、そういうふうなものはできないよ、というふうな形で、言われるってのは、何よりかも、うれしんだと思うんですよね。

(35.15)～(35.24)の流れも、前項同様に、未来への動機が鏤められた比較的テンションの高い「語り作り」である。聞き手＝筆者(W)は、この流れの中で、一度揺さぶりを掛ける。Ｚ氏が「薬品事業を通して、自分の中で、課せられた1人のね、1人のね、人っていうふうなものの、やる気を、ま、

起こさしていくってふうなものの、チャレンジ、なのかなって感じで、いま、変えたいなって、いうふうに、面白いなっていうふうな部分で」(35.17)と語っているのを遮り、聞き手＝筆者(W)は「そうですね、あの、Zさんも、ま、最初は、嫌いじゃなかったかもしれないけども、私と出会った頃はね」(35.18)と辛かった時代を思い起こさせる。

　ところが、Z氏の「語り」はぶれることなく、「こういうふうに、自分が、そういうふうな部分のところで、変わってきたなかで」(35.19)と切り替えし、「いいものってのは、人に…、勧めていきたい…、それで、やってくなかで、どんどん面白い結果がついてきたら、…、成果っていうふうなもの、眼に見えてきたら、…、やる気が、出てくるし、そういう人間を、見れば、また周りの人たちも、何か、あいつ、…、楽しそうに、仕事やってるなって、で、また、最初の段階は、うらやましいなって、いうふうな感じでもいいと思う」(35.19)と、「語り」は未来へ定位し、却って「やってしまえる」未来を「語り作って」いくのである。

　「こういう、ふうにやったら、もっと面白いんだって、また、そういうふうなものが、ね、どんどん広がって、ったら、会社ってったら、生き返ってくるんじゃないかな」(35.20)、「普段の、そういうふうな仕事の中からでも、いまある題材とか、の中でも、そういうの(やる気創出)っていったら、やってけれる」(35.22)と。

トランスクリプト(8)「語り」―5.3(平成19年4月)

(35.25) (Z) やっぱり、周りに、残ってきた人たちも、諦めっていうよりかは、みんな給料上げてくために、そういうふうなものを、みんな一丸となってがんばって、いこうよって、ていうか、そういうふうに思って行きたいなって、ぷらぷらしながらでも、いいかって、どっか、そういうふうな求人見つけながらでもどっか行こうかっていうふうなものでも考えながらじゃなくて、もう、お前ら、ほんと、ま、ここまで来たんだったら、もう、ね、あの、腹据えて、ちゃんと、ここで食っていくんだと、この会社を建て直すんだっていう、そういうふうなものに、ま、いろんな人と会っていくなかで、え、ま、モチベーション上げるような、何か、1つきっかけになれたらなって。

(35.26) (W)うん、素晴らしい。
(35.27) (Z)逆に、ピンチのようなときこそ、ほんと、これは、チャンスだなって、ここで、絶対、逃げたら、もう、その先のものなんていうふうなものは、絶対ないですし、ま、はっきり言って、いままでの10年間なんてものは、会社にね、食わしてきてもらったようなもんだと思うんですよ。
(35.28) (Z)こっからが、ま、会社を食わしてくっていう、ね、自分が、食わしてくっていう、そういうふうな、規模にもなっていくと思うんで、(…)そのところで、うん、邁進していくっていうか、それが、自分の役目なのかなっていうふうな、もの、を、なくすんじゃないっていうか。
(…)
(35.29) (W)非常に、いい、前向きのお話でした。
(35.30) (Z)段々と、前向きになってきますね。
(35.31) (W)何かね。
(35.32) (Z)どっかで、一旦何かその、また、引っ張られかけていた時期も、5回のうちには、あったような気もしますけどもね。
(35.33) (W)うん、でも、段々と、良くなってきましたね、このまんま、回を重ねてれば、ますますよくなるというかね。
(35.34) (Z)はい。
(35.35) (W)この状態が維持できるようになれば、いいですね。
(35.36) (Z)あ、はい、そうですね、また、ここんところを、乗り越えていけば、ほんとに、また、いいときがきたときに、今度は、どう次をするのかっていうふうな気もするんですね。
(35.37) (W)そうですね。
(35.38) (Z)(…)ま、これがもしうまいこといって、慢心しなければいいなって、そういうところですかね。
(35.39) (Z)いつも、やっぱ、そんなかで、慎重さ、ありながら、そういうふうな、次、あとは、もっとこういうふうなもので、よくなったんだったら、さらに、また先を行くか、ていうふうな気持ちを持続していけれるかっていうふうなとこですかね。
(35.40) (W)うんうんうん。
(35.41) (Z)ま、こういう状況ですけども、自分のいまの、今日の段階って

いうか、ま、ほんとに、こっからが、踏ん張りどころだっていうふうな、そういうふうな、気持ちですね。
(35.42) (Z) 非常に、面白くなりそうだなって、そういうふうに期待を持って、いきたいなって感じですね。
(35.43) (W) ああ、いいですね。
(35.44) (Z) (笑い)いや、そんなような気持ちでいたほうが、何かね、逆にね、最近ね、えっと、楽だなって、いうふうに、で、どんな状況になったって、ま、殺されるわけじゃないし、ま、何とかなってくって、思ったら、そういうふうな、いいところに、持っていこうっていうふうなものが、会社来るのも、そのほうが楽しいですし。
(35.45) (W) そうですね、わかりました。
(35.46) (W) とりあえず、ここで、テープもそろそろきれそうなんで。
(35.47) (Z) いっつも、テープが…。
(35.48) (W) いえいえいえ、いいんだけどね、また、もう1時間やってもいいんだけど、次もあるんで、ありがとうございました。

　5回目のインタビューは、テンションの高い「語り」が続いた。例えば、「ここまで来たんだったら、…、腹据えて、…、ここで食っていくんだと、この会社を建て直すんだっていう、そういうふうなものに、ま、いろんな人と会っていくなかで、…、モチベーション上げるような、何か、1つきっかけになれたらなって」(35.25)、「こっからが、ま、会社を食わしてくっていう、ね、自分が、食わしてくっていう、そういうふうな、規模にもなっていくと思うんで、…、それが、自分の役目なのかなっていうふうな、もの、を、なくすんじゃない」(35.28)などである。
　長いインタビューになったこともあり、聞き手＝筆者(W)はそろそろ「語り」を収束させようとするが、その「語り合せ」は線香花火の最後の燃え上がりのように光を放つ。しかしその光は、最後の燃え上がりではなく永遠に途絶えることのない未来を生成するかのようであった。「非常に、いい、前向きのお話でした」(W) (35.29) に対して、「段々と、前向きになってきますね」(Z) (35.30)と応答され、「回を重ねてれば、ますますよくなるというか」(W) (35.33)と繋いでしまう。
　次に「この状態が維持できるようになれば、いいですね」(W) (35.35)に対して、Z氏は「ここんところを、乗り越えていけば、…、今度は、どう次を

するのかっていうふうな気もするんですね」(Z)(35.36)、「あとは、もっとこういうふうなもので、よくなったんだったら、さらに、また先を行くか」(Z)(35.39)、「非常に、面白くなりそうだなって、そういうふうに期待を持って、いきたいなって感じですね」(Z)(35.42)と、延々と「やってしまえる」未来を「語り作る」のであった。

第9章　生命論的「個と組織」論

　本章は、第3部における3つ目の章であり最終章となる。第7章では、現場研究＝動機づけマネジメントの方法論が定式化された。第8章では、生の現場の「語り」が再現前化され、「語り」の概念によって分析・解釈された。本章の役割は、まず本研究が掲げた命題を考察することである。同時に、観測志向型理論に定位した現場研究＝動機づけマネジメントの方法論という本書の副題が論証されることになる。命題は2つ掲げられた。第1の命題は副題の全体を含意するが、特に後半の「現場研究＝動機づけマネジメントの方法論」であることを主張する。第2の命題は、副題の前半により力点が置かれる。つまり、「観測指向型理論に定位した方法論」が成立することが主旨である。
　第1節では、第1の命題が議論される。ここでは、まず「語り」という言語行為が動機づけの研究において、現場調査の概念と手法となりうるか、次に「語り」という言語行為は分析の概念と手法となりうるか、が議論される。そして、この2つの考察を踏まえ、「語り」という言語行為は、現場研究の概念と手法となると同時に、動機づけマネジメントの概念と手法となることが論じられる。
　第2節では、第2の命題が主題となる。生命理論における局所的意味論としての「私」の概念を中心に展開する。この「私」は、一人称としての私、セルフとしての自己、そして全体に対する個ということを含意する。まず、一貫した認識主体でさえない内部観測者としての「私」が論じられる。次に、局所的意味論としての「私」がその都度の「語り」に偏在していることが議論される。最後に、「語り手＝聞き手(A)」と「語り手＝聞き手(B)」は、相互他者性のもとで、あるいは語られる「もの」が保持する他者性に対峙することで、それぞれの「私」を認識すること、さらに他者性に対峙することによってのみ、「私」という意識は一貫性を志向し生成を続けることが論及される。
　第3節では、本現場研究のフィールドである経営組織について生命論的に考察する。まず、組織は語られる「もの」の背景であり、局所的意味論とし

ての「私」の構成要素であることが論じられる。次にこれまでの組織論の系譜を概観し、その中で生命論的アプローチに親和的な組織シンボリズムに焦点を当てる。最後に、観測志向型理論に定位すると、組織は複数の「私」による共時的・通時的意味論として現象し生成することが論じられる。

第1節　生命論的動機づけ論

調査の「語り」

　第7章で我々は本現場研究における命題を明らかにした。ここでは、3人の生の現場の「語り」が再現前化され、分析された前章の論述を基に、この命題に対する考察を行う。また本節では、その考察を通して生命論的動機づけの方法論にも言及する。まず我々が掲げた命題を確認しておこう。それは次のとおり提示された。

　(1) 動機づけ研究において生命論的アプローチを採用すること(生命理論を現場へ適用するための道具概念である「語り」を現場で実践的に採用すること)は、研究者にとっては動機および動機づけ現象を発見＝構成するための調査・分析の概念と手法になり、同時に実務者にとっては動機づけマネジメントの概念と手法になることを意味する(研究者の視点では「語り」という言語行為は、インタビューとしての「語り」の中で動機および動機づけ現象を発見＝構成するための概念であり、そして分析の際に現象を再現前化させるための概念でもある。実務者の視点では「語り」という言語行為はマネジメント実務において語り手を動機づける概念と手法となる)。

　(2) 調査＝実務において生じる矛盾は、内部観測という視座に立つことで内部観測者の行為として「いま・ここ」において調停され一致・共立する。

　ここではまず、第1の命題について議論する。それは、1つの研究の方法論が調査・分析の概念と手法であると同時に、マネジメント実践の概念と手法になることを主張する。この命題は、前半部分と後半部分が同時に成立するところに意味がある。しかし、それについてはのちの項で論じる。ここではまず、「語り」という言語行為が動機および動機づけ現象を発見＝構成するための調査の概念と手法となることを議論する。

　まずは第1の命題の前半部分について論じる。前半部分の命題は次のとおりである。

　「動機づけ研究において生命論的アプローチを採用すること(生命理論を現

場へ適用するための道具概念である「語り」を現場で実践的に採用すること）は、研究者にとっては動機および動機づけ現象を発見＝構成するための調査・分析の概念と手法になる（研究者の視点では「語り」という言語行為は、インタビューとしての「語り」の中で動機および動機づけ現象を発見＝構成するための概念であり、そして分析の際に現象を再現前化させるための概念でもある）」

　動機概念そのものがこれまでの主流である有機論的アプローチと異なることはすでに述べたが、有機論的アプローチに属す諸研究がどのような調査手法を採用してきたか、確認しておくことは有意義であろう。本書で動機づけ研究の案内役を務めてもらった Deci（1975）は、学生を対象にパズルを解かせる実験を実施した[1]。パズルを解くと外的な報酬を与えるグループと与えないグループに分けて、内発的な動機づけを調査した。結果としては、金銭的報酬が内発的動機づけを下げるというものであった。こうした実験室での実験のほか、現場実験という手法もある。現場実験では工場などの職場や学校の教室など実際の社会生活の現場で実験が行なわれる。実験を調査手法とするのは、有機論的アプローチの中では過程説に属する研究に多く見られる。

　またアンケート調査によりデータを収集し、回答をコード化して、定量的に分析する手法も採用されている。この手法は動機づけ要因を特定するためには最も一般的な手法かもしれない。本書で概観した先行研究の多くが採用している。

　もう1つの代表的な手法としては、インタビュー法であろう。ここでこれは、アンケート調査の一環で実施される聞き取り調査というよりは、特定の情報提供者に対して実施されるデプス・インタビュー（場合によっては、グループ・インタビューも含む）が含意される。これらのインタビューは大量のサンプルを収集することが困難なため、主に質的研究で採用される手法であるが、量的研究を補完する手法としても用いられる。また質的研究では第7章で内部観測法との対比で論じた観察法も多用されている。

　さて、ここでの主題である「語り」という言語行為、あるいは調査時では「語り」インタビューと呼ばれる手法は、これまでのインタビュー法におけるデプス・インタビューの手法とほぼ同様の形式と考えてよいであろう。情報提供者から情報あるいは分析のためのデータを引き出すための手法としては同じ技法を用いることが可能である。この意味では、「語り」インタビューは調査手法としての特異性はさほどなく、質的研究の調査手法の1つとして

認められてよいであろう。その意味で調査手法となりうることは擁護されるであろう。

　しかしここで重要なことは、研究者にとっては動機および動機づけ現象を発見＝構成するための調査手法であるということである。これは第7章で論じたように「代補」としての論述とともに判断されなければならない。この点については、項を改め「語り」という言語行為は分析の概念と手法となるかという論点とともに論じることとしよう。

　その前に、調査概念としての「語り」はどうか。これは調査対象としての言語行為のジャンルの細分化と特定の問題である。人間の言語行為は、「語り」以外にも、概念の定式化の際に比較対象とした「話す」行為もあれば、公式・非公式の談話や会話、会議や打合せでのやり取り、弁論や答弁、あるいは歌う行為や叫ぶ行為もある。本書はその中で「語り」という言語行為を精緻化・定式化して現場調査における道具として採用した。この意味で、調査概念としての「語り」は、従来のデプス・インタビューの形式において、特に「語り」に主眼が置かれたインタビューとして区別することに貢献する。

分析の「語り」

　分析の概念としての「語り」は、第2部第6章で「語り」は生命理論における生成の3つの様相を理解するための3つの概念装置を現場へ適用するための道具概念として定式化された。それは時間概念に応じて、次の5つに分節された。現在に定位する「語り」は「語り合い（う）」と「語り合せ（す）」、過去に定位する「語り」は、「語り聞かせ（す）」と「語り直し（す）」、そして未来に定位する「語り」は「語り作り（る）」であった。また生命論的動機論において「動機」は「語り」に潜在することが論じられた。この理論的背景（仮説）のもと、これら分節された「語り」の概念を用いて、前章では現場調査時に記録された3つの生の現場の「語り」が分析された。これは同時に「語り」の概念が分析の手法であることも意味している。

　さてここで、前章で論述した「語り」概念による分析を精査してみることとする。すべてを再現するのではなく、いくつかの「語り」のみ採り上げる。分節された概念ごとに見ていくことにする。まず「語り合せ（す）」である。これは現在に定位した「語り」の様相であり、「語り」インタビューの中では最も頻繁に見出すことができる。この様相は対照をなす「語り合い（う）」の様相との対比のもとで論じると理解しやすいであろう。

しかし3人のそれぞれ5回のインタビューにおいて「語り合い」の様相と呼べるやり取りは殆ど見出されていない。少なくとも事例に挙げたものには見出せない。「語り合い」とは、「語り手＝聞き手（A）」と「語り手＝聞き手（B）」の両者が、語られる内容を互いに了解のもとで語る様相であり、両者の「語り」が矛盾せずに共鳴している様相である。会社という大きな筋書きのある物語の中で、上司による小さな物語としての指示や命令に、内面外面ともに矛盾せず従える際の「語り」がまさに「語り合い」である。また日常的に「いま・ここ」の根拠としての過去を積極的に受容している2人（あるいは複数）の語り手による過去を懐かしむ会話も「語り合い」である。この様相は一般的な用語としての「語り合い」と同義と考えてよい。
　まず、X氏の「語り」を見てみることにする。

(14.12)　(X)最近は、そういうふうに、前はちょっと、前のインタビューのときは、ちょっと引き込んでいたっていうか、前に出てこなかった感じだったんですけど、いまはただ自分のやりたい方向性がはっきりしてるんで、外部から言われても、いまは、ちょっと、これはできないです、ってはっきり言えるようになってきている。
(14.13)　(X)整理ができている。
(14.14)　(X)頭の中も前よりはクリアになって、仕事ができてる、っていう形ですね。
(14.15)　(W)それは、何が、きっかけだったんですか。
(14.16)　(X)あ、やっぱ、それはもう、仕事の整理がちゃんとできたから。
(14.17)　(W)仕事の整理をしようとしたきっかけみたいなものは。
(14.18)　(X)あ、やっぱり、ストレスの原因というものも追究していったから。
(14.19)　(W)追究していって。
(14.20)　(X)そんときまで、どっちかっていうと、人任せだった、のかもしれないですね。
(14.21)　(X)で、やっぱり、もうどうしょうもない。
(14.22)　(X)で、一緒にやってる会社からも、かなり急かされていたんで、じゃ、どうしたら、いいだろうと、どうしたらいいだろうと、いうので切り替えていって、じゃ、ちょっと試しに、そうしてみようか、な、と、やったら、それが、うまく、循環していった、はい。

前章でこのやり取りは「語り合せ」と分析された。X氏の発言に対する聞き手＝筆者（W）による（14.15）（14.17）（14.19）の投げかけは、語られる内容を事前に了解していて発せられたものではない。またX氏の応答もすべて事前に筋立てられて語られているわけではない。これは先に挙げた「語り合い」の様相とは異なる。前章で論じた解釈は繰り返さないが、「語り」という言語行為におけるこうした様相を本書では「語り合せ」と呼ぶ。

　次に過去に定位した「語り聞かせ」と「語り直し」の様相を見てみよう。これらはいずれも日常的に比較的容易に見出しうる。「語り聞かせ」は物語を読み聞かせる際のモードに近い。また「語り直し」はナラティヴ・セラピーにおいて体験することができる。「語り聞かせ」の様相も「語り」インタビューにおいてはさほど出現しなかった。強いて挙げるならば、Y氏の1回目のインタビューの冒頭での「語り」（21.01）〜（21.09）が「語り聞かせ」に近い様相を呈していた。これはY氏にとって耐え難い経験について積極的に触れたくなかったため、一見既に受容された過去物語のように語られた「語り」であると解釈された。それゆえ純粋な「語り聞かせ」のモードではない。しかし、他の「語り」の様相とも異なることは確かである。十分に整理されていなかった過去を「語り聞かせ」ようとして破綻した例として解釈された。

　「語り直し」の事例もY氏の「語り」から見てみよう。

（21.23）（Y）あとは、何か、まだね、整理がついてないんですね。

（22.13）（Y）ま、何でしょ、自分で整理ができてなかったかもしれないですね。

　（21.23）は、（21.01）〜（21.09）の「語り聞かせ」に近いモードで、コンパクトにまとめられた苦い経験についての「語り」が破綻したあと、「語り合せ」によって漸く発話されたものである。（22.13）は2回目のインタビューの際に発せられた。前者は十分に整理され受容できていると考えたかった経験が実は整理されていなかったのだと気づいた際のものである。後者は整理されていることを装った1回目のインタビュー時の自身の心理状態について「語り直した」発言であると解釈された。

　（21.01）〜（21.09）の「語り聞かせ」に近い様相の「語り」をここで再現は

しないが、この「語り聞かせ」のモードと、「語り直し」あるいは「語り合せ」と、それぞれが異なる様相を呈していることは明らかであろう。ここに一言で「語り」と括らずに分析する意義がある。

次に未来に定位した「語り」の様相である「語り作り」について論じる。これは「やってしまえる」未来への動機が見出されうる「語り」の様相でもあった。これについては、Z氏の「語り」から見てみよう。

(35.03)　(Z) だから、そんなかで、自分が必要とされるていうか、自分に何ができるのか、だったら、この悪い状況になったときに、自分のできることで、会社を立て直していける、っていう、そっちのほうのが、長い人生の中では、え、重要じゃないのかなっていうふうに、だから、ま、こういう苦しいなかで、ま、倒れちゃったら、どうしようもないですけども、そこまでは、ま、何とか、やれるところ、もう、これを、Ｖ字回復じゃないですけども、会社をね、劇的に、そういうふうなもので、え、変革していく、そういうチャンスが、逆に、できたんで、ま、面白い形で、やりたいなって、ま、周りとも、(…)協力してやっていきたいなっていうふうに、ま、あの、会社の、状況は最悪でも、えーと、薬品の事業に関しては、ま、明るい、感じの希望では、見えてるっていうか、(…)、そんなとこですね。

前章で、この「語り」はいくつかの「やってしまえる」未来への動機が見出せる「語り作り」であると解釈された。未来への動機は特に次の件で見出せる。

「この悪い状況になったときに、自分のできることで、会社を立て直していける」
「Ｖ字回復じゃないですけども、会社をね、劇的に、…、変革していく」
「そういうチャンスが、逆に、できた」
「面白い形で、やりたい」
「周りとも、(…)協力してやっていきたい」
「会社の、状況は最悪でも、…、薬品の事業に関しては、ま、明るい、感じの希望では、見えてる」

本書の主張では、これらのことばが発せられる際の計算実行環境としての

局所的意味論が「未来への動機」である。そして、こうした局所的意味論は「語り」という言語行為、つまり「語り手」「聞き手」そして（語られる）「もの」による二項関係＋媒介項の動的関係のもとで形成される。それゆえ動機は「語り」に潜在しているとされた。これらのことばが発話されたときに、内部観測者としての聞き手＝筆者（W）は、Z氏の「未来への動機」を発見＝構成した。そして前章では、聞き手＝筆者（W）は内部観測論的視座のもとで、その動機および動機づけ現象の再現前化を試みたのである。

　この「語り作り」という様相もまた「語り合せ」や「語り合い」、「語り聞かせ」、「語り直し」の様相とは異なる。このように「語り」という言語行為を分節することで、これらが分析の概念と同時に手法になるという主張はまずは擁護されるであろう。また内部観測論的視座のもと、これらの概念で分析し記述することにより、その論述は現場調査時に発見＝構成された現象の「代補」となりうると言える。ここまでの議論を踏まえ、次項で第1の命題の後半部分について論じる。

動機づけマネジメントの「語り」

　本節ではここまで、第7章で提示された2つの命題のうちの第1の命題の前半部分について論じてきた。次にここでは、第1の命題の後半部分について論じる。そしてその考察を通して、第1の命題の前半部分と後半部分が同時に成立することが論じられる。また同時に生命論的動機づけの方法論も明らかになるであろう。

　第1の命題の後半部分は次のとおりである。

　「動機づけ研究において生命論的アプローチを採用すること（生命理論を現場へ適用するための道具概念である「語り」を現場で実践的に採用すること）は、（…）、同時に実務者にとっては動機づけマネジメントの概念と手法になることを意味する（実務者の視点では「語り」という言語行為はマネジメント実務において語り手を動機づける概念と手法となる）」

　この命題は、生命理論における生成を理解するための3つの概念装置を現場へ適用するための道具概念としての「語り」が、まさに日常生活において生成を感得＝体現するための装置であることを含意する。どういうことか。「語り」は生成の3つの様相を理解するための3つの概念装置の代替概念であり、日常の現場へ適用するための道具概念である。それゆえ「語り」という言語行為を現場で意識的に用い、生成の3つの様相の代替的様相を出現さ

せることで、我々は日常的に生成を感得＝体現できるということである。そしてその実践的行為が本書でいう「語り」による動機づけマネジメントなのである。

とまれ、ここで次のことを喚起しておく。我々はこうした意識的な行為を行なわなければ生成を体現できないというのではない。そうではない。生命理論では、「生成する生命」そのものが時間であり、その限りで我々は常に「生成する生命」の一部であり、時間の体現者なのである。しかし問題は、日常我々は状態志向型理論に定位し、時間を空間化して把捉しているため、自らが体現している「生成する生命」としての時間を感得＝体得できていないということである。それゆえ、我々には郡司の提唱する生命理論が必要であり、またそれを日常的に生活の現場へ適用する代替概念である「語り」が重要となるのである。

さて、「語り」という言語行為が日常の現場で動機づけマネジメントの概念と手法になることについての議論へ戻ろう。前項では研究者の視点から、インタビューとして実施された「語り」という言語行為について論じた。ここでは、マネジメント実務者の視点に力点を置こう。前項では、前章で再現前化された「語り」と、それに対する分析の例を基に議論した。ここでも前章で論述された実際の「語り」を引用して論じることとする。

前項で紹介したX氏の「語り」(14.12)〜(14.22)では、聞き手＝筆者(W)が「それは、何が、きっかけだったんですか」(14.15)、「仕事の整理をしようとしたきっかけみたいなものは」(14.17)、「追究していって」(14.19)と、転換できたきっかけを執拗に追及した。その結果、X氏は自分が「人任せだった」(14.20)ことを認めた。そしてそれを転機に仕事が「うまく、循環していった」(14.22)様子が語られた。ここでの聞き手＝筆者(W)の発話内容と含意は、一般的なインタビュアーによるものと大差ないと言える。ここにはマネジメント実務者の視点も見出しうるが、研究者の視点が強調されてよいやり取りであろう。このやり取りは「語り合せ」として分析され、その結果意味論の共有化が図られた。

これとは対照的に、同じ「語り合せ」であるが、「語り合せ」が失敗した例を見てみよう。(14.23)〜(14.37)のやり取りである。X氏の新しい仕事が順調に動きはじめたという件に対して、聞き手＝筆者(W)が「それはよかったですね」(14.24)、「なかなか、いいじゃないですか」(14.26)と受け、新しい部署でX氏がうまくやっていけるよう励ましたあとの「語り」で、変化

が起きる。

(14.29) （X）ええ、いま、結構、会社の状況が厳しくて、周りの人は、あんまりいい顔しないんですけど、僕は、ま、何とか、自分ががんばれば、何とかできるのかな、みたいなぐらいで、他の人よりは、前向きかな、と、（笑い）思っています。
(14.30) （W）…
(14.31) （X）…、そういうような状況、ただ、やっぱり、会社の状況っていうのに対しての不安はすごく、ありますね。
(14.32) （X）あと組織がどうなっていくかっていうのも、やっぱり、わからないですし、（…）、今の仕事が続けられるのかっていったら、定かじゃない。
(14.33) （X）で、それで、なくなったとして、で、あそこから異動したとして、もしやれるんであれば、この新規事業、もしくは薬品事業へ、戻れるんであれば、そっちのほうが、どっちかあったら、いいけどな、っていう気はしてますけど。
(14.34) （W）なるほど。
(14.35) （X）ええ。
(14.36) （W）ま、だけども、そんなには後ろ向きにはなってない。
(14.37) （X）そうですね、いらなきゃ、いらない、って言われたら、言われたなりに、何かがんばりゃ（笑い）、まだ若いから、みたいなのも、どこかにあるっていうか。

　厳しい会社の経営状況と再度の部署の異動があるかもしれないことへの不安が語られ、そのいずれに対してもどうすることもできない中間管理職の動揺とお粗末な対応については前章で論じた。ここで、聞き手＝筆者（W）はX氏の「他の人よりは、前向き」（14.29）を受け、「だけども、そんなには後ろ向きにはなってない」（14.36）を発話した。しかしその「前向き」の含意は、語り手＝X氏と聞き手＝筆者（W）において共有化されていなかった。それゆえ、このやり取りを「語り合せ」の失敗と呼んでいる。しかしこの（14.36）を契機に、（14.37）が導かれた。（14.37）は、のちにX氏が行動に移した「転職」という「やってしまえる」未来への動機としての局所的意味論のもとでの発話であった。その際に聞き手＝筆者（W）は、予期したくなかった不測

の事態に直面することにより、X氏の未来への動機を発見＝構成したのである。

　ここで指摘しておきたいことは、聞き手＝筆者（W）はこのやり取りの間はマネジメント実務者の視点で対応しているということである。そして研究者の視点でなかったことで却って本書が探索する主要概念をマネジメント現場で現象として発見＝構成することができたのである。結果として元上司である聞き手＝筆者（W）の意図していない方向へ向かっていくことになったが、X氏はその思いを伝えることはできたのである。

　さらにこの事例から見出されることがある。内部観測者は利那利那の局所的意味論のもと観測している。それゆえ日常の生活は意図したとおりにはいかない事象の連続である。ここで生成を理解するための3つの概念装置の1つである原生計算の特徴のうちの1つを想起してみよう。それは「ほどほどの万能性とほどほどの効率性」である。「語り合せ」は原生計算の現場適用への代替概念であった。さすれば、「語り合せ」もこの特徴を包含している言語行為であることになる。それゆえ、（14.12）～（14.22）のように意味論の共有化に成功する場合もあれば、（14.23）～（14.37）のように失敗する場合もあるのである。しかしここの事例では、失敗したことで却って、「語り」は未来へ生成していったのである。

　（14.23）～（14.37）のやり取りだけでなく、X氏は元上司によるこのインタビューを、ビジネスマンとしてのキャリアを真摯に考えるよい機会と捉えていた。このことは、前章第1節最終項で採り上げた「語り」の中で、「ちょくちょく自分の振り返りや、ほんとに自分でこういうこと習得したんだなって、再確認できて、ほんとにこういうのはいい機会だなと」（15.28）、「定期的にいい機会もらったな、とは思います」（15.29）と明言している。同様のことは、前章で事例として採り上げなかったが、Y氏からもZ氏からも聞かされている。この意味で、調査と分析の概念と手法である「語り」という言語行為を現場調査に導入することは、調査者がマネジメント実務者である限り、動機づけマネジメントの行為として現象してしまうということが言えるであろう。

　Y氏の事例も見ておこう。Y氏の（21.01）～（21.09）の「語り」が破綻したことは既に述べた。その破綻の契機となったのは、「いえ、私も知らないという前提でお話いただいて、構わないんですけど、え、あの、ま、私知ってたっていったって、私の記憶で、ね」（21.12）という聞き手＝筆者（W）の応

答であった。Y氏の既に克服されたかのように語られた過去物語に対して応答に困った聞き手＝筆者(W)の発話であった。「その間の、話は、Wさんもよくご存知なんで、ま、あまり…」(21.11)と、Y氏はさらにそれ以上は話したくない旨を暗に示していたにもかかわらず、聞き手＝筆者(W)は嚙み合わない応答(21.12)を投げかけたのである。

　前章でも述べたが、ここではマネジメント実務者というよりは研究者として、聞き手＝筆者(W)自身、その短い「語り」に困惑していたのである。しかし結果として、Y氏は辛い経験の「語り直し」へのきっかけを掴むこととなるのである。5回のインタビューを通じて、Y氏はそれまでの自身の経歴を振り返り、会社の再建のために尽力することは、「やってきたことの、集大成」(23.05)であると理解するようになっていった。Y氏の「語り」では「語り直し」の事例が目立ったが、これは既に述べたようにナラティヴ・セラピー等で有効性が示されていることであり、経営現場では日常的に実践されるべき動機づけの一種として捉えることができるものである。

　Z氏の「語り」は饒舌で、他の2人の事例に比べ、聞き手＝筆者(W)の発話は少ない。少なくとも前章の論述に採用した「語り」の中では相対的に多くないであろう。それは「聞き手」としての役割を十分に果たしていないということであろうか。否、逆である。「語り」という言語行為の基本構造を想起するまでもなく、この言語行為は「語り手」と「聞き手」、そして（語られる）「もの」があって成立する。それゆえ「語り手」の「語り」は必然的に「聞き手」の存在を前提としている。Z氏がハイテンションを維持し、饒舌に語ったのは、まさに聞き手＝筆者(W)が現前していたからなのである。

　Z氏の「語り」には、比較的多くの「やってしまえる」未来への動機が発見＝構成された。これも聞き手＝筆者(W)を現前に語られた「語り」であったがために顕在化したのであろう。ここで「語り」が生成を理解するための概念装置の代替概念である観点から論じよう。

　「やってしまえる」未来への動機が発見＝構成される際の「語り」は「語り作り」と呼ばれた。これは未来を体験する概念装置としての原生実験の代替概念である。生命理論における「未来」は、日常のルーチンの中で生成している通常の時間概念としての未来ではない。それゆえ代替概念としての「語り」という言語行為において我々が「未来」を体験するためには、「語り作り」という様相が必要であった。Z氏の「語り」において、聞き手＝筆者

(W) は比較的頻繁に「未来」を体験することができた。そして、この一連の「語り」の様相を、やる気の様相と呼ぶことができるのである。

　しかし我々は日常のルーチン的な生活のもとでも通常の時間概念のもとで生成を体験している。そしてそれは未来へ向かっているように感じられる。この日常のルーチンにおける未来感覚を本書では「押し出される」未来と名づけた。ここには内部観測者の局所的意味論としての未来への動機は存在しない。内部観測者による「やってしまえる」という意味論は存在しないのである。未来への動機としての局所的意味論ではない計算実行環境のもと、「いま・ここ」では淡々と時間は通常の時間概念としての未来へと押し出されているのである。

　生成は生命を含意する。その意味で、生成しないことは「死」を意味する。それゆえ、「やってしまえる」未来への動機としての局所的意味論を形成しえなくても、死んでいない限り日常的には時間＝生命は生成している。絶えず時間は未来へと押し出されている。そして「押し出された」未来は、次の刹那「いま・ここ」として現前する。これは、「やってしまえる」未来が「やってしまっている」現在、そして「やってしまった」過去へと「いま・ここ」において移行していくのと同様である。

　「押し出される」未来と「やってしまえる」未来の違いは、前者が日常のルーチンの中で生成されているものであるに対し、後者は「語り作り」の様相において内部観測者によって発見＝構成されるものである。そしてその際の局所的意味論が「やってしまえる」未来への動機なのである。

　Z氏は「語り」インタビューを契機に、日常的に体験するよりも多くの「やってしまえる」未来を体験したということであろう。厳密には聞き手＝筆者（W）によって発見＝構成されたのである。それを本書は前章で再現前化を試みた。この論述が生の現場で発見＝構成された現象の代補となりうる限り、「やってしまえる」未来への動機を体験できる「語り作り」という様相を形成する「語り」という言語行為は、生命論的にはまさに動機づけの手法であるといえるであろう。その限りで、第1の命題は成立する。

　しかし現場研究の概念と手法がそのままマネジメント実践の概念と手法になるという第1の命題の含意は、観測志向型理論に定位する議論によってより鮮明に描像される。次節では、そのことを踏まえて、第2の命題について議論することとする。

第2節 生命論的「私」論

内部観測者としての「私」

　この節では、第7章で提示した第2の命題について考察する。しかしその考察に終始するのではなく、それを1つの契機として議論を生命論的「私」論と呼べる領野へ踏み入ることを目指す。Ricoeurが『時間と物語』の最後の考察において、物語的自己同一性という概念を手に入れたように、本書でも自己の概念に接近してみることにする。しかしここでは、生命論的自己論とはせずに生命論的「私」論として議論する。この括弧つきの「私」には、一人称としての私、セルフとしての自己、そして全体に対する個という含意が込められている。

　内部観測者同士の「語り」においては、相互に他者でしかない語り手＝聞き手としての「私（A）」と語り手＝聞き手としての「私（B）」が協働して、それぞれの局所的意味論＝意識を絶えず生成している。生命理論では、「いま・ここ」において実行される計算をその都度、認識する主体が「私」とされた。計算のたびに「私」が出現し計算を認識する。その局所的意味論が「私」なのである。それゆえ、「いま・ここ」における「私」の意識なのである。計算のたびに、ある「私」が選択され、顕現する。時間空間を通して一貫した認識主体は存在しない。「私」の一貫性が計算されることにより、その一貫性が認識されるだけなのである。「いま・ここ」において、計算が実行され、それを認識する。その際に選択されるのが「私」であり、「私」はその都度の局所的意味論に偏在しているのである。

　さて、第2の命題についての考察へ移ろう。命題は次のとおりである。

（2）調査＝実務において生じる矛盾は、内部観測という視座に立つことで内部観測者の行為として「いま・ここ」において調停され一致・共立する。

　ここでも、前章で論述された生の現場の「語り」を基に議論を進めよう。まずは新たな事例を引用するよりも、前節で採り上げた「語り」を考察するほうが理解を容易にするであろう。第2の命題の主語である「調査＝実務において生じる矛盾」は、前節では一顧だにされずに議論は進んだ。状態志向型理論では観察者の視点は、一貫性を保持することが要求される。しかし内部観測では観測過程は観測対象と分離できず、しかも局所的意味論における認識主体でさえ一貫性を主張できないのである。

　前節第3項で、まずX氏の「語り」を2つ採り上げた。1つ目は「語り合せ

が成功した事例で、2つ目は失敗した事例であった。このときの聞き手＝筆者（W）の視点に注目する。前者では研究者の視点に重点が置かれ、後者では実務者の視点で応答していた。またY氏の事例では、研究者の視点に留まっていたにもかかわらず、動機づけの実務的な効果が見出された。Z氏の「語り」では、もはや研究者の視点は背後に追いやられ、実務者としてZ氏の「やってしまえる」未来への動機の生成に寄与していた。

　こうした現象は一定の観察視座が要求される研究では致命的な欠陥として指摘されるであろう。それは現象を説明することを志向する状態志向型理論に定位した研究では至上の要請である。図と地が簡単に反転してしまうような観測視座では、客観的な記述は不可能である。しかし観測志向型理論に定位した内部観測の視座では、図と地はいともたやすく逆転してしまう。日常我々はそうした現象の中を物ともせずに生きているのである。ただそれに気づかないだけなのである。

　さらに観測志向型理論に定位した内部観測の視座のもとでは、現象の説明・記述が求められるのではなく、現象の発見＝構成が要請される。つまり、起源問題を議論しうるのが観測志向型理論に定位した研究なのである。それゆえ「語り」インタビューの際、聞き手＝筆者（W）は視点の変転を物ともせずに「語り」の共創者となっていた（「騙り」の場合は共犯者とするほうが当を得ている）。

　動機や「語り」概念を発見＝構成する際には研究者の視点が、語り手たちを動機づける聞き手となる際には実務者の視点が、それぞれの計算実行環境におけるその都度の計算を認識する主体としての「私」なのである。内部観測者の観測過程は、郡司（2002, 2003, 2006a）によって、「赤ん坊の視点」による不完全な探索に喩えられた。そこには潜在性が含意される。予め想定できる可能性ではない。それゆえ、内部観測の視座のもとでは、観測行為と観測対象が入れ替わること、まさに図と地が反転することさえも頓着せずに計算は実行されていくのである。ここには弱い全体性の概念も含意されている。不定さから新たな現象を発見＝構成する内部観測者の観測過程は学習過程でもあった。つまり、それは常に一段メタなレベルへの成長・生成を意味しているのである。ここまでの議論で、第2の命題は大方擁護されるであろうが、項を改め、さらに議論を展開することにしよう。

「語り」に偏在する「私」

　ここでは、前章で論述された生の現場の「語り」から具体的な事例を引用して論じていこう。本書の主張では、郡司の生命理論における生成を理解するための3つの概念装置を日常で適用する際の代替概念が「語り」であった。原生計算において計算実行環境である局所的意味論は計算を実行し、かつ認識する。その都度の計算の認識主体が局所的意味論としての「私」である。さすれば、原生計算の代替概念である「語り」という言語行為においても同様に局所的意味論としての「私」が見出しうるはずである。前項で論じた事例とは別の「語り」を採り上げることとしよう。次に引用するのはX氏の「語り」の最後の部分である。

(15.25)　(W)(…)他に、何か？
(15.26)　(X)これで、こういうインタビューも最後になるんですかね。
(15.27)　(W)うん、もしかしたら、最後に。
(15.28)　(X)ええ、また別の機会が、あれば、また、呼んでいただいても、あの、近くに住んでますんで、それは、構わないんですけど、ほんと、5回の中で、ちょくちょく自分の振り返りや、ほんとに自分でこういうこと習得したんだなって、再確認できて、ほんとにこういうのはいい機会だなとは、ええ、1回、そういった振り返りをすると、変な方向に走らずに、自分を見れるっていうふうに、思えますね。
(15.29)　(X)その先も、ああ、じゃ、こういうふうにしていこうかなって、いうのは、ちゃんと、情報交換できるようなことをしてて、すごく、定期的にいい機会もらったな、とは思いますね。
(15.30)　(W)いや、ありがとうございます。

　人間は様々なことを同時に行ないながら生きている。原生計算においては、様々なことが同時に計算され、かつ認識されている。そして、ふと1つの表象に集中したとき、ある「私」が選択され、顕現する。
　聞き手＝筆者(W)が、「他に、何か？」(15.25)と発話したとき、研究者としてこのインタビューをそろそろ終了させようと思った「私」がいた。しかし、次のX氏の「これで、こういうインタビューも最後になるんですかね」(15.26)という発話により、聞き手＝筆者(W)が中間休止を経験することは

前章で論じた。「中間休止はそれ自体が現在完了と呼ばれるべき作用である。こうして中間休止は、現在を生きていた私という過去と、解体された私の回帰する未来を創り出す」[2]のであった。この瞬間、聞き手＝筆者(W)の意味論において、研究者としての「私」が解体され、元上司としての「私」に回帰したのである。

　次に聞き手＝筆者(W)は、「うん、もしかしたら、最後に」(15.27)と応答する。ここで選択された「私」は、研究者として実施している調査を終了させる元上司としての会社員である。X氏にとって、この「最後」ということばが中間休止をもたらしたことは既に述べた。インタビューをいつまで行うかは明確には告げていなかった。このインタビューの翌月には退職してしまうが、「薬品事業をやってたら、転職活動ていうのは正直してなかった」(15.17)、「やっぱ、心残りあるかなっていう、最後までいたかったなっていう」(15.18)想いがあるX氏にとって、これで最後ということは、インタビューのみでなく、人間関係にまで波及しかねないことであった。

　それゆえ、X氏は「ええ、また別の機会が、あれば、また、呼んでいただいても、(…)」(15.28)と「語り」を続けた。このやり取りを前章では「語り作り」と分析した。ここで、聞き手＝筆者(W)は、X氏の「やってしまえる」未来への動機を発見＝構成したのである。転職後もこうした「語り」を生成しているX氏自身の姿を見ているであろうX氏の局所的意味論を、このインタビュー時の「いま・ここ」において、聞き手＝筆者(W)は発見＝構成したということである。

　このあと、聞き手＝筆者(W)は、「いや、ありがとうございます」(15.30)とインタビューを終了する。このお礼のことばは通常インタビューの最後に発せられるものとは意味論が異なっている。この刹那の聞き手＝筆者(W)の「私」は、聞き手＝筆者(W)自身の「やってしまえる」未来を計算し、かつ認識している認識主体であり、局所的意味論としての「未来への動機」そのものであった。研究者としての「私」が解体され、回帰した元上司としての「私」は未来へ開かれており、元上司に留まることなく、現象として未来を創り続けるのである。「やってしまえる」未来への動機としての「私」は、動機づけ現象を研究している研究者でもなく、語り手の元上司でもない、未来に現象として創り出されるX氏との「語り」を共創する「私」として顕現していたのである。

　ここで喚起しておきたいことは、「語り」インタビューの聞き手となるこ

とで、語り手を動機づけていたはずの聞き手＝筆者(W)自身が動機づけられているということである。「語り」という言語行為は、「語り手」と、「聞き手」、そして（語られる）「もの」からなる二項関係＋媒介項という構造を持っていることは何度も論じている。また、この「語り手」は同時に「聞き手」であり、「語り手＝聞き手(A)」と「語り手＝聞き手(B)」と書き換えられることも既に述べた。この意味で、「語り」インタビューにおいて、語り手と聞き手＝筆者(W)が互いに「語り手」と「聞き手」を入れ替えていたことは容易に想定できる。これがまさに生成を理解するための概念装置の代替概念である「語り」の特性そのものである。そして、聞き手＝筆者(W)は、語り手とともに生成を感得＝体現していたのである。

　他の事例も見てみることとしよう。Y氏の2回目のインタビューから引用しよう。その冒頭部分である。

(22.01)　(Y)ま、こないだ(前回)、え、組合関係っていうのと、え、その後の話と、ま、たぶん経理に移ってからは、まだちょっとまだよくわからないような話だったと思うんですが、ま、1つ、あの、その間に起きた、ま、偶然なんですけれども、ま、元同僚の話なんですけれども、会社を辞めて、他に転職した人に会ったんですが、まあ、どの方も例外なく、生き生きとされている。
　　　　　(…)
(22.02)　(Y)現実に、そういうふうにこう、自立していくということで、自分たち、こう、やっていけるという、1つの事例として、ま、事実そうなんだなというふうな、気がしましたね。
(22.03)　(Y)じゃ、だからといって、それを、1つの手段としては1つ出るというふうなことだろうし、で、ま、それは別に、あの、会社の中で、自分が自立してやっていこうという意志のもとにおいては、別にどちらもそんなに、大きく変わる話じゃない、という認識で、私自身は、いま、いるんですけど。

　前章の分析で、退職した元組合仲間や元同僚との接触により、「辞めたいけど辞められない」から「辞められるけど辞めない」への書き換えが可能になったと解釈された「語り」である。Y氏と聞き手＝筆者(W)は、Y氏が執行委員長、聞き手＝筆者(W)が書記長という関係で、「自立」をキーワード

に組合活動を推進していたことは既に述べた。それゆえ、Y氏の「語り」には「自立」ということばが頻繁に出現する。

　会社を辞めることがイコール「自立」ではないが、会社を辞められることも「自立」の一種であることは確かであろう。そこで、Y氏は会社を辞めることも残ることも、どちらも「1つの手段」(22.03)であると位置づけ、「会社の中で、自分が自立してやっていこうという意志のもとにおいては、別にどちらもそんなに、大きく変わる話じゃない」(22.03)と語る。このY氏の「語り」は、会社に残って「自立」してやっていく選択をした自身を「語り作ろう」としていたと解釈された。

　このやり取りには聞き手＝筆者(W)の発言は現れていないが、Y氏の「語り」は明らかに聞き手＝筆者(W)へ向けられていた。聞き手＝筆者(W)が現前することが「語り」へと動機づけていたのである。このとき勿論、Y氏の「やってしまえる」未来への動機が聞き手＝筆者(W)によって発見＝構成されていた。Y氏の局所的意味論において、会社に残って自立して生きていくことが「やってしまえる」未来として認識されていたはずである。しかし動機の発見＝構成が本節での主題ではない。ここでの主題は、この「語り」の際の聞き手＝筆者(W)の局所的意味論としての「私」である。

　ここでの聞き手＝筆者(W)の「私」は、研究者であろうか。否。それでは、元組合幹部＝書記長としての「私」であろうか。いや、それも違うであろう。既に前章の論述を内部観測論的視座のもとで記述した際の意味論が存在する。それは記述に痕跡を残している。結論を述べると、このY氏の「語り」の中で、「やってしまえる」未来への動機としての局所的意味論を形成し認識したのは、Y氏の「私」だけではなく、聞き手＝筆者(W)の「私」も同様なのである。

　Y氏の意識に、会社に残って自立して生きていくことが「やってしまえる」未来として表象されたとき、その表象は聞き手＝筆者(W)にも感染していた[3]。つまり、前章で内部観測論的視座のもとで再現前化された聞き手＝筆者(W)の意味論は、「辞めたいけど辞められない」から「辞められるけど辞めない」へ書き換えられた中高年サラリーマンとしての「私」だったのである。このことは、Y氏の「語り」でも、先のX氏の「語り」のときと同様、語り手を動機づけていたはずの聞き手＝筆者(W)自身が同時に動機づけられていたことを意味する。

　生命理論では、「いま・ここ」において、計算のたびに「私」が出現し計

算を認識する。その際の局所的意味論が「私」であり、「私」の意識であった。それゆえ、「私」は、時間空間を通して一貫した認識主体としては存在しない。本書で「語り」は、郡司の生命理論における生成の3つの様相を理解するための3つの概念装置を日常で適用する際の代替概念であった。原生計算においてその都度出現する「私」は、日常的には「語り」において、その都度顕現しているはずである。その意味で、計算実行環境である局所的意味論としての「私」は「語り」という言語行為に潜在しており、かつその都度の「語り」に偏在して顕現するのである。

次に項を改め、世界内における他者性の問題も含意した議論へ進もう。

生成する個としての「私」

ここまでの議論で、「私」という意識はその都度の「語り」に偏在し、その都度の計算の認識主体として選択され、顕現することは理解できたはずである。郡司 (2003) によると、「意識もまた、偏在するわたしが『わたし』を認識するのであって、統一した全体＝一者としてのわたしは実在しない」[4]のであり、時間空間を通して一貫性のある「私」が感じられるのは、その一貫性が計算されることによってのみ、それが認識されるからであった[5]。

この意味では、物語的自己同一性との対比で表現すると、「語り」による自己同一性と呼びうるものは、物語と「語り」の特性からも明らかなように、物語的自己同一性に比べ遥かに不定さと危うさに曝されているといえる。「語り」において発見＝構成される「私」は次の刹那、別の「私」に置き換わっている。表象を計算し、その計算を認識する局所的意味論としての「私」は、絶えず生成される。しかしその生成は、換言すれば、成長・進化とも呼べるであろう。内部観測者にとって、観測過程は学習過程でもあり、不定さから新たな現象を発見＝構成することは、一段メタなレベルへ生成することを意味していた。

統一した全体＝一者としては実在しないが、「いま・ここ」において絶えず「私」という記号のもとで生成する意識は、何を拠り所に「私」の一貫性を計算し、かつ認識しようとするのであろうか。本書では、それを他者性に求めようと考える[6]。

「語り」という言語行為は、他者性の理解にも役立つ。「語り」は社会的行為とも表現できる。「語り」に偏在する「私」が顕現するのは、社会的行為の結果である。「私」は社会性と分離しては措定できない。世界内で「私」

は単独に屹立することはできない。「私」は社会的行為において、「私」の前に現前する他者に対峙して存立する意味論として発見＝構成される。「私」という意識にとって、社会性と他者性は欠かせない概念なのである。

　社会的行為としての「語り」における他者性は、個的他者である「語り手」または「聞き手」、そして複数他者である（語られる）「もの」として現れる[7]。勿論、「語り手」や「聞き手」が複数他者として、（語られる）「もの」が個的他者として現象することもあるが、ここでは議論を複雑にせずに論じることとする。

　ある「語り」において、「語り手＝聞き手(A)」がある局所的意味論としての「私(A)」を顕現させるためには、他者（「私」以外の者）として現前する「語り手＝聞き手(B)」の存在が前提となる。その「語り」の「いま・ここ」において、「語り」が成立するためには、一方の「語り手＝聞き手」が他方に対し他者として存立している必要があるのである。これは双方にとって該当する。「語り手＝聞き手(B)」において、ある「私(B)」が選択され、顕現するためには、「語り手＝聞き手(A)」の他者性が欠かせない。以上の議論を踏まえると、次のように言えるであろう。「私」という意識は、相互他者性のもとで成立する、と。

　ここまでは個的他者における他者性について論じた。次に実際の生の現場の「語り」を用いて、複数他者の他者性について議論しよう。採り上げる事例は、Y氏に対する3回目のインタビューである。ある程度、やるべきことを見出し、結果を感じ取りはじめている頃であった。(23.08)は、今後やっていくべきことをさらに具体的に述べてもらおうと意図した発話であった。

(23.08)　(W)いま、じゃ、何をしていったらいい、というふうに感じてますか。
(23.09)　(Y)うん、それは会社としてってことですか、個人としてってことですか。
(23.10)　(W)ま、そうですね、個人として、ですかね、うん、ま、あの、会社としてでも、いいですよ。
(23.11)　(Y)うん、…、難しい質問だな、…、うーん、…、個人として、重要な、そう、しなければいけないことっていうのは、ちょっと、それが何だかわからないんですけども、ま、まともな社会人になること、うんうん、それを意識すること、うん、…、それは、ま、以前

から、ずっと、そういう、自分で、あの、疑問は投げかけてはいて、じゃ、そのためには、何が必要なのかっていうふうなことを、常々考えてるんですけど、うん、…、その質問には、パス。(笑い)

(23.12) (…)(まともな社会人についてのやり取り)

(23.13) (W)いまので、その、まともというのが少し分かってきましたよ。(笑い)

(23.14) (Y)(笑い)いまの説明で。(笑い)

(23.15) (W)あの、人間って、何ていうんですかね、いま見えているだけじゃない、何かなんだ、ていう、ま、漠然とした想いが、あの、結構あるじゃないですか。

(23.16) (W)それが、1つの、あの、まともという、キーワードのもとで、いまは、まだ自分も、その、理想的な状態に達していない、だけど、いつかは、その、理想的な、まともというか、そういう状態に達したい、というような、そういうようなことなのかなと、ま、私なりに感じました。

(23.17) (Y)何か、漠然としてしまって、それに対して、その、何ていうか、あの、解説をしてもらって、すごく申し訳ないなとは、思っているんですけども、ま、まさにそんなような感じかもしれませんね。

(23.18) (Y)うん、あの、ちょっと、こう、もしかすると、それは永遠に見つからないかもしれませんし、…、うん、確かに、…、何かそう思いません？(笑い)

　前章で既に論じているが、ここでの語られる「もの」としての主題は、「まともな社会人」である。Y氏は、「以前から、ずっと、そういう、自分で、あの、疑問は投げかけてはいて、じゃ、その(まともな社会人になる)ためには、何が必要なのかっていうふうなことを、常々考えてる」(23.11)という。この発話時の「いま・ここ」におけるY氏の局所的意味論は、明らかに「まともな社会人」になっていない「私」であろう。ここで、Y氏の「まともな社会人」になっていない「私」が選択され、顕現するために、聞き手＝筆者(W)の他者性は発話の方向性にとって必要であるが、「私」という意識の成立条件としては大きくは寄与していない。ここでは、語られる「もの」としての「まともな社会人」が保持する他者性が、「まともな社会人」になっていない「私」を顕現させているといえるのである。

言及するまでもないが、この「まともな社会人」の他者性とは、特定の個的他者における他者性ではない。これは、不特定の複数者における他者性である。そしてこの潜在的な特定されざる複数他者との相互他者性のもとで、この「語り」の「いま・ここ」において、「私」を顕現したのはY氏だけではない。聞き手＝筆者(W)が(23.15)と(23.16)を語る際の計算実行環境である局所的意味論において、Y氏同様「まともな社会人」に達していない「私」が計算され、認識されているのである。

聞き手＝筆者(W)によって、「まともな社会人」に達していない「私」は、「いま見えているだけじゃない、何かなんだ」(23.15)という想いを抱き、「いまは、まだ自分も、その、理想的な状態に達していない、だけど、いつかは、その、理想的な、まともというか、そういう状態に達したい」(23.16)と願う認識主体として描像された。

これを受けてのY氏の「語り」(23.17)(23.18)には、一貫性を計算し認識しつつ生成してしまう「私」を見出すことができる。勿論この「私」は、先にY氏の計算実行環境として聞き手＝筆者(W)によって発見＝構成された「まともな社会人」になっていない「私」と同じ「私」ではない。新しい意味論における認識主体としての「私」である。この「私」は次のように表現することができる。「永遠に見つからない」(23.18)かもしれないものを希求する「私」、と。

この事例の「語り」におけるやり取りにおいて、Y氏の生成は顕著であった。この「語り」のはじめの頃、Y氏にとって、「まともな社会人」は、常々考えているけれども説明できない断絶した他者として屹立していた。原生計算における計算実行環境が定まらず、「難しい質問だな」「その質問には、パス」(以上、23.11)と、計算を放棄している。これは原生計算の特徴の1つである「ほどほどの万能性とほどほどの効率性」が発揮された例でもある。必ず答えは出るとの万能性を基にあれこれ思考してみるが、直ぐには答えは出ないと気づいた瞬間、思考を停止し話題を切り替えようとした。これは完全な万能性も最高の効率性も示していない。いずれにおいても中途半端である。まさに「ほどほどの万能性とほどほどの効率性」である。

この件の中でもY氏の意味論は生成した。まず万能性が発揮されていたうちは、「以前から、ずっと、そういう、自分で、あの、疑問は投げかけてはいて、じゃ、その(まともな社会人になる)ためには、何が必要なのかっていうふうなことを、常々考えてる」(23.11)、まだ「まともな社会人」になっ

ていない「私」が計算された。しかし、計算が放棄されると、常々考えているけれども説明できない断絶した他者としての「まともな社会人」に対して、常々考えているけれども説明できない「私」が顕現していたのである。ところが、このあと聞き手＝筆者（W）とのやり取りを経て、Y氏にはさらに新たな意味論が形成される。それが「永遠に見つからない」（23.18）かもしれないものを希求する「私」である。

　聞き手＝筆者（W）の「語り」を含めて、「まともな社会人」という概念は具体的な描像を以っては表象されていない。それは不特定の何かと表現しうる。この「私」とは違う何か。決して「私」に内面化しえない何か。これがここでの複数他者の他者性である。この他者性に対峙することによって、「私」という意識は、一貫性を志向しつつ生成を続けるのである。対峙する他者に対して、その他者にとっては「私」も他者である、その他者性を駆動させ続けることによって、「私」という意識は一貫した「私」であろうとするのである。

　Y氏の「私」の生成の例で見たように、内部観測者の意味論は「いま・ここ」において絶えず生成する。そしてその観測過程が学習過程である限り、その生成は成長、あるいは進化とも表現しうる。詳細には説明しなかったが、この「語り」において局所的意味論としての「私」が生成したのはY氏だけではない。聞き手＝筆者（W）の意味論も生成していたことは、これまでの議論から明らかであろう。日常的な表現を用いれば、この「語り」を通して両者ともに成長したということができる。さらに進化したとも言えるであろう。

　西山（2003）は『方法としての生命体科学』の中で次のように述べている。「進化が起きている場は特別な場でなくて、生命体が日常生活をしている場である。そこで配偶者を見つけて子どもを作り、成長を見届けて死んでいく。これが限りなくくり返されてきて、生命体は存続しつづけてきた。私たちがいまここにいるのも、生命体が限りなく日常生活をくり返してきている流れのひとこまである」[8]と。

　本節は、第7章で提示された第2の命題に関する考察から出発した。冒頭でも述べたように、そこに留まることなく、生命論的「私」論と呼びうる議論を展開した。ここまでの議論から、第2の命題の主張がより強固に擁護されたことであろう。次節では、これまでの議論を踏まえたうえで、現場調査の舞台である経営組織について論じることとする。

第 3 節　生命論的組織論

背景としての組織

　本現場研究は経営組織における動機づけに関する研究である。そのため、これまで経営組織は背景として存在していたが、それほど自らを前面に押し出してくることはなかった。本節では以降、ただ組織と表記するが、この組織という概念は確かに表舞台に躍り出ることはなかったが、これまでの議論において既にその存在感は十分に誇示されていたであろう。見方を変えると、時折、図と地が反転し、組織が図として炙り出されていたとも言えなくもない。

　「私」という意識が社会性と切り離せないように、日常の生活世界において我々は社会生活を営んでいる。そして、その多くは組織との関わりにおいて行なわれる。それゆえ、組織論は絶えることがない。本書もその領域に一歩踏み込むわけである。しかし本書はこれまで論じてきたように、生命論的アプローチを採用している。畢竟、従来の組織論とは様相を異にすることになる。しかし大上段に構えての議論は行わない。ここでの議論は、あくまでも本書第 3 部最終章の考察の一部として企図されている。これまで本書で議論してきたことを基底に、観測志向型理論に定位して組織を語ると、それはどのように描像されるのか、考察の締め括りとして提示することとする。

　ここでも第 8 章で紹介した生の現場の「語り」を基に論じよう。X 氏と Z 氏は 1 回目のインタビューが実施された時点では、4 月以降の異動は決定していた。しかしまだその時点では、聞き手＝筆者（W）と同じ部署で、それまで一緒に事業を推進してきた同僚同士であった。5 回目のインタビューはそれから約 1 年後に行なわれた。まず X 氏の「語り」から見てみることにしよう。

（15.02）　(X)(…)(1 年を振り返って、特に多くの時間携わった新規事業についての話)

（15.03）　(X)(事業プランの)タイミングとしては、タイムリーに、できたかなっていうふうには思いますね。

（15.04）　(X)ま、そんなかでは、1 つ、自分の、自信にはなったかな、というのはありますね。

（15.05）　(X)で、いま、そういう経験は、させてもらってるんですけど、今

度は、6月から、会社が、かわってしまいますんで、とりあえず、そんとき…
(15.06) (W)会社がかわる？
(15.07) (X)あの、転職。
(15.08) (W)あ、あ、はい。
(15.09) (X)ていうことになりまして、ま、その、新しい会社に、行ってからも、そういった、企画することですとか、ま、広報的な、対外的に、どういうふうに、PRしていこうか、ていうのは、仕事の中で、使っていけるスキルかなって思ってますね。
(15.10) (X)それは、無駄にならないだろうな、と。(…)
(15.11) (X)薬品事業部や、営業企画部で、いろんなことをやらしてもらったのが、今回、こうやって転職、できるような、ものに繋がってるのかな、というのは非常に、感じて、ま、恩を仇で返すような、形になっちゃうのかもしれないんですけど、自分にとっては、非常に、よく働いたなって、思ってます。

　既に述べているように、X氏は最後のインタビューから約1ヵ月後にA社を退職した。Z氏は前部署の業務に継続して関わることができたが、X氏は全く別の部署へ異動となった。それだけが転職の理由ではないが、経営状況が悪化した際の経営判断による部署の解体が、X氏とZ氏の人生に大きな影響を与えた。多くの個々人は組織に属してなければ生きていけない。それゆえ、個々人は組織との関係において翻弄されながら生きていくしかない。X氏は生き残っていくために、A社という組織とは決別して、別の組織の中へ自身を投企していったのである。
　「薬品事業部や、営業企画部で、いろんなことをやらしてもらったのが、今回、こうやって転職、できるような、ものに繋がってるのかな、というのは非常に、感じて、ま、恩を仇で返すような、形になっちゃうのかもしれないんですけど、自分にとっては、非常に、よく働いたなって、思ってます」(15.11)という「語り」からは、個人と組織の関係性が読み取れる。
　「薬品事業部や、営業企画部で、いろんなことをやらしてもらったのが、今回、こうやって転職、できるような、ものに繋がってるのかな、というのは非常に、感じて」(15.11)という件は、個人は組織の中で生きており、成長することを示唆している。そしてこの場合の成長は、巣立ちをも含意する。

巣立つことができるようになったことを、X 氏は「恩を仇で返すような、形」(15.11) と表現し、ドラスティックに転職していくイメージのある欧米系のビジネスパーソンとは異なる、日本的経営システムに影響を受けた日本のサラリーマンの一面を垣間見せる。しかし次の刹那、もはや自身が生きていくことができなくなった組織から立ち去り、別の組織へと移ることを明確に意識すると、そこでは「自分にとっては、非常に、よく働いたなっ」(15.11) というように「自分」という主体が炙り出されるのである。

　X 氏の「語り」に限らず、Y 氏も Z 氏の場合も同様であるが、語られる「もの」としての主題は、基本は一貫して自分自身であった。最大の関心事はやはり自分自身なのであろう。しかしそこで語られる苦悩や想いは実はこの事例で見るように、組織との関係においてのものであった。組織は語られる「もの」の背景として「語り」に組み込まれている。また組織は、語る「動機」、つまり苦悩している「私」、あるいは熱い想いを抱いている「私」という局所的意味論を形成する構成要素でもある。この背景や構成要素には、郡司のいう「マテリアル」、「ものかたり」における「もの」が含意されている。

　X 氏と Z 氏が協働していた小さな組織(薬品事業部)を解体した母体としての大きな組織(A 社)について、Z 氏が同じく約 1 年後のインタビューでどのように語っているかも見てみよう。

(35.01) (Z) 会社が潰される状態になるかもしんないですけども、でも、え、自分の中では、1 年前よりかも、いまのほうのが、いいと思います。

(35.02) (Z) で、結局、こういうふうな、状況のときに、ま、1 つ、出て行っちゃうというふうなものも、選択肢の、1 つなのかもしれないですけども、ま、あの、器を選んで、どんどん移っていく、ていうふうなのだと、結局、その器が悪くなっていったら、自分もまたそれに合わせて、動いていかなければいけないっていうふうな、繰り返しになると思うんですね。

(35.03) (Z) だから、そこんなかで、自分が必要とされるていうか、自分に何ができるのか、だったら、この悪い状況になったときに、自分のできることで、会社を建て直していける、っていう、そっちのほうのが、長い人生の中では、え、重要じゃないのかなっていうふうに、だから、ま、こういう苦しいなかで、ま、倒れちゃったら、ど

うしようもないですけども、そこまでは、ま、何とか、やれるところ、もう、これを、V字回復じゃないですけども、会社をね、劇的に、そういうふうなもので、え、変革していく、そういうチャンスが、逆に、できたんで、ま、面白い形で、やりたいなって、ま、周りとも、(…)協力してやっていきたいなっていうふうに、ま、あの、会社の、状況は最悪でも、えーと、薬品の事業に関しては、ま、明るい、感じの希望では、見えてるっていうか、(…)、そんなとこですね。

　先に触れたように、解体された前部署の業務を引き続き担当することができたＺ氏は、1年前には「会社っていうふうなものは、ま、こういうふうな人事異動で、人を動かしてくってなかで、(…)仕事っていうふうなものを、ほんとに、考えてくれているのかなっていうふうなものを、ま、すごく、考えさせられ」(32.03)た、と語っていたが、「会社が潰される状態」(35.01)になっても、自身が所属していた小さな組織を解体した大きな組織に留まった。Ｘ氏とＺ氏の立場が逆であれば、互いに逆さまの決意に至ったのだろうか。しかし、ここでそうした議論は重要ではない。そうではなく、Ｚ氏の「語り」からも組織との関係性の中で苦悩し生きている個人の姿が浮き彫りにされている点がここでの主題である。
　Ｚ氏の場合、消極的に会社に留まったのではない。寧ろ積極的に会社に関わろうとしている。「自分が必要とされるていうか、自分に何ができるのか、だったら、この悪い状況になったときに、自分のできることで、会社を建て直していける、っていう、そっちのほうのが、長い人生の中では、え、重要じゃないのか」(35.03)という件は、潰される状態となった「会社を建て直していける」(35.03)「私」という意味論のもとで語られている。ここでも組織は、「語り」の背景として遍在しており、語る「私」という意味論を形成する構成要素として顕現している。
　以上、組織は生の現場の「語り」において「語り」の背景として遍在していたことを論じたが、それは「語り」という言語行為において、「語り手」が自分自身について語るとき、「語り手」が所属し生きている組織における自分自身について語っている限りは、背景として現象せざるをえないということであろう。しかしこれでは、本節の主題である生命論的アプローチにおける組織の描像としてはまだ十分ではない。次に項を改め、従来の組織論を

簡単に概観したうえで、生命論的議論へ繋げることとしよう。

組織とは何か

　組織論は本書の第1の目的ではないため、本書のキーワードのような詳細な議論は行わない。ただ前項で論じたように、組織は「語り」の背景として、まさに図に対する地のように存在し、時折異なった顔を顕現する。そこでは、小さい組織を解体する大きな組織として、あるいは建て直される組織として登場した。本項では、「語り」という言語行為において、このように顕現した組織は、これまでの研究ではどのように把捉されていたのであろうか。

　組織シンボリズムという比較的新しい組織研究の潮流がある[9]。組織をシンボリック・システムとして捉える研究である。これについては、のちに論じるが、生命論的組織論と親和的な議論である。ここでまず、組織論の系譜を確認しておこう。本書で動機づけ研究のアプローチが機械論から有機論、そして物語論を触媒にして生命論へと展開していったのと類似の様相を、組織論においても我々は経験することになる。

　坂下昭宣（2002）は『組織シンボリズム論』の中で、組織シンボリズムを組織論の第3世代として位置づけ、「第1世代の組織論は、一般システム理論の中のごく単純なシステムをメタファーにした組織論を展開した。それは精密機械をメタファーにした組織論であり、古典的管理論や官僚制組織論がこれに相当し」[10]、第2世代の組織論は「有機体をメタファーにした組織論であり、人間関係論や近代組織論やコンティンジェンシー理論がこれに相当している」[11]と述べている。

　第1世代の組織論は組織を機械的なシステムとして捉えて議論する。代表的な理論としては、Weberの官僚制組織論であろう。Weber自身により精密機械に喩えられた官僚制組織とは、時計のように予め最適に設計された構造を持ち、規則が体系化され、階層的職務権限が明確にされ、規則的、反復的に統制された組織のことである[12]。この第1世代の組織論は動機づけ研究における機械論的アプローチと同様の観点に立った議論であり、状態志向型理論に定位していることは言うまでもないであろう。

　古典的管理論に属す点では、公式組織論も第1世代と呼ぶことができよう[13]。公式組織は、Chester Barnard（1938(1968)）により次のように定義された。公式組織とは「二人以上の人々の意識的に調整された活動や諸力の一体

系」[14]である、と。また「組織は、(1)相互に意思を伝達できる人々がおり、(2)それらの人々は行為を貢献しようとする意欲をもって、(3)共通目的の達成をめざすときに、成立する」[15]とされた。Barnardの議論はWeberの官僚制組織論ほどには機械論的ではないようである。

一方、第2世代の組織論は有機体をメタファーにしていることからも、動機づけ研究における有機論的アプローチと同類の議論であることは明らかであろう。ここでは、組織内の人間行動に関心が持たれ、人間関係論以降の行動科学的研究に基礎を置き、多くは心理学的見地から組織問題が議論される[16]。第2世代も第1世代同様、状態志向型理論に定位している点では同じである。

では、第3世代の組織論とされた組織シンボリズムはどのような組織論か。坂下（2002）は、組織シンボリズムの主要な研究対象として、「シンボリズム」と「組織文化」を挙げている。彼によると、「シンボリズムとは、人間が意味をシンボルとして表現し、象徴する行為であ」り、「意味が付与された行為、発話、制作物である」[17]。またシンボリズムは一般に組織内で他者の間で相互主観的に行なわれるものであるという。

高橋正泰（1998）は、組織シンボリズムの研究における視点として、人間のシンボリックな側面に強い関心を示すことを挙げている。その視点から、「組織は目的を達成するための機能的存在ではなく、むしろ共有されたシンボルと意味のシステムとして理解される。シンボルは意味のある関係のなかで連結されており、それはある状況下で人々の活動がどんな関係にあり、意味をもつかを示している。ここにおいては、個人が自分の行動をいかに理解し、解釈するか、そしてこれらの行動がいかに関連するかについて組織の分析を集中する。（…）つまり、組織は、意味、信念を生み出し、伝説、神話、そして物語を養成し、儀式、儀礼、セレモニーによって運営されると考えられている」[18]。

坂下と高橋の主張からわかることは、我々は既に組織シンボリズムの研究を概観してきているということである。我々は第3章第2節において、組織研究におけるナラティヴ・アプローチについて議論した。その際、先行研究として比較的新しい欧米の論文を5つの主題に分類してレビューした。まさにこれらの諸研究が、第3世代の組織論と呼ばれる組織シンボリズムに属す研究であろう。それゆえ本項の冒頭で、組織シンボリズムは、生命論的組織論と親和的であると述べたのである。

しかし物語論的アプローチ（ナラティヴ・アプローチ）は、生命論的アプローチと異なるアプローチであることは既に十分に論じた。では、前者の諸研究を包摂する組織シンボリズムと生命論的組織論との関係はどうであろうか。

高橋（1998）によると、「組織シンボリズムにおける人間観は、人間の生成メカニズム（generative mechanisms）すなわち観察可能な行動を生み出すメカニズムに注目し、人間は言語、学習、意味の形成、シンボルの処理等を行うものとして扱われる」[19]。ここから解釈すると、組織シンボリズムの視座は、これまでのどの研究アプローチよりも、生命論的アプローチの視座に近いものと言えそうである。しかし定位しているのは、やはり状態志向型理論であることは明らかであろう。その視点は、内部観測者のそれではなく、外部観測者のものである。

しかし、組織シンボリズムは新しい方法論に基づいた組織論であり、まだまだ発展途上にある。将来的には、郡司（2004）の提唱する観測志向型理論に定位した議論に展開していかないとも限らない。それを少し先取りした形で、本書では次項で、生命論的組織論の緒論に位置づけられうる議論を展開しよう。

組織の意味論

組織シンボリズムでは、組織はシンボリック・システムとして把捉されていた。その意味で、「二人以上の人々の意識的に調整された活動や諸力の一体系」[20]であるとする公式組織論よりは、生命論的アプローチに近づいていると言える。しかしまたそのシンボリック・システムとしての「組織は、意味、信念を生み出し、伝説、神話、そして物語を養成し、儀式、儀礼、セレモニーによって運営されると考えられている」[21]とされた。いずれも時間を空間化して理解し、状態を確定できるとする状態志向型理論に定位していることは既に述べた。我々は日常、状態志向型理論に定位した思考に慣れている。それゆえ、観測志向型理論に定位した議論は困難を極める。

しかし我々はこれまで動機および動機づけ現象、そして「私」という現象まで、再現前化してきた。組織に関しても既に、語られる「もの」の背景として「語り」に遍在しているものとして描像された。しかしそれではまだ生命論的組織像としては十分ではないと思われた。なぜか。それは組織が「語り」の主題、つまり語られる「もの」になっていないからである。

「語り」は観測過程の代替概念であった。それは生命理論を現場へ適用するための道具概念であった。それならば、「語り」は組織をも主題にすることは可能であろう。組織を観測対象とする内部観測者の観測過程が、組織を主題とする「語り」である。ここで内部観測においては観測行為と観測対象が分離できないことを思い起こそう。内部観測者が観測する観測対象としての組織は、内部観測者の観測行為と分離できない。すなわち、観測志向型理論に定位すると、組織は内部観測者の行為として現象しているものとして把捉されることになる。組織は内部観測者の「いま・ここ」において、行為として現象し絶えず生成しているものなのである。

　ここで、代替概念である「語り」に置き換えて整理すると、組織は「語り」の「いま・ここ」において、語られる「もの」であることになる。しかしこれでは、「語り」の主題である、ということの言い換えの域を出ない。もう少し「語り」概念を分節して議論しよう。「語り」の「いま・ここ」において、現在に定位すると、「語り」は「語り合い」と「語り合せ」に分節された。ここで、組織は2つの様相を手に入れることができる。同じく過去に定位すると、「語り」は「語り聞かせ」と「語り直し」に分節され、未来に定位すると、「語り作り」に導かれる。これで、組織も5つの様相のもと生成するものととして描くことができる。そしてこの意味で、組織も動機や動機づけ現象、あるいは「私」と同様に、「語り」の流れの中に顕現する。つまり、内部観測者の局所的意味論によって認識され、発見＝構成されるのである。それは内部観測者の行為として現象し生成している組織が「いま・ここ」の意味論において発見＝構成されるということである。

　本書の「語り」インタビューは個人を対象としたインタビューであったため、「語り手」自身が主題の多くを占めた。通常、個人的な「語り」の場合、自分自身が語られる「もの」となるであろうから、このことは特段採り上げることでもない。そうではなく、果たして日常の「語り」において組織が主題として語られることはあるのか、ということである。それは日常の生活や活動の中で常に見出せる。日常的に行われる会議や打合せ、あるいは命令などにおける「語り」様式の言語行為において、組織は主題として発見＝構成されている。日常我々は状態志向型理論に定位しているため、それに気づかないだけである。空間化した時間の中で、組織をシステムや集団、あるいは協働の体系として把捉しているため、「語り」に遍在し、時には主題として顕在化する組織という捉え方をしていないだけなのである。

ここで、第8章で論じた実際の生の現場の「語り」の中から、組織が主題として顕現している事例を採り上げることとしよう。観測志向型理論に定位して、組織を把捉する際、ここでも「私」の一貫性の拠り所として現前していた他者性の概念が重要となる。このことはのちに論じる。さて、事例であるが、比較的組織に関しての言及が多かったZ氏の「語り」から引用しよう。

(32.07)　(Z)ま、1つ、(新しい)組織の中で、浮かないようにっていうようなところで、は、すごく意識しながらやってたのかなって感じもしますね。
(32.08)　(Z)ま、人が、ま、その組織、自分が移ったところはどんな人がいるのかな、ていうところを、ま、よく、見ていた期間だったのかなって、感じはしますね。
(32.09)　(W)もっとお話いただければ。
(32.10)　(Z)はいはい、え、ま、前いた部署の仕事というふうなものに対して、今度行ったところは抵抗感が強い部署だったので、ま、仕事を受け入れないというのと併せて、ま、それと一緒に異動してきた人間も、ま、受け入れない部分のところでの、その壁にはぶつかったっていうふうなのは、ま、ありました。
(32.11)　(W)たとえば？
(32.12)　(Z)え、ま、そうですね、ま、異動で籍を移していながらも、え、ま、その中の仲間として認めてもらえてないっていうんですかね。

　Z氏が新しい部署に異動してから1ヶ月ちょっとが経過した際の「語り」である。「(Z氏が)前いた部署の仕事というふうなものに対して、今度行ったところは抵抗感が強い部署だったので、ま、仕事を受け入れない」(32.10)という複数の他者に直面している日常を語り、Z氏は「仲間として認めてもらえてない」(32.12)「私」を発見＝構成した。この「語り」からは、Z氏の新しい部署は日常、「(Z氏が)前いた部署の仕事は受け入れない」、またその関係者も「仲間として認めない」という「語り聞かせ」の様相のもとで、仲間同士で「語り合っている」様相が浮かび上がる。この事例では、「語り」の概念からいくつかの組織の特性が読み取れる。
　まず、1つの(または複数の)共通の「語り聞かせ」様式の「語り(→物語)」が受容されていることである。「語り聞かせ」は物語の様式と同じであ

るため、それこそ高橋(1998)による「組織は、意味、信念を生み出し、伝説、神話、そして物語を養成し、儀式、儀礼、セレモニーによって運営される」[22]という様相に近い。しかし生命論的組織論では、何かによって運営される実体としての組織という概念は議論しない。あくまでも「いま・ここ」における現象として生成する組織を表象する。物語は過去に閉じた言語様式である。その意味で、物語様式において語られる組織は、語り手と聞き手の了解のもと、始まり・中間・終わりを持つものとして描像される。また物語は組織における制度・規則の代弁者として現象する。その意味で多くの組織人は物語世界の中を生きているとさえ言える。

　次に、ある「語り聞かせ」の様相のもとで、「語り合う」「語り手＝聞き手」が複数存在することが挙げられる。ここで「語り手＝聞き手」は状態が確定された空間内での個体を含意しない。この「語り手＝聞き手」は「いま・ここ」における内部観測者のことである。つまり、ここでは、複数の内部観測者がそれぞれの「いま・ここ」において、ある「語り聞かせ」様式の「語り(→物語)」を受容しているということである。ここには、ある組織の伝説や成功譚、あるいは英雄物語を、「私」を語るための背景、あるいは「私」という局所的意味論を形成する構成要素として受容しつつも、相互に他者でしかない複数の「私」が存立する。つまり、ここで組織は、相互他者性のもとで生成する複数の「私」が、それぞれの意味論の一部を共有して形成しているものとして現象している。換言すると、組織は、異なる複数の「私」という意識がそれぞれの意味論を形成するために、複数の内部観測者の観測過程(＝「語り」)で、共通のあるものとして発見＝構成されるものなのである。

　この事例では、さらに違った組織像も示唆されている。「語り合せ」の様相も読み取れるのである。しかし、この様相については、「語り直し」の様相とともに、次の事例の中から読み取ることとしよう。

(34.05)　(Z)相当、(会社の状況が)オープンになって来た、だから、普通は、そこで、もう少し、もっと、あの、ね、また、あの、いい方向に、逆に、行くんじゃ、ないかっていう部分で、みんな、がんばっていくのかなって、思ったんですけども、みんな、自分たち、その順番が、回ってくるっていう感じが、(笑い)全然感じ取れていない、っていうか。

(34.06)　(W)あ、感じ取れてない？

(34.07)　(Z)あ、はい、だから、まだまだ、やっぱり、上の人たち、が、いなくなってくれたら、もっと、自由にっていう部分は、少しは、そういう自覚、持つようなところは、

(34.08)　(W)自分たちに回ってくるんじゃないかっていうことはどういうことですか。

(34.09)　(Z)えーと、結局は、ま、代がある程度替わってもらえたらっていう部分は、少しは持ってると思うんですよ、みんな、ま、いまの人たちに代わって、自分たちの時代。

(34.10)　(W)世代交代。

(34.11)　(Z)世代交代っていう意味ですね。

　前の事例が大きな組織内の一部署についてであったのに対して、ここではA社全体が主題として語られる。前の事例に限らず、組織は「語り聞かせ」の様相で「語り合い」が続くと、固定化が進行する。生命は現象として生成し続けなければ、それは「死」を意味する。生成する個としての「私」だけでなく、複数の「私」により共通のものとして認識され、かつ複数の「私」の共通の背景であり構成要素でもある組織も当然、絶えず現象として生成していなければならない。もはや生成しない「私」という個や組織は、個別の記述として記され、時折他の内部観測者の「私」を生成するための他者として表象される純粋過去として存在するしかないのである。

　さて、この事例で見出されるのは、Z氏によるA社の「語り直し」の試みである。「いまの人たちに代わって、自分たちの時代」(34.09)という件は、「いまの人たち(先輩世代)」の物語を、自分たちの物語に書き換えることが含意されている。そして、この(34.05)〜(34.11)のやり取りは、Z氏と聞き手＝筆者(W)による「語り合せ」である。この「語り合せ」は、この両者が受容させられてきた組織の「語り(→物語)」の「語り直し」の契機となったのである。

　ここからわかることは、生成する組織は、「語り聞かせ」様式の「語り(→物語)」を、新しい「語り手」に次々に受容させていくだけでなく、その組織の「語り(→物語)」を「私」の背景とし、かつ「私」の構成要素としている「語り手」によって「語り直される」現象でもあるということである。次に、組織の「語り」における「語り作り」の様相も見ておこう。

(35.27) （Z）逆に、ピンチのようなときこそ、ほんと、これは、チャンスだなって、ここで、絶対、逃げたら、もう、その先のものなんていうふうなものは、絶対ないですし、ま、はっきり言って、いままでの10年間なんてものは、会社にね、食わしてきてもらったようなもんだと思うんですよ。

(35.28) （Z）こっからが、ま、会社を食わしてくっていう、ね、自分が、食わしてくっていう、そういうふうな、規模にもなっていくと思うんで、（…）そのところで、うん、邁進していくっていうか、それが、自分の役目なのかなっていうふうな、もの、を、なくすんじゃないっていうか。

　A社の経営再建施策が少しずつ明らかになった頃の「語り」である。前の事例での「世代交代」がある程度実現しそうな状況のもとでの「語り」である。この「語り」は、「語り直し」から「語り作り」へ移行している。「いままでの10年間なんてものは、会社にね、食わしてきてもらったようなもんだと思うんです」(35.27)という件は、時に辛苦の源泉でしかなかった会社のイメージを「語り直した」ものである。

　(35.28)の「語り」からは、「こっからが、ま、会社を食わしてく」(35.28)という「やってしまえる」未来への動機とともに、「自分が、食わしてくっていう、そういうふうな、規模にもなっていく」(35.28)という新しい会社像が「語り作られている」のが読み取れる。前の事例の「世代交代」とともに、この「語り」から解釈できることは、組織は現象として生成するために、絶えず新しい「語り手」によって「語り直され」、そして「語り作られ」なければならないということである。

　以上の3つの事例から炙り出された生命論的組織像を整理する。まず組織とは、「いま・ここ」における相互他者性のもとで、異なる複数の「私」によって、共通の意味論として形成されるものであり、同時に共通の意味論を形成する構成要素でもある。これは一般的な時間概念で表現すると、共時的意味論と呼べる。次に組織とは、異なる複数の「私」の「語り合い」によって「語り聞かせ」の様相のもとで既存の意味論が擁護され、「語り合せ」によって「語り直し」あるいは「語り作り」の様相のもとで新たな意味論が形成され続ける現象である。これは一般的な時間概念で表現すると、通時的意味論と呼べるであろう。

「語り聞かせ」の様相での意味論は、組織における物語的同一性と呼べるもので、これなくして、異なる複数の「私」が意味論の共有化を図ることは困難であろう。しかしまたこれだけでは過去物語の共有化としてしか機能しない。物語が過去に閉じた言語様式であるなら、「語り」は未来に開けた言語様式と言える。この未来に開けた言語様式とともに、組織は、生きているものとして存続するために、「語り直し」あるいは「語り作り」の様相のもとで新たな意味論の形成が必要なのである。また、その「語り」という言語行為において、現象として生成する組織の意味論が発見＝構成されるのである。この意味論は共時性と通時性を包含しているが、いずれにおいても内部観測者としての複数の「私」が緩やかに接合している。それは決して全体として同一化もせず、一部の局所的意味論のみが接合している。その意味で、組織は緩やかな意味論の束とも呼ぶこともできるであろう。

ここで、局所的意味論が緩やかに接合して意味論の束を形成する組織の描像に対して、ネットワーク型組織像が表象されるかもしれない。一般的には、あるノードが他のノードとリンクし、ネット状の関係を構築していくシステムがネットワークであろう。西山（1995）は、生物が環境に適応するために生み出した４つのネットワーク戦略を論じている。神経系、免疫系、内分泌系、血管系である。ネットワークといっても一様のモデルでは括れない。しかし生命論的組織像はいずれのネットワーク・モデルが提示するイメージとも異なる。ネットワークは世界の仕組みを読み解く新しい枠組みであるというAlbert-Laszlo Barabasi（2002）の主張を待つまでもなく、複雑化の進む現代世界において重要な概念であることは明らかであろう。しかしネットワーク概念では生命論的組織像は把捉できない。寧ろ、生命論的「私」像のほうがネットワーク的枠組みで理解できる。

局所的意味論としての「私」は、その都度の計算実行環境においてノードとして現象し、次の意味論としての「私」にリンクする。いくつかの「私」は膨大なリンクを持つハブ[23]として顕現し、その「私」も生成とともに変容し、また新たな意味論を形成するというように、「私」の意識は、「意味論のネットワーキング」として描像できる[24]。

それに対して、組織はどうか。緩やかに接合する意味論の束としての組織は、ネットワークのノードとしてではなく、ノードとしての複数の「私」が共時的に収束し、意味論の一部が重複し共有されるイメージで把捉される。その意味では、Yrjö Engeström（2003）が提唱する概念を援用して、

「私」の意識との対比で表現すると、組織は「意味論のノットワーキング (Knotworking)[25]」と呼ぶことができそうである。Engeström によると、ノットワーキングとは、専門職業人による協働作業の新しい様態を示す概念である。ここでノットとは、緩やかな接合点しか持たない専門家やその集団が状況に応じて協働し、あるいは必要に応じて部分的に参加することで即興的に形成される共同作業を含意する。

　本書では、この概念を単純に受容しているわけではない。この概念の含意を敷衍して、観測志向型理論に定位した議論に適用している。内部観測者としての複数の「私」が共時的に意味論を形成する様相が、Engeström のいうノットの概念に類似しているため、ここではノットワーキングを広義に解釈して用いることにした。

　生命論的に解釈すると、「語り合せ」によって、複数の「私」のもとで共時的に共通の意味論が形成されるのが組織である。またその意味論が複数の「私」によって通時的に安定的に把持されるのもまた組織である。いずれしにしろ、本書の主張は、組織はネットワークのノードやネットワーク・システムそのものと把捉されるものではなく、「意味論のネットワーキング」といえる複数の「私」が共同で形成するノットワーキング状の意味論の束と把捉できるというものである。

　もう1つ、生命論的組織像の描像として、Boje (2001) の提唱する"Antenarrative"の4つ目の特徴である「タマラ」を挙げることとしよう。内部観測者の視点からは、決して全体を把握することができない。内部観測者はその都度その都度の局面で意味論を形成する。同一の局面に直面してもそれを受容する内部観測者によって、意味論も異なる。その意味で、共時的に共通の意味論として形成される「意味論のノットワーキング」としての組織は、その都度その都度の部分的な接合束として把捉してよいであろう。まさに「タマラ」のように、別の局面では全く異なる様相を呈し、かつ新たな意味論が形成される。それは、舞台の数だけでなく、関与する内部観測者の数によっても、その複雑さを増すことになるであろう。

　本章では、ここまで本書第3部現場研究の考察として、「語り」における動機および動機づけ現象、局所的意味論としての「私」、そして複数の「私」によって共時的・通時的に形成され生成し続ける意味論としての組織について論じてきた。これらはすべて、観測志向型理論に定位した議論である。従来の科学方法論としての状態志向型理論とは異なる観測志向型理論に定位す

ると、経営組織における現象がどのように表象されるか、論じてきた。郡司(2004)によると、「生命と機械とは、逆説めくが程度問題である」[26]。その意味で、生命と機械、観測志向型理論と状態志向型理論は相互補完的な関係にあると言える。

　状態志向型理論では把捉しきれない現象を語るために観測志向型理論で補完する。本書の論考はそれを実践した1つの試みなのである。

注

1　この実験については、Deci(1975)(安藤・石田訳、1980年)のほかに、Deci, Edward L. & Flaste, Richard (1995) *Why We Do What We Do*, G.P. Putman's Sons, New York (桜井茂男監訳『人を伸ばす力』新曜社、1999年)、21-38頁で詳細に論じられている。

2　郡司(2002)、153頁

3　Sperber(1996)は、「表象の疫学」と題して次のように述べている。「人間の個体群にそれよりはるかに多数のウィルスの個体群が宿っていると言いうるように、人間の個体群には、はるかに多数の心的表象の個体群が宿っていると言うことができる。これらの表象のほとんどは、一つの個体(個人)の中にだけ見出される。しかしながら、なかには他の個体に感染する(get communicated)〔原語には「伝達される」の意味もある〕表象がある。つまり、まず伝達者〔communicator 感染させる者〕によって公共的表象に変換され、しかる後、受け手によって、ふたたび心的表象に変換される表象がある。感染する表象のうちごくわずかな比率の表象は感染を繰り返す。感染〔communication コミュニケーション〕(あるいは、他の場合には模倣)によって、ある表象は人間の個体群になかに蔓延し、この個体群のあらゆるメンバーに、何世代もの間、そのまま宿りつづける、という結果を招くかもしれない。このように広くはびこり長続きする表象が、文化的表象の典型的事例である」(Sperber, Dan (1996) *Explaining Culture: a Naturalistic Approach*, Blackwell Publishers Limited, Oxford, England (菅野盾樹訳『表象は感染する』新曜社、2001年)、45頁)。

4　郡司(2003)、285頁

5　Currie(1998)も *Postmodern Narrative Theory* の中で、アイデンティティは人に内在しないという議論を行っている(Currie, Mark (1998) *Postmodern Narrative Theory*, Palgrave を参照)。

6　他者性に関しては、郡司(2002)、30-34頁の議論も参照。

7　柄谷行人(2004)は、『トランスクリティーク　—カントとマルクス—』の中で、カントの物自体に他者性を見出す議論を行なっている(柄谷行人(2004)『定本　柄谷行人集　第3巻　トランスクリティーク　—カントとマルクス—』岩波書店、

378　第 3 部　動機の詩学

　　　第 1 部　カントを参照）。
8　西山賢一（2003）『方法としての生命体科学』批評社、216 頁
9　組織シンボリズムに関しては、高橋正泰（1998）『組織シンボリズム』同文舘出版および坂下昭宣（2002）『組織シンボリズム論』白桃書房を参照。
10　坂下（2002）、3 頁
11　同上、4 頁
12　同上、24 頁を参照。
13　高橋（1998）は、Burrell & Morgan による組織研究の 3 つの分類を紹介している。1 つ目は、「公式組織の理論」を含む古典学派の経営管理論であり、2 つ目は、ヴェーバーによる官僚制組織論であり、3 つ目は、人間関係論以降のアプローチである（高橋（1998）、45 頁を参照）。
14　Barnard, Chester I.（1938（1968））*The Functions of the Executive*, Harvard University Press（山本安次郎、田杉競、飯野春樹訳『新訳　経営者の役割』ダイヤモンド社、1968 年）、84 頁
15　Ibid.（邦訳）、85 頁
16　高橋（1998）、45 頁を参照。
17　坂下のシンボリズムの定義は、坂下（2002）、4 頁。
18　高橋（1998）、56–57 頁
19　同上、87 頁
20　Barnard（1938（1968））（山本、田杉、飯野訳、1968 年）、84 頁
21　高橋（1998）、57 頁
22　同上、57 頁
23　「ハブ」については、Barabasi, Albert-Laszlo（2002）*Linked: The New Science of Networks*, 2002（青木薫訳『新ネットワーク思考──世界のしくみを読み解く』日本放送出版会、2002 年）を参照。
24　今井・金子（1988）も自己をネットワークとして理解する議論を行っている。「自己、はそれが持つすべての関係の重なりとして定義されている。それは、自己というものは完成された形でアプリオリに存在するのではなく、自分の持つ関係のうち一つでも変われば自分の形もスーと変わってしまうようなオープンエンディッドで、流動的で、基本的な不安定性を内包したものであるという、一言でいえば自己は関係の中でしか認識されないという、われわれのいうネットワークの基本原則を表現したものだ」（今井賢一・金子郁容（1988）『ネットワーク組織論』岩波書店、182–183 頁）。
25　ノットワーキングについては、Engeström, Yrjö（2003）The New Generation of Expertise: ThesesBased on Activity Theory（東京大学特別講義）を参照。
26　郡司（2004）、13 頁

むすび(第3部)

　第3部は本書の第3の研究として位置づけられ、その主眼は現場研究であった。その狙いは、本書の主題が読者の意味論において再現前化されることであった。第1部の文献研究により探索された先行研究を背景に第2部で生命理論を基底に定式化された現場研究のための理論的枠組みと概念装置を実際の現場へ適用した成果が第3部で論述された。第3部は一部を補完すれば、それだけで独立した一個の研究となるよう構想された一種の実験的試みであった。そしてこの研究は、「語り」という言語行為が現場研究＝動機づけマネジメントの方法論となることを論証することを意図していた。

　まず、第1部から主張し続けてきた生命論的アプローチが伝統的なアプローチとの対比のもと第2部の理論的議論を論拠に定式化された。また観測志向型理論に欠かせない内部観測という視点が現場研究の視座となりうることを、Derrida (1967a, 1967b) の提唱する「代補」の概念を採り入れて論じた。「代補」の概念によって現場調査時に発見＝構成された現象の再現前化の可能性が担保されたのである。

　現場調査には本書で「語り」インタビューと呼ばれたデプス・インタビューの一手法が採用された。調査の対象は筆者が日常的に職場で接する機会の多い30代の3名の会社員であった。それぞれ1年間に亘り5回ずつインタビューが実施された。それによって記録された「語り」の極一部が論述において再現された。本書が一貫して掲げている生の現場の「語り」がその様相を露わにしたはずだ。組織の中で個々人がいかに翻弄されながら生きているか。特に経営状況が悪化した企業において、辛苦・絶望と背中合わせに生きている個々人の叫びが描像されたであろう。ここで再現された「語り」は明らかに物語様式とは異なる。まさに Boje (2001) が主唱する "Antenarrative" である。

　しかし本書の主旨は、生の現場の「語り」を生命論的に読み取ることである。また再現された「語り」に潜在する「動機」を再現前化することに主眼が置かれた。長いインタビューから切り取り出された「語り」ごとに、分節された「語り」の概念を基に分析が行われた。その結果、一括りに

"Antenarrative"として済ますことのできない「語り」の様相が炙り出された。それが「語り合せ」や「語り作り」と名づけられた様相であった。そして、「語り」という言語行為の分節された諸概念を用いることで、生の現場の「語り」は現場調査時に発見＝構成された現象として再現前化されたことであろう。また「語り」に潜在する「動機」もまた発見＝構成されたことであろう。

そして現場研究の命題(1)「語り」という言語行為が現場研究＝動機づけマネジメントの方法論となる、(2)調査＝実務において生じる矛盾は内部観測者によって調停され一致・共立する、を論証するための議論が行われた。そこでは第3部のタイトルである「動機の詩学」が日常的・実践的方法論であるために必要な3つの構成要素を中心に論述された。それは、行為としての動機づけ、主体としての「私」、そして舞台としての組織であった。3つの主題がそれぞれ実際の生の現場の「語り」を素材として生命論的に考察された。

第1の命題の論証では、まず「語り」の概念と手法が現場研究の調査・分析の概念と手法になることが議論された。次にそれが同時に動機づけマネジメントの概念と手法になることが論じられた。この議論の際、局所的意味論としての動機だけでなく、動機づけ現象も再現前化された。しかも動機づける側のはずであった聞き手＝筆者(W)もまた共同で創り上げていた「語り」によって動機づけられていたことが発見＝構成された。これが生命論的「動機の詩学」における行為の役割を担うとされた。

次に生命論的「私」論と呼びうる議論が展開された。内部観測者としての「私」とは何か。そこでは、「私」は「いま・ここ」において相互他者性のもとで認識される主体としての局所的意味論であり、他者性に対峙することによってのみ「私」の一貫性が志向され、生成し続けることが発見＝構成された。

そして、生の現場の「語り」を生命論的に考察すると、組織はどのような描像で顕現するのか。組織はまず局所的意味論としての「私」の背景として、また「私」の構成要素として発見＝構成された。そして組織もまた意味論であった。しかしそれは一個の内部観測者としての「私」による意味論ではなく、複数の「私」による共時的であり、また通時的でもある緩やかに接合している意味論の束として現象することが発見＝構成された。それは意味論のネットワーキングというより、意味論のノットワーキングという表現の

ほうが当を得ているような現象として現前していると把捉された。

　動機づけ研究の生命論的アプローチの成果は、まず「語り」の概念と手法が現場研究＝動機づけマネジメントの方法論となることを明らかにしたことである。次に、これまで行為が行われてはじめて問われてきた「動機」が内部観測者の観測過程としての「語り」のうちに発見＝構成できる現象であることを提唱できたことである。そして最後に、新しい「個と組織」論へのヒントを提示できたことであろう。これらのことは先行研究への問いかけとして駆動する。その意味で、第3部は「未来」を含意するのである。

終章 「いま・ここ」への回帰

　未来とは何か。この問いに動機づけられ、本書は日常的な「語り」という言語行為のうちに未来を見出すことを試みた。換言すると、人は自らの「語り」によって未来へ動機づけられる、という仮説を論証する議論をここまで行ってきた。すなわち、本書の目的は、個々人が日々生きている現場（生の現場）において、いかに互いを動機づけ、未来を語り作りながら生きているのかを明らかにすることであった。果たして本書を構成する3つの研究はその議論を通して、この目的を達成することはできたのであろうか。

　ここでは、本書の3つの研究で議論された内容を総括するとともに、それらの議論を通して得られた結論と新たに抽出された課題について論じる。また本書が近代哲学以降の系譜でいうならばNietzscheの主唱した概念（生成）を契機とした諸研究を基底としていることを考慮して、本書の考察を通して理解された「生成」をめぐる概念を用いて、Nietzsche哲学の2つの主要概念に対して本書独自の解釈を加えることで、本書の論述を終えたい。Nietzsche哲学の2つの主要概念とは「権力への意志」と「永遠回帰」である。しかしここではまず、本論の最終考察から行うこととしよう。

　第1部は文献研究であった。主題は先行研究のレビューと本研究の独自性の炙り出しであった。本書は先行研究のレビューを多元的・複層的に構想した。本書の主要キーワードは「動機づけ」と「（物語→）語り」である。そこで、動機づけ研究と物語論および物語論的アプローチを採用した研究を探訪した。

　第1章では動機づけ研究に関して、Deci（1975）のアプローチに関する分類に基づき議論を展開した。動機づけ研究には機械論的アプローチと有機論的アプローチがあるとされ、主要研究は後者に属していた。有機論的アプローチに属する代表的な理論を概観したことは、第3部における本書の提唱する生命論的アプローチとの対比に貢献したであろう。

　また学習心理学では、行動主義、認知主義、状況主義という流れがあることを論じた。そこから行動主義から機械論的アプローチ、認知主義から有機論的アプローチ、そして状況主義から状況論的アプローチへと議論は進むこ

とも考えられるが、本書では状況論的アプローチを包摂する方法論として生命論的アプローチが提唱された。ここにおいても本書の方法論の独自性の主張へと議論が続いた。

さらに第1章では、動機づけ研究における比較的新しい理論として、フロー理論と選択理論についても言及した。またここで概観した基礎理論は机上の議論に留まることなく、実際のビジネスの現場で実践的に活用さていることも論じた。それにより、動機づけ研究はより実践的であらねばならないという課題が顕現した。

第2章では、もう1つの先行研究であり、かつ先行研究の先行研究という役割を担わされた物語論に関する諸研究について議論した。もう1つのという意味は動機づけ研究に対してであり、先行研究の先行研究とは第3章で概観した物語論的アプローチを採用した諸研究の先行研究ということを含意する。さてここではまず、Adam（1984（1999））の導きに従い物語論の源流を辿り、近代物語論の水源として Propp から論じた。そこを起点としてロシア・フォルマリズム、Greimas の記号論、Genette の物語論へと議論は展開した。これらの理論は第3章で物語論的アプローチを採用する諸研究を論じる際に、その基礎理論としての役割を果たしていることが確認された。

次に節を改め、物語に哲学的アプローチをした研究について議論した。フランスの哲学者 Ricoeur（1983, 1984, 1985）の『時間と物語』を概観した。Ricoeur の研究は先行研究の中で、その構想から本書にとって重要な位置づけとなった。Ricoeur は時間のアポリアに対して物語で接近し解を抽出しようと試みた。そこから彼は物語の有効性と限界を我々に提示した。本書は、時間を生命の別称と捉える郡司（2002、2003、2004、2006a、2006b）の生命理論を解読し、かつその理論と概念を日常の現場へ適用するために、「語り」という言語行為を採用した。つまり本書は、時間（＝生命）の解読を言語行為で試みる、2つの考察の対比関係を構想したのである。

第2章の最終節では、日本の物語研究にまで言及した。日本は源氏物語に代表される、世界的な物語大国である。多くの物語が産出されてきただけでなく、勿論研究もまた活発に行なわれてきた。比較的新しい研究をいくつか概観した。「物語」と「語り物」、あるいは「書かれた物語」（文字）と「語られる物語」（声）など、本書が主唱する「物語」とは異なる「語り」という概念に通じる議論が展開された。また物語論的アプローチの際に議論となる自己言及に関して、「日記文学」研究の観点からも論じた。さらにこの節

で、本書が観測志向型理論を社会科学の研究の方法論として用いる際に屹立する記述の問題の解となる概念を手に入れることになった。それが Derrida (1967a, 1967b) の提唱する「代補」である。この「代補」の概念により、本書の第3部を構成する現場研究において現象が記述されることが擁護された。

　第3章では、物語論的 (ナラティヴ) アプローチを採用した諸研究を概観した。まずはナラティヴ・セラピーやナラティヴ・ベイスト・メディスンなど心理療法や医療の分野での適用例、さらにライフストーリー研究など心理学や教育学、社会学など多様な分野での研究について論じた。次節では、経営組織研究における物語論的アプローチの先行研究を、この分野では先進的な欧米の諸研究から概観した。

　それらのいくつかは本書の主題である動機づけ研究に該当するものでもあり、動機づけ研究における物語論的アプローチの有効性も擁護された。しかし本書の狙いは、物語論的アプローチの適用ではない。本書は機械論的アプローチから有機論的アプローチへと続く系譜に物語論的アプローチを触媒として加味することで、動機づけ研究における生命論的アプローチを定式化することを企図している。その際、「物語」ではなく、「語り」という概念が重要となる。

　そこで「物語」から「語り」という言語論的転回を単に日本語の言語レベルの問題として議論するのではなく、他言語においてもこの2つは異なる概念であると認識されていることが明らかとなる先行研究として、Boje (2001) の提唱する "Antenarrative" という概念を採り上げた。これは一言でいうと、「物語以前の語り」を含意する。本書では、この "Antenarrative" の訳語は「語り」であると主張し、Boje の概念は本書の「語り」の概念とほぼ同義として、その後の議論を進めた。

　第1部の文献研究における議論から得られたこととしては、次の2つが挙げられる。まず、本書の研究は動機づけ研究においてこれまで用いられていない生命論的アプローチを採用するところに独自性があること、次にその際、近年その有効性が認められつつある物語様式の言語行為ではなく、「語り」という言語行為に着目する点でも独自性が主張できることである。勿論その具体的な内容に関しての議論は第2部と第3部で展開された。また、この文献研究は単なる先行研究のレヴューに留まることなく、第2部、第3部の議論の礎石となって全編を支える役割をも担っていたことは言うまでも

ないであろう。

　第2部は理論研究であった。その目的は、動機づけ研究における生命論的アプローチを成立せしめる理論的枠組みの構築と定式化であった。本書は、生命論的アプローチの理論的根拠を郡司の提唱する生命理論に求めた。この理論は、世界内存在としての内部観測者の視点から、生成＝時間＝生命を理解していくことに主眼が置かれている。その際、新しい科学方法論として観測志向型理論が提唱される。これは従来の科学方法論である状態志向型理論が観測対象である状態を確定できるとするのに対して、観測対象と観測行為は分離できないという態度表明をする理論である。なぜ本書はこの観測志向型理論に定位した研究の方法論を採用したのか。それは、序章で述べたように筆者が研究現場＝マネジメント現場においていずれの実務も行う社会人研究者であることに起因する。このことに関しては本論の第3部で論じた。さて、第2部はこの郡司の生命理論を中心に据えた構成となっており、議論もまたそれを包み込むように展開された。

　まず第4章では、第1部で「物語」とは異なる概念であることが示された「語り」という言語行為について、折口信夫の古典研究と哲学者・坂部恵の哲学的考察を基底にメタレベルでの議論を展開した。ここでいうメタレベルには、日常を超えた抽象的な概念レベルということと、生命理論を理解するための概念装置としてのメタ理論、また「語り」の概念と手法による本書独自の動機づけ理論(仮説)のメタ理論ということが含意される。

　ここでは、物語は「もの」と「かたり」に分解され、概念装置として精緻化が試みられた。また、「語り」という言語行為の基本構造が「語り手」「聞き手」「（語られる）もの」による三項関係（二項関係＋媒介項の関係）として把捉された。さらにその関係は、坂部の主張する「かたり」という言語行為の持つ二重化的超出・統合の作用やFoucaultの権力関係理論の援用により、重層的かつ動的な関係として描像された。

　第5章は、郡司の生命理論の解読に終始した。まず、生命理論における生成＝時間に関する主要概念について議論した。内部観測者にはじまり、生成の3つの様相を理解するための概念装置(原生理論、原生計算、原生実験)、そして観測過程などである。これらの主要概念はすべて第4章で精緻化された「ものかたり」の概念装置によって次の第6章で置き換えられた。

　次に、生成を理解するための概念装置において中心的な役割を担う原生計算へと議論は展開した。特に原生計算における計算実行環境としての局所的

意味論が生命理論においては「意識」とされた。この主張は、本書にとっても重要な意味を持っていた。本書では、生命理論における意識概念を基底に動機概念の再考を行った。この議論は次の第6章で行われたが、ここから従来の心理学を基底とした動機概念とは異なる属性を提示できたであろう。

第5章の最終節では、郡司理論における方法論である観測志向型理論およびマテリアル概念について論述した。マテリアル概念によって、機械論的世界における物質とは異なる生命論的世界における質料性が示された。またマテリアル概念は、「ものかたり」における「もの」の概念と親和的であり、「ものかたり」の概念装置に置換えられるだけでなく、そのメタファーである「ロボットの痛み＝傷み」などは、次章での動機概念の再考の議論においても、動機の二人称問題として考察に寄与した。

第6章では、第2部において最も重要で独自性のある主張を擁護する議論を行った。まず「物の理(ものことわり)」と「物の語(ものかたり)」をキーワードとして、桜井邦朋(2003)の物理学の定義を手がかりに、物理学と生命理論との比較考察を行った。ここから物理学において「数式」で再現される世界が機械論的世界であるのに対して、生命理論においては、「ことば」で構成される「観測過程」によって発見＝構成される世界が生命論的世界であると把捉された。そしてこれを契機に、第4章で定式化された「ものかたり」の諸概念で生命理論へ接近し、生成を理解するための概念装置の置換えを実行した。このメタレベルの「ものかたり」を本書では、生命理論を理解するためのアクセス概念と呼び、「ものかたり理論」として定式化した。

次に、メタレベルで代替概念に置き換えられた生命理論の諸概念を日常レベルで適用するために、日常的使用に即した概念へ転換する必要があった。そこで、メタレベルのアクセス概念を日常レベルの道具概念へと転換を行った。例えば、「生成を理解するための概念装置」は、「ものかたり」というアクセス概念に置き換えられ、道具概念に転換する際に、2つに分節された。過去に閉じた概念としては、「物語(という言語行為)」に、未来に開かれた概念としては、「『語り』(という言語行為)」に転換された。

さらに、「語り」という言語行為は、生成を理解するための3つの概念装置である「原生理論」「原生計算」「原生実験」のそれぞれに応じて分節された。「原生理論」のアクセス概念は「規範のかたり」で、それは「語り聞かせ(す)」と「語り直し(す)」とに、同じく「原生計算」は、「変化のかたり」を触媒にして、「語り合い(う)」と「語り合せ(す)」とに分節された。

最後に「原生実験」からは、「起源のかたり」を経由して「語り作り（る）」のみが抽出された。そして、このような「語り」の分節を通して、日常的な「語り」という言語行為が、生成＝時間＝生命を感得でき、かつ体現できる概念装置であるというのが本書の主張なのである。ここで定式化された理論を『『語り』論」と呼ぶ。そしてこの生成＝時間＝生命を感得＝体現することは、本書の副題に示した「観測志向型理論に定位した現場研究＝動機づけマネジメントの方法論」を含意する。このことについては、第3部で論証を試みた。その前に第6章では、本書にとって、もう1つの核心的な議論が行われた。動機概念の再考である。

　従来の心理学を中心とした動機概念は、動機は行為者に内在しているというものが大半であった。つまり、動機内在論である。しかし本書は、観測志向型理論に定位することで、動機を起源問題として捉え直した。本書では、動機は「語り」に潜在するとされ、それは「いま・ここ」において発見＝構成されると把捉された。つまり、本書の主題である未来に限定して表現すると、「いま・ここ」において、「やってしまえる」未来を見ている局所的意味論（認識主体）が動機とされたのである。その、未来へと能動的に生きている局所的意味論＝意識が「未来への動機」であると論じた。このように、「語り」という言語行為だけでなく、動機や「やる気」をも生命論的に解釈し直すことで、本書の3つ目の研究である現場研究のための概念の精緻化と理論的枠組みの構築が実践されたのが第2部であった。

　第2部の成果は、郡司が提唱する新しい科学方法論としての観測志向型理論に定位した社会科学における現場研究にとって必要な概念と理論的枠組みを定式化できたことであろう。その論理的手続きとして、本書は郡司の生命理論との対話を試みた。生成＝時間＝生命を哲学的・科学的に体系化した生命理論を、「語り」という言語行為によって解読し、かつ日常レベルで適用可能な概念に転換することが試みられた。果たして、この手続きで得られた概念と理論的枠組みは、観測志向型理論に定位した現場研究において実効性があるのであろうか。その実証的論述は第3部で展開された。

　第3部は現場研究であった。ここでの議論は、まず現場研究の方法論の定式化、次に、生の現場の再現前化と分析、そして考察の順に行われた。第7章では、まず本書独自の方法論として言及されていた生命論的アプローチが第2部の議論を背景に定式化された。それは、現場研究＝動機づけマネジメントの方法論でもある。また、現場観測の視座としての内部観測に関する議

論が行われ、内部観測された現象とその記述の関係において、Derrida(1967a, 1967b)の「代補」の概念を採用することで、現場の現象の再現前化を担保することが可能となった。第7章の最終節では、現場調査の概要を論じた。

　第8章では、3人の生の現場の「語り」が再現前化された。それぞれ1年間に亘り5回ずつ行われた「語り」インタビューからその一部を採用した。分節された「語り」の概念によって分析を行った。その際、いくつかの「語り」において、本書の主題である「やってしまえる」未来への動機が発見＝構成された。

　第9章では、現場研究が掲げた2つの命題の論証が主要任務であった。命題を要約すると、(1)「『語り』という言語行為が現場研究＝動機づけマネジメントの方法論となる」と、(2)「調査＝実務において生じる矛盾は内部観測者によって調停され一致・共立する」である。第一の命題の論証から、生命論的動機づけ論が展開された。

　まず、「語り」の概念と手法が現場研究の調査・分析の概念と手法になることが論じられ、次に、それが同時に動機づけマネジメントの概念と手法になることが述べられた。この議論の際、局所的意味論としての動機だけでなく、動機づけ現象の再現前化も試みられた。そこでは、動機づける側のはずであった聞き手＝筆者(W)もまた共同で創り上げていた「語り」によって動機づけられていたことが発見＝構成された。つまり、第8章から続く議論の中で、個々人が日々生きている現場(生の現場)において、いかに互いを動機づけ、未来を語り作りながら生きているかが描像されたのである。

　第2の命題を論証することで、議論は、生命論的「私」論へと展開した。内部観測者としての「私」は、その都度の「語り」に偏在する局所的意味論としての「私」であることが論じられた。つまり、「私」とは「いま・ここ」において相互他者性のもとで認識される主体としての局所的意味論であり、他者性に対峙することによってのみ「私」の一貫性が志向され生成し続けることが発見＝構成されたのである。

　そして第9章の最終節では、「動機の詩学」における行為(動機づけ)と主体(「私」)に続く3つ目の主題である舞台についての議論が行われた。組織である。そこでは、組織はまず局所的意味論としての「私」の背景として、また「私」の構成要素として発見＝構成された。そして組織もまた意味論であった。しかしそれは一個の内部観測者としての「私」による意味論ではなく、複数の「私」による共時的であり、また通時的でもある意味論、それも

緩やからに接合している意味論の束として現象することが発見＝構成された。

　第3部の現場研究での成果は、第3部のむすびで述べたとおり、次の3つに整理できるであろう。まず、「語り」の概念と手法が現場研究＝動機づけマネジメントの方法論となることを明らかにしたこと、次に、これまで行為が行われてはじめて問われてきた「動機」が内部観測者の観測過程としての「語り」のうちに発見＝構成できる現象であることを提唱できたこと、そして最後に、「個と組織」論の議論に対し、新しい生命論的な観点からの論点を提示できたことであろう。

　ここで以上の総括を踏まえ、3つの研究を通して明らかになったことを結論として3つの観点から整理しよう。3つの観点とは、方法論、実践論、概念論である。

　(1) まず、方法論に関する見解は次のとおりとなる。

　「動機づけ研究における新しい方法論として、生命論的アプローチを定式化できた」

　有機論的アプローチでは、人間を有機体と把捉し、その認知過程を重視した。そこでは、科学方法論は状態が確定できるとする状態志向型理論である。それゆえ、動機づけ要因に対する認知過程のモデル化、あるいは行為者に内在する動機づけ概念の明確化が指向された。

　生命論的アプローチの理論的基盤は、郡司の提唱する生命理論である。人間を唯一の存在者である生成＝時間＝生命に内在する世界内存在としての内部観測者と捉える。研究の方法および視座は、これも郡司の主唱する新しい科学方法論としての観測志向型理論に準拠する。ここでは、観測対象と観測過程が分離できないとされた。それゆえ、有機論的アプローチでは、認識論的に動機づけ過程のモデル化が指向されたのに対し、生命論的アプローチでは、存在論的に動機づけ現象の観測が試みられた。

　この点で生命論的アプローチは、状態志向型理論に定位しては把捉できない現象の把握および説明が可能になる。そこに本書が有機論的アプローチから生命論的アプローチへと主唱する主意がある。しかし本書は、生命論的アプローチが有機論的アプローチを凌駕する研究アプローチであるとは主張しない。そうではなく、生命論的アプローチは、状態志向型理論に定位しては把捉できない現象に関して言及できる研究の拡張性で以って、有機論的アプローチを補完できる新しい研究方法論であると提言する。

例えば、個人の動機づけに対し実践的で有効性があるとされるコーチングの理論では、コーチは聞くことによって元々クライアントの内面にある諸問題への解を引き出す役割を担うとされる。しかし生命論的アプローチでは、その解は、コーチ、クライアント、そして（語られる）ものによる「語り」という言語行為において、その刹那刹那の計算実行環境である局所的意味論として形成されると解釈される。既に内在したものを引き出すのではなく、その都度発見＝構成してくのである。こうした研究視座に立つことで、コーチングの理論と実践に新たな可能性が拓けると考える。

　生命論的アプローチは、観測志向型理論を社会科学の研究へ適用した研究の方法論であり、有機論的アプローチに置き換わる方法論というのではなく、新しい視座から補完する方法論である。その意味で、本書は生命理論の諸概念を社会科学の研究へ適用できる可能性を提示できたといえるであろう。

　また、本書は生命理論を生命論的アプローチとして日常レベルの研究およびマネジメント実践の現場へ適用するのに必要な概念の転換を行うために、生命理論へのアクセス概念としては「ものかたり理論」、現場適用への道具概念としては「『語り』論」を独自に定式化し、かつその実効性を示せたといえるであろう。

　(2)次に、実践論として我々は次の主張ができるであろう。

　「『語り』の概念と手法は、現場研究＝動機づけマネジメントの実践において有効である」

　生命論的アプローチでは、観測志向型理論に定位するため、「語り」の概念と手法を現場研究に適用することは、そのまま動機づけマネジメントの実践に通じるとされた。この主張は、第3部における調査、分析、動機づけ実践に関する論述において確認されたことであろう。また、そのことは調査＝実務において生じる矛盾は内部観測者の行為によって調停され一致・共立するという理論的主張を実践的に擁護する論述を形成することとなった。

　しかし生命論的アプローチは実践論としても、有機論的アプローチを完全に乗り越えたというような主張はしない。有機論的アプローチが状態志向型理論に定位し構築したモデルがその実効性とともに研究および実務現場で相当の有効性を発揮していることは本書でも確認した。しかし多くが組織的に、特にトップダウンで実施されるものが多かった。

　それに対し、生命論的アプローチにおける実践性は、個々人の日常レベ

に関わる。つまり、マネジャーをはじめ現場で働く個々人が「語り」論の概念と手法を理解し実践することで、日常レベルで互いに「やってしまえる」未来へと動機づけが可能になるということである。この実践の拡張性も、生命論的アプローチの現場での有効性を示すものである。そして実践論においても、生命論的アプローチは有機論的アプローチを補完する立場にあることを主張する。

　(3)最後に、概念論としての成果を挙げる。
　「新しい動機概念のほか、『個と組織』に対する新概念を提示できた」
　有機論的アプローチでは、これまで動機は行為が行われてはじめて問われてきたが、生命論的アプローチでは観測志向型理論に準拠した起源問題として把捉できた。つまり、現在やってしまっている行為の動機を、その行為に移行する前の「やってしまえる」未来を見ている「いま・ここ」における認識主体としての局所的意味論であると提唱した。また、その「やってしまえる」未来への動機を日常的に見出すことができるのが、「語り」という言語行為であると主張された。特に「語り作り」の様相における局所的意味論が、未来への動機であるとされた。その意味で、動機は「語り」に潜在しているとされ、その都度の「語り」による局所的意味論として顕在化する際に発見＝構成されるのである。

　動機概念が再定義されると同時に、行為としての動機づけも様相を新たにした。観測志向型理論に定位した議論および実践においては、動機づけ行為は「語り」という言語行為に内包されることになる。「語り」という言語行為は、生成＝時間＝生命を感得＝体現するための装置である。その限りで、内部観測者の行為＝生成が未来へ向かうとき、そこには動機づけ行為が発見＝構成されるということである。

　観測志向型理論に定位した現場研究の結果、個人の意識（アイデンティティ概念を含む）と組織の概念も再考を余儀なくされた。個としての「私」は、その都度の「語り」に偏在して顕現し、それ自体に統一性を把持するのではなく、他者性に対してのみ同一性・一貫性を志向し生成する意味論のネットワーキングと定義された。また、組織は、これらの個々の「私」が共時的、あるいは通時的に意味論を形成し生成し続ける、緩やかに接合している意味論の束として定義された。これらの新概念によって、経営組織論、特に「個と組織」をめぐる研究に対して新しい可能性を示せたことも本書の成果として挙げることができるであろう。

以上のまとめから、本書は3つの研究を通して、個々人が日々生きている現場(生の現場)において、いかに互いを動機づけ、未来を語り作りながら生きているかを明らかにすることに、大方成功したと言えるであろう。つまり、「人は自らの『語り』によって未来へ動機づけられる」という仮説を理論的かつ実践的に提示できたということであろう。

しかし、当然いくつかの課題も残された。まず実証・実践面では、本書で採り上げた事例は僅か3件である。個々の事例に研究者および実務者として関わった密度から判断して、量的研究における統計的処理に適する件数を収集することは不可能であることは明らかである。また元来本書は質的研究に定位している。しかしそれにもかかわらず、引き続き研究者としては実証を試み、実務者としては実践を続ける必要がある。そうした地道な成果を積み上げながら、主張をより頑健な実践則として提示していくことが肝要であろう。

また、「語り」の分析に関しては、確かに従来の会話分析等が扱う、言語行為における小さな単位ではなく、「語り」という大きな単位での言語行為を対象としているため、本書独自の手法を導入したが、分析方法に関してはさらなる精緻化が課題として残された。

次に、理論面での議論の強化も欠かせないであろう。近年、あらゆる分野で学際的な研究が進められている。もはや還元主義的なアプローチのみでは、複雑な人間、世界、自然、あるいは生命、存在、時間などは、解明しきれないのが現状である。かつて哲学が細分化して個々の科学が誕生してきたのであるが、いま、1つの大きなサイクルが収束するかのように、今度は個々の科学がそれぞれの知見を持ち寄り、よりメタなレベルでの議論を展開する段階に到達してきているということができるであろう。

本書で提唱した方法論も、今後さらに脳科学、認知科学、心理学、あるいは先端の自然科学などの最新の科学的知見を摂取しながら、理論面での補完が必要である。また、社会科学の研究である以上、単にそれらを寄せ集めるだけではなく、日常的実践に即した解釈とともに、現場での実践に適うものでなければならないはずである。一方、よりメタなレベルでの議論も必要であろう。そのための1つの手がかりが、やはり哲学ではなかろうか。Deleuze & Guattari (1991)の『哲学とは何か』での考察を手がかりに、郡司が「原生理論」と呼びかえた「哲学」は、やはり脳のはたらき、現象としての世界、生成する時間としての生命を理解し、日常を積極的に生きていくた

めには欠かせない、人間＝生命の本質的な行為なのであろう。それゆえ、哲学という行為を基底に据えた議論も、今後の課題の1つとして挙げておく。

　哲学は一般にメタレベルでの抽象度の高い議論が中心と考えられているが、哲学を人間＝生命の本質的な行為と捉えると、それは日常レベルでも適用可能となる。哲学という行為はよりメタなレベルでの思考・議論によって、人間の成長・進化に寄与するだけでなく、日常的なレベルにおいても実践可能な行為なのである。ここで本書を締め括るにあたり、本書の議論の基底にある「生成」という概念を近代哲学において提唱した Nietzsche の哲学における主要概念に対して、本書で提示した概念による日常的な解釈を試みたい。その主要概念とは、本章の冒頭で挙げた「権力への意志」と「永遠回帰」である。

　まず「権力への意志」であるが、これはドイツ語では、"der Wille zur Macht" である。この "die Macht" を日本語では通常、「権力」と訳す。なかには意味が限定されるのを嫌い「力」と訳し、「力への意志」と表記する訳書もある[1]。しかし、「権力」という訳語を充てる理由として、ドイツ語にはほかに「力」を意味する "die Kraft" という単語があることがよく挙げられる。また、"die Macht" には本来的に政治的権力が含意されるが、"die Kraft" にはそうした意味合いがない点を挙げ、Nietzsche が2つの概念を明確に区別して使用しているがゆえに、「権力」という訳語を採用する研究者もいる[2]。

　本書ではいずれの訳語が相応しいかを論じるつもりはない。本書が "die Macht" の訳語から議論をはじめたのは、訳語による意味の固定化の現象を指摘したかっただけである。本書第4章で、「神」や「鬼」の例を論じた。「神」や「鬼」は漢字が充てられることにより、抽象性が失われ、具体的な存在として把捉されるようになったことは既に述べた。本書では「権力への意志」においても同様の現象が起こっていることを懸念しているのである。それゆえ、本書では "der Wille zur Macht" のまま表記し、本書独自の解釈を加えることとしたい。

　Nietzsche 哲学において、生（存在、世界）の根本原理といわれる "der Wille zur Macht" について、Nietzsche はツァラトゥストラにこう言わせている。「生あるものが見て取れると、そこに私は "der Wille zur Macht" を見て取った。奉仕者の意志の中にさえ、支配者であろうとする意志を私は見て取ったのだ」[3]。さらにツァラトゥストラは、生（生命）自身から秘密を打ち明けられる。「我（生＝生命）は、常に自己を超克しなければならないものである」[4]

と。それゆえ、生の根本原理である"der Wille zur Macht"は、自己超克を目指す意志とされる。それは、他者を支配しようとする意志というよりは自分自身の主であろうとする意志と理解できる。Nietzsche 哲学の中核を成す"der Wille zur Macht"の概念は、「あらゆる価値の価値転換の試み」という副題が付けられ主著となるはずであった。またその膨大な遺稿集に鑑みると、それだけで重大な研究のテーマとなるため、ここでの議論のように短絡的に解釈することは本来避けなければならないであろう。しかしここでは Nietzsche 研究が主題でないため、本書で提示した概念による日常的な解釈の試みという主意に沿って議論を進めることとしよう。

　本書ではまず、生の根本原理である"der Wille zur Macht"は自己超克を目指す意志であると解釈する。そこから、"die Macht"は「現在の自分を超えていこうとする行為や力」と理解することが可能であろう。ここで、本書の本論での議論に照らしてみると、この概念は本書が提示した「やってしまえる未来」の概念に符合することに気づくのではないであろうか。また、ツァラトゥストラはこうも言っている。「生あるものが見て取れるところでは、必ず服従について語られるのを聞いた。生あるものはすべて、服従するものなのである」[5]。ここからは、「押し出される未来」が照射される。それゆえ、本書では、生の根本原理である"der Wille zur Macht"の"die Macht"は、「自ら自分自身の主となり、自らの命令に従順に従い自己を超克していく行為・力」であると解釈する。まさに、内部観測者の「いま・ここ」において計算実行環境としての認識主体が見ている「現在の自分を超えている未来」、つまり「やってしまえる未来」を含意する概念であると言うことができるであろう。

　さて、"der Wille"は、どのように解釈すべきか。遺稿の中で、Nietzsche は次のように述べている。「"der Wille zur Macht"は、存在でもなく、生成でもなく、パトスである。生成や影響を与える作用が最初に生じる根源的な事実なのである」[6]。我々は本書第6章において既に動機内在論に対して、生命論的動機論を展開した。そこから類推すると、この"der Wille"（意志、パトス＝情念）もまた、行為者に内在する概念ではなく、内部観測者の局所的意味論と解釈することは可能であろう。つまり、本書の主題に沿って換言すると、それは「動機」ということになる。

　以上の議論より、本書では、生の根本原理である"der Wille zur Macht"を、世界内存在としての内部観測者の「いま・ここ」における「やってしま

える未来への動機」であると解釈することとする。

次に、「永遠回帰」[7]である。この概念も、Nietzscheはツァラトゥストラに語らせている。その思想は、『ツァラトゥストラはこう言った』の第3部で繰り返し主張される。それは、「あらゆるものは生成し、永遠に回帰する」[8]というもので、そっくりそのままの生を繰り返すということが含意される。「永遠回帰」もNietzsche哲学にとっては重要な概念であり、当然短絡的な解釈は回避しなければならない。しかしここでは日常的な解釈の可能性に主眼を置くこととしよう。そこでここでは通常の解釈ではなく、Deleuze（1965）の解釈を手がかりに議論を進める。

Deleuzeは、「〈永遠回帰〉は一つのサイクルではなく、〈同一のもの〉の回帰でもなければ、同一への回帰でもない」[9]という。では、何か。「〈永遠回帰〉は〈反復〉である。だが、それは選り分ける〈反復〉であり、救う〈反復〉なのである。解き放ち、選り分ける反復という驚くべき秘密なのである」[10]と主張する。また「〈永遠回帰〉、あるいは肯定の繰り返される倍増」[11]とも表現した。

Deleuzeの解釈は明らかに通常の解釈と異なる。しかし、これは郡司の生命理論における生成の概念および本書の「いま・ここ」の概念とは親和的である。「押し出される未来」にしろ、「やってしまえる未来」にしろ、「いま・ここ」から創り出される未来は、次の刹那、「いま・ここ」における現在として現象している。未来は日常のルーチンによって押し出されようが、「やってしまえる未来」として語り作られようが、いずれにしろ、「いま・ここ」へと回帰する。これは反復である。しかし同一のものの反復ではない。明らかに「差異」を伴う。これが生成であり、時間であり、生命である。本書において「永遠回帰」は、このように解釈することとする。押し出されようが創り出されようが、「いま・ここ」から生成される未来は永遠に「いま・ここ」へ回帰するのである。

本書の議論を終結させるために、Nietzsche哲学における2つの主要概念が本書の提唱する日常的な概念と親和的であることを論じた。これは先にも触れたように、本書で提示した概念によるNietzsche哲学の日常的な解釈の試みである。Nietzscheはあらゆる価値の価値転換を試みた。しかし本書は決してそのように大上段には構えていない。序章でも述べたように、本書は社会現場的イノベーションを必要とする現場に主眼を置く。しかし現場が一夜にして生まれ変わるような革命的な理論や道具を提示するものではない。

そうではなく、もっと社会現場に根ざした実践的理論と方法論を提示することを目指した。それらとともに企図されたことは、1人1人としては弱い個々人が少しでも日常レベルで実践的に意識変革できるようになることである。

哲学的議論の場だけでなく日常的にも、未来は永遠に「いま・ここ」に回帰する。それにもかかわらず、我々は「いま・ここ」から未来を語り作ることができる。この主張とともに、本書の論述を終えたい。

注
1 例えば、岩波文庫の氷上訳の『ツァラトゥストラはこう言った』(Nietzsche, Friedrich W. (1883–85) *Also sprach Zarathustra*（氷上英廣訳『ツァラトゥストラはこう言った』岩波書店、（上）1967 年、（下）1970 年))。
2 関塚正嗣(1986)『ニーチェ哲学研究』高文堂出版社を参照。
3 Nietzsche, Friedrich W., Also sprach Zarathustra, Nietzsche, Friedrich W. (1966a) *Werke in drei Banden Band* II , Carl Hanser Verlarg, p.371. 本書では "der Wille zur Macht" をそのまま表記するため、筆者が原書より訳出した。以下も同様。勿論訳出にあたっては、既存の翻訳を参考にした。ここでは、Nietzsche (1883–85)（氷上訳、（上）1967 年、（下）1970 年)を参照した。
4 Nietzsche (1966b), p.371
5 Ibid., p.370
6 Nietzsche, Friedrich W., Aus dem Nachlass der Achzigerjahre, Nietzsche, Friedrich W. (1966b) *Werke in drei Banden Band* III , Carl Hanser Verlarg, p.778。遺稿集の訳出にあたっては、Nietzsche, Friedrich W. (1906) *Der Wille zu Macht*, Nietzsches Werk Taschen-Ausgabe Nr. 9 & 10（原佑訳『権力への意志』理想社、（上）1962 年 a（下）1962 年 b)を参照した。
7 「永遠回帰」は、ドイツ語では、die ewige Wiederkunft (Nietzsche (1966c), p.872)。
8 Ibid., p.873
9 Deleuze, Gilles (1965) *Nietzsche*, Presses Universitaires de France（湯浅博雄訳『ニーチェ』筑摩書房、1999 年)、69–70 頁
10 Deleuze (1965)（湯浅訳、1999 年)、70 頁
11 Ibid.（邦訳)、71 頁

おわりに

「いま・ここ」をあなたは生きている。

この、たった１つのメッセージを伝えるため、本書はあなたを「語り」の共犯者とした。しかしあなたが「語り」の聞き手(読み手)として、語り手と語られる「もの」の媒介者の役割を引き受けた刹那、あなたはこのゲームの首謀者であり行為者として顕現した。それは、あなたが内部観測者として「いま・ここ」を生きていることを感得＝体現していることを意味する。その限りにおいて、あなたは、「いま・ここ」より自らが語り手として、未来を語り作ることができるのである。

本書は、個々人が日々生きている現場(生の現場)において、いかに互いに動機づけ、未来を語り作りながら生きているのかを明らかにするために構想された。

本書はこの目的を達成するために、3つのメタファーを提供した。「未来」、「動機」、「語り」である。「未来」は時間概念を象徴しているが、それは従来の時間概念とは異なり、「生きていること」、つまり「生命＝生成」を含意する。ここで改めて詳述しないが、本書では、観測志向型理論に定位することで、我々は「いま・ここ」において「やってしまえる」未来を体験できることが主張された。それはまさに、我々自身の「語り」という言語行為において創り出されるものであるとされた。

「動機」もまた本書では、従来の概念とは異なる様相を呈して出現した。これまで行為が行われてはじめて問われるものとして顕現していた動機が、「やってしまえる」未来への動機として未来の行為を認識している局所的意味論における認識主体として把捉された。つまり、動機は「私」の意識として世界に潜在し、「語り」によって顕現すると主張された。動機概念の場合も観測志向型理論に定位することにより、我々が「いま・ここ」において体験できる概念となった。

「語り」は、ある意味本書において最も重要な概念である。「語り」は、郡

司理論が主唱する「生きていること」＝「生命＝生成」を理解し表現するための「行為」として現象する。つまり、それは我々自身が「いま・ここ」を生きていることを感得＝体現するための概念装置なのである。

　この3つのメタファーとともに本書は、あなたにおいて永遠に未来を駆動させる装置となるよう企図された。果たして標的を射抜けたどうか。それは評価を待つしかない。

　「いま・ここ」をあなたは生きている。

　どんな未来も永遠に「いま・ここ」に回帰する日常において、ささやかながらも希望の持てる未来が語り作られることに、少しでも貢献できれば、この上なく幸せである。

参考文献

阿部真大(2006)『搾取される若者たち――バイク便ライダーは見た！』集英社
阿部まさ子(2002)「ビジョンマネジメントで社員のモチベーションが向上」『企業と人材』2002.12.20、(pp.26–30)
Abolafia, Michel Y. (2010) Narrative Construction as Sensemaking: How a Central Bank Think, *Organization Studies* 31(03) : 349–367
Adam, Jean-Michel(1984(1999))*Le recit*(末松壽・佐藤正年訳『物語論』白水社、2004年)
Andersen, Tom (1992)「『リフレクティング手法』をふりかえって」、In McNamee, Sheila, & Gergen, Kenennth J. (ed.), *Therapy as Social Construction*, Sage Publication Ltd.(野口裕二・野村直樹訳『ナラティヴ・セラピー　社会構成主義の実践』金剛出版、1997年)
Alderfer, Clayton P. (1972)*Existence, Relatedness, and Growth*, The Free Press, New York
青木仁志(2001)「『新リードマネジメント』による時代先取りの《人材育成》」『企業と人材』2001.6.20、(pp.4–18)
朝日新聞(2007)「ロストジェネレーション(特集)」2007年1月1日〜12日(1月2日を除く)『朝日新聞』朝日新聞社
朝日新聞ロスジェネ取材班(2007)『ロストジェネレーションの逆襲』朝日新聞社
浅野智彦(2001)『自己への物語論的接近』勁草書房
Austin, J. L. (1960) *How to Do Things with Words*, Oxford University Press (坂本百大訳『言語と行為』大修館書店、1978年)
Austin, J. L. (1961) *Philosophical Papers*(坂本百大監訳『オースティン哲学論文集』勁草書房、1991年)
粟田賢三・古在由重編(1979)『岩波哲学小事典』岩波書店
Bakhtin, Mikhail M. (1926) *Слово в жизни и слово в поэзии: К вопросам социологической поэтики.*(桑野隆訳「生活のなかの言葉と詩のなかの言葉―社会学的詩学の問題によせて」桑野隆・小林潔訳『バフチン言語論入門』せりか書房、2002年)
Bakhtin, Mikhail M. (1926-30)(桑野隆・小林潔訳『バフチン言語論入門』せりか書房、2002年)
Bakhtin, Mikhail M. (1963) *Проблемы поэтики Достоевского*(望月哲夫・鈴木淳一訳『ドストエフスキーの詩学』筑摩書房、1995年)
Bakhtin, Mikhail M. (1965) *Творчество Франсуа Рабле и народная кудьтура средневековья и ренессанса*(川端香男里訳『フランソワ・ラブレーの作品と中世・ルネッサンスの民衆文化』せりか書房、1973年)
Bakhtin, Mikhail M. (1975) *Слово в романе, Из предыстории романного слова—*

《Вопросы литературы и эстетики》(伊東一郎訳『小説の言葉』平凡社、1996 年)

Barabasi, Albert-Laszlo (2002) *Linked: The New Science of Networks*(青木薫訳『新ネットワーク思考——世界のしくみを読み解く』日本放送出版会、2002 年)

Barnard, Chester I. (1938 (1968)) *The Functions of the Executive*, Harvard University Press(山本安次郎・田杉競・飯野春樹訳『新訳　経営者の役割』ダイヤモンド社、1968 年)

Barthes, Roland (1961–71) *Inroduction a l'analyse structuale*, Editions Seuil, Paris(花輪光訳『物語の構造分析』みすず書房、1979 年)

Bartlett, Christopher A. & Ghoshal, Sumantra (1997) *The Individualized Corporation*, HarperCollins Publishers, Inc.(グロービス・マネジメント・インスティテュート訳『個を活かす企業』ダイヤモンド社、1999 年)

Berger, Peter L. & Luckmann, Thomas (1967) *The Social Construction of Reality – Treatise in the sociology of knowledge*, New York(山口節郎訳『日常世界の構成　アイデンティティと社会の弁証法』新曜社、1977)

Beilenhoff, Wolfgang (1974) Filmtheorie und –praxis der russischen Formalisten, In Beilenhoff, Wolfgang, Hrsg., *Poetik der Films*, Wilhelm Fink Verlag Muenchen, 1974

Beilenhoff, Wolfgang, Hrsg. (1974)*Poetik der Films*, Wilhelm Fink Verlag Muenchen

Bertaux, Daniel (1997) *Les recits de vie*, Editions Nathan, Paris(小林多寿子訳『ライフストーリー』ミネルヴァ書房、2003 年)

Bertaux, Daniel & Bertaux-Wiame, Isabelle (1981) Life Stories in the Backers' Trade, In Daniel Bertaux ed. *Biography and Society: The Life History Approach in the Social Sciences*, SAGE, 1981, pp.169–189(小林多寿子訳「付録　パン屋のライフストーリー」Bertaux, Daniel (1997) *Les recits de vie*, Editions Nathan, Paris(小林多寿子訳『ライフストーリー』ミネルヴァ書房、2003 年))

Boje, David M. (2001) *Narrative Methods for Organizational & Communication Research*, Sage Publications Ltd

Boje, David M. (2008)*Storytelling Organizations*, Sage Publications Ltd

Brown, John Seely, Denning, Stephen, Groh, Katalina & Prusak, Laurence (2005) *Storytelling in Organizations*, Elsevier

Bruner, Jerome (1986) *Actual Minds, Possible World*, Harvard University Press(田中一彦訳『可能世界の心理』みすず書房、1998 年)

Bryant, Melanie & Cox, Julie Wolfram (2004) Conversion Stories as Shifting Narratives of Organizational Change, *Journal of Organizational Change Management* Vol.17 No.6 : 578–592

Burr, Vivien (1995) *An introduction to Social Constructionism*, Routledge(田中一彦訳『社会的構築主義への招待』川島書店、1997 年)

Camus, Albert (1948) *Le mythe de sisyphe*, Gallimard, (清水徹訳『シーシュポスの神話』新潮社、1969 年)

Clark, Katerina & Holquist, Michael (1984) *Mikhail Bakhtin*, Havard University Press, Cambridge(川端香男里・鈴木晶訳『ミハイール・バフチーンの世界』せりか書房、

1990 年）
Cloud, Dana L. (2005) Fighting Words: Labor and Limits of Communication at Staley, 1993 to 1996, *Management Communication Quarterly,* Vol. 18 No. 4 : 509–542
Connell, N. A.D., Klein, Jonathan H. & Meyer, Edgar (2004) Narrative Approaches to the Transfer of Organisational Knowledg, *Knowledge Management Research & Practice* (2004) 2 : 184–193
Coopman, Stephanie J. & Meidlinger, Katherine Burnet (2000) Power, Hierarchy, andChange: The Stories of Catholic Parish Staff, *Management Communication Quarterly,* Vol. 13 No. 4 : 567–625
Csikszentimihalyi, Mihaly (1990) *Flow*（今村浩明訳『フロー体験 喜びの現象学』世界思想社、1996 年）
Csikszentimihalyi, Mihaly & Nakamura, Jeanne (2003)「1 章　フロー理論のこれまで」、今村浩明・淺川希洋志編『フロー理論の展開』世界思想社、2003 年）
Cunliffe, Ann L. (2001) Everyday Conversations, *Concepts and Transformation* 6:3 (2001) : 295–315
Currie, Mark (1998) *Postmodern Narrative Theory*, Palgrave
Deci, Edward L. (1975) *Intrinsic Motivation*, Plenum Press, New York（安藤延男・石田梅男訳『内発的動機づけ』誠信書房、1980 年）
Deci, Edward L. & Flaste, Richard (1995) *Why We Do What We Do*, G.P. Putman's Sons, New York（桜井茂男監訳『人を伸ばす力』新曜社、1999 年）
Denning, Stephen (2001) *The Springboard*, Elsevier
Derrida, Jacues (1967a) *De la grammatologie*, Les editions de Minuit,（足立和浩訳『根源の彼方に グラマトロジーについて』現代思潮社（上）（下）、1972 年）
Derrida, Jacues (1967b) *La voix et le phenomene*, Presses Universitaires de France,（林好雄訳『声と現象』筑摩書房、2005 年）
Derrida, Jacues (2005) *Apprendre a vivre enfin*, Editions Galilee, Paris（鵜飼哲訳『生きることを学ぶ、終に』みすず書房、2005 年
Deleuze, Gilles (1965) *Nietzsche*, Presses Universitaires de France（湯浅博雄訳『ニーチェ』筑摩書房、1999 年）
Deleuze, Gilles & Guattari, Felix (1991) *Qu'est-ce Que la philosophie?*, Les Editions de Minuit（財津理訳『哲学とは何か』河出書房新社、1997 年）
Dreyfus, Hubert L. (2001) *On the internet*, Taylor & Francis Books Ltd,（石原孝二訳『インターネットについて』産業図書、2002 年）
Drucker, Peter F. (1993) *Post-capitalist Society*, Harper Business, A Division of Harper Collins Publishers, INc., New York, U.S.A.（上田惇生訳『ポスト資本主義社会』ダイヤモンド社、1993 年）
Drucker, Peter F. (2002) *Managing in the Next Society*（上田惇生訳『ネクスト・ソサエティ』ダイヤモンド社、2002 年）
Eagleton, Terry (1996) *The Illusions of Postmodernism*, Blackwell Publishers Limited（森田典

正訳『ポストモダニズムの幻想』大月書店、1998 年）
Eco, Umberto (1979) *Lector in fabula*, Gruppo Editoriale Fabbri, Bompiani, Sonzogno, Etas S.pA., Miliano (篠原資明訳『物語における読者』青土社、2003 年）
江口重幸 (2000)「病いの語りと人生の変容」、やまだようこ編著『人生を物語る――生成のライフストーリー』ミネルヴァ書房
Emerson, Robert M., Fretz, Rachel I., & Shaw Linda L. (1995) *Writing Ethnographic Fieldnotes*, The University of Chicago Press, Chicago (佐藤郁哉・好井裕明・山田富秋訳『方法としてのフィールドノート』新曜社、1998 年）
Engeström, Yrjö (1987) *Learning by Expanding* (山住勝広・松下佳代・百合草禎二・保坂裕子・庄井良信・手取義宏・高橋登訳『拡張による学習』新曜社、1999 年）
Engeström, Yrjö (1999) Expansive Visibilization of Work: Activity-theoritecal Perspective, *Computer Supported Cooperative Work* 8 : 63–93
Engeström, Yrjö (2003) The New Generation of Expertise: Theses Based on Activity Theory (東京大学特別講義)
Engeström, Yrjö, Engeström, Ritva & Kerosuo, Hannele (2003) The Discursive Construction of Collaborative Care, *Applied Linguistics* 24/3 : 286–315
Engeström, Yrjö, Virkkunen, Jaakko, Helle, Meria, Pihlaja, Juha & Poikela, Ritva (1996) The Change Laboratory as a Tool for Transforming Work, *Lifelong Learning in Europe* 2 : 10–17
Epston, David & White, Michael (1992)「書きかえ療法――人生というストーリーの再著述」McNamee, Sheila, & Gergen, Kenennth J., (ed.), *Therapy as Social Construction*, Sage Publication Ltd. (野口裕二・野村直樹訳『ナラティヴ・セラピー　社会構成主義の実践』金剛出版、1997 年）
Erlich, Victor (1955) *Russian Formalism*, Mouton & Co, 's-Gravenhage, (Lohner, Marlene, *Russischer Formalismus*, Fischer Taschenbuch Verlag GmbH, Frankfurt am Main, 1987)
Flick, Uwe (1995) *Qualitative Forschung*, Rowohlt Taschenbuch Verlag GmbH, (小田博志・山本則子・春日常・宮地尚子訳『質的研究入門』春秋社、2002 年）
Foucault, Michel (1966) *Les mots et les choses*, Gallimard (田村俶訳『言葉と物』新潮社、1974 年）
Foucault, Michel (1972) *Historie de folie a l'age classique*, Gallimard (田村俶訳『狂気の歴史』新潮社、1975 年
Foucault, Michel (1975) *Surveiller et punir − naissance de la prison*, Gallimard (田村俶訳『監獄の誕生』新潮社、1977 年）
Foucault, Michel (1976) *La volonte de savoir* (*Volume 1 de historie de la sexualite*), Gallimard (渡辺守章訳『性の歴史 I　知への意志』新潮社、1986 年）
藤井巖喜 (2007)『総下流時代』光文社
藤田聰 (2000)『セブンレイヤーズ』経済法令研究会
深沢徹 (2002)『自己言及テキストの系譜学』森話社
Gabriel, Yiannis (2004) Chapter 2 Narratives, Stories and Texts (増田靖訳「第 2 章　ナ

ラティヴ、ストーリー、テクスト」、2012 年), In Grant, David, Hardy, Cynthia, Oswick, Cliff and Putman, Linda (eds.), *The SAGE Handbook of Organizational Discourse*, SAGE Publications Ltd., 2004 (高橋正泰・清宮徹監訳『ハンドブック 組織ディスコース研究』同文舘出版、2012 年)

Gee, James Paul (1999) *An Introduction to Discourse Analysis: Theory and method*, Routledge, London

Genette, Gerard (1972) *Discours du recit in figures* III , Seuil a Paris (花輪光・和泉涼一訳『物語のディスクール』水声社、1985 年)

Genette, Gerard (1983) *Nouveau discours du recit*, Seuil a Paris (和泉涼一・青柳悦子訳『物語の詩学』水声社、1985 年)

Gergen, Kenneth J. (1994) *Realities and Relationships: Soundings in Social Construction* (永田素彦・深田誠訳『社会構成主義の理論と実践 関係性が現実をつくる』ナカニシヤ出版、2004 年)

Gergen, Kenennth J. & Kaye, John (1992)「ナラティヴ・モデルを越えて」McNamee, Sheila, & Gergen, Kenennth J., (ed.), *Therapy as Social Construction*, Sage Publication Ltd. (野口裕二・野村直樹訳『ナラティヴ・セラピー 社会構成主義の実践』金剛出版、1997 年)

Giddens, Anthony (1993) *New Rules of Sociological Method*, (Second Edition), Hutchinson (松尾精文・藤井達也・小幡正敏訳『社会学の新しい方法基準』[第二版] 而立書房、2000 年)

Glaser, Barney G.& Strauss, Anselm L. (1967) *The Discovery of Grounded Theory*, (後藤隆・大出春江・水野節夫訳『データ対話型理論の発見』新曜社、1996 年)

Glasser, William (1998) *Choice Theory*, Harper Collins Publishers, Inc. (柿谷正期訳『グラッサー博士の選択理論』アチーブメント出版、2000 年)

Glasser, William (2000) *William, Reality Therapy in Action*, Harper Collins Publishers, Inc. (柿谷正期・柿谷寿美江訳『15 人が選んだ幸せの道 選択理論と現実療法の実際』アチーブメント出版、2000 年)

Gold, Jeff, & Holman, David (2001) Let Me Tell You a Story: An Evaluation of the Use of Storytelling and Argument Analysis in Management Education, *Career Development International* 6/7 : 384–395

Grant, David, Hardy, Cynthia, Oswick, Cliff and Putman, Linda (eds.) (2004) *The SAGE Handbook of Organizational Discourse*, SAGE Publications Ltd., (高橋正泰・清宮徹監訳『ハンドブック 組織ディスコース研究』同文舘出版、2012 年)

Greenhalgh, Trisha & Hurwitz, Brian (eds.) (1998) *Narrative Based Medicine*, BMJ Books (斎藤清二・山本和利・岸本寛史監訳『ナラティブ・ベイスト・メディスン』金剛出版、2001 年)

Greimas, Algirdas Julien (1970) *Du sens*, SEUIL (赤羽研三訳『意味について』水声社、1992 年)

郡司ペギオ-幸夫 (2002)『生成する生命』哲学書房

郡司ペギオ−幸夫(2003)『私の意識とは何か』哲学書房
郡司ペギオ−幸夫(2004)『原生計算と存在論的観測』東京大学出版会
郡司ペギオ−幸夫(2006a)『生命理論』哲学書房
郡司ペギオ−幸夫(2006b)『生きていることの科学』講談社
郡司ペギオ−幸夫・松野孝一郎・オットー＝E＝レスラー(1997)『内部観測』青土社
Hannabuss, Stuart (2000a) Narrative Knowledge; Eliciting Organizational Knowledge from Storytelling, *Aslib Proceedings* Vol 52 No.10 November/December : 402–413
Hannabuss, Stuart (2000b) Telling Tales at Work: Narrative Insight into Managers' Actions, *Library Review* Volume 49 Number 5 : 218–229
Habermas, Jürgen (1981) *Theorie des Kommunikativen Handelns*, Suhrkamp Verlag, Frankfurt/Main（丸山高司・丸山徳次・厚東洋輔・森田数実・馬場浮瑳江・脇圭子平訳『コミュニケイション的行為の理論』(上)(中)(下)未来社、1987年）
橋爪大三郎(1988)『はじめての構造主義』講談社
林信吾(2005)『しのびよるネオ階級社会』平凡社
Heidegger, Martin (1927) *Sein und Zeit*（原佑訳「存在と時間」『ハイデガー』中央公論社、1980年）
Hegel, Georg. W. F. (1837) *Vorlesungen über die Philosophie der Geschichte*（武市健人訳『歴史哲学』(上)(中)(下)岩波書店、1971年）
Herman, Stewart W. (2002) How Work Gains Meaning in Contractual Time: A narrative Model for Reconstructing the Work Ethic, *Journal of Business Ethics* 38 : 65–79
Herzberg, Frederick (1966) *Work and the Nature of Man*（北野利信訳『仕事と人間性』東洋経済新報社、1968年）
本間正人(2006)『「最高の能力」を引き出すコーチングの教科書』自由国民社
Human Resource Management (2005) Telling Stories of Success, *Human Resource Management* Vol. 13 No. 1 : 30–32
Husserl, Edmund (1954) *Die Krisis der Europäischen Wissenschaften und die Transendentale Phänomenologie*, Martinus Nijhoff, Haag（細谷恒夫・木田元訳『ヨーロッパ諸学の危機と超越論的現象学』中央公論社、1974年）
兵藤裕己(1985)『語り物序説』有精堂出版
兵藤裕己(2002)『物語・オーラリティ・共同体』ひつじ書房
石井宏典(2000)「『同志会』という共同の物語」、やまだようこ　編著『人生を物語る──生成のライフストーリー』ミネルヴァ書房
石川洋・本田勝嗣(2002)『よくわかるビジネスコーチング入門』日本能率協会マネジメントセンター
和泉涼一(1985)「ジェラール・ジュネットとその物語論について」、Genette, Gerard (1983) *Nouveau discours du recit*, Seuil a Paris（和泉涼一・青柳悦子訳『物語の詩学』水声社、1985年）
伊丹敬之(2000)『経営の未来を見誤るな』日本経済新聞社
井上俊(1986)「動機の語彙」(C・W・ミルズ)、作田啓一・井上俊編『命題コレクショ

ン社会学』筑摩書房

今井賢一・金子郁容(1988)『ネットワーク組織論』岩波書店

今田高俊(1993)「日本的経営の転機」『組織科学』VOL.27・1、(pp.4–14)

今村浩明・浅川希洋志編(2003)『フロー理論の展開』世界思想社

Jabri, Muayyad (2004) Change as Shifting Identities: A Dialogic Perspective, *Journal of Organizational Change Management* Vol.17 No.6 : 566–577

Jabri, Muayyad & Pounder, James S. (2001) The Management of Change: a Narrative Perspective on Management Development, *Journal of Management Development*, Vol. 20 No. 8 : 682–690

Jakobson, Roman (1965) In Todorov, Tzvetan (ed.), *Theorie de la litterature*, Seuil, 1965(野村英夫訳「詩学を求めて」『文学の理論』理想社、1971年)

Johansson, Anders W. (2004) Consulting as Story-making, *Journal of Management Development* Vol. 23 No. 4 : 339–354

城繁幸(2004)『内側から見た富士通 「成果主義」の崩壊』光文社

城繁幸(2006)『若者はなぜ3年で辞めるのか?――年功序列が奪う日本の未来』光文社

梶原正昭・山下宏明校注(1999)『平家物語(一)』岩波書店

金井壽宏・森岡正芳・高井俊次・中西眞知子編(2009)『語りと騙りの間 羅生門的現実と人間のレスポンシビリティー』ナカニシヤ出版

Kant, Immanuel (1784) *Beantwortung der Frage: Was ist aufklärung*, Die Berlinische Monatsschrift, Berlin(篠田英雄訳『啓蒙とは何か』岩波書店、1950年(1974年))

Kant, Immanuel (1787) *Kritik der reinen Vernunft*(篠田英雄訳『純粋理性批判』岩波書店、(上)1961年、(中)1961年、(下)1962年)

柄谷行人(2004)『定本 柄谷行人集 第3巻 トランスクリティーク――カントとマルクス』岩波書店

片桐雅隆(2000)『自己と「語り」の社会学』世界思想社

Kauffman, Stuart A. (2000) *Investigations*, Oxford University Press, Inc.(河野至恩訳『カウフマン、生命と宇宙を語る』日本経済新聞社、2002年)

河合隼雄(2002)『物語を生きる』小学館

菊入みゆき(2002a)「管理者のためのモチベーション・マネジメント」『企業と人材』2002.12.20、(pp.11–18)

菊入みゆき(2002b)「モチベーション・マネジメントで新事業領域への挑戦に拍車が」『企業と人材』2002.12.20、(pp.31–35)

北山修・黒木俊秀編著(2004)『語り・物語・精神療法』日本評論社

小林司(1989)『「生きがい」とは何か』日本放送出版協会

熊倉伸宏(2004)「なぜ、今、再び「語り」なのか?」、北山修・黒木俊秀編著『語り・物語・精神療法』日本評論社

クレイア・コンサルティング(2003)『「やる気」の構造』同文館出版

桑田耕太郎・田尾雅夫(1998)『組織論』有斐閣

桑野隆(1990)『未完のポリフォニー』未来社
桑野隆(2002)『バフチン――〈対話〉そして〈解放の笑い〉』岩波書店
La Mettrie, Julien Offray de (1747) *L'homme-machine*(杉捷夫訳『人間機械論』岩波書店、1932年)
Lave, Jean, & Wenger, Etienne (1991) *Situated Learning*, Cambridge University Press(佐伯胖訳『状況に埋め込まれた学習』産業図書、1993年)
Linde, Charlotte (2001) Narrative and Social Tacit Knowledge, *Journal of Knowledge Management* Volume 5 Number 2 : 160–170
Llewellyn, Sue (1999) Narrative in Accounting and Management Research, *Accounting, Auditing & Accountability Journal*, Vol. 12 No. 2 : 220–236
Luhmann, Niklas, (1990) *Essay on Self-reference*, Columbia University Press, New York(土方徹・大澤善信訳『自己言及について』国文社、1996年)
牧野丹奈子(2002)『経営の自己組織化論 「装置」と「行為空間」』日本評論社
Martinez, Mtias & Scheffel, Michael (1999) *Einführung in der Erzähltheorie*, Verlag C. H. Beck oHG, Muenchen(林捷・末永豊訳『物語の森へ 物語理論入門』法政大学出版、2006年)
Maslow, Abraham H. (1954) *Motivation and Personality*, (Second edition), Harper & Row, Publishers, Inc.(小口忠彦訳『人間性の心理学』産業能率大学出版部、1987年)
Maslow, Abraham H. (1962) *Toward a Psychology of Being*, D. Van Nosland Co. Inc.(上田吉一訳『完全なる人間』誠信書房、1979年)
Maslow, Abraham H. (1998) *Maslow on Management*, John Willy & Sons, Inc.(金井壽宏監訳・大川修二訳『完全なる経営』日本経済新聞社、2001年)
増田靖(2004)『ささやかな自己実現』埼玉大学大学院経済科学研究科修士論文
増田靖(2007)「動機づけマネジメントにおける『語り』の有効性」『経済科学論究』第4号、(pp.39–51)、埼玉大学経済学会
松野孝一郎(2000)『内部観測とは何か』青土社
McClelland, David C. (1961) *The Achieving Society*, D. Van Nostrand Company, Inc.
McGregor, Douglas (1960) *The Human Side of Enterprise*, McGraw-hill Inc., New York(高橋達男訳『企業の人間的側面』(新版)産能大学出版部、1970年
McKee, Robert (1997) *Story*, Haper-Cllins Publishers
McKee, Robert (2003) Storytelling That Moves People, *Harvard Business Review*, June(木下徹郎訳「ストーリーテリングが人を動かす」DIAMONDハーバード・ビジネス・レビュー4月号、(pp.84–91)、2004年)
McNamee, Sheila, & Gergen, Kenennth J., (ed.) (1992) *Therapy as Social Construction*, Sage Publication Ltd.(野口裕二・野村直樹訳『ナラティヴ・セラピー 社会構成主義の実践』金剛出版、1997年
メナード・泉子・K (1997)『談話分析の可能性』くろしお出版
Merleau-Ponty, Maurice (1945a) A vant-propos, Phenomenologie de la perception(竹内芳郎訳「『知覚の現象学』序文」) In Merleau-Ponty, Maurice, *Les sciences de l'homme et la*

phenomenologie, Editions Gallimard, Paris（木田元・滝浦静雄・竹内芳郎訳『人間の科学と現象学』みすず書房、2001 年）

Merleau-Ponty, Maurice (1945b) *Les sciences de l'homme et la phenomenologie*, Editions Gallimard, Paris（木田元・滝浦静雄・竹内芳郎訳『人間の科学と現象学』みすず書房、2001 年）

Mills, Charles W. (1940) Situated Actions and Vocabularies of Motive, American Sociological Review, 5 (December)（田中義久訳「状況化された行為と動機の語彙」、1971 年）In Mills, Charles W., *Power, politics and people*, Oxford University Press, 1963（青井和夫・本間康平監訳『権力・政治・民衆』みすず書房、1971 年）

Mills, Charles W. (1963) *Power, Politics and People*, Oxford University Press（青井和夫・本間康平監訳『権力・政治・民衆』みすず書房、1971 年）

三浦展 (2005)『下流社会　新たな階層集団の出現』光文社

宮本みち子 (2002)『若者が《社会的弱者》に転落する』洋泉社

茂木健一郎 (2003)『意識とはなにか』筑摩書房

Morgan, Sandra & Dennehy, Robert F. (1997) The Power of Organizational Storytelling: a Management Development Perspective, *Journal of Management Development* Vol. 16 No. 7 : 494–501

本橋哲也 (2002)『カルチュラル・スタディーズへの招待』大修館書店

紫式部（山岸徳平校注）(1965)『源氏物語（一）（二）（三）』岩波書店

紫式部（山岸徳平校注）(1966)『源氏物語（四）（五）』岩波書店

紫式部（山岸徳平校注）(1967)『源氏物語（六）』岩波書店

中原淳編著 (2006)『企業内人材育成入門』ダイヤモンド社

Nakajima, Y. & Gunji, Y.P. (2002) The Dynamically Changing Model of Exchange as Interaction between Cone-relation and Equivalent-relation, *Applied Mathematics and Computation* 126 (2002) : 299–318

中根千枝 (1967)『タテ社会の人間関係』講談社

Nietzsche, Friedrich W. (1872) *Die Geburt der Toragödie*（秋山英夫訳『悲劇の誕生』岩波書店、1966 年）

Nietzsche, Friedrich W. (1883–85) *Also sprach Zarathustra*（氷上英廣訳『ツァラトゥストラはこう言った』岩波書店、（上）1967 年、（下）1970 年）

Nietzsche, Friedrich W. (1887) *Zur Genealogie der Moral*（木場深定訳『道徳の系譜』岩波書店、1940 年 (1964 年)）

Nietzsche, Friedrich W. (1906) *Der Wille zu Macht*, Nietzsches Werk Taschen-Ausgabe Nr. 9 & 10（原佑訳『権力への意志』理想社、（上）1962 年 a（下）1962 年 b）

Nietzsche, Friedrich W. (1966a) *Werke in drei Banden Band* II , Carl Hanser Verlarg

Nietzsche, Friedrich W. (1966b) *Werke in drei Banden Band* III , Carl Hanser Verlarg

新村出編 (1983)『広辞苑　第三版』岩波書店

西田幾多郎 (1950 (1979))『善の研究』岩波書店

西山賢一 (1985)『企業の適応戦略』中央公論社

西山賢一(1995)『免疫ネットワークの時代』日本放送出版協会
西山賢一(2002)『文化生態学の世界』批評社
西山賢一(2003)『方法としての生命体科学』批評社
野家啓一(2005)『物語の哲学』岩波書店
野口裕二(2002)『物語としてのケア』医学書院
野村正實(2001)「第一章」、戸塚秀夫・徳永重良編『現代日本の労働問題［増補版］』ミネルヴァ書房
Norman, Donald A. (1993) *Things That Make up Smart*, A William Patrick Book,
大江健三郎(1988)『新しい文学のために』岩波書店
奥村宏(2002)『倒産はこわくない』岩波書店
大野晋・佐竹昭広・前田金五郎編(1990)『岩波古語辞典　補訂版』岩波書店
折口信夫(1995a)『折口信夫全集 1　古代研究(国文学篇)』中央公論社
折口信夫(1995b)『折口信夫全集 2　古代研究(民俗学篇 1)』中央公論社
折口信夫(1995c)『折口信夫全集 3　古代研究(民俗学篇 2)』中央公論社
折口信夫(1995d)『折口信夫全集 4　日本文学の発生序説(文学発生論)』中央公論社
折口信夫(1995e)『折口信夫全集 5　大和時代の文学・風土記の古代生活(古代文学論)』中央公論社
折口信夫(1996)『折口信夫全集 15　伊勢物語私記・反省の文学源氏物語(後期王朝文学論)』中央公論社
折口信夫(1998)『折口信夫全集 35　万葉集短歌輪講・手帖』中央公論社
折口信夫(1999)『死者の書・身毒丸』中央公論新社
大澤真幸(1994)『意味と他者性』勁草書房
大澤真幸(1999)『行為の代数学』青土社
太田肇(1999)『仕事人と組織』有斐閣
太田肇(2000)『「個力」を活かせる組織』日本経済新聞社
太田肇(2006)『「外向きサラリーマン」のすすめ』朝日新聞社
太田肇(2007)『お金より名誉のモチベーション論』東洋経済新報社
小笹芳央(2002a)「新しい組織活性化技法　モチベーションエンジニアリング」『企業と人材』2002.12.20、(pp.5–10)
小笹芳央(2002b)『モチベーションカンパニー』日本能率協会マネジメントセンター
Parsons, Talcott (1964) *Social Structure and Personality*(武田良三訳『新版　社会構造とパーソナリティ』新泉社、2001 年)
Pink, Daniel H. (2005) *A Whole New Mind*, Penguin Group (USA) Inc. (大前研一訳『ハイ・コンセプト』三笠書房、2006 年)
Polster, Erving (1987) *Every Person's Life is Worth a Novel*, W.W.Norton & company Inc., New York (深澤道子・西本知子訳『あなたの人生も物語になる』日本評論社、1998 年)
Prince, Gerald (1987) *A Dictionary of Narratology*, University of Nebraska Press (遠藤健一訳『物語論辞典』松柏社、1991 年)

Propp, Vladimir (1928a) In Todorov, Tzvetan (ed.), *Theorie de la litterature*, Seuil, 1965 (野村英夫訳「不思議な民話の変形」『文学の理論』理想社、1971 年)

Propp, Vladimir (1928b (1969)) (北岡誠司・福田美智代訳『昔話の形態学』水声社、1987 年)

Reissner, Stefanie C. (2005) Learning and Innovation: A Narrative Analysis, *Journal of Organizational Change Management* Vol. 18 No. 5 : 482–494

Ricoeur, Paul (1983) *Temps et reci*, Tome Ⅰ, Editions du Seuil (久米博訳『時間と物語 Ⅰ』新曜社、1987 年)

Ricoeur, Paul (1984) *Temps et reci*, Tome Ⅱ, Editions du Seuil (久米博訳『時間と物語 Ⅱ』新曜社、1988 年)

Ricoeur, Paul (1985) *Temps et reci*, Tome Ⅲ, Editions du Seuil (久米博訳『時間と物語 Ⅲ』新曜社、1990 年)

Rhodes, Carl & Brown, Andrew D. (2005) Narrative, Organizations and Research, *International Journal of Management*, Reviews Volume 7 Issue 3 : 167–188

労働と経済・編集部 (労働調査協議会) (2002)「組合活動に関する若手リーダーの意識」『労働と経済』N0.1308、(pp.35-38)、共文社

労働と経済・編集部編 (2002)「組織の活性化と魅力を高める新・創・改・展〈上〉」(国際労働組合 笹川利雄氏の講演要旨)『労働と経済』N0.1305、(pp.6-10)、共文社

労務行政研究所・編集部 (厚生労働省統計局) (2003)「2002 年労働組合基礎調査」『労政時報』N0.3573、(pp.65-66)、労務行政研究所

西條剛央 (2005)『構造構成主義と何か 次世代人間科学の原理』北大路書房

齊藤毅憲・野村千佳子・合谷美江・藤崎晴彦・宇田理 (2002)『個を尊重するマネジメント』中央経済社

坂部恵 (1989)『ペルソナの詩学』岩波書店

坂部恵 (1990)『かたり』弘文堂

阪倉篤義校注 (1970)『竹取物語』岩波書店

坂村健 (2007)『変われる国・日本へ』アスキー

坂野雄二編 (2005)『臨床心理学キーワード』［補訂版］有斐閣

坂下昭宣 (2002)『組織シンボリズム論』白桃書房

作田啓一・井上俊編 (1986)『命題コレクション社会学』筑摩書房

桜井邦朋 (2003)『物の理』白日社

桜井哲夫 (2003)『フーコー』講談社

佐藤郁哉 (1984)『暴走族のエスノグラフィー』新曜社

佐藤郁哉 (1992)『フィールドワーク』新曜社

佐藤郁哉 (2002)『フィールドワークの技法』新曜社

佐藤千登勢 (1996)「ヴィクトル・シクロフスキーの芸術理論と実践」『ロシア文化研究』3 号、(pp.35-48)、早稲田大学ロシア文学会

Schoenberger, Erica (2001) Corporate Autobiographies: The Narrative Strategies of Corporate Strategists, *Journal of Economic Geography* 1 : 277–298

Schutz, Alfred (1970) *On Phenomenology and Social Relations*, The University Of Chicago Press, Illinois, U.S.A.（森川眞規雄・浜日出夫訳『現象学的社会学』紀伊国屋書店、1980年）

Searle, John R. (1969) *Speech Acts, an Essay in the Philosophy of Language*, Chambridge University Press（坂本百大・土屋俊訳『言語行為　言語哲学への試論』勁草書房）

関良徳(2001)『フーコーの権力論と自由論』勁草書房

関塚正嗣(1986)『ニーチェ哲学研究』高文堂出版社

下條信輔(1999)『〈意識〉とは何だろうか』講談社

Sklovskij, Viktor (1925)『散文の理論』（水野忠夫訳『散文の理論』せりか書房、1971年）

Smith, Faye L. & Keyton, Joann (2001) Organizational Storytelling: Metaphors for Relational Power and Identity Struggles, *Management Communication Quarterly*, Vol. 15 No. 2 : 149–182

Spector, Malcom & Kitsuse, John (1977) *Constructing Social Problem*, Menlo Park（村上直之、中河伸俊・鮎川潤・森俊太訳『社会問題の構築』マルジュ社、1990年）

Sperber, Dan (1996) *Explaining Culture: a Naturalistic Approach*, Blackwell Publishers Limited, Oxford, England（菅野盾樹訳『表象は感染する』新曜社、2001年）

鈴木義幸(2000)『コーチングが人を活かす』ディスカヴァー21

田口誠弘(2002a)「営業社員の意欲を高めるリードマネジメント」『企業と人材』2002.12.20、(pp.19–25)

田口誠弘(2002b)「リードマネジメントで社員の自立と経営管理力を高める」『企業と人材』2002.12.20、(pp.36–42)

平英美・中河伸俊編(2000)『構築主義の社会学』世界思想社

高橋俊介(1999)『成果主義』経済東洋新報社

高橋正泰(1998)『組織シンボリズム』同文舘出版

高木信(2001)『平家物語・想像する語り』森話社

高梨昌(2002)『変わる春闘』日本労働研究機構

高野陽太郎・岡隆編(2004)『心理学研究法』有斐閣

田尾雅夫(1998)『モチベーション入門』日本経済新聞社

田尾雅夫(1999)『組織の心理学』有斐閣

寺本義也・小松陽一・福田順子・原田保・水尾順一・清家彰敏・山下正幸(1999)『パワーイノベーション』新評論

Thompson, Kristin (1988) *Breaking the Glass Armor: Neoformalist film analysis*, Princeton University Press, Prnceton, New Jersey

Todorov, Tzvetan (eds.) (1965a) *Theorie de la litterature*, Seuil（野村英夫訳『文学の理論』理想社、1971年）

Todorov, Tzvetan (1965b) In Todorov, Tzvetan (eds.) , *Theorie de la litterature*, Seuil, 1965（野村英夫訳「解題」『文学の理論』理想社、1971年）

戸塚秀夫・徳永重良編(2001)『現代日本の労働問題［増補版］』ミネルヴァ書房

Tomashevsky, Boris (1925) In Todorov, Tzvetan (eds.), *Theorie de la litterature*, Seuil, 1965（野

村英夫訳「テーマの研究」『文学の理論』理想社、1971 年）
Torvalds, Linus & Diamond, David (2001) *Just for Fun*, Waterside Productions, Inc., California（風見潤訳『それがぼくには楽しかった』小学館プロダクション、2001 年）
Turner, Mark (1996) *The Literary Mind*, Oxford University Press
上田泰 (1995)『組織の人間学』中央経済社
Vroom, Victor H. (1964) *Work and Motivation*, John Willy & Sons, Inc.（坂下昭宣・榊原清則・小松陽一・城戸康彰訳『仕事とモティベーション』千倉書房、1982 年）
和辻哲郎 (1992)『日本精神史研究』岩波書店
Wittgenstein, Ludwig (1952) *Philosophische Untersuchungen*, Basil Blackwell（黒崎宏訳・解説『「哲学的探求」読解』産業図書、1997 年）
Weber, Max (1919a) *Politik als Beruf*（脇圭平訳『職業としての政治』）岩波書店、1980 年）
Weber, Max (1919b) *Wissenschaft als Beruf*（尾高邦雄訳『職業としての学問』岩波書店、1936 年 (1980 年)）
Weber, Max (1922) *Soziologische Grundbegriffe*（清水幾太郎訳『社会学の根本概念』岩波書店、1972 年）
Weick, Karl E. (1979) *The Social Psychology of Organizing*, McGraw-Hill, Inc.（遠藤雄志訳『組織化の社会心理学』文眞堂、1997 年）
Weick, Karl E. (1995) *Sensemaking in Organization*, Sage Publications, Inc.（遠藤雄志・西本直人訳『センスメイキング イン オーガニゼーションズ』文眞堂、2001 年）
Wenger, Etienne (1998) *Communities of Practice*, Cambridge University Press
Whyte, William Foote (1993) *Street Corner Society*, (Fourth Edition), The University of Chicago, Illinois, U.S.A.（奥田道大・有里典三訳『ストリート・コーナー・ソサエティ』有斐閣、2000 年）
山田昌弘 (2004)『希望格差社会』筑摩書房
山田富秋 (2000)『日常性批判――シュッツ・ガーフィンケル・フーコー』せりか書房
やまだようこ編著 (2000a)『人生を物語る――生成のライフストーリー』ミネルヴァ書房
やまだようこ (2000b)「人生を物語ることの意味」、やまだようこ編著『人生を物語る――生成のライフストーリー』ミネルヴァ書房
山崎裕司 (1999)『建設崩壊』プレジデント社
矢野智司 (2000)「生成する自己はどのように物語るのか」、やまだようこ編著『人生を物語る――生成のライフストーリー』ミネルヴァ書房
Ybema, Sierk (2010) Talk of Change: Temporal Contrasts and Collective Identities, *Organization Studies* 31(04) : 481–503
好井裕明・山田富秋・西阪仰編 (1999)『会話分析への招待』世界思想社

索引

A

ante　106, 109, 128
Antenarrative　8, 106, 108, 109, 110, 111, 128, 205, 206
"Antenarrative" アプローチ　112

B

Bakhtin　104, 152, 153
Barnard　367
Bataille　90
Berger　83
Blumer　83
Bruner　25

D

Deleuze　164
Derrida　254
der Wille zur Macht　394, 395

E

"Evidence based Medicine (EBM)"（根拠に基づく医療）　86

F

Festinger　27
Foucault　147

G

Garfinkel　83
Genette　58, 59
Gergen　83
Giddens　218
Goldstein　29
Göthe　90
Greimas　55, 56
Guattari　164

H

Hegel　82
Heidegger　65
Hull　22
Husserl　65, 83

J

Jakobson　52

K

Kafka　90
Kant　65, 136

L

Labov　60
La Mettrie　244
Lévi-Strauss　52
Luckmann　83

M

Maslow　29
Mills　220

N

"Narrative based Medicine (NBM)"（物語に基づく医療）　86
Nietzsche　129

P

Parsons　83
post　106
Propp　52

R

Ricoeur　62

S

Saussure　52
Schutz　83
Skinner　22
sujet　148

T

Todorov　57
Tomashevsky　53

V

Vroom　26

W

Waletzky　60

Weber 220, 367
Weick 96

あ

アイデンティティ 104, 105
曖昧さ 169
アウグスティヌス 64
アウグスティヌスの時間論 66
赤ん坊の視点 174, 175
アクセス概念 154, 197, 202
アダム 35
新しい報酬 43
アブラハム 35
アポリア 63, 64, 150, 248
天つ神 144
アリストテレス 61, 64
アリストテレスの筋立て論 66
アンテナラティヴ 128

い

ERG 理論 32
生きていることの二項対立 183
意識 179
意識改革 264
いま 140, 150, 151, 203
「いま・ここ」 151, 166, 168, 203, 228, 260, 352, 396
意味形成 97
意味作用の基本構造 57
意味の再構成 211
意味の創造(新たな文脈) 214

意味の発見＝構成 208, 214
意味論としての組織 376
意味論の共有化 286, 288, 375
意味論の束 375, 376
意味論のネットワーキング 375, 376
意味論のノットワーキング 376
意味論を形成する構成要素 366
インターテクスチュアリティ 113
インタビュー 265
インタビュー法 341

え

永遠回帰 396
衛生要因 36
エクリチュール 74
X 理論 33, 34
演技者のレベル 55

お

大きな共同体の「相互主体性」 146
オープンリミット 184
「押し出される」未来 230, 351
押し出される未来 395
おに 132
鬼 132
折口信夫 131
オルタナティヴ・ストーリー 82, 106
温故学 129

か

解釈学的現象学 65
解釈学的循環の回路 138
解釈学的循環の詩的解決 69
外的コントロール 39
外部観測 161
外部観測者 160
書きかえ療法 82, 85, 86
学習 101
学習過程 174
学習心理学 24
確立した個人 264
過去 169
過去(について)の現在 64
語られる自己 93, 163
(語られる)「もの」 198, 199, 200
語られる「もの」 360, 365, 370
かたり 136, 137, 138, 139, 196
語(かたり) 129
「語り」 8, 127, 129, 204, 205, 206, 208, 209, 214, 230, 249, 257, 286, 293, 316, 327, 328, 330, 335, 342, 350, 357
語り 107
語り(narration) 58
騙り 209
語り合い 207, 208, 209, 343
騙り合い 209
語り合す 289
語り合せ 208, 209, 227, 231, 279, 281, 282, 283, 284, 286, 293, 298, 299,

300, 301, 304, 322, 325, 327, 330, 337, 373
騙り合せ　209
「語り合せ」の失敗　288, 348
「語り」インタビュー　261, 341, 356
語り得ないもの　92, 93
語り＝騙り　206, 209
語り聞かせ　210, 211, 212, 296, 298, 344, 371, 372
「語り聞かせ」の様相　372
「語り聞かせ」の様相での意味論　375
語り作った　293
語り作らせた　288
語り作られる　325
語り作り　214, 228, 230, 231, 300, 309, 310, 328, 332, 334, 345, 350, 351, 374
語り作ろう　299
語り手　144, 145, 146, 198, 199, 200, 356
語り手＝聞き手　205, 208, 352, 356, 372
「かたり」という言語行為　136, 137, 138, 139, 141, 199
「語り」という言語行為　3, 207, 214, 231, 252, 266, 346, 392
「語り」という言語行為の特性　305
「語り(narration)」という言表行為　58
語り直し　211, 212, 227, 231, 298, 300, 301, 303, 309, 310, 317, 344, 373, 374

「かたり」の一回性　139
「語り」の「いま・ここ」　370
「語り」の共創者　353
語りの共同体　107
「かたり」の作用　151
「語り」の主題　370
「かたり」の主体の位相　140
語りの審級　59
「語り」の特性　305
「語り」の背景　366
「語り」の揺らぎと曖昧さ　316
語部　135
語り物　73
語り物の共通語性　74
かたる　134, 135
語る　135, 140
騙る　135, 140
語る自己　92, 93, 163
語る「動機」　365
活動理論　261
過程説　21, 217
かみ　132
神　132
神がかり　142
神語り　142, 143
神語りの三角形　143
関係モデル　55
関係欲求　32
関係論的自己論　91
観照者　161
感染教育　135, 210
観測過程　169, 174, 182, 195, 196
観測志向型理論　124, 181, 182, 194, 353
観測者　161, 185
感得＝体現　346, 347,

356, 392
官僚制組織論　367

き

機械　161, 244
機械論的アプローチ　21, 244, 245
機械論的世界　194, 195
聞き手　85, 144, 145, 198, 199, 200, 350, 356
聞き手の主体性　145
起源　164, 165, 200
起源のかたり　200, 201, 213
起源問題　182, 353
記号論　55
記号論四辺形　57
期待説　26
期待理論　26, 42, 246
規範性　164, 165, 199, 200
規範のかたり　200, 201, 209, 210, 212
客観的時間　65
教育　101
共時的意味論　374
共通語　74
共通の意味論　374, 376
共立空間　166
局所的意味論　172, 175, 179, 230, 346, 354
規律・訓練　147, 148

く

グランド・ナラティヴ　106, 112

け

経営組織の研究におけるナラティヴ・アプローチ　94
計算過程　168
計算行為　98
計算実行環境　172, 179
形象化　67
系譜学　129
ケーススタディ　112
権威的な言葉　153, 210
研究者＝実務者　261
研究者の視点　353
言語行為　136, 174
現在　168
現在（について）の現在　64
源氏物語　71, 73
『源氏物語』の正典化　72
現象　256, 257
現象学的時間　65
現象の記述化　260
現象論的計算　172, 179, 180, 182
現象論的計算過程　174, 178
原生計算　164, 165, 169, 182, 197, 204
原生実験　164, 165, 170, 197, 213
原生理論　164, 165, 169, 197
言説レベル（演技者のレベル）　55
現場　262
現場調査時に発見＝構成された現象　256, 258, 259
現場調査時の「いま・こ こ」で発見＝構成された現象　255
現場調査時の「いま・ここ」の観測過程で発見＝構成された現象　253
権力　147
権力関係　147, 148
権力への意志　394

こ

行為者のレベル　55
行為遂行的　214
行為遂行的な力　137
公式組織論　367
構成主義　92
構造主義　52, 83
行動主義者　21, 22
声　74, 254
コーチング　266, 391
個的他者　359
ことば　136, 163, 195, 196
コミュニケーション報酬　43
根拠過去　210
根拠としての過去　169

さ

再形象化　69
再形象化（refiguration）　67
再現前化　257, 357
最適経験　37
才能集積　20
作品受容　67
ささやかな自己実現　265
参与観察　251

し

死　162, 180, 184, 351
詩学　64, 66
時間　70, 160, 248
時間性　60, 70, 185
時間性のアポリア　64, 70
時間の空間化　260
時間の全体性　70
時間の体現者　347
時間の表象不可能性　70
時間論　64, 65
刺激　22
試験　148
自己　89, 91
自己決定　28
自己言及　92, 144, 163, 173, 180
自己言及テキスト　75
自己言及のパラドクス　93
自己言及の矛盾　173
自己実現　29, 30, 31, 32, 265
自己実現的人間の特性　30
自己実現欲求　29
自己準拠　144
自己超克　395
自己変容　89
自己目的的　37, 38
自己物語　89, 90, 91, 92
自己物語のパラドクス　93
システム論的家族療法　84
質的研究　251
実務者の視点　353
質料　184, 185, 186
質料性　183, 184, 185

索引　419

視点（point of view）　59
支配　147
支配関係　147, 148
社会学的自我論　91
社会現場的イノベーション　7
社会構成主義　83
社会性　359
社会制度的イノベーション　7
社会的行為　359
主体　148
主体（subject）　148
主題　54
主題（シュジェート）　53
主体化　148
主体性　138
「主体性」の問題　146
順序的時間　166
状況主義　24
状況論的アプローチ　24
上質世界（クオリティ・ワールド）　40, 41
消息文　76
状態志向型理論　124, 181, 248, 353
情緒喚起理論　23
承認　43
自立　264
記された論述　255, 256
臣下　148
シンボリック相互作用論　83
シンボル　368
臣民化　148
神話　142

す

垂直的二重化的超出・統合の作用　198
垂直の言語行為　140
水平的二重化的超出・統合の作用　198
水平の言語行為　140
数式　194, 195
スケルトン　186
筋　67
筋立て　67, 97, 100, 249
筋立て論　64, 66
ストーリー　85, 100, 108, 110, 111, 113
ストーリーテリング　95, 100, 103, 104, 110, 113
ストーリーメイキング　104
すべて　133, 137
する　231, 232

せ

精神の集中　64
精神の広がり　64
生成　160
生成する組織　372, 373
生成する組織の意味論　375
生成する複数の「私」　372
生成の三つの様相　160, 164
生成を理解するための3つの概念装置　166, 194, 197, 198, 199
成長する全体　173, 174, 175
成長欲求　32
「生」の現場　7, 8
生の現場　248, 263
生の根本原理　395
生命　160, 161, 164
生命現象　193

生命理論　124, 125, 160, 181, 192, 193, 194
生命論的アプローチ　124, 154, 246, 247, 250, 261, 390, 391
生命論的世界　195
生命論的組織像　374, 375, 376
生命論的組織論　372
生命論的「私」像　375
生命論的「私」論　352
世界時間　65
世界性　163
世界内存在　65
絶対的無　163
先形象化（prefiguration）　67
先行理解　67
潜在性　168, 175
センスメイキング　97
全体　163
選択理論　39, 40

そ

想起過去　211
想起される過去　169
相互他者性　359
創発的・起源的現象　255
創発的変化　169, 170
組織　363, 364, 365, 366, 370
組織シンボリズム　368, 369
それ　133, 137
存在過去　169
存在欲求　32
存在論的観測　182
存在論的観測者　162

た

態　59
第3の全体　173, 174
対象（object）　149
代補　74, 254, 255, 256
対話　153
対話モード　104
対話理論　104, 152, 153
竹取の翁　71
他者　359
他者性　359, 360, 361, 362
他者の言葉　104, 105
脱構築　112
達成動機　23
たま　132
玉　132
魂　132
タマラ　110
単独者＝存在者　161, 162

ち

知識社会学　83
中間休止　171, 213, 293, 328, 355
超越論的時間論　65
直観的（主観的）時間　65

つ

通時的意味論　374
通俗的時間概念　65

て

ディスコース　105
テーマ　53
テキスト　76

テキスト　68, 73
手触りのあるプログラム　183
哲学　394
デプス・インタビュー　341
転向物語　102
天皇　143, 144

と

動因命名的アプローチ　27
動機　217, 218, 219, 220, 221, 222, 223, 224, 225, 226, 228, 230, 231, 257
動機概念の二義性　218
動機づけ　8, 54, 218, 219, 223, 224, 262, 263, 265, 350, 357
動機づけ―衛生理論　35
動機づけ現象　257
動機づけマネジメント　349
動機づけ要因　36
動機づけ理論　21
動機の語彙　220, 221
動機の行為者内在論　218
動機の二義性　219
動機の表明　221, 222, 225
動機付与論　220, 221, 222
道具概念　154, 202
統合形象化　67, 69, 259
統合形象化（configuration）　67
「統合なき接合」のモデル　165, 197, 201
どえらいことをやってし

まった　223
ドミナント・ストーリー　82, 106
とんでもないことをやってしまった　223

な

内的コントロール　39
内的説得力のある言葉　153, 211
内発的動機づけ　27, 28, 246
内発的動機づけの概念化　27
内発的に動機づけられた活動　37
内発的に動機づけられた行動　28
内部観測　161, 166, 251, 252, 353
内部観測者　124, 161, 166, 169, 182, 252, 352, 372
内部観測者の意味論　362
内部観測という視座　261
内部観測論的視座　260, 357
内容説　21, 217
仲間貢献　265
名づけ　174, 196, 208
ナラティヴ　81, 85, 86, 95, 97, 98, 100, 102, 103, 108, 112, 127
ナラティヴ・アプローチ　51, 86, 87, 95, 96
ナラティヴ・セラピー　84, 86
ナラティヴ・メソッド

　　　　96
ナラティヴ・モード　98
ナラティヴ・モデル　85
ナラトロジー　52, 100

に

二重化的超出・統合
　　　140, 141, 146
日記文学　75, 76
二人称の問題　185, 225,
　　　226
女房　72, 73, 76, 135, 143
認識主体　179
認識論的観測者　162
認知的不協和理論　27
認知的理論　23, 246
認知論的アプローチ　28

の

脳　172

は

パースペクティブ　59
媒介項のある対話　199
始まり・中間・終わり
　　　61, 66, 153
発見＝構成　169, 170,
　　　171, 182, 290, 351, 355,
　　　392
発見＝構成された現象
　　　255, 256
発話　200
はなし　139
「はなし」という言語行為
　　　136
はなす　134
パラディグマティックな様
　　　式　25

パワー　99
反応　22

ひ

非参与観察　251
ヒューマニスティック理論
　　　24, 247

ふ

フォルマリズム　53
不完全な探索　173, 174,
　　　177, 206
複数他者　361, 362
不測の事態　214, 348
物質過程としての計算過程
　　　172
物理学　192, 193
不定さ　168, 169, 205
部分　163
フレーム問題　163, 169,
　　　173, 180
フロー　37
フロー体験　37
フロー理論　37
プロット　97
分析時に発見＝構成された
　　　現象　258, 259
文脈　163

へ

平家物語　73, 254
ヘドニズム（快楽主義）
　　　21
変化　164, 165, 200, 206
変革　102
変化のかたり　200, 204,
　　　208, 209

ほ

方法論的困難　261
ポスト構造主義　83
ポストモダニズム　82
ボス・マネジメント　40
ほどほどの効率性　179,
　　　349, 361
ほどほどの万能性　179,
　　　349, 361
ポリフォニー　205, 265

ま

マテリアル　183, 184,
　　　185, 186, 195, 196, 365
まともな社会人　361
まなざし　148, 207
マネジメント実務者
　　　349
マネジメント実務者の視点
　　　349

み

巫女　143, 144
御言詔　144
ミメーシス　67, 258, 259
ミメーシス（模倣的活動）
　　　66
ミュトス　67
ミュトス（筋立て）　66
未来　170, 171
未来（について）の現在
　　　64
未来への動機　230, 355
民話　52

む

むかし　140, 150, 151,

203
昔話の形態学　52
紫式部日記　75

め

メタ主体(meta-subject)　148, 149

も

目的動機　222
目的動機(in-order-to motive)　220
文字　74, 254
モダニズム　82
モチーフ　54
モチベーションエンジニアリング　43
モチベーション・マネジメント　44
もの　131, 132, 133, 134, 145, 146, 148, 151, 194, 196, 198, 200, 365
物　131, 133, 192, 193
物(もの)　129
物語られる時間　68, 69
ものかたり　141, 142, 194, 198
ものがたり　134
物語　54, 56, 57, 58, 59, 60, 61, 62, 69, 72, 73, 81, 85, 91, 93, 100, 107, 127, 129, 130, 142, 152, 207, 211, 248, 249, 253
物語(ファーブラ)　53
物語以前　106, 109
物語以前の「語り」　316
物語言説　59
物語言説(recit)　58
物語行為　58, 98

物語性と時間性の循環　68
物語大国　51
物語的自己同一性　68, 69
物語内容　59
物語内容(histoire)　58
物語の語り手　57
物語の語部　72
「ものかたり」の基本構造　145, 198
物語の基本構造　56
物語の共同体　107
物語の詩学　70
物語の定義　60, 61, 130
物語の定本化・テクスト化　73
物語分析　56
物語(ナラティヴ)モード　104
物語様式　25, 248
物語論　52, 54, 59, 60, 71, 91, 92, 100
物語論的アプローチ　51, 91, 92, 93, 244, 247, 248
物語論的アプローチにおける他者　93
物語論的自己論　91
物語る主体　69
物の語　193
物の理　192, 193

や

やってしまえる　299
「やってしまえる」未来　228, 229, 230, 335, 351, 355
やってしまえる未来　288, 395

「やってしまえる」未来への動機　300, 328, 332, 333, 345, 348, 355
やってしまえる未来への動機　395
やってしまった　171
「やってしまった」過去　228
「やってしまった」行為　226, 228
「やってしまった」行為の動機　227
「やってしまっている」現在　228
やる　231, 232
やる気　231, 232
やる気の様相　351

ゆ

有機論的アプローチ　23, 245, 246, 390
有能さ　28

よ

予期　166, 185
寄せ集め的な意味づけ　111
予測　166
欲求五段階説　29
呼びかけ　76
弱い全体　173, 174

ら

ライフコース　89
ライフストーリー　87, 88

り

リアリティセラピー　38
リード・マネジメント
　　40
利己的動機　265
リフレクティング手法
　　84, 85
理由動機（because motive）
　　220

ろ

労働による自己実現　32
ロシア・フォルマリズム
　　53
ロボットの痛み＝傷み
　　185
論述　256, 257, 258
論述時に発見＝構成された
　　現象　258, 259

わ

Y理論　34
「私」　352, 353, 354, 355,
　　357, 358, 361, 362
「私」の一貫性　358
和辻哲郎　133

【著者紹介】

増田 靖（ますだ やすし）

〈学歴・職歴〉1961年、横浜生まれ。埼玉大学大学院経済科学研究科博士後期課程修了。博士（経済学）。現在、エンジニアリング会社勤務。明治大学特定課題研究所客員研究員。特定非営利活動法人日本商標機構理事・事務局長。

〈専門領域〉組織論、コミュニケーション論、動機づけ論、物語（語り）論、言語行為論。

〈論文〉「環境保全型「水道と農業」を可能にする3Rマテリアル「ポリシリカ鉄」の研究—変容する経営情報としての「語り」の視座から—」『経営情報学会誌』19 (3)、2010

〈訳書〉『ハンドブック　組織ディスコース研究』（高橋正泰・清宮徹監訳）（共訳）同文舘出版、2012

生の現場の「語り」と動機の詩学
観測志向型理論に定位した現場研究＝動機づけマネジメントの方法論

発行	2013年3月30日　初版1刷
定価	7800円＋税
著者	© 増田 靖
発行者	松本 功
組版所	株式会社 ディ・トランスポート
印刷・製本所	株式会社 シナノ
発行所	株式会社 ひつじ書房
	〒112-0011 東京都文京区千石2-1-2 大和ビル2階
	Tel.03-5319-4916　Fax.03-5319-4917
	郵便振替 00120-8-142852
	toiawase@hituzi.co.jp　http://www.hituzi.co.jp

ISBN978-4-89476-619-8

造本には充分注意しておりますが、落丁・乱丁などがございましたら、小社かお買上げ書店にておとりかえいたします。ご意見、ご感想など、小社までお寄せ下されば幸いです。

「語り論」がひらく文学の授業

中村龍一著　　定価 2,400 円＋税

　国語科教育における文学作品の受容論は、読解論、視点論、読者論から、読書行為論、語り論へとひらかれてきた。「語り論」は、これまでの受容論を抱え込み新たな〈読み〉の世界を切りひらいた。物語と語り手の相克からの〈読み〉の世界である。この「語り論」を国語科教育の基礎的な実践理論とするため、著者のこれまでの考察と提案、実践報告をまとめた。一人で読む以上に、教室でみんなで文学作品を読むのは面白い。そのような授業を目指して。

〈近刊案内〉
ナラティブ研究の最前線（仮）

佐藤彰・秦かおり編　　価格未定

　近年、ナラティブを相互行為の実践として捉え、人は語ることで何を成すのかを解明する試みが行われている。本書は、ナラティブ分析理論の概要から、教育現場、異文化体験、震災体験、子どものナラティブなど様々な実践研究を収録し、ナラティブ研究を多角的に捉える一冊となっている。執筆者：有田有希、井出里咲子、岡本多香子、片岡邦好、小玉安恵、小林宏明、佐藤彰、嶋津百代、西川玲子、秦かおり、濱口壽子、饒平名（岡崎）尚子、渡辺義和。「ナラティブ分析」（Alexandra Georgakopoulou 著）翻訳収録。